浙江省普通本科高校"十四五"重点立项建设教材
"审计学"国家一流本科专业建设点系列教材
浙江省线上线下混合式一流课程"审计学"配套教材

AUDITING

审计学

黄溶冰　王宝庆　◎主编

ZHEJIANG UNIVERSITY PRESS
浙江大学出版社
·杭州·

图书在版编目（CIP）数据

审计学 / 黄溶冰，王宝庆主编. -- 杭州 ：浙江大
学出版社，2025. 4. -- ISBN 978-7-308-26096-1

Ⅰ. F239.0

中国国家版本馆 CIP 数据核字第 2025RU4245 号

审计学

SHENJIXUE

黄溶冰　王宝庆　主编

责任编辑	朱　玲	
责任校对	傅宏梁	
封面设计	春天书装	
出版发行	浙江大学出版社	
	（杭州市天目山路 148 号　邮政编码 310007）	
	（网址：http://www.zjupress.com）	
排　　版	杭州朝曦图文设计有限公司	
印　　刷	杭州捷派印务有限公司	
开　　本	787mm×1092mm　1/16	
印　　张	25.5	
字　　数	636 千	
版 印 次	2025 年 4 月第 1 版　2025 年 4 月第 1 次印刷	
书　　号	ISBN 978-7-308-26096-1	
定　　价	65.00 元	

前　言

　　"审计学"是高等院校会计类本科专业（含会计学、财务管理、审计学等）的主干课程之一，具有独立性和综合性等特点。独立性表现在它的理论体系相对比较独立，不受其他专业课程的影响；综合性表现在审计实务部分跟其他专业课程有密切的关系，强调各类专业知识的综合运用，有助于学生知识、能力、素质的协调发展。

　　党的二十大报告提出，健全党统一领导、全面覆盖、权威高效的监督体系。审计在健全党和国家监督体系、促进国家治理体系和治理能力现代化、完善社会主义市场经济体系、完善资本市场和现代企业制度中发挥着越来越重要的作用。

　　本教材以注册会计师审计为主线，兼顾内部审计和国家审计，以财务报表审计为基础，介绍审计的基本概念、基本原理、基本方法和基本实务。全书包括十三章内容，按照"基础知识、基本流程、实务应用、未来展望"四个层次逐级递进，根据新形态教材的建设要求，本教材将拓展资源和主题讨论通过二维码的形式嵌入教材当中。本教材体现了党的二十大报告的最新精神，在每一章增加了课程思政知识点。本教材的编写目的是让学生熟悉审计准则和相关法律法规，掌握审计的基本原理和方法，了解审计工作的程序和特点，同时也培养学生踏实严谨的工作作风和综合分析能力，为日后从事相关专业工作培养良好的职业素养。

　　本教材由浙江工商大学会计学院黄溶冰教授和王宝庆教授担任主编，浙江工商大学图书馆王丽艳副研究员承担了全书的校对工作。本教材系浙江工商大学会计学院"'审计学'国家一流本科专业建设点"的阶段性成果，同时也是浙江省线上线下混合式一流课程"审计学"的配套教材。本教材可作为高等院校会计类专业本科生"审计学"课程的教材，也可以作为各类经济管理人员学习审计学知识的参考用书。

　　在本教材的编写过程中，编者参考了近年来出版的与本教材内容相关的一些教材、著作和论文，吸收了有关专家、学者和研究机构的最新研究成果以及审计实务中的一些典型案例。同时，浙江大学出版对本教材的出版给予了大力支持，在此一并致以诚挚的谢意！

　　由于编者水平有限，书中难免存在疏漏乃至错误之处，恳请广大读者批评指正。

黄溶冰　王宝庆

2024 年 12 月

目　录

数字资源目录

第一章　总　论

学习目标

掌握审计三方关系人、审计本质和职能以及审计对象

掌握审计总目标、管理层认定和审计具体目标

熟悉审计的概念、审计产生的客观基础以及审计的作用

了解我国与西方审计的产生和发展

思政元素

审计独立性

中国审计的发展历程

审计在国家治理和组织治理中的作用

审计目标中合法性与公允性的关系

管理层认定与审计师的职责

引例——第一份社会审计报告

世界上第一份社会审计报告是关于舞弊的审计报告。1720 年,英国的海外贸易公司——南海公司宣布破产。南海公司的破产,导致证券市场发生混乱,激怒了数以万计的债权人和投资者,他们纷纷要求国会对南海公司的破产进行调查。于是,国会组织了一个由 13 人参加的特别委员会,负责调查南海公司破产的原因。经秘密查证,发现该公司的会计记录严重失实,明显存在蓄意篡改公司会计数据的舞弊行为。为此,国会聘请精通会计实务的查尔斯·斯奈尔先生对其分公司索布里奇商社的会计账目进行检查。其审查的目的非常明确,就是要对会计账目舞弊行为进行审查,其审查的内容是针对与舞弊有关的会计记录。审查结果表明,该公司的会计记录严重失实,公司管理人员篡改了会计数据。斯奈尔接受委托,对索布里奇商社进行审查后,于 1721 年编写了世界上第一份社会审计报告,并发表了自己的意见。他在审计报告中指出了"伦敦市霍斯特·莱恩学校的习字教师兼会计师查尔斯·斯奈尔对索布里奇商社的会计账簿进行检查的意见",接着指出了公司存在的舞弊行为。斯奈尔的这份审计报告,是世界上第一份关于公司舞弊的社会审计报告,也是世界审计史上具有划时代意义的舞弊审计报告。

思考:审计为何产生? 实施审计对投资者和债权人有何意义?

第一节　审计的概念和性质

一、审计的概念

审计是社会经济发展到一定阶段的产物,是社会经济结构中重要的制度安排。在现代社会中,审计已经成为一个充满活力和生机的职业,在政治民主化、经济市场化、管理科学化中发挥着重要作用。那么,什么是审计? 对于这个问题的回答,可谓仁者见仁、智者见智。

1977 年,最高审计机关国际组织（International Organization of Supreme Audit Institutions,INTOSAI）在《利马宣言——审计规则指南》中指出:"审计本身不是最终目的,而是整个控制系统必不可少的组成部分,其目的是要尽早地揭露背离公认标准、违背资源管理的合法性、效率、效果和经济原则的现象,以便在发现上述各种情况时,尽可能及早地采取改正措施,使当事人承担责任,赔偿经济损失或采取措施防止重犯,至少也要使这类事件今后不再发生。

美国会计学会（American Accounting Association,AAA）基本审计概念委员会于 1972 年在《基本审计概念说明》中指出:审计是为了查明经济活动和经济现象的表现与所定标准之间的一致程度而客观地收集和评价有关证据,并将其结果传达给有利害关系的使用者的有组织的过程。

美国会计学会前会长阿尔文·A.阿伦斯在其《审计学——一种整合的分析方法》一书中指出:审计是由有胜任能力的独立人员对特定经济实体的可计量信息进行收集和评价证据,以确定和报告这些信息与既定标准的符合程度。

从国内观点来解读,审计是一项具有独立性的经济监督活动。它是由独立的专职机构或人员接受委托或授权,对被审计单位特定时期的财务报表及其他有关资料以及经济活动的真实性、合规性、公允性和效益性进行审查、监督、评价和鉴证的活动。其目的在于确定或解除被审计单位的受托经济责任。

二、审计的性质

从审计的概念来探讨审计的本质,可以看出审计的两个基本特征,即独立性和权威性。其中,独立性是审计的本质特征。

(一)独立性

独立性是审计职业生存和发展的基石,是保证审计工作顺利进行的必要条件。审计的原始意义就是查账,即由会计人员以外的第三者对会计账目和财务报表进行审查,借以验证其合法性和公允性。其中便涉及审计关系。审计关系是指一项审计行为必然涉及的审计主体、审计客体和审计授权人或委托人三方之间所形成的受托责任关系。所以,审计关系由三方审计关系人组成。

第一关系人,是承担审计工作的人,称为审计主体。审计主体受资源财产所有者、主管人员的授权或委托,并代表他们对经营管理者承担和履行受托责任情况,实施独立的审计监督。审计主体不经营所有者的资源财产,也不参与被审计单位的经济活动,必须处于独立的地位；同时，他与审计授权或委托人不存在资源财产的利害关系。第二关系人，是接受审计监督的人，称为审计客体或被审计单位。被审计单位接受所有者或主管人员的授权，经营管理其资源财产，应当管好用好资源财产，履行受托责任；同时负有接受审计主体实施审计监督的责任。第三关系人，是授权或委托审计、接受审计报告的人，称为审计授权人或委托人，是资源财产的所有者或主管人员。他因向被审计单位提出履行受托责任的要求，而使两者之间存在明确的受托责任关系，并接受审计主体提出的审计报告。

上述审计关系，必须由审计委托者、审计主体和被审计单位三方构成，缺少任何一方，独立、客观、公正的审计都将不复存在。这是由财产所有权与经营管理权相分离所产生的受托经济责任决定的。财产所有者对公司拥有所有权但不亲自参加经营管理，为了保护自身的利益，财产所有者迫切希望了解与自己有经济关系的经济组织的财务收支和经济状况，这就需要对负有受托经济责任的经营管理者进行监督、确认和鉴证，而这种监督、确认和鉴证只有由独立于他们之外的第三者进行，才能得到客观、可靠的结果。这是对审计机构或审计人员提出的独立性要求。

综上所述，审计的独立性具体包括：①机构独立，即审计机构应当独立于被审计单位，以确保其能够独立地进行审计，从而对审查的事项作出客观公正的评价和鉴证；②经济独立，即审计机构的经济来源应有一定的法律法规或制度作保证，不受被审计单位的制约，审计机构不得与被审计单位有其他实质性经济关系或利益关联（对注册会计师而言，除了正常的业务收费外）；③精神独立，即审计人员执行审计业务，必须按照审计准则、审计职业道德要求及审计程序独立进行审计，坚持客观公正、实事求是，不受任何部门、单位和个人的干涉。

美国注册会计师协会（American Institute of Certified Public Accountants，AICPA）指出，体现审计独立性的三个方面如下：一是审计人员的自主性，即不受委托人的任何影响；二是精神上的独立性，即审计人员必须公正无私，不带任何偏见；三是审计人员地位的独立性，这种独立性应受到公认，为社会所接受。最高审计机关国际组织（INTOSAI）在《利马宣言——审计规则指南》第一章中，首先提到的是最高审计机关的独立性，强调最高审计机关必须独立于被审计单位，并且不受外来影响，这样才能客观有效地完成其工作任务；其次提到了最高审计机关成员和官员的独立性，强调最高审计机关成员的独立性应由宪法予以保证；最后提到了最高审计机关财务上的独立性。

《中华人民共和国审计法》（简称《审计法》）规定："审计机关依照法律规定独立行使审计监督权，不受其他行政机关、社会团体和个人的干涉。""审计机关履行职责所必需的经费，应当列入预算予以保证。""审计人员依法执行职务，受法律保护。任何组织和个人不得拒绝、阻碍审计人员依法执行职务，不得打击报复审计人员。审计机关负责人依照法定程序任免。审计机关负责人没有违法失职或者其他不符合任职条件的情况的，不得随意撤换。地方各级审计机关负责人的任免，应当事先征求上一级审计机关的意见。"由此可见，我国《审计法》也对审计机关、经费来源及审计人员三方面的独立性作了明确规定。

从上述情况来看，无论是我国还是外国，都承认独立性是审计的灵魂。正因为审计具有独立性，才会得到社会各方的信任，才能保证审计人员依法进行的经济监督、确认和鉴证活动客观公正，提出证实财务状况和经营管理的审计信息才更有价值，才能对被审计单位确定或解除受托经济责任提供依据，更好地发挥审计的经济监督、确认和鉴证作用。

【例 1-1】安然公司财务造假与安达信的败落

安然公司成立于 1985 年,是由美国休斯敦天然气公司和北方内陆天然气(InterNorth)公司合并而成,公司总部设在美国得克萨斯州的休斯敦,首任董事长兼首席执行官为肯尼斯·雷,他既是安然公司的主要创立者,也是安然公司创造神话并在后来导致危机的关键人物。安然公司在肯尼斯·雷的领导下,经历了四大步跨越,从名不见经传的一家普通天然气经销商,逐步发展成为世界上最大的天然气采购商和出售商、世界最大的电力交易商、世界领先的能源批发做市商、世界最大的电子商务交易平台,一步一个高潮,步步走向辉煌。

2001 年,安然公司发生破产案以及财务造假相关丑闻。从安然成立之日起,安达信(原国际五大会计师事务所之一)就开始承担安然公司的外部审计工作。20 世纪 90 年代中期,安达信与安然签署了一项补充协议,安达信包揽安然的内部审计工作。不仅如此,安然公司的咨询业务也全部由安达信负责。接着,由安达信的前合伙人主持安然公司财务部门的工作,安然公司的许多高级管理人员也有不少来自安达信。从此,安达信与安然公司结成牢不可破的关系。

在安然事件中,人们对安达信的指责与质疑始于 2001 年 11 月下旬,安然公司在强大的舆论压力下承认自 1997 年以来通过非法手段虚报利润达 5.86 亿美元,在与关联公司的内部交易中不断隐藏债务和损失,管理层从中非法获益。这一消息一传出,立刻引起美国资本市场的巨大动荡,媒体和公众更是将讨伐的目光对准负责为安然公司提供审计和咨询服务的安达信公司。人们纷纷指责其没有尽到应有的职责,并对其独立性表示怀疑。

从审计的独立性角度来看,安达信对安然公司的审计并未保证其独立性。第一,机构不独立。安达信并不独立于被审计单位,在工作人员上存在很多交叉,安然公司的许多高级管理人员均来自安达信,破坏了审计机构的独立性。第二,经济不独立。安达信与被审计单位有着其他实质性经济关系或利益关联,安达信负责承接安然公司的咨询业务,存在其他的利益关系。第三,精神不独立。审计人员违反职业道德要求,如安达信的一名合伙人销毁文件妨碍司法调查,有违职业操守。

(二)权威性

审计机构的权威性是审计监督正常发挥作用的重要保证。审计机构的独立性是权威性的重要保障,甚至决定了它的权威性。审计机构或审计人员以独立于公司所有者和经营者的"第三者"身份,恪守独立、客观、公正原则,按照有关法律法规,根据一定的准则、程序,对公司的经营管理活动和财务报表进行经济监督、确认和鉴证;此外,审计人员必须通过国家或职业团体规定的严格考试方能取得资格,保证其具有较高的专业知识水平,进而保证其所从事的审计工作具有专业性、科学性。正因为如此,审计机构、审计人员出具的审计报告具有一定的社会权威性,且利益相关者和社会公众均乐于接受与信任。站在国际角度来看,为了保障审计的社会权威性,世界各国也分别制定相关的法律法规,从法律上赋予审计在整个市场经济中的经济监督、确认和鉴证的职能。一些国际组织为了提高审计的权威性,也通过协调各国的审计准则、标准,使审计成为一项国际性的专业服务,增强各国财务报表等会计信息的一致性和可比性以及审计报告等审计信息的公正性和可信性,以有利于加强国际经济贸易往来,促进国际经济发展。由此可见,审计的独立性使得审计能够客观、公正,也保证了审计的权威性。

第二节 审计的产生和发展

一、审计的起源

关于审计的起源,理论界有不同见解。从历史朝代看,有"夏商说""西周说""秦汉说""曹魏说""北宋说"等。从本质分析,审计起源有三种:一是审计起源于会计;二是审计起源于受托经济责任;三是起源于民主与法制制度,是近代社会的产物。我们从"审计"词语、"审计"行为、"审计"机构等方面来考证。

(一)"审计"词语——有名无实

东汉末年,著名政治家、军事家和文学家曹操在注解《孙子兵法》时,作了一篇序文,文中提出"审计重举,明画深图"。他是指《孙子兵法》一书体现了周密的思考、慎重的行动、明确而深刻的谋划的军事战略思想。"审计"的意思为周密的计划与思考。审,表示详尽、细密。计,表示计划、谋划。"审计"作为一个完整的词语第一次出现,与宋代"审计"及现代"审计"的含义大相径庭,无历史连续性。

"审计"一词在唐代广泛使用,语义较宽,多指对某项事物"详细、周密、慎重谋略、计议"。《新唐书》记载,陈子昂上书曰:"善为天下者,计大而不计小,务德而不务刑,据安念危,值利思害,愿陛下审计之。"

(二)"审计"行为——有实无名

任何事物的发展均要经历孕育、萌芽、雏形与成型四个阶段。在古代,多种事物的构成要素,往往共同孕育于同一母体的胚胎中,很难划分清楚,随着历史的不断演变才逐渐分离出来,从而自成一体,形成某种新事物。审计行为也不例外,经历孕育、萌芽、雏形与成型四个阶段,古代审计行为也并不是一个独立要素,孕育于监督体系之中。探讨审计行为起源,必从孕育阶段开始。

《史记·夏本纪》记载:"或言禹会诸侯江南,计功而崩,固葬焉,命曰会稽。会稽者,会计也。"《汉书·司马迁传》记载:"会稽,山名,本茅山也,禹于此会诸侯之计,因名曰会稽。"《吴越春秋·越王无余外传》记载:"(禹)三载考功,五年政定。周行天下,归还大越。登茅山,以朝四方群臣……乃大会计……遂更名茅山曰会稽之山。"《韩非子·饰邪》记载:"禹朝诸侯之君会稽之上,防风之君后至,而禹斩之。"夏禹时代对诸侯考核三年一次,考核内容是核算各诸侯的贡赋征收,考核方式是面对面统一考核,并且有严格的惩治方式。这些史料表明一种原始意义上的经济监督已经产生,虽然不能就此断定审计已经产生,但是已经孕育了审计要素的胚胎。

(三)"审计"机构——名不副实

南宋高宗建炎元年(1127年),为避高宗赵构名讳,改"专勾司"为"审计司",移植、借用当时已广泛使用的"审计"一词,赋予"审计"特定含义,专指对财经活动、岁入岁出、钱粮收支的监督,这是我国最早将审计机构正式以"审计"一词命名。"审计"一词,随着历史的发展演变，逐渐由宽用走向窄用。然而，即便名称类似，在不同的政治、经济土壤中，宋代的审计司、审计院、都磨勘司等的职能与今天的国家审计的意义也不尽相同。北宋与南宋的审计为封建王权服务，与之前的朝代相比有所创新，但仍缺乏科学的立法和独立性保障。由于封建君主专制的不断加强，名义上审计的权力集中到了一处，但实际上并没有真正发挥其监督作用。宋仁宗时期的著名史学家范镇在其任职翰林学士时曾明确说道："故财已匮而枢密院益兵无穷，民已困而三司取财不已。中书视民之困而不知使枢密减兵、三司宽财以救民困者，制国用之职不在中书也。"可见，当时腐败情况已十分严重，审计机构是名不副实的。

（四）"audit"——洋为中用

随着生产力的发展和受托责任的出现，早期的政府审计也应运而生。大约在公元前3500年，古埃及奴隶主阶级的最高统治者——法老，就设置了有较强独立性的监督官："记录监督官"和"谷物监督官"。公元前443年，古罗马也设立了监督官，与元老院和财务官共同组成古罗马国家政权的骨干。监督官实际上也就是当时的审计官。古希腊的雅典城邦，在2000多年前就建立了丰富的民主制度。当时的官吏，从当选到卸任，总共才一年多的时间。今年为官，明年为民，却要过四道"关卡"：上任前的资格审查、称职与否的一年10次投票、卸任时的经济责任审计和贝壳流放。那时，这些古国的审计官员以"听证"（audit）方式，对掌管国家财物和赋税的官吏进行审查和考核，成为具有审计性质的经济监督工作。

由此看来，中国古代审计与西方古代审计均起源于对官吏的考核和监督，不能不说有异曲同工之妙。但在中国2000多年的封建社会历史演进中，审计制度却若隐若现、断断续续，既没有形成系统的审计理论，也没有形成有价值的审计制度或模式。有趣的是，自宋朝以后，"审计"一词销声匿迹，但审计行为依然存在。中华民国时期，在引进西方现代审计理念与审计制度时，人们又想到了"审计"这个词汇，重新启用它，并把英文"audit"翻译成"审计"。这仿佛是"旧瓶装新酒"，因为这时的"审计"已完全没有了中国古代的历史含义，而是被赋予了现代西方审计的全新内涵。实际上，我们今天的审计制度体系，或者称其为现代审计，完全是一个"舶来品"。

总之，作为完整意义上的审计，无论是古代、近代还是现代，都应具备这样三个共同特征：一是监督检查的对象应是财政财务收支；二是以检查账目为基本手段之一；三是进行监督的机构或人员应当相对独立于财政财务管理机构。

二、审计的发展

国内外审计历史均经历了政府审计、社会审计和内部审计三条道路。中外审计发展各有特色。国内的政府（官厅）审计占主流，丰富多彩；国外的社会审计历史更辉煌，英国古老、美国现代。

（一）国内审计发展沿革

我国审计经历了一个漫长的发展过程。西周时期，"宰夫"一词的出现标志着我国国家审计的初步形成；南宋时期，设立"审计院"审计成为我国财政财务监督的专用名词；元明清时期，取消了专门的审计机构，财审合一；中华民国时期，引进西方现代审计制度与审计理念；新中国成立后，审计法规不断健全。

根据《周礼》记载，早在西周时期（公元前11世纪至前771年）就出现了带有审计性质的财政经济监察工作。西周国家财计机构分为两个系统：一是地宫大司徒系统，掌管财政收入；二是天宫家宰系统，掌管财政支出、会计核算和审计监督之大权。家宰作为六官之长，有"以八法治官府"之职权，每年受计于岁会，每三年还要对各级官吏进行一次全面考核，并根据其功过予以奖惩。司会是家宰之属官，为计官之长，主持内部审计工作，以六典、八法、八则、九贡、九赋、九式等为依据，通过小计和大计等形式，针对日成、月要、岁会等资料，钩考财物收支及其会计记录。小宰也是家宰之属官，负责以会计文书为依据批准财物出入事项。小宰的下属"宰夫"是西周时期外部审计工作的掌管者，是主管"治朝之法"的官员，他不掌管具体财物收支，只负责对各级官府的财政收支进行全面审查，就地稽查财物收支情况，监督群吏执行朝法，如发现违法乱纪之事，可越级向天宫家宰乃至国王报告，加以惩处；对使用财物得当者，治理有方者，给予奖励。"宰夫"一职的出现，标志着我国从西周时期起就有了处于会计之外的官厅审计（即国家审计或称为政府审计）机构，在世界审计发展史上处于领先地位。

秦汉时期是我国审计的确立阶段。秦朝，中央设"三公九卿"辅佐政务。御史大夫为"三公"之一，执掌弹劾、纠察之权，专司监察全国的民政、财政以及财物审计事项，并协助丞相处理政事。汉承秦制，西汉初中央仍设"三公九卿"，仍由御史大夫领掌监督审计大权。御史大夫自上而下进行的御史监察制度和由诸郡县自下而上进行的上计制度，形成了一个上下贯通的由中央控制全国的监察系统，使我国的审计工作开始进入发展时期。由此可见，御史制度是秦汉时期审计建制的重要组成部分，不仅行使政治、军事的监察之权，还行使经济的监督之权，控制和监督财政收支活动，勾稽总考财政收入情况。需要指出的是，秦汉时期审计制度虽已确立，但秦汉官制中，尚无专司审计职责的机构和官员，因此我国审计仍处于初步发展时期。

隋唐至宋，中央集权不断加强，官僚系统进一步完善，审计在制度方面也日臻健全。隋唐时期是我国封建社会的鼎盛时期，宋代是我国封建社会经济的持续发展时期。这期间，我国的皇家审计有了专设的独立机构，并把比部置于执行司法职能的刑部之下，提高了审计的地位；加之唐朝御史监察制度趋于完善，使审计与监察相互结合。宋代审计一度没有得到发展，元丰改制后，财计官制复唐之旧，审计之权重归刑部之下的比部执掌，审计机构重获生机。此外，还专门设置审计司，隶属于太府寺。北宋时又曾将这个机构改称为审计院。南宋时，湖、广还设有审计院，四川也设有审计院。宋审计司（院）的建立，是我国审计的正式命名，从此，"审计"一词便成为财政监督的专用名词，对后世中外审计建制具有深远的影响。

元明清各朝，君主专制日益强化，实行"财审合一"。元代取消比部，户部兼管会计报告的审核，独立的审计机构即告消亡。明初设比部，不久即取消，洪武十五年（1382年）设置都察院，以左右都御史为长官，审查中央财计。清承明制，设置都察院，职掌为"对君主进行规谏，对政务进行评价，对大小官吏进行纠弹"，成为最高的监察、监督、弹劾和建议机关。虽然明清时期的都察院制度有所加强，但其行使审计职能却具有一揽子性质。由于取消了比部这样的独立审计组织，其财计监督和政府审计职能被严重削弱，与唐代行使司法审计监督职能的比部相比，后退了一大步。

辛亥革命结束了清王朝的封建统治，成立了中华民国，我国的审计制度有了一定的发展。1912年（民国元年）北京政府时期，曾在国务院下设审计处，总管全国审计事务，并在地方设审计分处，分管各省审计事宜，但由于军阀割据，中央财源枯竭，地方各自为政，审计机构形同虚设。北京政府垮台后，国民政府于1928年设审计院，同年公布了《审计法》。但因国民党政府政治腐败,贪污横行,贿赂成风,审计制度徒具形式,很难起到真正的作用。新民主主义时期,在中国共产党领导下的革命根据地,曾先后建立了中华苏维埃共和国审计委员会和陕甘宁边区政府审计处,对资金物资收支的合法性和正确性实行监督,并根据战时需要制定了略具雏形的审计制度,对节约支出、保障战争的供给、维护革命纪律、树立廉洁作风起到了应有的作用。中华人民共和国成立初期,没有设置独立的专门审计机构。对财政经济的监督,是由财政、银行、税务等部门通过其本身的业务来进行的。这些经济监督形式一直被沿用很久,对严格国家财经法纪、保证国家收入、提高经济效益都起到了一定的积极作用。

党的十一届三中全会以来,党和政府把工作重心转移到经济建设上来,并制定了一系列方针政策。为适应这种需要,我国在 1980 年恢复和重建了注册会计师制度。与此同时,我国把建立审计机关,实行审计监督,记入 1982 年的《中华人民共和国宪法》(简称《宪法》)中,并于 1983 年 9 月成立了我国政府审计的最高机关——中华人民共和国审计署,在县以上各级人民政府设置各级审计机关。1994 年 1 月 1 日,《中华人民共和国注册会计师法》(简称《注册会计师法》)的施行,使社会审计步入了法制的轨道,并得到迅猛发展。1995 年 1 月 1 日,《中华人民共和国审计法》的施行,从法律上进一步确立了政府审计的地位,为其进一步发展奠定了良好基础。2006 年,《审计法》进行第一次修订,对审计机关职责进行了相应调整,适应了我国社会经济和审计事业的发展形势。2014 年,《注册会计师法》进行修订,并于8 月 31 日发布。2018 年 5 月,中央审计委员会正式成立,这是我国审计发展史上的创举,我国审计发展迎来了新时代。习近平总书记在中央审计委员会第一次会议上指出,"构建集中统一、全面覆盖、权威高效的审计监督体系,更好发挥审计监督作用""要加强对内部审计工作的指导和监督,充分调动内部审计和社会审计的力量,增强审计监督合力"①。同年,《审计署关于加强内部审计工作业务指导和监督的意见》颁布,强化内部审计在规范管理、防范风险等方面的积极作用。2021 年,《审计法》进行第二次修订,为强化审计监督,完善审计制度提供法治保障。新修订的《审计法》于 2022 年 1 月 1 日施行,本次修订的主要内容是加强党对审计工作的领导,巩固和深化审计管理体制改革成果。

(二)国外审计发展沿革

拓展资源:审计史上的里程碑事件——麦克森·罗宾斯公司事件

据考证,早在奴隶社会时期的古罗马、古埃及和古希腊,就已开始对掌管国家财物和赋税的官吏进行审查和考核,成为具有审计性质的经济监督工作。在历代封建王朝中,也设有审计机构和人员,对国家的财政收支进行监督。在前资本主义社会,奴隶主和封建主需要监督、考核其所属官员的政绩,维护统治阶级利益,便出现了审计或类似审计性质的经济监督工作。但当时的审计,不论从组织机构上还是方法上,都处于尚不完善的阶段。

随着资本主义的发展,经济的增长和资产阶级国家政权组织形式的完善,西方政府审计也有了进一步的发展。现代资本主义国家中,议会是国家的最高立法机关,并对政府行使包括财政监督在内的监督权。为了监督政府的财政收支,切实执行财政预算法案,维护统治阶级的利益,西方国家大多在议会下设有专门的审计机构,由议会或国会

---

① 努力开创新时代审计工作新局面——深入学习贯彻习近平总书记在中央审计委员会第一次会议上的重要讲话精神[EB/OL]. (2018-06-29)[2024-08-15]. http://www.qstheory.cn/dukan/qs/2018-06/29/c_1123054480.htm.

授权,对政府及国有企业和非营利组织的财政财务收支进行独立的审计监督。

随着资本主义商品经济的兴起,16世纪末期,地中海沿岸国家的商品贸易得到发展,出现了为筹集大量资金进行贸易活动的合伙经营方式,即由多人合伙筹资,委托给他人进行经营贸易。自此,财产的所有权和经营权出现了分离,所有者对经营者进行监督就成为必要的需求,会计工作者受所有者的聘请来承担这项工作。17世纪初期,苏格兰也出现了一批从事此类工作的会计工作者。这是早期处于萌芽状态的社会审计。

伴随商品经济的迅速发展及资本集中的过程,股份有限责任公司成为一种新的组织形式,现代意义上的社会审计开始发展。股份有限责任公司以发行股票筹集资金为特征,这一企业组织形式的出现,表明公司的所有权与经营权相分离,因此就必须对经营管理人员进行一定的监督,现代社会审计制度便应运而生。据会计史及相关史料记载,英国的查尔斯·斯内尔(1773—1805年)是世界上第一位社会审计人员,而乔治·瓦特森是苏格兰最早的职业会计师。随着审计的发展,各国也积极展开相关内容的法律法规制定。1844年,英国政府为了保护广大股票持有者的利益,颁布了《公司法》,规定股份有限责任公司必须设监察人,负责审查公司账目。因为当时的监察人一般由股东担任,大多并不熟悉会计业务和审查方法,难以有效监督,所以1845年修订《公司法》时规定,股份有限责任公司可以聘请执业会计师协助办理此项业务,这一规定无疑对社会审计发展起到了推动作用。1853年在苏格兰的爱丁堡成立了爱丁堡会计师协会,这是世界上第一个执业会计师专业团体;随后,英国有数家会计师协会相继成立,社会审计队伍迅速扩大。但此时的英国社会审计没有成套的方法和理论依据,只是出于查错揭弊的目的,对大量的账簿记录进行逐笔审查,即详细审计,该报告的使用人一般为股东。由于详细审计产生于英国,且在英国盛行,故也称为英国式审计,其在世界审计发展史上居于中心地位。

19世纪末20世纪初,美国南北战争结束后,美国的社会审计得到了迅猛发展。随着资本主义经济的快速发展,美国也很快形成了自己的社会审计队伍。初期的美国社会审计多采用英国式的详细审计,即出于查错揭弊的目的,对大量的账簿记录进行逐笔审查。20世纪初期,美国的短期信用发达,公司多从银行举债。银行为了维护自身利益,要求对申请贷款公司的资产负债表进行审查,分析判断公司的偿债能力,以决定是否给予贷款。因此,以证明公司偿债能力为主要目的的资产负债表审计,即信用审计,在美国风行一时。其通过重点审查资产负债表以及抽查的方法,判断公司的信用状况。由于资产负债表审计是美国首先实施的,故又称为美国式审计。20世纪20年代以后,随着资本市场的发育成熟,证券交易的业务量和规模都有了较大的发展。顺应证券市场发展和社会各方面的要求,资产负债表审计已无法满足需要,美国率先进入财务报表审计时代。财务报表审计的对象包括资产负债表、利润表等,为了判断财务报表的真实公允,通过抽样审计、制度基础审计以及控制测试的方法进行财务报表审计。该阶段,社会公众也逐渐成了报告使用者。美国1933年颁布的《证券法》规定,在证券交易所上市的所有公司的财务报表,都必须进行强制审计,其财务报表都须经注册会计师出具审计报告。为此,西方社会各阶层加速了对企业会计准则、审计准则的研究。许多国家的会计职业团体制定和实施了企业会计准则和审计准则。

第二次世界大战以后,随着资本主义经济的发展,市场竞争更趋激烈。从企业的视角来看,为了能在战后的形势下生存,很多企业十分重视加强内部的经营管理和经济监督,实行事前的预防与控制,审计也随之有了新的发展。现代审计突破了由外部审计人员进行事后查账的传统模式,在20世纪40年代逐步开展了企业的内部审计工作。内部审计主要在一些大公司内进行,其主要目的是加强对企业财产,特别是对现金的保护,检查公司所属分支机构的财会人员是否有贪污、盗窃等舞弊行为。同时,为适应加强经济预测和事前控制的需要还开展了事前审查,做到了外部审计与内部审计并重、事后审计与事前审查并重。在审计的范围和内容上,也从财务活动扩展到各项生产经营管理活动,并注重对经营业绩和效益的审查。

从国际视角来看,第二次世界大战后各经济发达国家通过各种渠道推动本国的公司向海外拓展,跨国公司得到空前发展。跨国公司的日益增多表明国际范围内的审计需求提升,这也带动了注册会计师的业务向世界范围扩展。为对跨国公司分设在不同国家的分部进行审计,一些国家的会计师事务所组成了大规模的国际会计师事务所。这些国际会计师事务所包括普华永道、德勤、安永、毕马威,其机构庞大、人员众多,有统一的工作程序和较高的质量要求,能够适应不同国家和地区的业务环境。与此同时,审计技术也在不断完善,抽样审计方法普遍运用,系统导向审计方法得到推广,审计准则逐步完善,审计理论体系开始建立,注册会计师业务扩大到代理纳税、代理记账等业务。

20 世纪 60 年代以后,科学技术迅猛发展,新兴产业部门不断涌现,新技术和新方法成功地运用于经济管理领域,促进了审计技术的进步和咨询业务的发展。注册会计师基于公司管理手段的变革和改进经营管理的需要,开发了电子数据处理系统审计和计算机辅助审计技术,并把业务范围向管理咨询领域扩展。21 世纪初,随着安然公司等一批美国公司财务丑闻的揭露及安达信国际会计师事务所的崩塌,美国于 2002 年颁布《萨班斯—奥克斯利法案》,强化了对公司内部控制的要求和对外部注册会计师的监管(如 302 条款、404 条款等),对上市公司及审计人员提出了严格的要求。为了适应这种形势,国际审计与鉴证准则委员会及美国等发达国家的职业会计师组织,修改了相关的审计准则,强调审计人员在审计过程中的独立性,推行风险导向审计,揭露财务报表重大错报及其风险,不断完善审计技术与方法,以判断财务报表是否真实公允。

三、审计产生的客观基础

拓展资源:审计假设

我国著名会计学家杨时展教授曾经指出,任何个人和单位,接受了委托人的资金、资源,就具有代他保管和运用这些资金和资源的权利,就应对委托人负起下列责任:以最大的忠诚、最使委托人满意的方式,运用这些受托的资金和资源完成委托人托付,向他们报告,请求解除责任。这种责任是受托引起的,就叫受托责任。所谓的委托人,就是人民、股东、捐款人、其他各种出资人;而受托人则是政府、董事、企事业单位负责人、其他各种受资人。

通过中西方审计的发展沿革概述可以发现,审计因受托责任的发生而发生,因受托责任的发展而发展。受托责任最初表现为一种道德责任,是原始社会政治、经济、文化的集中表现;在奴隶社会和封建社会,受托责任主要表现为一种经管责任;在现代,受托责任不仅包括经济责任,还涵盖了社会责任和政治责任。取之于各种委托人的资金、资源,必须经济有效地使用,使用而不经济、使用而没有达到委托人的预期效果,受托人仍要负责任。

第三节 审计的职能和作用

一、审计的职能

审计职能是审计自身所发挥的有利作用。审计职能不是一成不变的,随着客观经济环境的变化,审计职能也在不断丰富发展。有关审计职能的观点可以分为以下两种:单一职能论和多种职能论。单一职能论,即审计的经济监督职能;多种职能论,主要有经济监督、经济评价与经济鉴证,无论政府审计、社会审计和内部审计,三个功能均有不同体现。

主题讨论:审计的免疫系统论

(一)经济监督

经济监督是指审计人员通过对被审计单位经济活动的审核检查,判断经济活动是否符合既定标准,对违反标准的经济行为给予揭露并提出纠正措施或处罚意见。经济监督是审计最原始的功能,在今天的经济社会中依然发挥着重要作用。经济监督的先决条件是必须有严格的客观标准和明确的是非判断界限,否则经济监督将无从谈起,也得不出相应的审计结论。经济监督,一般针对的是财政财务收支的合理性与合法性,以确保财政财务收支的正常运行。经济监督还针对盗窃财物、贪污受贿、严重损失浪费等行为进行检举并予以惩处,以实现整治吏制、保护国家利益、巩固政权之目的。

(二)经济评价

经济评价是按照一定标准,通过分析与评价被审计单位的经济活动,肯定成绩、发现问题、提出建议、作出基本价值判断。经济评价的对象可以是计划、决策、预算、方案的合理性,可以是经济效益的高低,可以是内部控制的健全有效性,也可以是法律法规的遵循性。既要肯定成绩,又要揭露错弊,更要评价效益。经济评价在各级官吏的任用考核中具有举足轻重的作用,通过对比经济政绩的优劣,审查廉洁奉公程度,确定相应等级,作为升降任免的依据。经济评价在一个单位组织内部的运用,主要是评价其经济效益,检查其经营方向与决策原则,寻找经验与教训,提出审计建议,达到促进经济发展的目的。

(三)经济鉴证

经济鉴证是判别并确定被审计事物的真伪与优劣,或就某个命题进行证明,并以独立的专业技能作出结论,使被审计事项具有公信力。经济鉴证的结果一般有书面报告,并要承担相应的法律责任。经济鉴证减少了信息不对称的发生,降低了获取可靠信息的成本。对被审计单位的财务报表进行审计,是注册会计师提供的主要鉴证服务。除此之外,注册会计师还提供其他类型的鉴证服务,包括特殊目的的审计、验资、财务报表审阅和预测性财务信息审核。经济鉴证一般有独立的委托主体,具有明确的委托目的,由专业人士就特定事项发表独立意见,以增强信息的公信力,并就发表的意见承担法律责任。

二、审计的作用

审计的作用是在履行审计职能、实现审计目标过程中所产生的社会效果。总结古今中外的审计实践,审计具有防护性和促进性两大作用。

(一)防护性作用

审计的防护性作用主要表现在:审计机构和审计人员通过审核检查,对被审计单位的财务收支、内部控制及其有关经济和管理活动进行监督、确认和鉴证,揭露贪污舞弊、弄虚作假等违法乱纪、严重损失浪费及不经济的行为,依法提请追究相关单位和人员的责任,从而纠错揭弊,保证国家的法律、法规、方针、政策、计划和预算得到贯彻执行,维护财经纪律和各项规章制度,保证财务资料及其他资料真实、可靠,保护国家财产安全和完整,维护社会主义经济秩序,巩固社会主义法制。审计的防护性作用可以概括为以下方面。

(1)揭示错误和舞弊。审计通过审查取证,既可以揭示核算错误并予以纠正,提高会计信息质量,又可以揭露贪污舞弊,保护财产安全,堵塞管理漏洞,防止损失浪费。

(2)维护财经法纪。审计在查核和揭示各种违法违规问题的基础上,通过对相关责任人的问责和追责处理,有助于纠正或防止违纪违法行为,维护财经法纪。

(二)促进性作用

审计的促进性作用主要表现在:审计机构和审计人员通过审核检查,对被审计单位的财政收支和经济管理活动进行评价,确认其合理性,以便继续推广;指出其不合理性,并提出建议,以便纠正改进,促进其加强经济和管理;对于经济和管理活动所实现的经济效益进行评价,指出潜力所在,促进其进一步挖掘潜力,不断提高经济效益和社会效益。审计的促进性作用可以概括为以下方面。

(1)改善经济和管理。通过审查取证、评价揭示经济和管理活动中的问题与管理制度上的薄弱环节,提出改进建议,促进改善经济和管理。

(2)提高经济效益。通过对被审计单位财务收支、内部控制及其有关经济和管理活动效益性的审查,评价受托经济责任,总结经验,指出效益低下的环节,提出改进意见和建议,改进经济和管理活动以及内部控制工作,促进提高经济效益。

正确了解审计的职能,在此基础上充分发挥审计的作用,具有极其重要的意义。加强审计监督,既是社会化生产经营和发展社会主义市场经济的必然要求,也是提高企业经济效益、维护国家及社会公众利益和严肃财经法纪的客观需要。社会化生产必须有统一的意志、严格的纪律及有效的管理和监督,审计工作则是加强管理和监督极其重要的方面,不容懈怠。

第四节　审计的对象和目标

一、审计的对象

审计对象是指经济监督、确认和鉴证的客体,即审计的内容和范围。正确认识审计对象,有利于正确理解审计概念,合理运用审计方法,进一步发挥审计职能。为此,必须明确与审计对象有关的基本问题。审计对象,即参与审计活动关系并享有审计权利和承担审计义务的主体所作用的对象,它是对被审计单位和审计的范围所作的理论概括。从其定义可知,审计对象包含两层含义:其一是外延上的审计实体,即被审计单位;其二是内涵上的审计内容或审计内容在范围上的限定。

综上所述,审计对象可以概括为被审计单位的财政财务收支及其有关的经济和管理活动,以及反映这些活动的财务报表、内部控制和其他有关资料。

(一)被审计单位的财政财务收支及其有关的经济和管理活动

不论是传统账表导向审计还是现代风险导向审计,不论是政府审计还是社会审计、内部审计,都要求以被审计单位客观存在的财务收支、内部控制及其有关的经济和管理活动为审计对象,对其是否真实、合法及其有效性进行审查和评价,以便对其所负受托经济责任是否认真履行进行确定或解除。根据《宪法》的规定,政府审计的对象为国务院各部门和地方各级政府的财政收支、国有金融机构和企事业单位的财务收支。内部审计的对象为本部门、本单位的财务收支以及其他有关的经济和管理活动。社会审计的对象为委托人指定的被审计单位的财政财务收支及其有关的经济和管理活动。

(二)被审计单位的财务报表、内部控制和其他有关资料

被审计单位的财政财务收支及其有关的经济和管理活动需要通过财务报表、内部控制和其他有关资料等信息载体反映出来。因此,审计对象还包括被审计单位的会计凭证、账簿、报表、与财务报表相关的内部控制等资料以及有关计划、预算、经济合同等其他资料。除此之外,还有经营目标、预测及决策方案、经济活动分析资料、技术经济资料等其他资料,电子计算机存储的信息、存储在网络或者云上的信息等信息载体,这些都构成审计的具体对象。

综上所述,审计对象是指被审计单位的财政财务收支、内部控制及其有关的经济和管理活动以及作为这些经济和管理活动信息载体的财务报表与其他有关资料。尽管政府审计、内部审计、社会审计具体的对象有所不同,但从其内容和范围上来说一般均包括被审计单位的会计资料及其他有关经济资料,以及所反映的财政收支、财务收支及相关的经济活动。因此,财务报表和其他有关资料是审计对象关注的现象,其所反映的被审计单位的财政财务收支、内部控制及其有关的经济和管理活动才是审计对象的本质。

二、审计的目标

审计目标是在一定历史环境下,人们通过审计实践活动所期望达到的境地或最终结果,它是指导审计工作的指南,审计目标的确定应考虑审计对象、审计职能、审计委托者对审计工作的要求等因素。

(一)审计目标的一般表述

广义上的审计目标,包括真实性、合法性和效益性。

真实性是指业务是否发生、是否真实存在、记录与事实是否相符;合法性主要考量是否遵循法律、法规和有关规章;效益性具体包括投入的经济性、资金运用效率及利用程度、资金运用效果。

从审计主体的分类来看,无论是政府审计、内部审计还是社会审计的审计目标,都必须满足其服务领域的特殊需要,因而它们各自都具有相对独立的审计目标。

(二)政府审计目标

审计产生于公共受托责任关系,并随着公共受托责任关系的深化而发展,政府负有公共受托责任。各级政府是否切实地履行了公共受托经济责任,并不是由各级政府自己说了算的,而必须由政府审计机关通过审计,公正地对其履行的公共受托经济责任作出评价,进而确定或解除其所负的受托经济责任。政府审计目标是政府审计活动的既定方向和预期效果,它必须体现政府审计的本质。

根据我国《审计法》的规定,我国政府审计的目标是监督国务院各部门和地方各级人民政府及其各部门的财政收支,国有的金融机构和企事业组织的财务收支,以及其他依照该法规应当接受审计的财政收支、财务收支的真实性、合法性和效益性。真实性着重解决财政财务收支活动是否确实存在,有关资料记录是否客观、全面、准确;合法性着重解决财政财务收支活动是否符合国家法律法规和规章制度的规定,有关资料编报是否符合有关企业会计准则及制度的规定;效益性着重解决财政财务收支活动是否经济合理,富有成效。

(三)内部审计目标

内部审计的目标是随着内部审计人员的职责和权限的变化而演变发展的。最初的目标主要是保护现金资产的安全完整,业务范围也仅限于现金收支业务。后来内部审计的工作范围扩展到与反映经济业务有关的会计账目、报表等财务会计资料,审计目标演变为查错防弊,即通过对会计记录逐笔审查,来判定和报告是否有错失和舞弊行为的存在。

近年来,内部审计人员在促使企业改善经营管理、提高经济效益、实现企业目标方面发挥了越来越大的作用,因此,内部审计已不再局限于财务和会计方面,还涉及企业生产经营管理的所有重大方面,如针对管理和控制的缺陷,提出建设性意见和改进措施,协助管理人员更有效地管理和控制企业的各项活动,合理有效地利用资料。

2023年,中国内部审计协会发布的《内部审计基本准则》中对内部审计的定义是:一种独立、客观的确认和咨询活动,它通过运用系统、规范的方法,审查和评价组织的业务活动、内部控制和风险管理的适当性和有效性,以促进组织完善治理、增加价值和实现目标。内部审计的目标就是通过对组织的业务活动、内部控制和风险管理的适当性与有效性进行审查及评价,使组织的业务活动、内部控制和风险管理中存在的问题得到认识与解决,以促进组织目标的实现。

(四)社会审计目标

1.社会审计总目标的演变

社会审计的发展主要经历了详细审计、资产负债表审计、财务报表审计和现代注册会计师审计四个阶段,审计总目标也随之发生了相应的变化。

详细审计阶段的审计总目标是查错防弊,注册会计师通过对被审计单位一定时期内会计记录的逐笔审查,判断有无技术错误和舞弊行为。

资产负债表审计阶段的审计总目标是通过对被审计单位一定时期内资产负债表所有项目余额的真实性、可靠性进行审查,判断其财务状况和偿债能力。

财务报表审计阶段的审计总目标是判定被审计单位一定时期内的财务报表是否公允地反映了其财务状况和经营成果以及现金流量。

现代注册会计师审计阶段的审计总目标是对被审计单位提供的财务报表是否合法公允地反映了企业的财务状况和经营成果提出一个独立的鉴证意见,揭露和报告对财务报表内容有直接影响的重大欺诈、舞弊和违法行为。

尽管审计总目标发生了变化,注册会计师的重要职责之一却始终是对被审计单位的财务报表进行审计。社会审计的总目标是对财务报表的合法性和公允性发表意见,原因有四个方面。

第一,利益冲突。财务报表使用者往往有着各自的利益,且这种利益与被审计单位管理层的利益大不相同。出于对自身利益的关心,财务报表使用者常常担心管理层提供带有偏见、不公正甚至欺诈性的财务报表。为此,他们往往向外部注册会计师寻求鉴证服务。

第二,财务信息的重要性。财务报表是财务报表使用者进行经济决策的重要信息来源。在有些情况下,还是唯一的信息来源。在进行投资、贷款和其他决策时,财务报表使用者期望财务报表中的信息翔实、丰富,并且期望注册会计师确定被审计单位是否按照公认会计原则编制财务报表。

第三,复杂性。由于会计业务的处理及财务报表的编制日趋复杂,财务报表使用者因缺乏会计知识而难以对财务报表的质量作出评估,因此他们要求注册会计师对财务报表的质量进行鉴证。

第四,间接性。绝大多数财务报表使用者都远离客户,这种地域性的限制导致财务报表使用者不可能接触到编制财务报表所依据的会计记录,即使财务报表使用者可以获得会计记录并对其进行审查,也往往由于时间和成本的限制,而无法对会计记录作出有意义的审查。在这种情况下,使用者总是倾向于依赖第三者的鉴证报表。

社会审计的总目标对注册会计师的审计工作发挥着导向作用,它界定了注册会计师的责任范围,直接影响注册会计师计划和实施审计程序的性质、时间和范围,决定了注册会计师如何发表审计意见。注册会计师作为独立第三方,运用专业知识、技能和经验对财务报表进行审计并发表审计意见,旨在提高财务报表的可信赖程度。由于审计存在固有限制,审计工作无法对财务报表整体不存在重大错报提供绝对保证。虽然财务报表使用者可以根据财务报表和审计意见对被审计单位未来生存能力或管理层的经营效率、效果作出某种判断,但审计意见本身并不是对被审计单位未来生存能力或管理层经营效率、经营效果提供的保证。

2.社会审计的具体目标

要实现审计总目标,注册会计师还需要确定每个项目的具体审计目标,并以此作为评估重大错报风险以及设计和实施进一步审计程序的基础,而各项具体审计目标是注册会计师从被审计单位管理层的相应认定推导得出的。

(1)管理层认定

管理层认定是指管理层对财务报表组成要素的确认、计量、列报作出的明确或隐含的表达。管理层认定与审计目标密切相关,注册会计师的基本职责就是确定被审计单位管理层对其财务报表的认定是否恰当。注册会计师了解了认定,就很容易确定每个项目的具体审计目标。通过考虑可能发生的不同类型的潜在错报,注册会计师运用认定评估风险,并据此设计审计程序以应对评估的风险。

管理层在财务报表上的认定有些是明确表达的,有些则是隐含表达的。例如,管理层在资产负债表中列报存货及其金额,就意味着其作出了下列明确的认定:①记录的存货是存在的;②存货以恰当的金额包括在财务报表中,与之相关的计价或分摊调整已恰当记录。同时,管理层也作出了下列隐含的认定:①所有应当记录的存货均已记录;②记录的存货都由被审计单位所拥有。

管理层对财务报表各组成要素均作出了认定,注册会计师的审计工作就是要确定管理层的认定是否恰当。

管理层的认定类别如表 1-1 所示。

表 1-1　管理层的认定类别

1. 与各类交易和事项相关的认定	
(1)发生	记录的交易和事项已发生且与被审计单位有关
(2)完整性	所有应当记录的交易和事项均已记录
(3)准确性	与交易和事项有关的金额及其他数据已恰当记录
(4)截止	交易和事项已记录于正确的会计期间
(5)分类	交易和事项已记录于恰当的账户
2. 与期末账户余额相关的认定	
(1)存在	记录的资产、负债和所有者权益是存在的
(2)权利和义务	记录的资产由被审计单位拥有或控制,记录的负债是被审计单位应当履行的偿还义务
(3)完整性	所有应当记录的资产、负债和所有者权益均已记录
(4)准确性、计价和分摊	资产、负债和所有者权益以恰当的金额包括在财务报表中,与之相关的计价或分摊调整已恰当记录
3. 与列报相关的认定	
(1)发生及权利和义务	披露的交易、事项和其他情况已发生,且与被审计单位有关
(2)完整性	所有应当包括在财务报表中的披露均已包括
(3)分类和可理解性	财务信息已被恰当地列报和描述,且披露内容表述清楚
(4)准确性和计价	财务信息和其他信息已公允披露,且金额恰当

(2)注册会计师具体审计目标

注册会计师了解了认定,就很容易确定每个项目的具体审计目标,并以此作为评估重大错报风险以及设计和实施进一步审计程序的基础。图 1-1 为"认定、目标、程序与证据"的逻辑关系。

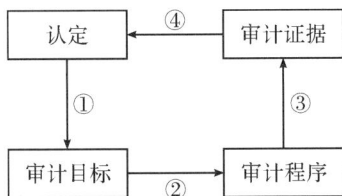

图 1-1　认定、目标、程序与证据

①认定与目标。具体审计目标与(管理层)认定类别是严格的对应关系。

②目标与程序。注册会计师需要根据确定的具体审计目标设计和实施审计程序。

③程序与证据。注册会计师实施审计程序获取其所需的充分、适当的审计证据,最终对所审计的财务报表提供合理保证。

④证据与认定。审计证据证实认定。

根据管理层认定对应每个项目的具体审计目标,注册会计师能够更好地利用目标导向设计和实施审计程序,以获得审计证据并对财务报表提供合理保证。注册会计师通常将管理层认定转化为能够通过审计程序予以实现的审计目标。针对财务报表每一项目所表现出的各项认定,注册会计师相应地确定一项或多项审计目标,然后通过执行一系列审计程序获取充分、适当的审计证据以实现审计目标。本节将对具体审计目标进行详细展开,具体审计目标的类别如表 1-2 所示。

表 1-2　具体审计目标的类别

1. 与各类交易和事项相关的审计目标	
(1)发生	已记录的交易是真实的。例如,如果被审计单位没有发生销售交易,但在销售日记账中记录了一笔销售,则违反了该目标。发生认定所要解决的问题是管理层是否把那些不曾发生的项目列入财务报表,它主要与财务报表组成要素的高估有关
(2)完整性	已发生的交易确实已记录。例如,如果发生了销售交易,但没有在销售日记账和总账中记录,则违反了该目标。发生和完整性两者强调的是相反的关注点。发生目标针对潜在的高估,而完整性目标则针对漏记交易(低估)
(3)准确性	已记录的交易是按正确金额反映的。例如,如果在销售交易中,发出商品的数量与账单上的数量不符,或是开账单时使用了错误的销售价格,或是账单中的乘积或加总有误,或是在销售日记账中记录了错误的金额,则违反了该目标。准确性与发生、完整性之间存在区别。例如,若已交易的销售交易是不应当记录的(如发生的商品是寄销商品),则即使发票金额是准确计算的,仍违反了发生目标。又如,若已入账的销售交易是对正确发出的商品的记录,但金额计算错误,则违反了准确性目标,但没有违反发生性目标。在完整性与准确性之间也存在同样的关系
(4)截止	接近资产负债表日的交易记录于恰当的会计期间。例如,如果将本期交易推到下期,或将下期交易提到本期记录,就违反了截止目标
(5)分类	被审计单位记录的交易经过适当分类。例如,如果将现销记录为赊销,将出售经营性固定资产所得的收入记录为营业收入,则会导致交易分类的错误,从而违反了分类的目标
2. 与期末账户余额相关的审计目标	
(1)存在	记录的金额确实存在。例如,如果不存在某顾客的应收账款,在应收账款试算平衡表中却列入了对该客户的应收账款,则违反了存在性目标
(2)权利和义务	资产归属于被审计单位的权利,负债归属于被审计单位的义务。例如,将他人寄售商品记入被审计单位的存货中,则违反了权利的目标;将不属于被审计单位的债务记入账内,则违反了义务目标
(3)完整性	已存在的金额均已记录。例如,如果存在对某顾客的应收账款,在应收账款试算平衡表中却没有列入对该顾客的应收账款,则违反了完整性目标
(4)准确性、计价和分摊	资产、负债和所有者权益以恰当的金额包括在财务报表中,与之相关的计价或分摊调整已恰当记录

续 表

3. 与列报相关的审计目标	
(1) 发生及权利和义务	将没有发生的交易、事项,或与被审计单位无关的交易和事项包括在财务报表中,则违反了该目标。例如,复核董事会会议记录中是否记载了固定资产抵押等事项,询问管理层固定资产是否被抵押,即是对列报的权利认定的运用。如果抵押固定资产需要在财务报表中列报,说明其权利受到限制
(2) 完整性	如果应当披露的事项没有包括在财务报表中,则违反了该目标。例如,检查关联方和关联交易,以验证其在财务报表中是否得到充分披露,即是对列报的完整性认定的运用
(3) 分类和可理解性	财务信息已恰当地列报和描述,且披露内容表达清楚。例如,检查存货的主要类别是否已披露,是否将一年内到期的长期负债列为流动负债,即是对列报的分类和可理解性认定的运用
(4) 准确性和计价	财务信息和其他信息已公允地披露,且金额恰当。例如,检查财务报表附注是否分别对原材料、在产品和产成品等存货成本核算方法作了恰当说明,即是对列报的准确性和计价认定的运用

【例 1-2】试分析以下情况被审计单位分别违反了哪一项认定?

(1) 没有发生销售交易,但在销售日记账中记录了一笔销售交易。

(2) 不存在某顾客的应收账款,在应收账款试算平衡表中却列入了对该顾客的应收账款。

(3) 发生了销售交易,但没有在销售日记账和总账中记录。

(4) 存在某顾客的应收账款,在应收账款试算平衡表中却没有列入对该顾客的应收账款。

(5) 在销售交易中,发出商品的数量与账单上的数量不符,或是开账单时使用了错误的销售价格,或是账单中的乘积或加总有误,或是在销售日记账中记录了错误的金额。

(6) 针对寄销商品(双方规定以佣金结算),发出商品后计入营业收入,发票金额是准确计算的。

(7) 把本期交易推到下期,或把下期交易提到本期。

(8) 将出售经营性固定资产所得的收入记录为营业收入。

(9) 将他人寄售商品列入被审计单位的存货中。

(10) 将不属于被审计单位的债务记入账内。

(11) 复核董事会会议记录中是否记载了固定资产抵押等事项,询问管理层固定资产是否被抵押,如果抵押固定资产则需要在财务报表中列报。

(12) 检查关联方和关联交易,以验证其在财务报表中是否得到充分披露。

(13) 检查存货的主要类别是否已披露,是否将一年内到期的长期负债列为流动负债。

(14) 报表附注是否分别对原材料、在产品和产成品等存货成本核算方法作了恰当说明。

对该案例的解析如表 1-3 所示。

表 1-3 案例解析

序号	类型相关	具体认定
（1）	交易相关	发生
（2）	余额相关	存在
（3）	交易相关	完整性
（4）	余额相关	完整性
（5）	交易相关	准确性
（6）	交易相关	发生
（7）	交易相关	截止
（8）	交易相关	分类
（9）	余额相关	权利和义务
（10）	余额相关	权利和义务
（11）	列报相关	发生及权利和义务
（12）	列报相关	完整性
（13）	列报相关	分类和可理解性
（14）	列报相关	准确性和计价

【例 1-3】结合认定、具体审计目标和审计程序之间的关系举例（见表 1-4）

表 1-4 认定、具体审计目标和审计程序

报表项目	认定	审计目标	审计程序
存货	存在	记录存货是存在的	存货监盘
营业收入	完整性	记录的营业收入包括了所有已发货、客户已签收的交易	追查出库单、销售发票的编号、客户签收单至营业收入明细账（顺查）
	准确性	记录的营业收入是否基于正确的价格和数量，计算是否准确	比较商品价目表和销售发票上的价格、出库单与销售订单（或合同）上的数量是否一致，重新计算销售发票的金额
	截止	销售业务记录在恰当的期间	比较上一年度最后几天和下一年度最初几天的出库单日期与营业收入明细账记账日期
固定资产	权利和义务	记录的固定资产属于被审计单位所有	查阅固定资产所有权证书、购货合同、结算单和保险单
应收账款	准确性、计价和分摊	以净值记录应收款项	检查应收账款账龄分析表、评估计提的坏账准备是否充足

本章小结

本章概述了审计的概念和性质,审计的产生和发展,审计的职能和作用,审计的对象和目标。

审计,是一项具有独立性的经济监督活动。它是由独立的专职机构或人员接受委托或授权,对被审计单位特定时期的财务报表及其他有关资料以及经济活动的真实性、合规性、公允性和效益性进行审查、监督、评价和鉴证的活动。其目的在于确定或解除被审计单位的受托经济责任。根据审计的概念,概括出审计的性质为独立性和权威性。

审计在国内外的历史均经历了政府审计、社会审计和内部审计三条道路。审计产生的客观基础是受托责任的发生,经历了长时期的发展与演进,目前以现代风险导向审计模式为主。

审计职能,从单一职能论来说,为经济监督职能;从多种职能论来说,包括经济监督、经济评价和经济鉴证职能。审计的作用,可以概括为防范性作用和促进性作用。正确了解审计的职能,在此基础上充分发挥审计的作用,具有极其重要的意义。

审计对象,是指被审计单位的财政财务收支及其有关的经济和管理活动以及反映这些活动的财务报表、内部控制和其他有关资料。审计目标,是在一定历史环境下,人们通过审计实践活动所期望达到的境地或最终结果。广义上的审计目标为真实性、合法性和效益性;按审计主体分类,审计目标包括政府审计目标、内部审计目标以及社会审计目标,它们各自都具有相对独立的审计目标。

本章思考题

1. 如何理解审计独立性的含义?
2. 审计产生的客观基础是什么?学习中西方的审计史有哪些重要启示?
3. 试述审计的基本职能及作用。
4. 审计的对象有哪些?如何理解审计对象的现象与本质?
5. 试述社会审计总目标的演变过程。
6. 如何理解管理层认定、具体审计目标、审计程序与审计证据之间的关系?

第二章 审计分类与审计组织

学习目标

掌握审计的基本分类和不同审计组织(按审计主体)的比较
熟悉最高审计机关的设置模式和我国政府审计机关的设置情况
熟悉内部审计机构的设置模式和原则
熟悉社会审计组织的设置模式和业务范围

思政元素

成立中央审计委员会的政治背景
党对审计工作的集中统一领导
国有企业内部审计机构的隶属模式
不同审计组织在经济监督领域的协同
审计在党的自我革命中发挥的独特作用

引例——H镇领导干部经济责任审计

重视乡镇领导干部的经济责任审计对于贯彻落实乡村振兴战略具有重要的现实意义。根据《中华人民共和国审计法》的相关规定,C区审计局接受区委组织部的委托,依法对H镇党委书记和镇长任期经济责任进行审计。本次审计的目标是H镇党委、政府重大经济决策的合规性,以及街镇财政收支及相关经济活动的真实性、合法性、效益性,审计原则是实事求是、客观公正,以评价党委书记a同志和党委副书记、镇长b同志的经济责任履行情况,从审计情况看,党委书记a同志和党委副书记、镇长b同志任职期间,推动了辖区经济发展,改善了农村人居环境,履行经济责任状况良好。在本次审计范围内,未发现a、b两位同志本人在国有资源和资产的管理以及公共资金的使用、分配中存在违反廉洁从政要求的现象。但是,经济责任的履行过程中还是存在政府目标任务未完成、重点工作任务未完成、对辖区土地监管不到位、专项资金管理不到位、未及时办理财务决算等问题,需进一步改进。

思考:经济责任审计产生的背景是什么?经济责任审计的审计对象及特点是什么?

第一节 审计分类

按照一定的标准,将性质相同或相近的审计活动归属于一种审计类型的做法,即为审计分类。对审计进行科学分类,有利于加深对不同审计活动的认识,探索审计规律;有利于更好地组织审计工作,充分发挥审计作用。理解审计的分类,是开展审计工作的一个重要条件。

审计分类的一般方法:首先提出分类标志并根据每一种标志,确定归属的某几种审计;然后按照一定的逻辑程序,将各类审计有秩序地排列起来,形成审计类型的群体。审计分类标准众多,通常参照国际审计分类惯例,结合我国经济特征和审计监督特点对审计进行分类。

一、按照审计内容和目的分类

按照审计内容和目的,审计可分为财务报表审计、财经法纪审计和绩效审计。

(一)财务报表审计

财务报表审计的目的是注册会计师通过执行审计工作,对财务报表是否按照规定的标准编制发表审计意见。规定的标准通常是企业会计准则和相关会计制度。财务报表通常包括资产负债表、利润表、现金流量表、所有者权益(或股东权益)变动表以及财务报表附注。

(二)财经法纪审计

财经法纪审计,是对国家政府机关和企事业单位严重违反财经法纪行为所进行的专案审计。对严重违反国家现金管理制度、结算制度、信贷制度、税利上交规定等所进行的审计,均属于财经法纪审计。财经法纪审计的重点是揭露各种舞弊、侵占社会主义资产的事项,揭露使国家和集体资产造成重大损失和浪费的各种失职渎职行为。其主要目的是检查国家方针、政策、法令、制度、法规和财经纪律的执行情况,揭露违法乱纪现象。其任务是审查被审计单位贯彻执行财经法纪情况及存在的问题,彻底查明各种违法乱纪案件,并根据审计结果,提出处理建议和改进财政、财务管理的意见。财经法纪审计是我国政府审计机关的主要方向。

(三)绩效审计

绩效审计也被称作经济效益审计,是以审查评价实现经济效益的程度和途径为内容,以促进经济效益提高为目的所实施的审计。绩效审计的主要对象是生产经营活动和财政经济活动能取得的经济效果或效率,它通过对企业生产经营成果、基本建设效果和行政事业单位资金使用效果的审查,评价经济效益与经营情况,并进一步发掘提高经济效益的潜力和途径。经济效益审计,不仅是政府审计的一项重要业务,也是内部审计的主要目标和日常工作内容。我国的绩效审计,类同于国外的"3E"审计。"3E"审计,是指经济性审计、效率性审计和效果性审计。经济性审计是指对组织经营活动的资金、资源节约程度进行审查与评价的活动;效率性审计是指对被审计单位的内设生产、经营和管理职能部门的投入产出效率所进行的审查和评价;效果性审计是指对生产经营活动中目标实现程度的审查监督活动。我国的绩效审计包括经营审计和管理审计的部分内容。经营审计一般称为业务经营审计,是对企业供产销等业务经营活动进行的审核检查,以挖掘潜力,提高效益。管理审计,则是审核检查管理能力和水平,评价管理素质的一种经济效益审计。

【例 2-1】G 乳业公司绩效审计

1. 业务经营审计

对 G 乳业公司业务经营方面的审计主要是从销售与收款、采购与付款、生产与费用、筹资几个方面进行。对销售与收款的绩效审计重点审查销售前是否制订了实用的执行计划；销售成本有多少，是否超过预算；对销售收入是否正确估价；对营业收入是否按照规定办理入账以及是否达到预估水平等。采购与付款环节的绩效审计主要审查物资采购、入库、管理等职责是否分离；订货计划量是否准确恰当；采购费用及仓储费用有多少，是否超出预算成本；仓库管理制度是否完善；应收账款有没有及时查账并催收等。对生产与费用的绩效审计主要是审查是否预先制订可行的生产计划；成本费用管理控制制度是否健全；有没有对存货定期实施监盘；对产品质量的检验体系是否完善等。筹资环节的整体绩效审计工作重点在于审查资本来源结构配置是否合理、资金来源供应数量和方式是否合适、长期负债总额占筹资总额的比例以及长期负债与其他长期负债比例间的关系是否合理等。

2. 管理审计

对 G 乳业公司管理的审计主要从领导机制效率、激励机制效率及控制机制效率等方面来进行研究。对领导机制效率的绩效审计主要审查公司各层管理人员是否有效行使自己的权力、履行自己的职责，下达的指令是否切实可行，是否与员工保持正常、健康的关系。激励机制效率的绩效审计重点审查公司的管理民主与否，奖励惩罚制度是否公正合理，是否存在个别不公平的奖惩现象。对控制机制效率的绩效审计主要是审查公司的职责是否明确、员工管控制度是否健全、授权审批制度是否合理等。

二、按照审计主体分类

按照不同的审计主体所实施的审计，审计可分为政府审计、社会审计及内部审计。

拓展资源：国际审计组织

(一)政府审计

政府审计一般是指国家组织和实施的审计，确切地讲，是国家专设的审计机关所进行的审计，也称国家审计。我国国务院审计署及派出机构和地方各级人民政府审计厅(局)所组织和实施的审计，均属于政府审计。我国政府审计机关代表政府实行审计监督，依法独立行使审计监督权。审计署有权对中央预算执行情况进行审计监督，而地方各级审计机关，也有权对本级预算执行情况进行审计监督；政府审计机关可以对中央银行的财务收支进行审计监督，同时，也可以对国有金融机构、国有资产占控股地位或者主导地位的企业、国家建设项目预算的执行情况和决算，以及其他与国计民生有关的项目进行审计监督。政府审计机关还有要求报送资料权、监督检查权、调查取证权以及向有关部门通报或向社会公布审计结果权、经济处理权、处罚权等多项权力。同时，政府审计机关还可以进行授权审计和委托审计。

(二)社会审计

社会审计是指由社会注册会计师所进行的独立审计，也称民间审计。我国社会审计组织主要是会计师事务所。会计师事务所主要承办各类企业的财务审计和管理咨询业务；也接受政府审计机关、政府其他部门、企业主管部门和企事业单位的委托，办理经济业务鉴证、纳税申报、资本验证、可行性方案研究、合并分立以及财务收支、经济效益、经济责任等方面的审计工作。

(三)内部审计

内部审计是指由本部门和本单位内部专职的审计组织,对系统或单位内的业务所实施的审计。内部审计机构一般独立于财会部门之外,直接接受本部门、本单位最高负责人领导,并向其报告工作。审计的主要目的是查错防弊,改善经营,以提高管理素质,提高工作效率及经济效益。内部审计所涉及的范围广泛,其审计方式也较为灵活,一般根据本部门和本单位经营管理的需要而定。内部审计又可进一步分为部门审计和单位审计。

不同审计主体的比较如表 2-1 所示。

表 2-1 不同审计主体的比较

审计分类	政府审计	内部审计	社会审计
审计主体	国家审计机关	内部审计机构	会计师事务所
审计准则	国家审计准则	内部审计准则	注册会计师审计准则
审计目标	财政、财务收支的真实性、合法性和效益性	会计信息、经营活动和内部控制等的适当性、合法性及有效性	财务报表的合法性、公允性
审计结果提交对象	本级党委、政府、审计委员会、上一级审计机关	本单位党委、主要负责人	委托人(全体股东)
对被审计单位是否具有处罚权	是	否	否
是否需要接受被审计单位委托后才能提供审计服务	否	否	是
被审计单位是否需要支付审计费用	否	否	是

三、审计的其他分类

(一)按实施范围分类

审计按其范围,可以分为全部审计和局部审计。

1.全部审计

全部审计又称全面审计,是指对被审计单位一定期间的财政财务及有关经济活动的各个方面及其资料进行全面的审计。这种审计的业务范围较广,涉及被审计单位的会计资料及其经济资料所反映的采购、生产、销售、各项财产物资、债权债务、资金和利润分配、税款缴纳等经济业务活动。其优点是审查详细彻底;缺点是工作量太大,花费时间长。全部审计一般适合规模较小、业务较简单、会计资料较少的行政事业单位和企业。

2.局部审计

局部审计又称部分审计,是指对被审计单位一定期间的财政财务收支或经营管理活动的某些方面及资料进行部分、有目的、有重点的审计,如对被审计单位的货币资金审计、存货审计、收支两条线审计等,或者是为了查清贪污盗窃案件而对部分经济业务的审查等都属于局部审计。另外,为某一特定项目所进行的审计,即专题审计,如基建资金审计、扶贫资金审计等也属于局部审计的一种。这种审计时间较短、耗费较少,能及时发现和纠正问题,达到预定的审计目的和要求,但容易遗漏问题,所以有一定的局限性。

(二)按实施时间分类

1.事前审计

事前审计是指在被审计单位经济业务实际发生以前所进行的审计,例如会计师事务所对企业盈利预测文件的审核。开展事前审计,有利于被审计单位进行科学决策和管理,保证未来经济活动的有效性,避免因决策失误而遭受重大损失,但同时开展事前审计应避免审计独立性的丧失。

2.事中审计

事中审计是指在被审计单位经济业务执行过程中进行的审计,如预算执行审计、基本建设工程跟踪审计、信息系统运行有效性审计、内部控制运行有效性审计等。通过这种审计,能够及时发现和反馈问题,纠正偏差,从而保证经济活动按预期目标合法合理和有效地进行。

3.事后审计

事后审计是指在被审计单位经济业务完成之后进行的审计。大多数审计活动都属于事后审计。如上市公司的年度财务报表审计、领导干部任期经济责任审计、决算审计等。

(三)按审计地点分类

审计按执行地点,可以分为报送审计和就地审计。

1.报送审计

报送审计也称送达审计,是指审计机构按照审计法规的规定,对被审计单位按期报送上来的凭证、账簿和财务报表等资料进行审计。报送审计主要适用于政府审计机关对规模较小的单位进行的审计活动。这种方式的优点是省人力、物力,缺点是不能实地观察了解被审计单位的实际情况,不易从财务报表及相关资料外发现被审计单位的实际问题。

2.就地审计

就地审计是指审计机构委派审计人员到被审计单位所在地进行审计。就地审计可以深入实际,调查研究,易于全面了解和掌握被审计单位的实际情况,在我国审计监督中广为使用。

第二节　政府审计

一、政府审计机关的隶属模式

政府审计机关是代表国家依法行使监督权的行政机关,它具有国家法律赋予的独立性和权威性。政府审计机关不仅是最早的审计组织形式,而且也是现代各国审计机构体系中最重要的组成部分。尽管各国审计机关的称呼不一,但都是国家政权的一个重要组成部分。由于世界各国的文化传统和政治体制不同,最高审计机关的隶属关系和地位也有很大差别。其主要类型有以下四种。

(一)立法型

立法型的国家最高审计机关隶属立法部门,依照国家法律赋予的权力行使审计监督权,一般直接对议会负责,并向议会报告工作。目前,世界上大多数国家的最高审计机关都属于立法型审计机构。例如,奥地利审计院直接隶属于国民议会,每年向国民议会提交工作报告;加拿大审计长每年向议院报告审计长公署工作中重要的应提请众议院注意的任何事项;美国审计总局(署)隶属于国会,不受任何行政当局干涉,独立地行使审计监督权。立法型审计机关地位高,独立性强,不受行政当局的控制和干预。

(二)司法型

司法型的国家最高审计机关隶属于司法部门,拥有很强的司法权。例如,意大利的审计法院对公共财务案件和法律规定的其他案件有裁判权,审计法院直接向两院报告审查的结果;西班牙审计法院拥有自己的司法权;法国审计法院也有一定的审判权。司法型审计机关可以直接行使司法权力,具有司法地位和很高的权威性。

(三)行政型

行政型的国家最高审计机关隶属于政府行政部门,它是政府行政部门中的一个职能部门,根据国家赋予的权限,对政府所属各级、各部门、各单位的财政财务收支活动进行审计。它们对政府负责,保证政府财经政策、法令、计划、预算的正常实施。例如,苏联和部分东欧国家都曾采取过行政型政府审计机关。

(四)独立型

还有一些国家的最高审计机关介于立法、司法及行政部门之间。例如,日本会计检察院既不属于议会,对内阁也具有独立的地位。会计检察院认为其检查报告需要向国会申诉时,可由检察官出席国会或用书面说明。德国联邦审计院是联邦机构,是独立的财政监督机构,只受法律约束,而不受国家机关的直接干预。

二、我国政府审计机关的设置

审计机关是审计权力的承担者和审计监督活动的实施者。因此,审计机关就是能以自己的名义实施审计监督权的组织机构。我国审计机关是国家行政机关的组成部分,是根据宪法、审计法以及其他有关法律的规定建立起来并进行活动的国家行政机关。

根据《中华人民共和国宪法》第九十一条和第一百零九条以及《中华人民共和国审计法》第二条的规定:国家实行审计监督制度,国务院设立审计机关,县级以上的地方各级人民政府设立审计机关。从职能上讲,审计机关有对外行使权力的组织,也有管理内部事务的机构;从地域而言,有中央审计机关,也有地方审计机关;从组织形式上看,有常设机构,也有派出机构。我国审计机关是审计法律关系的主体,是行使审计监督权的组织,是以自己的名义行使职权并能够承担审计法律责任的组织,以行政法人资格从事审计行为。

党的十九届三中全会提出,要完善坚持党的全面领导的制度,建立健全党对重大工作的领导体制机制,加强党对涉及党和国家事业全局的重大工作的集中统一领导,加强和优化党对深化改革、依法治国、经济、农业农村、纪检监察、组织、宣传思想文化、国家安全、政法、统战、民族宗教、教育、科技、网信、外交、审计等工作的领导。改革审计管理体制,组建中央审计委员会,是加强党对审计工作领导的重大举措,目的是构建集中统一、全面覆盖、权威高效的审计监督体系,更好地发挥审计在党和国家监督体系中的重要作用。中共中央总书记、国家主席、中央军委主席习近平担任中央审计委员会主任。中央审计委员会的主要职责是,研究提出并组织实施在审计领域坚持党的领导、加强党的建设方针政策,审议审计监督重大政策和改革方案,审议年度中央预算执行和其他财政支出情况审计报告,审议决策审计,监督其他重大事项等。

我国的审计机关主要包括最高审计机关与地方审计机关。

(一)最高审计机关

中华人民共和国审计署成立于 1983 年 9 月 15 日,它是国务院所属部委级的国家机关,是我国最高审计机关。它具有双重法律地位:一方面,它是国务院的组成部门,要接受国务院的领导和指示,遵照和执行国务院的行政法规、决定和命令;另一方面,它又有自己的职责范围,对自己所管辖的事项,以独立的行政主体从事活动,并承担由此而产生的责任。审计署按统一领导、分级负责的原则组织领导全国的审计工作。其主要职责是:接受委托起草审计法律、行政法规草案,提出修改审计法律、行政法规的草案;制定审计工作的方针、政策,发布审计工作的命令、指示和规章,确定审计工作重点,编制全国审计项目计划;办理审计管辖范围内的审计事项,组织、指导全国性行业和专项资金审计,组织、实施对与国家财政收支有关的特定事项的专项审计调查;领导、管理全国审计机关的审计业务和其他审计工作,制定审计准则;指导和监督全国的内部审计业务工作;对社会中介机构的审计业务质量进行监督检查;协同省级主管部门依照法定程序办理省级审计机关负责人(包括正职和副职)的任免事项;办理法律、行政法规规定和国务院交办的其他事项。

由于我国各级审计机关的审计范围是按照被审计单位财政财务的隶属关系来划分的,如属于中央的企事业单位由审计署负责审计;属于地方的企事业单位分别由省、市、县审计机关负责审计。为了就近审计和同行业审计的需要,审计机关有必要在重点地区和部门派出审计特派员。

审计署根据工作需要设立审计派出机构,须经国务院批准。审计派出机构根据审计署的授权,依法独立进行审计工作,审计终结后,出具审计意见书,作出审计决定。在重点城市设立的派出机构负责对各该地区的中央企业、事业单位以及省级政府财政进行审计监督。这些派出机构直接受审计署领导,对审计署负责并报告工作,处级以上的干部由审计署任免。在各部委派驻部门的审计机构,原则上负责各该部门直属企业、事业单位的审计监督工作和内部审计指导和监督工作,受审计署和驻在部门的双重领导,对审计署和驻在部门负责并报告工作。派驻部门审计机构的编制由审计署负责核定,处级以上干部由审计署任免。

2018 年中央审计委员会成立以来,党领导审计工作的制度机制不断健全完善。明确中央政治局常委会每年听取审议审计情况报告,作为党中央领导经济工作的重要制度安排。明确审计领域出台重大政策、制订规划计划、提交重要审计情况、请示重大违纪违法问题等各类重大事项,首先向中央审计委员会报告。明确下级党委审计委员会向上级党委审计委员会请示报告重大事项,作为推动实现审计工作全国一盘棋的政治纪律和政治规矩,要求地方各级党委审计委员会主要负责同志亲自部署、亲自过问审计工作,真抓真管,抓好管好,确保党对审计工作的领导落实落地。明确推进审计监督与纪检监察、巡视巡察、组织人事等监督贯通协同,建立健全信息沟通、线索移送、措施配合、成果共享等工作机制,深化审计成果运用,增强监督的严肃性、有效性和协同性。

目前,我国在审计体制上实现了中央审计委员会负责决策,审计署具体执行的治理型隶属模式。

(二)地方审计机关

地方审计机关是指省、自治区、直辖市、设区的市、自治州、县、自治县、不设区的市、市辖区人民政府设立的审计组织,负责本行政区域内的审计工作。地方审计机关也是根据宪法、审计法有关条文规定设立的,同样具有法律地位。

省、自治区审计机关称审计厅,其他地方各级审计机关统称为审计局。地方各级审计机关在法律上也具有双重地位:一方面,它是各级政府的一个职能部门,直接对本级政府行政首长负责;另一方面,地方审计机关对自己管辖范围内的审计事项,以独立的行政主体资格从事活动。《审计法》第八条规定:"省、自治区、直辖市、设区的市、自治州、县、自治县、不设区的市、市辖区的人民政府的审计机关,分别在省长、自治区主席、市长、州长、县长、区长和上一级审计机关的领导下,负责本行政区域内的审计工作。"地方审计机关按照国家法律和本级政府的政策、决议行使权力,处理行政事务。其主要职责是:接受委托起草地方性审计法规、规章、制度,根据本级人民政府和上级审计机关的要求,确定审计管辖范围内的审计工作重点,编制审计项目计划;办理本级审计机关审计管辖范围内的审计事项,组织、指导审计管辖范围内行业和专项资金审计,组织实施对本级财政收支有关的特定事项的专项审计调查;领导、管理下级审计机关的审计业务和其他审计工作;具体指导、监督审计管辖范围内的内部审计业务工作;根据规定具体监督检查中介机构的审计业务质量;协同下一级主管部门依照法定程序办理下一级审计机关负责人(包括正职和副职)的任免事项;办理法律、法规、规章规定以及上级审计机关或者本级人民政府交办的其他事项。

我国地方审计机关实行双重领导,对本级审计委员会、本级人民政府和上一级审计机关负责并报告工作,审计业务方面以上级审计机关领导为主。

三、我国政府机关的职责和权限

(一)政府审计机关的职责

根据《审计法》的规定,我国审计机关的职责包括以下方面。

(1)对本级各部门(含直属单位)和下级政府预算的执行情况和决算以及其他财政收支情况,进行审计监督。

(2)对本级预算执行情况、决算草案以及其他财政收支情况进行审计监督。

(3)审计署对中央银行的财务收支,进行审计监督。

(4)对国家的事业组织和使用财政资金的其他事业组织的财务收支,进行审计监督。

主题讨论:更好发挥审计在推进党的自我革命中的独特作用

（5）对国有企业、国有金融机构和国有资本占控股地位或者主导地位的企业、金融机构的资产、负债、损益以及其他财务收支情况，进行审计监督。遇有涉及国家财政金融重大利益情形，为维护国家经济安全，经国务院批准，审计署可以对前款规定以外的金融机构进行专项审计调查或者审计。

（6）对政府投资和以政府投资为主的建设项目的预算执行情况和决算，对其他关系国家利益和公共利益的重大公共工程项目的资金管理使用和建设运营情况，进行审计监督。

（7）对国有资源、国有资产，进行审计监督。审计机关对政府部门管理的和其他单位受政府委托管理的社会保险基金、全国社会保障基金、社会捐赠资金以及其他公共资金的财务收支，进行审计监督。

（8）对国际组织和外国政府援助、贷款项目的财务收支，进行审计监督。

（9）根据经批准的审计项目计划安排，审计机关可以对被审计单位贯彻落实国家重大经济社会政策措施情况进行审计监督。

（10）除本法规定的审计事项外，审计机关对其他法律、行政法规规定应当由审计机关进行审计的事项，依照本法和有关法律、行政法规的规定进行审计监督。

（11）审计机关可以对被审计单位依法应当接受审计的事项进行全面审计，也可以对其中的特定事项进行专项审计。

（12）审计机关有权对与国家财政收支有关的特定事项，向有关地方、部门、单位进行专项审计调查，并向本级人民政府和上一级审计机关报告审计调查结果。

（13）审计机关履行审计监督职责，发现经济社会运行中存在风险隐患的，应当及时向本级人民政府报告或者向有关主管机关、单位通报。

（14）审计机关根据被审计单位的财政、财务隶属关系或者国有资源、国有资产监督管理关系，确定审计管辖范围。审计机关之间对审计管辖范围有争议的，由其共同的上级审计机关确定。上级审计机关对其审计管辖范围内的审计事项，可以授权下级审计机关进行审计（但《审计法》第十八条至第二十条规定的审计事项不得进行授权）；上级审计机关对下级审计机关审计管辖范围内的重大审计事项，可以直接进行审计，但是应当防止不必要的重复审计。

（15）被审计单位应当加强对内部审计工作的领导，按照国家有关规定建立健全内部审计制度。审计机关应当对被审计单位的内部审计工作进行业务指导和监督。

（16）社会审计机构审计的单位依法属于被审计单位的，审计机关按照国务院的规定，有权对该社会审计机构出具的相关审计报告进行核查。

（二）政府审计机关的权限

《审计法》对"审计机关权限"作了如下规定。

（1）审计机关有权要求被审计单位按照审计机关的规定提供财务、会计资料以及与财政收支、财务收支有关的业务、管理等资料，包括电子数据和有关文档。被审计单位不得拒绝、拖延、谎报。被审计单位负责人应当对本单位提供资料的及时性、真实性和完整性负责。审计机关对取得的电子数据等资料进行综合分析，需要向被审计单位核实有关情况的，被审计单位应当予以配合。

（2）国家政务信息系统和数据共享平台应当按照规定向审计机关开放。审计机关通过政务信息系统和数据共享平台取得的电子数据等资料能够满足需要的，不得要求被审计单位重复提供。

(3)审计机关进行审计时,有权检查被审计单位的财务、会计资料以及与财政收支、财务收支有关的业务、管理等资料和资产,有权检查被审计单位信息系统的安全性、可靠性、经济性;被审计单位不得拒绝。

(4)审计机关进行审计时,有权就审计事项的有关问题向有关单位和个人进行调查,并取得有关证明材料。有关单位和个人应当支持、协助审计机关工作,如实向审计机关反映情况,提供有关证明材料。审计机关经县级以上人民政府审计机关负责人批准,有权查询被审计单位在金融机构的账户。审计机关有证据证明被审计单位违反国家规定将公款转入其他单位、个人在金融机构账户的,经县级以上人民政府审计机关主要负责人批准,有权查询有关单位、个人在金融机构与审计事项相关的存款。

(5)审计机关进行审计时,被审计单位不得转移、隐匿、篡改、毁弃财务、会计资料以及与财政收支、财务收支有关的业务、管理等资料,不得转移、隐匿、故意毁损所持有的违反国家规定取得的资产。审计机关对被审计单位违反前款规定的行为,有权予以制止;必要时,经县级以上人民政府审计机关负责人批准,有权封存有关资料和违反国家规定取得的资产;对其中在金融机构的有关存款需要予以冻结的,应当向人民法院提出申请。审计机关对被审计单位正在进行的违反国家规定的财政收支、财务收支行为,有权予以制止;制止无效的,经县级以上人民政府审计机关负责人批准,通知财政部门和有关主管机关、单位暂停拨付与违反国家规定的财政收支、财务收支行为直接有关的款项,已经拨付的,暂停使用。审计机关采取前两款规定的措施不得影响被审计单位合法的业务活动和生产经营活动。

(6)审计机关认为被审计单位所执行的上级主管机关、单位有关财政收支、财务收支的规定与法律、行政法规相抵触的,应当建议有关主管机关、单位纠正;有关主管机关、单位不予纠正的,审计机关应当提请有权处理的机关、单位依法处理。

(7)审计机关可以向政府有关部门通报或者向社会公布审计结果。审计机关通报或者公布审计结果,应当保守国家秘密、工作秘密、商业秘密、个人隐私和个人信息,遵守法律、行政法规和国务院的有关规定。

(8)审计机关履行审计监督职责,可以提请公安、财政、自然资源、生态环境、海关、税务、市场监督管理等机关予以协助,有关机关应当依法予以配合。

【例2-2】远大物产集团有限公司涉嫌操纵期货合约牟利问题

审计发现,2016年5月至8月,远大物产集团有限公司涉嫌操纵期货合约牟利。2017年6月,审计署将此问题线索移送证监会、公安部调查。2020年9月,远大物产集团有限公司子公司远大石化有限公司以操纵期货市场罪被判处罚金3亿元,追缴违法所得4.37亿元;远大石化有限公司原法定代表人吴向东以操纵期货市场罪被判处有期徒刑5年,并处罚金500万元,追缴违法所得487.58万元。

第三节　内部审计

《审计法》规定:"依法属于审计机关审计监督对象的单位,应当按照国家有关规定建立健全内部审计制度。"内部审计制度是部门、单位健全内部控制,审查财政、财务收支,改善经营管理,提高资金使用效果,提高经济效益或者工作绩效的一项重要的管理控制制度。内部审计机构和内部审计人员可以加入内部审计行业自律组织。政府审计机关对内部审计工作和内部审计行业自律组织的活动进行指导和监督。

在我国实行内部审计制度,有利于企业通过内部审计来检查和评价内部各单位履行经济责任的状况,加强内部管理和控制,挖掘内部潜力,提高经济效益,增强竞争能力,维护自身的合法权益;有利于占有和使用国有资产的部门和单位通过内部审计来保障国有资产的安全完整,提高国有资产利用效果和效率;有利于国家通过内部审计促使各部门、各单位加强对国有资产的经营或管理,以巩固和发展国有经济。

我国内部审计机构是指在部门、单位内部从事组织和办理审计业务的专门组织。它是我国审计主体的重要组成部分。在审计署正式成立以后,我国就提出了实行内部审计制度,根据国务院的要求,许多部门和单位相继建立了内部审计机构。在 1985 年颁布的《国务院关于审计工作的暂行规定》(简称《审计条例》)中,进一步规定了内部审计机构的设置、领导关系、审计任务等问题。在《审计条例》中,对内部审计机构又作了进一步的规范。1994 年颁布的《审计法》中确立了内部审计的法律地位,明确了审计机关与内部审计的法律关系。1995 年颁布的《审计署关于内部审计工作的规定》更全面地规范了内部审计机构的设置、领导关系、审计范围、主要权限、工作程序、内部管理及与审计机关的关系等。2003 年 3 月,审计署发布命令,重新颁布了《审计署关于内部审计工作的规定》。2018 年 1 月 12 日,中华人民共和国审计署第 11 号令正式发布了《审计署关于内部审计工作的规定》,并于 2018 年 3 月 1 日起施行。

一、内部审计机构的设置

(一)建立和健全内部审计制度

根据《审计法》和相关制度的规定,国家机关、金融机构、企事业组织、社会团体以及其他单位,应当按照国家规定建立和健全内部审计制度。

(1)法律、行政法规规定设立内部审计机构的单位,必须设立独立的内部审计机构。

(2)法律、行政法规没有明确规定设立内部审计机构的单位,可以根据需要建立内部审计机构,配备内部审计人员。

(3)有内部审计工作需要且具有独立的内部审计机构和人员编制的国家机关,可以授权本单位内设机构履行内部审计职责。

(4)设立内部审计机构的单位,可以根据需要设立审计委员会,配备总审计师。

(二)原则上应设立独立的内部审计机构的单位

(1)审计机关未设派出机构,财政、财务收支金额较大或者所属单位较多的政府部门。

(2)县级以上国有金融机构。

(3)国有大中型企业。

(4)国有资产占控股地位或者主导地位的大中型企业。

(5)国家大型建设项目的建设单位。

(6)财政、财务收支金额较大或者所属单位较多的国家事业单位。

(7)其他需要设立内部审计机构的单位。

根据内部审计机构设置的范围,我国内部审计机构包括部门内部审计机构和单位内部审计机构。部门内部审计机构是指国务院和县级以上地方各级人民政府按行业划分的业务主管部门设置的专门审计机构。单位内部审计机构是指企事业等单位设置的专门机构。

二、内部审计机构的隶属模式

内部审计机构能否有效地进行审计监督与内部审计机构在组织中的地位、权力、责任及其人员和管理能力等方面的条件总是相关的。独立性是借助其在组织中的地位和客观性来实现的。内部审计机构在组织中的地位应足以保证其履行审计职责。内部审计机构在组织中的地位以及管理部门对它的支持是内部审计活动受到重视的决定性因素。

我国内部审计机构在本单位主要负责人或者权力机构的领导下开展工作。依照国家法律、法规和政策以及本部门、本单位的规章制度,对本单位及所属单位的财政、财务收支及其经济效益进行内部审计监督,独立行使内部审计监督权。关于企业内部审计机构的领导体制,国内外基本有三种类型:一是受本单位总会计师或主管财务的副总经理领导;二是受本单位总经理或总裁领导;三是受本单位董事会或其下属审计委员会领导。事业单位及行政机关的内审机构则由最高管理者领导或其他副职领导。

2018年,中华人民共和国审计署第11号令发布的《审计署关于内部审计工作的规定》中明确,国家机关、事业单位、社会团体等单位的内部审计机构或者履行内部审计职责的内设机构,应当在本单位党组织、主要负责人的直接领导下开展内部审计工作,向其负责并报告工作。国有企业内部审计机构或者履行内部审计职责的内设机构应当在企业党组织、董事会(或者主要负责人)直接领导下开展内部审计工作,向其负责并报告工作。国有企业应当按照有关规定建立总审计师制度。总审计师协助党组织、董事会(或者主要负责人)管理内部审计工作。

国家机关、金融机构、企业事业组织、社会团体以及其他单位,应当按照国家有关规定建立健全内部审计制度。法律、行政法规规定设立内部审计机构的单位,必须设立独立的内部审计机构。法律、行政法规没有明确规定设立内部审计机构的单位,可以根据需要设立内部审计机构,配备内部审计人员。有内部审计工作需要且不具有设立独立的内部审计机构条件和人员编制的国家机关,可以授权本单位内设机构履行内部审计职责。

国有控股公司和国有独资公司应当依据完善公司治理结构和完备内部控制机制的要求,在董事会下设立独立的审计委员会。企业审计委员会成员应当由熟悉企业财务、会计和审计等方面专业知识并具备相应业务能力的董事组成,其中,主任委员应当由外部董事担任。

企业审计委员会应当履行以下主要职责。

(1)审议企业年度内部审计工作计划。

(2)监督企业内部审计质量与财务信息披露。

(3)监督企业内部审计机构负责人的任免,提出有关意见。

(4)监督企业社会中介审计等机构的聘用、更换和报酬支付。

(5)审查企业内部控制程序的有效性,并接受有关方面的投诉。

(6)其他重要审计事项。

未建立董事会的国有独资公司及国有独资企业应当按照加强财务监督和完善内部控制机制的要求,依据国家有关规定,加强内部审计工作的组织领导,明确工作责任,强化企业内部审计工作,做好内部审计机构与内部监察(纪检)、财务、人事等有关部门的协调工作。

企业内部审计机构依据国家有关规定开展内部审计工作,直接对企业董事会(或主要负责人)负责;设立审计委员会的企业内部审计机构应当接受审计委员会的监督和指导。

企业所属子企业应当按照有关规定设立相应的内部审计机构;尚不具备条件的,应当设立专职审计人员。

三、内部审计机构的职责与权限

企事业单位应当依照有关法律法规、制度和内部审计职业规范,结合本单位实际情况,建立健全内部审计制度,明确内部审计工作的职责与权限。

(一)主要职责

(1)对本单位及所属单位贯彻落实国家重大政策措施情况进行审计。

(2)对本单位及所属单位发展规划、战略决策、重大措施以及年度业务计划执行情况进行审计。

(3)对本单位及所属单位财政财务收支进行审计。

(4)对本单位及所属单位固定资产投资项目进行审计。

(5)对本单位及所属单位的自然资源资产管理和生态环境保护责任的履行情况进行审计。

(6)对本单位及所属单位的境外机构、境外资产和境外经济活动进行审计。

(7)对本单位及所属单位经济管理和效益情况进行审计。

(8)对本单位及所属单位内部控制及风险管理情况进行审计。

(9)对本单位内部管理的领导人员履行经济责任情况进行审计。

(10)协助本单位主要负责人督促落实审计发现问题的整改工作。

(11)对本单位所属单位的内部审计工作进行指导、监督和管理。

(12)国家有关规定和本单位要求办理的其他事项。

(二)主要权限

(1)要求被审计单位按时报送发展规划、战略决策、重大措施、内部控制、风险管理、财政财务收支等有关资料(含相关电子数据,下同),以及必要的计算机技术文档。

(2)参加单位有关会议,召开与审计事项有关的会议。

(3)参与研究制定有关的规章制度,提出制定内部审计规章制度的建议。

(4)检查有关财政财务收支、经济活动、内部控制、风险管理的资料文件和现场勘察实物。

(5)检查有关计算机系统及其电子数据和资料。

(6)就审计事项中的有关问题,向有关单位和个人开展调查和询问,取得相关证明材料。

(7)对正在进行的严重违法违规、严重损失浪费行为及时向单位主要负责人报告,经同意作出临时制止决定。

(8)对可能转移、隐匿、篡改、毁弃会计凭证、会计账簿、会计报表以及与经济活动有关的资料,经批准,有权予以暂时封存。

(9)提出纠正、处理违法违规行为的意见和改进管理、提高绩效的建议。

(10)对违法违规和造成损失浪费的被审计单位和人员,给予通报批评或者提出追究责任的建议。

(11)对严格遵守财经法规、经济效益显著、贡献突出的被审计单位和个人,可以向单位党组织、董事会(或者主要负责人)提出表彰建议。

【例 2-3】上市公司内部控制评价

甲企业系境内外同时上市企业,其 A 股在上海证券交易所上市。依据财政部等五部委联合公布的《企业内部控制基本规范》及其配套指引,甲企业决定实施内部控制评价制度,并由审计部牵头拟订内部控制评价方案。该方案摘要如下。

(一)内部控制评价组织领导和职责分工

董事会及其审计委员会负责内部控制评价领导和监督。经理层负责实施内部控制评价,并对本企业内部控制有效性负全责,审计部具体组织实施内部控制评价工作,确定评价计划、组成评价工作组、实施现场评价、核实内部控制重大缺陷、草拟内部控制评价汇报,向董事会、监事会或经理层汇报。其他相关业务部门负责组织本部门内控自查工作。

(二)内部控制评价内容和方法

内部控制评价围绕内部环境、风险评定、控制活动、信息和沟通、内部监督等五要素展开。鉴于甲企业已按照《中华人民共和国公司法》(简称《公司法》)和企业章程建立了科学规范组织架构,组织架构相关内容不再纳入企业层面评价范围。同时,本着关键性标准,在实施业务层面评价时,评价上海证券交易所关键关注对外担保、关联交易和信息披露等业务或事项。在内部控制评价中,能够采取部分访谈、调查问卷、专题讨论、穿行性测试、实地查验、抽样和比较分析等方法。考虑到企业现阶段经营压力较大,为了减轻评价工作对正常经营活动的影响,在此次内部控制评价中,仅采取调查问卷和专题讨论法实施测试和评价。

(三)实施现场评价

评价工作组应和被评价单位进行充足沟通,了解被评价单位基础情况,合理调整已确定的评价范围、检验关键和抽样数量。评价人员要依据《企业内部控制基本规范》及其配套指引实施现场检验测试,按要求填写评价工作底稿,统计测试过程及结果,并对内部控制缺陷进行初步认定。现场评价结束后,评价工作组汇总评价人员工作底稿,形成现场评价汇报。现场评价汇报无须和被评价单位沟通,只需评价工作组责任人审核、签字确定后报审计部。审计部应编制内部控制缺陷认定汇总表,对内部控制缺陷进行综合分析和全方面复核。

(四)内部控制评价结果

审计部在完成现场评价和缺陷汇总、复核后,负责起草内部控制评价汇报。评价汇报包含:董事会对内部控制汇报真实性声明、内部控制评价工作总体概括、内部控制评价依据、内部控制评价范围、内部控制评价程序和方法、内部控制缺陷及其认定情况、内部控制缺陷整改情况、内部控制有效性结论等内容。对于重大缺陷及其整改情况,只进行内部通报,不对外披露。内部控制评价报告经董事会审核后对外披露。

第四节　社会审计

一、我国社会审计组织及人员

(一)审计组织

社会审计组织是指根据国家法律或条例规定,经政府有关部门审核批准,注册登记的会计师事务所。根据国内外实践,会计师事务所主要有四种组织形式:个人独资、普通合伙、有限责任公司和有限责任合伙。

独资企业会计师事务所。由具有注册会计师资格的个人独立执业,承担无限责任。它的优点是对从业者的要求不高,易于设置,实践灵活,可以很好地满足小企业在代理记账、代理税收等方面对注册会计师服务的需求。虽然承担无限责任,但实际发生的风险程度相对较低;缺点是无法承接大规模业务,缺乏发展潜力。

普通合伙制会计师事务所。它是由两位或两位以上注册会计师组成的合伙组织。合伙人以其各自的财产对公司的债务承担连带责任。其优势在于,在遏制风险和共同利益的驱动下,促使企业加强专业化发展,扩大规模,提高规避风险的能力;缺点是构建跨越区域和边界的大型会计师事务所需要很长时间。同时,任何一位合伙人在实践中的失误和欺诈都可能给整个会计师事务所带来灾难,可能导致其在短时间内崩塌。

有限责任公司制会计师事务所。其由注册会计师认购会计师事务所股份,并以所认购的股份对会计师事务所承担有限责任。会计师事务所对其所有资产的负债承担有限责任。它的优势是可以快速以公司形式聚集一批注册会计师,成立大型事务所,承接大型业务;缺点是降低了风险责任对执业行为的高度限制,削弱了注册会计师的个人责任。

有限责任合伙制会计师事务所。即会计师事务所以其全部资产对其债务承担有限责任,每位合伙人对个人执业承担无限责任。它的特点是既融合了合伙制和股份制会计师事务所的优点,又摒弃了它们的缺点。有限责任合伙制会计师事务所已成为当今注册会计师行业组织发展形式的一大趋势。

我国于 1981 年恢复注册会计师审计制度,随着改革开放的深入,我国的社会审计机构迅速发展壮大。目前,我国会计师事务所主要采取三种组织形式,分别是普通合伙制、有限责任公司制、特殊普通合伙制(有限责任合伙制)。从 2010 年开始,我国启动了大中型会计师事务所转制工作。《关于推动大中型会计师事务所采用特殊普通合伙组织形式的暂行规定》(2010 年)中,要求大型会计师事务所转制为特殊普通合伙组织形式,鼓励中型会计师事务所转制为特殊普通合伙制。

(二)审计人员

通过注册会计师全国统一考试的专业阶段考试和综合阶段考试,取得全科合格证,就可以申请成为中国注册会计师协会的非执业会员。如果有在会计师事务所两年以上的相关工作经验,可以申请注册,成为执业会员。

具有下列条件之一的中国公民,可报名参加考试。

(1)高等专科以上学校毕业的学历。

(2)会计或者相关专业(相关专业是指审计、统计、经济。下同)中级以上专业技术职称。目前我国实行的是 6+1 结构的考试制度,"6"即会计、审计、财务成本管理、经济法、税法、公司战略及风险管理,强调的是各个专门学科、专门领域的知识和初步技能;"1"即综合阶段考试,重点考查运用各种专业知识来解决实际问题的技能。通过注册会计师考试之后,还需要加入会计师事务所工作两年,才能成为一名执业注册会计师。如果不在会计师事务所工作,也可以在工商企业、政府机关、学术机构等工作,申请成为非执业注册会计师。

二、中国注册会计师协会

中国注册会计师协会(简称"中注协")是在财政部党组领导下开展行业管理和服务的法定组织,成立于 1988 年 11 月,依据《注册会计师法》和《社会团体登记管理条例》的有关规定设立,承担着《注册会计师法》赋予的职能和协会章程规定的职能。

中注协的主要职责如下。

(1)审批和管理本会会员,指导地方注册会计师协会办理注册会计师注册。

(2)拟订注册会计师执业准则、规则,监督、检查实施情况。

(3)组织对注册会计师的任职资格、注册会计师和会计师事务所的执业情况进行年度检查。

(4)制定行业自律管理规范,对会员违反相关法律法规和行业管理规范的行为予以惩戒。

(5)组织实施注册会计师全国统一考试。

(6)组织、推动会员培训和行业人才建设工作。

(7)组织业务交流,开展理论研究,提供技术支持。

(8)开展注册会计师行业宣传。

(9)协调行业内、外部关系,支持会员依法执业,维护会员合法权益。

(10)代表中国注册会计师行业开展国际交往活动。

(11)指导地方注册会计师协会工作。

(12)承担法律、行政法规规定和国家机关委托或授权的其他有关工作。

三、社会审计的业务范围

社会审计,即社会审计组织接受委托承办的具体业务项目。依照《注册会计师法》的规定,注册会计师依法承办审计业务和会计咨询、会计服务。此外,根据审计准则的规定,注册会计师可以接受委托人的委托,从事审阅业务、其他鉴证业务和相关服务业务。具体包括如下方面。

(1)审查企业会计报表,出具审计报告。

(2)验证企业资本,出具验资报告。

(3)办理企业合并、分立、清算事宜中的审计业务,出具有关的报告。

(4)法律、行政法规规定的其他审计业务。例如:离任审计、债券发行审计、任期经济责任审计等。

(5)审阅业务。注册会计师业务范围由法定业务向其他领域拓展,审阅程序简单,保证程度有限,审阅成本较低。

(6)其他鉴证业务。例如内部控制审核、预测性财务信息审核、系统鉴证等。

(7)相关服务包括对财务信息执行商定程序、代编财务信息、进行税务服务、提供会计服务和管理咨询等。

其中,审计业务是法定业务,非注册会计师不得承办,必须保持一定的独立性。相关服务业务对注册会计师独立性未提出要求,但承担相关服务业务不得影响审计业务的独立性。

本章小结

审计分类就是按照一定的标准,将性质相同或相近的审计活动归属于一种审计类型的做法。按照审计的目的和内容,审计可分为财务报表审计、财经法纪审计和绩效审计;按照不同的审计主体所实施的审计,审计可分为政府审计、社会审计及内部审计。政府审计机关是代表国家依法行使审计监督权的行政机关,它具有国家法律赋予的独立性和权威性。世界各国最高审计机关的隶属关系,主要有立法型、司法型、行政型、独立型模式。我国审计机关是国家行政机关的组成部分。我国政府审计机关有中央审计机关和地方审计机关之分。我国政府审计机关有多方面的职责和权限。宪法和审计法规定了我国审计机关进行审计监督时应遵循依法审计和独立审计的原则。内部审计机构是指在部门或单位内部从事组织和办理审计业务的专门组织。在我国,企业内部审计工作需要接受审计机关的指导和监督;内部审计机构在本单位主要负责人或者权力机构的领导下开展工作。会计师事务所是在资本市场上从事鉴证业务的经济组织,国际上通行的组织模式包括独资形式、普通合伙形式、有限责任公司形式和有限责任合伙形式。目前,我国基本完成大中型会计师事务所转制为特殊普通合伙制工作。会计师事务所按照《注册会计师法》和相关审计准则开展工作。

本章思考题

1.简述审计的基本分类。

2.什么是政府审计机关?政府审计机关有哪几种隶属模式?

3.我国政府审计机关是怎样设置的?我国地方审计机关有何特点?

4.简述我国内部审计机构的设置模式。

5.社会审计组织的业务范围有哪些方面?

第三章　审计规范与法律责任

学习目标

掌握注册会计师职业道德基本原则

掌握审计、审阅和其他鉴证业务三者的比较

熟悉我国注册会计师执业准则体系

了解审计人员法律责任的成因、种类和防范措施

思政元素

注册会计师职业规范体系

注册会计师职业道德基本原则

对职业道德产生不利影响的主要情形

审计准则的主要作用

合理保证与有限保证

会计师事务所质量管理体系

注册会计师应承担的法律责任

引例——"史上最贵签字"正中珠江审计康美药业

我国证券市场发展 30 多年来,随着我国多层次资本市场的建设发展,一系列财务造假和审计失败的案例也相继发生。上市公司财务舞弊案件层出不穷,舞弊手法也越来越隐蔽、复杂。康美药业股份有限公司(简称"康美药业")成立于 1997 年,是一家主要以供销药品、医疗器械为一体的大型民营企业。康美药业曾是股票市场上被看好的优质白马股,但是从 2018 年以来一直饱受社会公众和证监会的质疑。在随后长达 5 个月的证监会调查后,康美药业存在财务造假的事实被公之于众。2019 年 4 月 29 日,康美药业发布公告称,2017 年公司财报存在虚列货币资金 299.44 亿元、存货少记 195.46 亿元、多计营业收入 88.98 亿元等多个会计差错。

而为其提供近 20 年连续审计业务的广东正中珠江会计师事务所(简称"正中珠江")一时之间也成为众矢之的,并因涉嫌未勤勉尽责被证监会立案调查。2021 年 2 月 20 日,证监会发布了对正中珠江的行政处罚决定书(〔2021〕11 号),向正中珠江没收业务收入 1425 万元,并处以 4275 万元罚款,共计 5700 万元。3 名注册会计师被处以警告、罚款和市场禁入处罚。尤其值得关注的是,正中珠江因未实施基本的审计程序,此次被判承担 100% 的连带赔偿责任。

正中珠江对康美药业审计失败,成为"史上最贵签字",对审计职业界具有重大的警示意

义。从会计师事务所层面来看,正中珠江的审计质量控制较为薄弱,比如三级复核制度流于形式,未充分考虑被审计单位内外部环境变化及管理层诚信问题;连续审计项目组成人员轮换机制存在缺陷,4 位注册会计师通过排列组合避开连续审计期限,长期担任审计项目签字注册会计师。从注册会计师层面来看,注册会计师也在执业过程中缺失审计的灵魂"独立性",专业胜任能力不足,并没有保持应有的职业怀疑。

思考:注册会计师在执业过程中,需要遵循哪些法律制度、职业规范?如果注册会计师未遵守审计准则,或者缺乏应有的合理的谨慎,如何界定会计师事务所和注册会计师的法律责任?

第一节　注册会计师职业规范体系

审计职业规范是审计主体在审计工作中应当遵循的业务标准和行为准则。经过多年的发展,审计职业界已经形成了一套较为全面、完善的自我约束与引导的规范体系。

我国注册会计师职业规范体系受《中华人民共和国注册会计师法》统驭,由注册会计师职业道德准则、注册会计师执业准则体系、注册会计师后续教育准则三个部分组成。具体结构如图 3-1 所示。

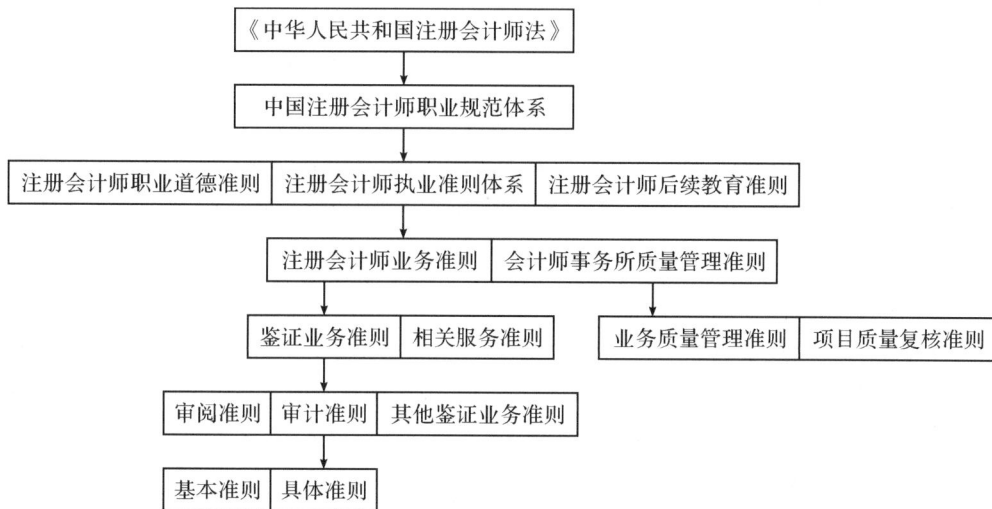

图 3-1　注册会计师职业规范体系

一、注册会计师职业道德准则

注册会计师职业道德准则主要包括职业道德基本原则和职业道德概念框架。其中,职业道德基本原则为注册会计师确立了道德标准;职业道德概念框架是解决职业道德问题的思路和方法,用以指导注册会计师识别、评价并应对可能对职业道德基本准则的不利影响的情形。

二、注册会计师执业准则体系

注册会计师执业准则体系由业务准则和会计师事务所质量管理准则构成。

(一)业务准则

1.鉴证业务准则

鉴证业务准则由鉴证业务基本准则统领,按照鉴证业务提供的保证程度和鉴证对象的不同,分为审计准则、审阅准则和其他鉴证业务准则。其中,审计准则是整个执业准则体系的核心。

审计准则用以规范注册会计师执行历史财务信息的审计业务。在提供审计服务时,注册会计师对所审计信息是否不存在重大错报提供合理保证,并以积极方式提出结论。

审阅准则用以规范注册会计师执行历史财务信息的审阅业务。在提供审阅服务时,注册会计师对所审阅信息是否不存在重大错报提供有限保证,并以消极方式提出结论。

其他鉴证业务准则用以规范注册会计师执行历史财务信息审计或审阅以外的其他鉴证业务,根据鉴证业务的性质和业务约定书的要求,提供有限保证或合理保证。

2.相关服务准则

相关服务准则用以规范注册会计师执行除鉴证业务外的其他相关服务业务。相关服务业务主要包括对财务信息执行商定程序、代编财务信息、税务咨询和管理咨询等。在提供相关服务时,注册会计师不提供任何程度的保证。

(二)会计师事务所质量管理准则

会计师事务所质量管理准则具体包括业务质量管理准则和项目质量复核准则。

1.业务质量管理准则

业务质量管理准则规范整个会计师事务所层面如何管理业务质量,要求会计师事务所采用风险导向的质量管理新方法,运用内部控制理论,建立健全并有效运行全事务所统一的质量管理体系,并详细规定了该体系的具体内容和事务所领导层等相关人员的具体职责。

2.项目质量复核准则

项目质量复核准则明确了项目质量复核的目标和定位,针对项目质量复核人员的专业性、权威性、客观性等方面提出了更高的要求,同时还对项目质量复核人员的具体复核工作和工作底稿要求作出了细化的规定。

三、注册会计师后续教育准则

注册会计师后续教育准则用以规范注册会计师职业后续教育,提高注册会计师的专业胜任能力与执业水平。

第二节　注册会计师职业道德准则

一、注册会计师职业道德概述

道德是指以道德责任和义务为基础,用来表明个体应该如何行事的行为系统或规范。它通过各种形式的教育和社会舆论力量,使人们具有善与恶、荣誉与耻辱、正义与非正义等概念,并逐渐形成一定的习惯和传统,以指导和控制自己的行为。

职业道德是随着社会分工的发展,并出现相对固定的职业团体时产生的。所谓职业道德,就是同人们的职业活动紧密联系的、符合职业特点所要求的道德准则、道德情操与道德品质的总和,它是对本职人员在职业活动中行为的要求,是职业对社会所负的道德责任与义务,同时也是人们在从事职业的过程中形成的一种内在的、非强制性的约束机制。

审计职业道德是指在长期的审计实践活动中逐步形成的、审计人员应当遵守的各种行为规范的总和,它以指导审计工作者的行为为目的,对审计工作者的思想观念和行为方式起约束作用,是对审计从业人员的道德素养等所作的基本要求。如果说审计质量是审计工作的生命线,那么审计职业道德就是生命线的基石,是审计事业持续发展的重要保证。

要求高水准职业道德的根本原因在于,任何一种职业都需要为其服务质量取得“公众信任”,而不管具体由哪个职业个体提供这种服务。对注册会计师而言,客户和外部财务报表使用者对审计与相关服务质量的信任尤其关键,这是因为会计师事务所与财务报表使用者之间的关系,不同于其他绝大多数职业人员与其客户之间的关系。会计师事务所由非上市公司的管理层或上市公司的审计委员会聘用,然后由公布财务报表的公司支付报酬,向报表使用者提供鉴证业务与相关服务。如果报表使用者对注册会计师的服务不信任,那么注册会计师出具的审计报告和其他鉴证报告的价值就会降低,社会对审计的需求也将因此减少,这就是会计师事务所保持高水准职业道德行为的重要原因。注册会计师应当承担包括诚实行为在内的对社会公众的责任,即使这样做意味着个人的牺牲。

二、职业道德基本准则

2009 年 10 月,中国注册会计师协会印发了《中国注册会计师职业道德守则》,实现国际趋同。《中国注册会计师职业道德守则》具体包括《中国注册会计师职业道德守则第 1号——职业道德基本原则》《中国注册会计师职业道德守则第 2 号——职业道德概念框架》《中国注册会计师职业道德守则第 3 号——提供专业服务的具体要求》《中国注册会计师职业道德守则第 4 号——审计和审阅业务对独立性的要求》和《中国注册会计师职业道德守则第 5 号——其他鉴证业务对独立性的要求》。该系列准则自 2010 年 7 月 1 日起施行。

2024 年 12 月 31 日,为突出独立性要求在职业道德规范体系中的重要地位,财政部将独立性相关内容从职业道德守则中提取出来,形成《中国注册会计师独立性准则第 1 号——财务报表审计和审阅业务对独立性的要求》,作为财政部行政规范性文件专门印发。

为顺应经济社会发展对注册会计师诚信和职业道德水平提出的更高要求,规范中国注册会计师协会会员的职业行为,进一步提高职业道德水平,维护职业形象,保持与国际职业会计师道德守则的动态趋同,中国注册会计师协会于 2020 年对职业道德准则进行全面修订。

《中国注册会计师职业道德守则第 1 号——职业道德基本原则》规定,注册会计师应当遵循下列职业道德基本原则:①诚信;②客观和公正;③独立性;④专业胜任能力和应有的关注;⑤保密;⑥良好的执业行为。

(一)诚信

诚信原则要求注册会计师应当在所有的职业关系和商业关系中保持正直和诚实,秉公处事、实事求是。不与含有严重虚假或误导性陈述的信息、含有缺乏充分依据的陈述或信息、存在遗漏或含糊其词的信息发生牵连。注册会计师如果注意到已与有问题的信息发生牵连,应当采取措施消除牵连。

(二)客观和公正

客观和公正原则要求注册会计师应当公正处事、实事求是,不得由于偏见、利益冲突或他人的不当影响而损害自己的职业判断。如果存在导致职业判断出现偏差,或对职业判断产生不当影响的情形,注册会计师不得提供相关专业服务。

(三)独立性

独立性是指自主、不依赖,注册会计师应在不受外界压力影响和干扰的情况下作出决策。

独立性包括实质上的独立性和形式上的独立性。注册会计师在提供审计和其他鉴证服务时,应在实质和形式上都保持独立性,不得因任何利害关系影响其客观性。会计师事务所在承办鉴证业务时,应当从整体层面和具体业务层面采取措施,以保持会计师事务所和项目组的独立性。

直接经济利益或重大间接经济利益,贷款和担保以及商业关系,家庭和私人关系,与审计客户发生雇佣关系,为审计客户提供非鉴证服务等,都可能对独立性产生影响。

以上诚信、客观和公正、独立性三项原则相互联系,彼此支撑。即具备诚信品质,保持身份独立,判断客观公正。

(四)专业胜任能力和应有的关注

注册会计师应获取和保持专业胜任能力,保持应有的关注,勤勉尽责。专业胜任能力和应有的关注原则上要求注册会计师通过教育、培训和执业实践获取与保持专业胜任能力。

注册会计师应当持续了解并掌握当前法律、技术和实务的发展变化,将专业知识和技能始终保持在应有的水平,确保为客户提供具有专业水准的服务。同时,注册会计师应当保持应有的关注,遵守执业准则和职业道德规范的要求,勤勉尽责,认真全面及时地完成工作。

(五)保密

注册会计师应当履行保密义务,对职业活动中获知的涉密信息保密。这一保密责任不因业务约定的终止而终止。

未经客户授权,注册会计师不得向会计师事务所以外的第三方披露其所获知的涉密信息,除非法律法规或职业准则允许。注册会计师不得利用因职业关系而获知的涉密信息为自己或第三方谋取不正当利益。

在下列情形下,注册会计师可以披露涉密信息,不被视为违反保密原则。

(1)法律法规允许披露,并且取得客户的授权;

(2)根据法律法规的要求,为法律诉讼、仲裁准备文件或提供证据,以及向监管机构报告所发现的违法行为;

(3)法律法规允许的情况下,在法律诉讼、仲裁中维护自己的合法权益;

(4)接受注册会计师协会或监管机构的执业质量检查,答复其询问和调查;

(5)法律法规、执业准则和职业道德规范规定的其他情形。

(六)良好的职业行为

注册会计师应当遵守相关法律法规,避免发生任何损害职业声誉的行为。注册会计师在向公众传递信息以及推介自己和工作时,应当客观、真实、得体,不得损害职业形象。

注册会计师应当诚实、实事求是,不得有下列行为:①夸大宣传提供的服务、拥有的资质或获得的经验;②贬低或无根据地比较其他注册会计师的工作。

以上专业胜任能力和应有的关注、保密、良好的职业行为三项原则相互联系,彼此支撑。即胜任能力、尽职勤勉、保守秘密、行为端正。

三、职业道德概念框架

职业道德概念框架,是指解决职业道德问题的思路和方法,用以指导注册会计师:①识别对职业道德基本原则的不利影响;②从数量和性质方面评价不利影响的严重程度;③必要时采取防范措施消除不利影响或将其降低至可接受的水平。职业道德概念框架适用于注册会计师处理对职业道德基本原则产生不利影响的各种情形,其目的在于防止注册会计师认为只要守则未明确禁止就是允许的情况的发生。

注册会计师运用职业道德概念框架的具体分析思路如图 3-2 所示。

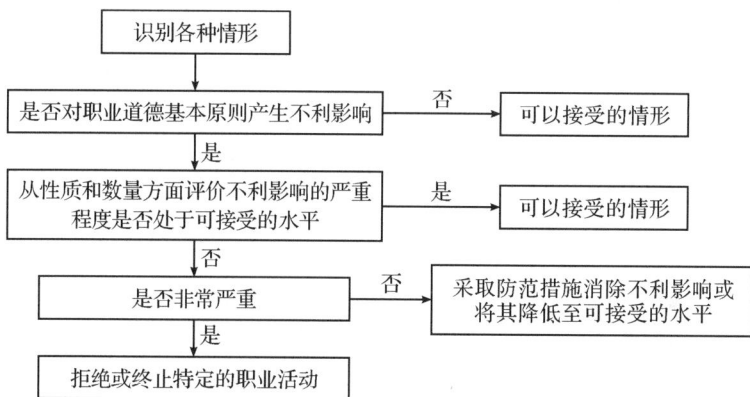

图 3-2　职业道德概念框架分析思路

(一)识别对职业道德基本准则的不利影响

注册会计师遵循职业道德基本准则可能受到多种因素的影响。可能对职业道德基本准则产生不利影响的因素包括自身利益、自我评价、过度推介、密切关系和外在压力。

1.自身利益

如果某项经济利益或其他利益对注册会计师的判断或行为产生不当影响,将会因自身利益,对职业道德基本原则产生不利影响。此类不利影响的情形主要包括以下几点。

(1)注册会计师在客户中拥有直接经济利益。

(2)会计师事务所的收入过分依赖某一客户。

(3)会计师事务所以较低的报价获得新业务,而该报价过低,可能导致注册会计师难以按照适用的职业准则要求执行业务。

(4)注册会计师与客户之间存在密切的商业关系。

(5)事务所担心可能失去某一重要客户。

(6)注册会计师能够接触到涉密信息,而该涉密信息可能被用于谋取个人私利。

(7)注册会计师在评价所在会计师事务所以往提供的专业服务时,发现了重大错误。

2.自我评价

自我评价产生的不利影响,是指注册会计师在执行当前业务的过程中,其判断需要依赖其本人或所在会计师事务所以往执行业务时作出的判断或得出的结论,而该注册会计师可能不恰当地评价这些以往的判断或结论,从而对职业道德基本原则产生的不利影响。此类不利影响的情形主要包括以下几点。

(1)注册会计师在对客户提供财务系统的设计或实施服务后,又对该系统的运行有效性出具鉴证报告。

(2)注册会计师为客户编制用于生成有关记录的原始数据,作为鉴证业务的对象。

3.过度推介

如果注册会计师过度推介客户或工作单位的某种立场或意见,使其客观公正原则受到损害,将产生过度推介导致的威胁。此类不利影响的情形主要包括以下几点。

(1)注册会计师推介客户的产品、股份或其他利益。

(2)当客户与第三方发生诉讼或纠纷时,注册会计师为该客户辩护。

(3)注册会计师站在客户的立场上影响某项法律法规的制定。

4.密切关系

如果注册会计师由于与客户存在长期或密切的关系,导致过于偏向客户利益或过于认可客户工作,将会对职业道德基本原则产生不利影响。此类不利影响的情形主要包括以下几点。

(1)审计项目团队成员主要近亲属或其他近亲属担任审计客户的董事或高级管理人员。

(2)鉴证客户的董事、高级管理人员,或所处职位能够对鉴证对象施加重大影响的员工,最近曾担任注册会计师所在会计师事务所的项目合伙人。

(3)审计项目团队成员与审计客户之间长期存在业务关系。

5.外在压力

因外在压力产生的不利影响,是指注册会计师迫于实际存在或可感知到的压力,导致无法客观行事而对职业道德基本原则产生不利影响。此类不利影响的情形主要包括以下几点。

(1)注册会计师因对专业事项持有不同意见而受到客户解除业务关系或被会计师事务所解雇的威胁。

(2)由于客户对所沟通的事项更具有专长,注册会计师面临服从该客户判断的压力。

(3)注册会计师被告知,除非其同意审计客户某项不恰当的会计处理,否则计划中的晋升将受到影响。

(4)注册会计师接受了客户赠予的重要礼品,并被威胁将公开其收受礼品的事情。

(二)评价不利影响的严重程度

如果识别出对职业道德基本原则的不利影响,注册会计师应当评价该不利影响的严重程度是否处于可接受的水平。在评价不利影响的严重程度时,注册会计师应当从性质和数量两个方面予以考虑,如果存在多项不利影响,应当将多项不利影响组合起来一并考虑。注册会计师对不利影响严重程度的评价还受到专业服务性质和范围的影响。

(三)应对不利影响的防范措施

注册会计师应当运用判断,确定如何应对超出可接受水平的不利影响,包括下列措施:①消除产生不利影响的情形,包括利益或关系;②采取可行并有能力采取的防范措施将不利影响降低至可接受的水平;③拒绝或终止特定的职业活动。

可采取的防范措施包括:向已承接的项目分配更多时间和有胜任能力的人员,可能能够应对因自身利益产生的不利影响;由项目组以外的适当复核人员复核已执行的工作或在必要时提供建议,可能能够应对因自我评价产生的不利影响;由其他会计师事务所执行或重新执行业务的某些部分,可能能够应对因自身利益、自我评价、过度推介、密切关系或外在压力产生的不利影响;由不同项目组分别应对具有保密性质的事项,可能能够应对因自身利益产生的不利影响。

【例 3-1】ABC 会计师事务所在甲公司审计中遇到的职业道德问题

ABC 会计师事务所通过招投标程序接受委托,负责审计上市公司甲公司 202× 年度财务报表,并委派注册会计师张某为审计项目合伙人,在招投标阶段和审计过程中,ABC 会计师事务所遇到下列与职业道德有关的事项。

(1)在应邀投标时,ABC 会计师事务所在其投标书中说明,如果中标,需与前任注册会计师沟通后,才能与甲公司正式签订审计业务约定书。

(2)签订审计业务约定书后,ABC 会计师事务所发现甲公司与本事务所另一常年审计客户乙公司存在直接竞争关系。ABC 会计师事务所未将这一情况告知甲公司和乙公司。

要求:指出 ABC 会计师事务所是否违反中国注册会计师职业道德准则,简要说明理由。

案例简析:(1)不违反职业道德守则。为评估对专业胜任能力和应有的关注的影响,在应邀投标时说明,承接业务前需要与前任注册会计师沟通,以了解是否存在不应接受委托的理由。(2)违反职业道德守则。可能影响客观公正原则,以及对保密原则的担忧,事务所同时为两个存在竞争关系的审计客户提供审计时,需告知客户,并征得双方同意才能执行业务。

四、审计、审阅和其他鉴证业务对独立性要求

(一)独立性概念框架

注册会计师在执行审计业务时应当保持独立性,包括实质上的独立性和形式上的独立性。实质上的独立性是一种内心状态,使注册会计师在提出结论时不受损害职业判断的因素影响,诚信行事,遵循客观和公正的原则,保持职业怀疑态度。形式上的独立性是一种外在表现,使一个理性且掌握充分信息的第三方,在权衡所有相关事实和情况后,认为会计师事务所或审计项目组成员没有损害诚信原则、客观和公正原则或职业怀疑态度。

独立性概念框架,是指解决独立性问题的思路和方法,用以指导注册会计师:第一,识别对独立性的不利影响;第二,评价不利影响的严重程度;第三,必要时采取防范措施消除不利影响或将其降低至可接受的水平。如果无法采取适当的防范措施消除不利影响或将其降低

至可接受的水平,注册会计师应当消除产生不利影响的情形,或者拒绝接受审计业务委托,或者终止审计业务。在运用独立性概念框架时,注册会计师应当运用职业判断。

(二)经济利益

经济利益,是指从某一实体的股票、债券及其他证券、贷款及其他债务工具中获取的利益,包括取得这种利益及与其直接相关的衍生工具的权利和义务。

经济利益包括直接经济利益和间接经济利益。确定经济利益是直接的还是间接的,取决于受益人能否控制投资工具或具有影响投资决策的能力。如果受益人能够控制投资工具或具有影响投资决策的能力,则为直接经济利益;如果受益人不能控制投资工具或不具有影响投资决策的能力,则为间接经济利益。

注册会计师在审计客户中拥有经济利益,可能因自身利益对独立性产生不利影响。不利影响存在与否及严重程度取决于下列因素:①拥有经济利益人员的角色;②经济利益是直接的还是间接的;③经济利益的重要程度。表 3-1 列示了部分因经济利益可能威胁独立性的情形及防范措施。

表 3-1　因经济利益可能威胁独立性的情形及防范措施

主体	在审计客户中拥有直接利益或重大间接经济利益	在可以对审计客户施加控制的实体中拥有直接利益或重大间接经济利益	和审计客户同时在某一实体拥有经济利益	无意中从审计客户处获得直接经济利益或重大间接经济利益	作为受托管理人在审计客户处获得直接经济利益或重大间接经济利益
会计师事务所、审计项目组成员及其主要近亲属	禁止	禁止	禁止	立即处置	条件性允许[2]
为审计客户提供非审计服务的其他合伙人、管理人员或其主要近亲属	条件性允许[1]			在合理期限内尽快处置	条件性允许[2]
项目合伙人所在分部的其他合伙人及其主要近亲属	条件性允许[1]			在合理期限内尽快处置	条件性允许[2]

注:"禁止",是指将对独立性产生非常严重的不利影响因素,导致没有防范措施能够将其降低至可接受的水平,因而不被允许的情形。"处置",是指处置全部经济利益,或处置足够数量的间接经济利益,以使剩余经济利益不再重大。"条件性允许",是指通常不被允许,只有在满足规定条件时才可例外的情形。①条件性允许[1]:a.该主要近亲属作为审计客户的员工有权(例如通过退休金或股票期权计划)取得该经济利益,并且会计师事务所在必要时能够应对该经济利益所产生的不利影响;b.当该主要近亲属拥有或取得处置该经济利益的权利,或者在股票期权中,有权行使期权时,能够尽快处置或放弃该经济利益。②条件性允许[2]:a.受托管理人、审计项目团队成员、两者的主要近亲属、会计师事务所均不是受托财产的受益人;b.通过信托而在审计客户中拥有的经济利益对于该项信托而言并不重大;c.该项信托不能对审计客户施加重大影响;d.受托管理人、审计项目团队成员、两者的主要近亲属、会计师事务所对涉及审计客户经济利益的投资决策没有重大影响。空白处代表未作规定。

(三)贷款和担保

涉及审计客户的贷款或贷款担保可能因自身利益对独立性产生不利影响。会计师事务所、审计项目组成员或其主要近亲属从银行或类似金融机构等审计客户处取得贷款,或获得贷款担保,可能对独立性产生不利影响。如果审计客户不按照正常的程序、条款和条件提供贷款或担保,将因自身利益产生非常严重的不利影响,导致没有防范措施能够将其降低至可接受的水平。如果会计师事务所按照正常的贷款程序、条款和条件,从银行或类似金融机构等审计客户处取得贷款,即使该贷款对审计客户或会计师事务所影响重大,也可能通过采取防范措施将因自身利益产生的不利影响降低至可接受的水平。表3-2列举了由于贷款和担保可能威胁独立性的情形及其防范措施。

表3-2　由于贷款和担保可能威胁独立性的情形及其防范措施

威胁独立性的情形	对独立性影响的严重程度	防范措施
会计师事务所从不属于银行或类似金融机构等审计客户处取得贷款,或获得贷款担保	非常严重的不利影响	没有防范措施能够将其降低至可接受的水平
会计师事务所未按照正常程序、条款和条件,从银行或类似金融机构等审计客户处取得贷款,或获得贷款担保	非常严重的不利影响	没有防范措施能够将其降低至可接受的水平
会计师事务所按照正常程序、条款和条件,从银行或类似金融机构等审计客户处取得贷款,或获得贷款担保	如果该贷款对审计客户或会计师事务所是重要的,也可能因自身利益对独立性产生不利影响	采取的防范措施:由网络中未能执行审计业务并且未从该贷款中获益的会计师事务所进行复核
会计师事务所、项目组成员或其主要近亲属向审计客户提供贷款或担保	将因自身利益产生非常严重的不利影响	没有防范措施能够将其降低至可接受的水平
会计师事务所、项目组成员或其主要近亲属在银行或类似金融机构等审计客户处正常开立存款或交易账户	不会产生不利影响	暂不采用防范措施

(四)商业关系

会计师事务所、审计项目组成员或其主要近亲属与审计客户或其高级管理人员之间,由于商务关系或共同的经济利益而存在密切的商业关系,可能因自身利益或外在压力产生严重的不利影响。这些商业关系主要包括下列内容。

(1)与客户或其控股股东、董事、高级管理人员或其他为该客户执行高级管理活动的人员共同开办企业。

(2)按照协议,将会计师事务所的产品或服务与客户的产品或服务结合在一起,并以双方名义捆绑销售。

(3)按照协议,会计师事务所销售或推广客户的产品或服务,或者客户销售或推广会计师事务所的产品或服务。

会计师事务所不得介入此类商业关系。如果存在此类商业关系,应当予以终止。如果此类商业关系涉及审计项目组成员,会计师事务所应当将该成员调离审计项目组。如果审计项目组成员的主要近亲属与审计客户或其高级管理人员之间存在此类商业关系,注册会计师应当评价不利影响的严重程度,必要时采取防范措施消除不利影响或将其降低至可接受的水平。

如果会计师事务所、审计项目组成员或其主要近亲属,在某股东人数有限的实体中拥有经济利益,而审计客户或其董事、高级管理人员也在该实体拥有经济利益,在同时满足下列条件时,这种商业关系不会对独立性产生不利影响:①这种商业关系对会计师事务所、审计项目组成员或其主要近亲属以及审计客户均不重要;②该经济利益对一个或几个投资者并不重大;③该经济利益不能使一个或几个投资者控制该实体。

会计师事务所、审计项目组成员或其主要近亲属从审计客户购买商品或服务,如果按照正常的商业程序公平交易,通常不会对独立性产生不利影响。如果交易性质特殊或金额较大,可能因自身利益产生不利影响。会计师事务所应当评价不利影响的严重程度,并在必要时采取防范措施消除不利影响或将其降低至可接受的水平。防范措施主要如下:①取消交易或降低交易规模;②将相关审计项目组成员调离审计项目组。

(五)家庭和私人关系

如果审计项目组成员与审计客户的董事、高级管理人员,或所处职位能够对客户会计记录或被审计财务报表的编制施加重大影响的员工(简称"特定员工")存在家庭和私人关系,可能因自身利益、密切关系或外在压力产生不利影响。不利影响存在与否及其严重程度主要取决于下列因素:①该成员在审计项目组中的角色;②其家庭成员或相关人员在客户中的职位以及关系的密切程度。

如果审计项目组成员的主要近亲属是审计客户的董事、高级管理人员或特定员工,或者在业务期间或财务报表涵盖期间曾担任上述职务,没有防范措施能够消除这种不利影响或将其降低至可接受的水平。拥有此类关系的人员不得成为审计项目组成员。

如果审计项目组成员的主要近亲属在审计客户中所处职位能够对客户的财务状况、经营成果和现金流量施加重大影响,或者其他近亲属是审计客户的董事、高级管理人员或特定员工,或者审计项目组成员与审计客户的董事、高级管理人员或特定员工存在密切关系,则将对独立性产生不利影响。会计师事务所应当评价这种不利影响的严重程度,并在必要时采取防范措施,以消除不利影响或将其降低至可接受的水平。其防范措施主要如下:①将该成员调离审计项目组;②合理安排审计项目组成员的职责,使该成员的工作不涉及其近亲属和密切关系员工的职责范围。

(六)与审计客户发生人员交流

如果审计客户的董事、高级管理人员或特定员工,曾经是审计项目组的成员或会计师事务所的合伙人,可能因密切关系或外在压力产生不利影响。表3-3列举了部分与审计客户发生人员交流可能影响独立性的情形及其防范措施。

(七)与审计客户长期存在业务关系

会计师事务所长期委派同一名合伙人或高级员工执行某一客户的审计业务,将因密切关系和自身利益产生不利影响。不利影响的严重程度主要取决于下列因素。

表 3-3　与审计客户发生人员交流可能影响独立性的情形及其防范措施

威胁独立性的情形	对独立性影响严重程度	防范措施	特殊情形
审计项目团队前任成员或事务所前任合伙人担任审计客户的重要职位且与事务所保持重要联系	非常严重的不利影响	没有防范措施能够将其降低至可接受的水平	条件性允许[1]
会计师事务所前任合伙人加入的某一实体成为审计客户	可能因密切关系或外在压力产生不利影响	①修改审计计划；②向审计项目团队分派与该人员相比经验更加丰富的人员；③由适当人员复核前任审计项目团队已执行的工作	
审计项目组成员拟加入审计客户	可能因自身利益产生不利影响	①将该成员调离审计项目组；②由适当人员复核该成员在审计项目团队中作出的重大判断	
会计师事务所向审计客户临时借出员工	可能因自我评价、过度推介或密切关系产生不利影响	①对借出员工的工作进行额外复核；②合理安排审计项目组成员的职责，使借出员工不对其在借调期间执行的工作进行审计；③不安排借出员工为审计项目组成员	条件性允许[2]
项目组成员在审计报告涵盖期间曾担任审计客户的董事、高管和特定员工	非常严重的不利影响	没有防范措施能够将其降低至可接受的水平	
项目组成员在审计报告涵盖期之前曾担任审计客户的董事、高管和特定员工	可能因自身利益、自我评价或密切关系产生不利影响	复核该成员已执行的工作	
会计师事务所的合伙人或员工兼任审计客户的董事或高管	因自我评价和自身利益产生严重的不利影响	没有防范措施能够将其降低至可接受的水平	

注："条件性允许"，是指通常不被允许，只有在满足规定条件时才可例外的情形。①条件性允许[1]：a.该人员无权从会计师事务所获取报酬或福利，除非该报酬或福利是按照预先确定的固定金额支付的；b.应付给该人员的金额(如有)对会计师事务所不重要；c.该人员未继续参与，并且在外界看来未参与会计师事务所的经营活动或职业活动。②条件性允许[2]：a.仅在短期内向客户借出员工；b.借出的员工不参与注册会计师职业道德守则第十六章规定的禁止提供的非鉴证服务；c.该员工不承担审计客户的管理层职责，且审计客户负责指导和监督该员工的活动。

(1)该人员与客户之间关系的总体时间长度。

(2)该人员成为审计项目组成员的时间长短及其所承担的角色。

(3)更高层人员对该人员所实施的工作进行指导、复核和监督的程度。

(4)根据其资历，该人员能够影响审计结果的程度。例如，该人员可能作出关键决策或指导审计项目组其他成员的工作。

(5)该人员与客户高级管理层或治理层之间关系的密切程度。

(6)该人员与客户高级管理层或治理层之间互动的性质、频率和程度。

(7)审计客户会计和财务报告问题的性质和复杂程度，以及性质和复杂程度是否发生变化。

(8)审计客户高级管理层或治理层近期是否发生变动。

(9)审计客户的组织结构是否发生变动，从而影响会计师事务所人员与客户高级管理层或治理层之间互动的性质、频率和程度。

会计师事务所应当评价因密切关系和自身利益产生的不利影响的严重程度,并在必要时采取防范措施消除不利影响或将其降低至可接受的水平。防范措施主要包括以下几点:①将该人员轮换出审计项目组;②变更该人员在审计项目团队中担任的角色或其所实施任务的性质和范围;③由审计项目组以外的注册会计师复核该人员已执行的工作;④定期对该业务实施独立的质量复核。

(八)为审计客户提供非鉴证业务

会计师事务所向审计客户提供非鉴证服务,可能对多项职业道德基本准则产生不利影响,包括因自我评价、自身利益和过度推介等因素对独立性产生的不利影响。会计师事务所不得向审计客户提供职业道德守则限制的非鉴证服务。

在接受委托向审计客户提供非鉴证服务之前,会计师事务所应当确定提供该服务是否将对独立性产生不利影响。如果没有防范措施能够将不利影响降低至可接受的水平,会计师事务所不得向审计客户提供该非鉴证服务。

(九)影响独立性的其他情形

1.礼品和款待

会计师事务所或审计项目组成员接受审计客户的礼品或款待,可能因自身利益、密切关系或外在压力而产生不利影响。如果会计师事务所或审计项目组成员接受审计客户的礼品,将产生非常严重的不利影响,导致没有防范措施能够将其降低至可接受的水平,会计师事务所或审计项目组成员不得接受礼品。

会计师事务所或审计项目组成员应当评价接受款待产生不利影响的严重程度,并在必要时采取防范措施将其降低至可接受的水平。如果款待超出业务活动中的正常往来,会计师事务所或审计项目组成员应当拒绝接受。

2.诉讼或诉讼威胁

会计师事务所或审计项目组成员与审计客户发生诉讼或很可能发生诉讼,将因自身利益和外在压力产生不利影响。会计师事务所和客户管理层由于诉讼或诉讼威胁而处于对立地位,将影响管理层提供信息的意愿,从而因自身利益和外在压力产生不利影响。

会计师事务所应当评价不利影响的严重程度,并在必要时采取防范措施消除不利影响或将其降低至可接受的水平。防范措施可能包括:①如果诉讼涉及某一审计项目团队成员,将该成员调离审计项目团队可能能够消除不利影响;②由适当复核人员复核已执行的工作,可能能够将不利影响降低至可接受的水平。

3.或有收费

或有收费是指收费与否或收费多少取决于交易的结果或所执行工作的结果。会计师事务所在执行审计业务时,不得采用或有收费安排,否则将因自身利益产生非常严重的不利影响,导致没有防范措施能够将其降低至可接受的水平。会计师事务所在向审计客户提供非鉴证服务时,如果以直接或间接形式取得或有收费,也可能因自身利益产生不利影响。

会计师事务所应当评价不利影响的严重程度,并在必要时采取防范措施消除不利影响或将其降低至可接受的水平。防范措施可能包括:①由审计项目团队以外的适当复核人员复核该会计师事务所已执行的工作;②预先就收费的基础与客户达成书面协议。

【例 3-2】堂堂会计师事务所的"抽屉"协议

2022 年 2 月 25 日,中国证监会依据 2019 年《中华人民共和国证券法》(简称《证券法》)第二百一十三条的规定,对深圳堂堂会计师事务所(简称"堂堂所")责令改正,没收业务收入197.03 万元,处以 1182.18 万元的罚款,并暂停从事证券服务业务 1 年;对执行合伙人、签字注册会计师和项目合伙人吴某给予警告,并处以 100 万元的罚款;对签字注册会计师刘某给予警告,并处以 50 万元的罚款。

保持独立性是会计师事务所客观公正执业的前提,也是上市公司信息披露质量的重要保障。然而堂堂所严重丧失独立性,在明知新疆亿路万源实业投资控股股份有限公司(简称"*ST 新亿")年报审计业务已被其他会计师事务所"拒接"的情况下,与*ST 新亿签订协议,并承诺不在审计报告中出具"无法表示意见"或"否定意见",要求如发生被监管部门处罚的情形,*ST 新亿应予以补偿。这即是与*ST 新亿约定或有费用,堂堂所将因自身利益对独立性产生非常严重的不利影响,导致没有防范措施能够将其降低至可接受的水平。

考虑到对*ST 新亿的审计程序未履行完毕,未达到出具审计报告的条件,堂堂所原拟签字注册会计师拒绝签署*ST 新亿相关审计报告并离职。堂堂所负责人吴某临时找到注册会计师刘某,沟通签署*ST 新亿相关年审报告事宜,并承诺对刘某因签字导致的行政处罚给予赔偿。因此,刘某在未到过审计现场、未履行审计程序的情况下签署了相关审计报告。

在案例中,为了规避退市,上市公司与会计师事务所、会计师事务所与签字注册会计师、会计师事务所与居间方之间层层签订"抽屉"协议,约定利益分成及对或有处罚和民事索赔承担兜底责任,以获取特定意见的审计报告,严重损害了审计独立性。

第三节　注册会计师执业准则体系

一、注册会计师执业准则概述

(一)注册会计师执业准则的含义

注册会计师执业准则是指会计师事务所和注册会计师在执业过程中必须遵循的技术行为规范,是衡量和评价注册会计师执业质量的权威性标准。

(二)注册会计师执业准则的作用

执业准则的制定、颁布和实施,对于增强社会公众对注册会计师职业的信任,合理区分客户管理层的责任和注册会计师的责任,客观评价注册会计师的执业质量,保护责任方及各利害关系人的合法权益,以及对推动审计理论的发展有一定的作用。具体而言,执业准则的作用主要归纳为以下几个方面。

(1)为衡量和评价注册会计师执业质量提供依据,从而有助于提升注册会计师的执业质量。

(2)为规范和指导审计工作提供依据,有助于维护行业整体形象和社会经济秩序。

（3）有助于增强社会公众对注册会计师职业的理解和对工作的信任。

（4）有助于明确注册会计师的责任，维护会计师事务所和注册会计师的正当权益，使得他们免受不公正的指责和控告。

（5）有助于推动审计理论的研究、审计人才的培养和审计经验的交流。

二、注册会计师执业准则体系的构成

从 1994 年起至 2003 年 5 月，中国注册会计师协会先后制定了 6 批审计准则项目，包括 1 个审计准则序言、1 个审计基本准则及 3 个相关基本准则、28 个具体准则、10 个实务公告和 5 个执业规范指南，共 48 个项目。

随着经济全球化的不断发展，我国经济日益融入世界经济体系，客观上要求我们建立一套既适应市场经济发展要求，又顺应国际趋同大势的执业准则体系。为此，2006 年，中国注册会计师执业准则体系（共 48 项准则）正式出台，具体包括鉴证业务准则、相关服务准则和会计师事务所质量控制准则三个部分。此后，为了满足高质量审计服务的社会需求，我国对审计准则内容又进行了多次修订。现行的执业准则体系由两大类准则构成，分别是注册会计师业务准则和会计师事务所质量管理准则，具体框架如图 3-3 所示。

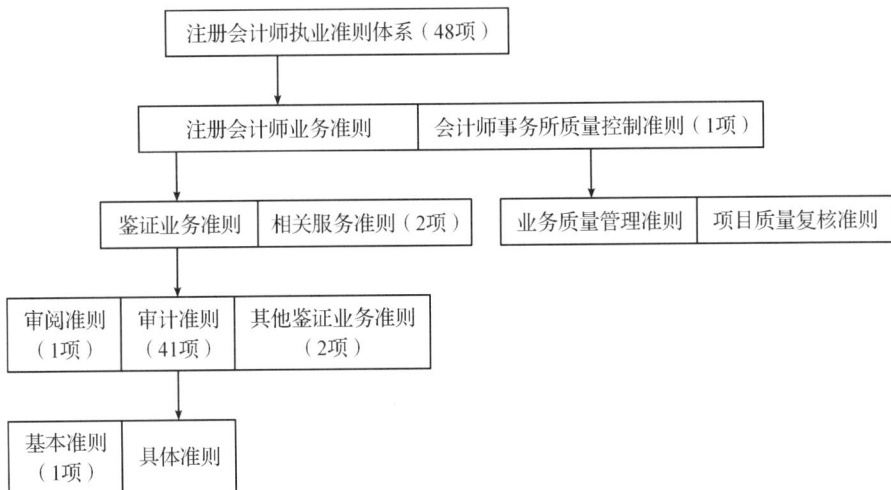

图 3-3　注册会计师执业准则体系构成

三、鉴证业务基本准则

《中国注册会计师鉴证业务基本准则》共 9 章 60 条，包括总则、鉴证业务的定义和目标、业务承接、鉴证业务的三方关系、鉴证对象、标准、证据、鉴证报告、附则 9 个方面，给出注册会计师执行鉴证业务的基本准则。

注册会计师执行审计业务、审阅业务和其他鉴证业务时，应当遵守该准则及依据该准则制定的审计准则、审阅准则和其他鉴证业务准则。

（一）鉴证业务的定义

鉴证业务是指注册会计师对鉴证对象信息提出结论，以增强除责任方之外的预期使用者对鉴证对象信息信任程度的业务。鉴证对象信息是按照标准对鉴证对象进行评价和计量的结果,即责任方按照企业会计准则和相关会计制度(标准)对鉴证对象的财务状况、经营成果与现金流量进行确认、计量和披露而形成的财务报表(鉴证对象信息)。

鉴证业务包括历史财务信息审计业务、历史财务信息审阅业务与其他鉴证业务。注册会计师执行审计业务、审阅业务和其他鉴证业务时,应当遵守鉴证业务基本准则以及依据该准则制订的审计准则、审阅准则和其他鉴证业务准则,三种鉴证业务比较如表3-4所示。

表 3-4　审计业务、审阅业务和其他鉴证业务的比较

比较对象	审计业务	审阅业务	其他鉴证业务
鉴证对象信息	历史财务信息	历史财务信息	非历史财务信息
鉴证程序	足够程序(八大取证程序)	有限程序:主要使用询问与分析程序	因准则、客户要求不同而不同;合理保证,同审计业务;有限保证同审阅业务
保证程度	合理保证	有限保证	因准则、客户要求不同而不同
结论表达方式	积极式	消极式	因保证程度不同而不同
鉴证报告措辞	肯定	双重否定	因保证程度不同而不同

【例 3-3】天健所的三大鉴证业务

天健会计师事务所(特殊普通合伙)(简称"天健所")成立于 1983 年 12 月,是由一批资深注册会计师创办的首批具有 A+H 股企业审计资格的全国性大型会计审计服务机构。天健所综合实力位列内资所第一,全球排名前二十位,拥有丰富的执业经验和雄厚的专业能力。天健所主要提供审计、审阅、税务、咨询和培训等专业服务。通过提供这些服务,可提高企业信息披露的可信度,帮助投资者作出决策。通过与客户合作,管理企业风险、强化企业的控制措施,提高股东和利益相关各方的价值。

江苏长龄液压股份有限公司(简称"长龄液压")是天健所的重要客户之一。自长龄液压 2021 年 3 月上市以来,天健所为其提供了多项专业服务,其中包括财务报表审计、专项审计服务等审计服务,合并财务报表审阅、专项审阅服务等审阅服务,以及内部控制审计、募集资金年度存放与使用情况等鉴证服务。下面列示了天健所为长龄液压提供的三大鉴证业务。

1. 审计服务

天健所按照中国注册会计师审计准则的规定执行了审计工作,对长龄液压 2022 年度的财务报表出具了审计报告:"我们审计了江苏长龄液压股份有限公司(简称"长龄液压公司")的财务报表,包括 2022 年 12 月 31 日的合并及母公司资产负债表,2022 年度的合并及母公司利润表、合并及母公司现金流量表、合并及母公司所有者权益变动表,以及相关财务报表附注。"

天健所对财务报表整体是否不存在由于舞弊或错误导致的重大错报获取合理保证,以作为发表审计意见的基础,并以积极的方式提出结论:"我们认为,后附的财务报表在所有重大方面按照企业会计准则的规定编制,公允反映了长龄液压公司 2022 年 12 月 31 日的合并及母公司财务状况,以及 2022 年度的合并及母公司经营成果和现金流量。"

2. 审阅服务

在财务报表审阅业务中,要求注册会计师将审阅风险降至该业务环境下可接受的水平

（高于财务报表审计中可接受的低水平），对审阅后的财务报表提供低于高水平的保证（即有限保证），在审阅报告中对财务报表采用消极方式提出结论。

天健所对于长龄液压公司2022年度备考合并财务报表的审阅报告如下。

我们审阅了后附的长龄液压公司按照备考合并财务报表附注三所述的编制基础编制的备考合并财务报表，包括2022年12月31日的备考合并资产负债表、2022年度的备考合并利润表以及备考合并财务报表附注。备考合并财务报表的编制是长龄液压公司管理层的责任，我们的责任是在实施审阅工作的基础上对备考合并财务报表出具审阅报告。

我们按照中国注册会计师执业准则的规定执行了审阅业务。该准则要求我们计划和实施审阅工作，以对备考合并财务报表是否不存在重大错报获取有限保证。审阅主要限于询问长龄液压公司有关人员和对财务数据实施分析程序，提供的保证程度低于审计。我们没有实施审计，因而不发表审计意见。

根据我们的审阅，我们没有注意到任何事项使我们相信长龄液压公司备考合并财务报表没有按照备考合并财务报表附注三所述的编制基础编制。

我们提醒报表使用者关注备考合并财务报表附注三对编制基础的说明。本报告仅供备考合并财务报表附注二所述的资产重组事项之用，不适用于其他用途。本段内容不影响已发表的审阅意见。

3.其他鉴证业务

天健所鉴证了长龄液压管理层编制的2022年度《关于募集资金年度存放与使用情况的专项报告》，并出具了募集资金年度存放与使用情况鉴证报告：

我们按照中国注册会计师执业准则的规定执行了鉴证业务。中国注册会计师执业准则要求我们计划和实施鉴证工作，以对鉴证对象信息是否不存在重大错报获取合理保证。在鉴证过程中，我们实施了包括核查会计记录等我们认为必要的程序。我们相信，我们的鉴证工作为发表意见提供了合理的基础。

我们认为，长龄液压公司管理层编制的2022年度《关于募集资金年度存放与使用情况的专项报告》符合《上市公司监管指引第2号——上市公司募集资金管理和使用的监管要求（2022年修订）》（证监会公告〔2022〕15号）和《上海证券交易所上市公司自律监管指引第1号——规范运作》（上证发〔2022〕2号）的规定，如实反映了长龄液压公司募集资金2022年度实际存放与使用情况。

（二）鉴证业务的分类

鉴证业务分为基于责任方认定的业务和直接报告业务。

在基于责任方认定的业务中，责任方对鉴证对象进行评价或计量，鉴证对象信息以责任方认定的形式为预期使用者获取。例如，在财务报表审计中，被审计单位管理层（责任方）对财务状况、经营成果与现金流量（鉴证对象）进行确认、计量和列报（评价或计量）而形成的财务报表（鉴证对象信息）即为责任方的认定，该财务报表可为预期报表使用者获取，注册会计师针对财务报表出具审计报告，这种业务属于基于责任方认定的业务。

在直接报告业务中，注册会计师直接对鉴证对象进行评价或计量，或者从责任方获取对鉴证对象评价或计量的认定，而该认定无法为预期使用者所获取，预期使用者只能通过阅读鉴证报告获取鉴证对象的信息。例如，在内部控制鉴证业务中，注册会计师可能无法从管理层(责任方)获取其对内部控制有效性的评价报告(责任方认定),或者虽然注册会计师能够获取该报告,但预期使用者无法获取该报告,注册会计师直接对内部控制的有效性(鉴证对象)进行评价并出具鉴证报告,预期使用者只能通过阅读该鉴证报告获得内部控制有效性的信息(鉴证对象信息)。这种业务属于直接报告业务。

(三)鉴证业务的要素

鉴证业务的要素是指鉴证业务的三方关系、鉴证对象、标准、证据和鉴证报告。

1.鉴证业务的三方关系

鉴证业务涉及的三方关系包括注册会计师、责任方和预期使用者。责任方与预期使用者可能是同一方,也可能不是同一方。三方的关系为:注册会计师对由责任方负责的鉴证对象或鉴证对象信息提出结论,以增强除责任方之外的预期使用者对鉴证对象信息的信任程度。

2.鉴证对象

鉴证对象具有多种表现形式,如财务或非财务的业绩或状况、物理特征、某种系统与过程、行为等。不同的鉴证对象具有不同的特征,可能表现为定性或定量、客观或主观、历史或预测、时点或期间,并将对下列方面产生影响:①按照标准对鉴证对象进行评价或计量的准确性;②证据的说服力。

所谓鉴证对象信息,是指按照标准对鉴证对象进行评价和计量的结果。因此鉴证对象信息也相应地具有多种不同的形式。例如,责任方按照企业会计准则和相关会计制度(标准)对其财务状况、经营成果与现金流量(鉴证对象)进行确认、计量和列报而形成的财务报表(鉴证对象信息)。对内部控制有效性的认定(鉴证对象信息)是将评估内部控制有效性的框架(标准),如"COSO的内部控制整合框架"或"企业风险管理整合框架"、企业内部控制基本规范,应用到内部控制过程(鉴证对象)而形成的信息。

鉴证对象信息应当恰当地反映既定标准运用于鉴证对象的情况。如果没有按照既定标准恰当地反映鉴证对象的情况,鉴证对象信息可能存在错报,而且可能存在重大错报。例如,某企业的财务报表未能按照企业会计准则和相关会计制度的要求在所有重大方面公允反映其财务状况、经营成果和现金流量,则鉴证对象信息可能存在错报,而且可能是重大错报。

3.标准

标准是指用于评价或计量鉴证对象的基准。当涉及列报时,还包括列报的基准。标准可以是正式的规定,如编制财务报表所使用的企业会计准则和相关会计制度;也可以是某些非正式的规定,如单位内部制定的行为准则或确定的绩效水平。

注册会计师在运用职业判断对鉴证对象作出合理一致的评价或计量时,需要有适当的标准。适当的标准应当具备下列所有特征。

(1)相关性。相关的标准有助于得出结论,便于预期使用者作出决策。

(2)完整性。完整的标准不应忽略业务环境中可能影响得出结论的相关因素,当涉及列报时,还包括列报的基准。

(3)可靠性。可靠的标准能够使能力相近的注册会计师在相似的业务环境中,对鉴证对象作出合理一致的评价或计量。

(4)中立性。中立的标准有助于得出无偏向的结论。

(5)可理解性。可理解性的标准有助于得出清晰、易于理解、不会产生重大歧义的结论。

4.证据

注册会计师应当以职业怀疑态度计划和执行鉴证业务,获取有关鉴证对象信息是否不存在重大错报的充分、适当的证据。获取充分、适当的证据是注册会计师提出鉴证结论的基础。

5.鉴证报告

注册会计师应当出具含有鉴证结论的书面报告,该鉴证结论应当说明注册会计师就鉴证对象信息获取的保证。

在基于责任方认定的业务中,注册会计师的鉴证结论可以采用下列两种表述形式:①明确提及责任方认定,如"我们认为,责任方作出的'根据×标准,内部控制在所有重大方面是有效的'这一认定是公允的"。②直接提及鉴证对象和标准,如"我们认为,根据×标准,内部控制在所有重大方面是有效的"。

在直接报告业务中,注册会计师应当明确提及鉴证对象和标准。

(四)鉴证业务的目标

鉴证业务的保证程度分为合理保证和有限保证。合理保证的保证水平要高于有限保证的保证水平。

合理保证的鉴证业务目标是注册会计师将鉴证业务风险降至该业务环境下可接受的低水平,以此作为以积极方式提出结论的基础。例如,在历史财务信息审计中,要求注册会计师将审计风险降至该业务环境下可接受的低水平,以对审计后的历史财务信息提供高水平的保证(合理保证),在审计报告中对历史财务信息采用积极方式提出结论。这种业务属于合理保证的鉴证业务。在合理保证的鉴证业务中,注册会计师应当以积极的方式提出结论,如"我们认为,根据×标准,某单位财务状况、经营成果和现金流量在所有重大方面是有效的",或者"我们认为,责任方作出的'根据×标准,内部控制在所有重大方面是有效的'认定是公允的"。

有限保证的鉴证业务目标是注册会计师将鉴证业务风险降至该业务环境下可接受的水平,以此作为以消极方式提出结论的基础。例如,在历史财务信息审阅中,要求注册会计师将审计风险降至该业务环境下可接受的低水平(高于历史财务信息审计中可接受的低水平),以对审阅后的历史财务信息提供低于高水平的保证(有限保证),在审阅报告中对历史财务信息采用消极方式提出结论。这种业务属于有限保证的鉴证业务。在有限保证的鉴证业务中,注册会计师应当以消极方式提出结论,表述通常为"基于本报告所述的工作,我们没有注意到任何事项使我们相信,根据×标准,×系统在任何重大方面是无效的",或者"基于本报告所述的工作,我们没有注意到任何事项使我们相信,根据×标准,×系统在任何重大方面是无效的"。

(五)业务承接

在接受委托前,注册会计师应当初步了解业务环境,包括了解业务约定事项、鉴证对象特征、使用的标准、预期使用者的需求、责任方及其环境的相关特征,以及可能对鉴证业务产生重大影响的事项、交易、条件和惯例等其他事项。

在初步了解业务环境后，只有认为符合独立性和专业胜任能力等相关职业道德规范的要求，并且拟承接的业务具备下列所有特征，注册会计师才能将其作为鉴证业务予以承接：①鉴证对象适当；②使用的标准适当，且预期使用者能够获取该标准；③注册会计师能够获取充分、适当的证据以支持其结论；④注册会计师的结论以书面报告形式表述，且表述形式与所提供的保证程度相适应；⑤该业务具有合理的目的。如果鉴证业务的工作范围受到重大限制，或委托人试图将注册会计师的名字和鉴证对象不适当地联系在一起，则该业务可能不具有合理的目的。

当拟承接的业务不能作为鉴证业务予以承接时，注册会计师可以提请委托人将其作为非鉴证业务（如管理咨询、税务服务等相关服务业务），以满足预期使用者的需要。

四、注册会计师相关服务准则

相关服务准则用以规范注册会计师执行非鉴证性质的相关服务。相关服务业务主要包括对财务信息执行商定程序、代编财务信息、税务咨询和管理咨询等。现行适用的相关服务准则包括两项，分别是《中国注册会计师相关服务准则第 4101 号——对财务信息执行商定程序》和《中国注册会计师相关服务准则第 4111 号——代编财务信息》，均是中国注册会计师协会于 2006 年发布的。

【例 3-4】普华永道为《青春有你 2》线上助力执行商定程序

2020 年，爱奇艺聘请普华永道会计师事务所（简称"普华永道"）作为独立的第三方，为偶像选秀节目《青春有你 2》的网络助力提供商定程序服务。商定，即合作双方"协商确定的程序"。注册会计师对特定财务信息就执行的商定程序及其结果出具报告，但这份报告不发表任何鉴证意见，不提供任何形式的保证。商定程序业务所使用的程序与审计业务基本相同，包括询问、分析、重新计算、观察、检查和函证等。有所区别的是，注册会计师在执行商定程序时与特殊主体协商需要执行哪些程序，以达到特定的目的。同时，商定程序业务报告也仅限于参与协商确定程序的特定主体适用，以避免不了解商定程序的人对报告产生误解。早在 1934 年，普华永道便开始负责奥斯卡的计票工作。奥斯卡各类别奖项由相应分会会员中的投票会员通过纸质和线上投票进行提名，而所有选票都由普华永道会计师事务所制表统计。

五、会计师事务所质量管理准则

为保证执业质量，中国注册会计师协会拟定了《中国注册会计师质量控制基本准则》，经财政部批准，于 1997 年 1 月 1 日开始施行，后经多次修订，内容逐渐科学、严谨。为顺应经济社会及信息技术发展对会计师事务所管理提出的新要求、新挑战，并提高质量管理能力，2020 年 11 月，中国注册会计师协会借鉴国际准则的最新成果，修订发布了质量管理相关准则，分别是《会计师事务所质量管理准则第 5101 号——业务质量管理》《会计师事务所质量管理准则第 5102 号——项目质量复核》《中国注册会计师审计准则第 1121 号——对财务报表审计实施的质量管理》。其中，针对财务报表审计业务，《中国注册会计师审计准则第 1121

主题讨论：质量控制准则（1997 年）和质量管理相关准则（2020 年）的区别

号——对财务报表审计实施的质量管理》规定了项目层面实施质量管理的具体责任,并着重强化和细化了项目合伙人的相关责任。

提供高质量的审计服务,是会计师事务所生存和发展及树立市场信誉的基础。会计师事务所应当根据质量管理准则,设计、实施和运行在全所范围内统一的质量管理体系,以合理地保证业务质量。质量管理体系旨在为以下方面提供合理保证:第一,会计师事务所及其人员遵守法律法规、职业道德规范以及审计准则、审阅准则、其他鉴证业务准则和相关服务准则的规定;第二,会计师事务所和项目合伙人根据具体情况出具恰当的报告。

会计师事务所应当将为应对质量风险而设计和实施的政策与程序形成书面文件,并传达至全体人员。在记录和传达时,应清楚地描述质量控制政策和程序及其拟实现的目标,包括用适当信息指明每个人各自的质量责任,并被期望遵守这些政策和程序。

(一)会计师事务所质量管理体系框架

在质量管理准则框架下,会计师事务所质量管理体系应包括针对下列八个要素制定的政策和程序:①会计师事务所的风险评估程序;②治理和领导层;③相关职业道德要求;④客户关系和具体业务的接受与保持;⑤业务执行;⑥资源;⑦信息与沟通;⑧监控和整改程序。质量管理体系各组成要素应当有效衔接、互相支撑、协同运行,以保障会计师事务所能够积极有效地实施质量管理,具体如图 3-4 所示。

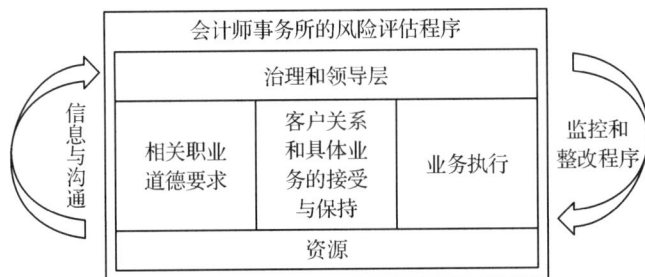

图 3-4 会计师事务所质量管理体系八要素模型

会计师事务所的风险评估程序是指能够明确会计师事务所在其质量管理体系中采用风险导向的方法应当遵循的程序。

治理层和领导层,能够为质量管理体系的设计、实施和运行营造良好的环境,为该体系提供支持。

资源、信息与沟通,能够使质量管理体系的设计、实施和运行落到实处。

监控和整改程序,能够监控会计师事务所质量管理体系的设计、实施和运行,识别质量管理体系的缺陷,并针对该缺陷采取相应的整改措施。监控和整改程序的结果,能够为会计师事务所的风险评估程序提供相关的信息。

中国注册会计师协会修订发布的质量管理准则最本质的变化在于引入了风险导向理念,将内部控制理论运用于会计师事务所质量管理。会计师事务所质量管理体系八要素与COSO[①] 提出的内部控制框架五要素存在的对应关系如表 3-5 所示。

---

① COSO 是美国反虚假财务委员会下属的发起人委员会(The Committee of Sponsoring Organizations of the Treadway Commission)的英文缩写。COSO 发布了《内部控制整合框架》。

表 3-5 **COSO 内部控制框架五要素与质量管理体系八要素之间的对应关系**

COSO 框架五要素	质量管理体系八要素
控制环境	• 治理和领导层 • 资源
风险评估	• 会计师事务所的风险评估程序
控制活动	• 相关职业道德要求 • 客户关系和具体业务的接受与保持 • 业务执行
信息与沟通	• 信息与沟通
监督	• 监控和整改程序

1. 会计师事务所的风险评估程序

质量管理准则将会计师事务所的风险评估程序列为八要素之首,强调质量管理跟踪与评价,至少每年一次对质量管理体系进行评价,形成评价报告,评价内容包括治理和领导层,在搭建会计师事务所组织架构时需要关注这一变化和影响。

会计师事务所应当设计和实施风险评估程序,以设定质量目标、识别和评估质量风险,并设计和采取应对措施以应对质量风险,同时实施动态调整。在识别和评估质量风险时,会计师事务所应当了解可能对实现质量目标产生不利影响的事项或情况,包括相关人员的作为或不作为。这些事项或情况包括下列方面:①会计师事务所的性质和具体情况;②会计师事务所业务的性质和具体情况。

2. 治理和领导层

质量管理准则要求会计师事务所的治理和领导层应当营造良好的环境,强化质量管理责任,为质量管理体系健康可持续发展提供支持。

会计师事务所在全所范围内形成一种"质量至上"的文化,树立质量意识。为此,可以设置质量管理领导层,涵盖事务所主要负责人、质量管理主管合伙人以及对质量管理体系特定方面承担责任的人员(如职业道德主管合伙人、监控和整改主管合伙人),建立健全激励机制和问责机制、清晰定位角色、明确任职条件、落实权利和责任、实质执行和监督分离,以确保其有效发挥作用。

会计师事务所领导层应建立并严格执行一体化管理机制,包括对分所管理和对新加入团队的有效整合,真正做到大而不散。一体化管理的核心要素是建立统一的合伙人利益机制,在全所范围内统一进行合伙人考核。

会计师事务所的人员业绩考核、晋升和薪酬政策应当坚持以质量为导向,将质量因素作为人员考评、晋升和薪酬的重要因素。如不得以承接和执行业务的收入或利润作为晋升合伙人的首要指标,针对合伙人晋升建立和实施质量"一票否决"制度等。

3. 相关职业道德要求

职业道德准则规范了职业道德基本原则,质量管理体系中的"相关职业道德要求"要素则进一步落实了这些职业道德的基本原则。会计师事务所应当制定政策和程序,以合理保证会计师事务所及其人员充分了解相关职业道德规范,并严格按照这些职业道德要求履行职责。如会计师事务所应当每年至少一次向所有受独立性要求约束的人员获取其遵守独立性政策和程序的书面确认函。

如果注册会计师连续多年审计同一客户,将会因密切关系和自身利益对独立性产生不利影响。因此,会计师事务所应当建立并完善与公众利益实体审计业务有关的关键审计合伙人轮换机制,对轮换情况进行实时监控,每年对轮换情况实施复核,并在全所范围内统一进行实质性轮换。为防止轮换流于形式,可以建立关键审计合伙人服务年限清单,将关键审计合伙人信息与项目管理相关联,由专人负责审核与管理。

会计师事务所应当完善利益分配机制,保证全所的人力资源和客户资源实现一体化统筹管理,避免某合伙人或项目组的利益与特定客户长期直接挂钩,影响独立性。会计师事务所应当定期评价利益分配机制的设计和执行情况。

4.客户关系和具体业务的接受与保持

会计师事务所承接的客户质量如何,直接影响会计师事务所的执业质量和执业风险。大多数审计失败案件,都与审计客户不诚信、会计信息的质量不高有关。因此,会计师事务所在作出是否承接或保持某项客户关系和具体业务的决策时,应当基于"质量至上"的原则,优先考虑质量方面的因素,而非商业利益。

针对客户关系和具体业务的接受与保持,会计师事务所应当设定下列质量目标。

(1)会计师事务所就是否接受或保持某项客户关系或具体业务所作出的判断是适当的,充分考虑了下列因素:①业务的性质和具体情况以及客户的诚信和道德价值观;②会计师事务所执行业务的能力。

(2)会计师事务所在财务和运营方面对优先事项的安排,并不会导致对是否接受或保持客户关系或具体业务作出不恰当的判断。

同时,会计师事务所应当树立风险意识,对于风险较高的客户,应当设计和实施专门的质量管理程序;对于从其他会计师事务所转入的人员带来的客户,仍然应当严格执行与客户关系和具体业务的接受及保持相关的程序,审慎承接该客户;质量管理准则还要求会计师事务所应当针对客户关系和具体业务的接受与保持,在全所范围内统一决策,避免出现分所擅自承接高风险业务,给全所带来不利影响的情况。

5.业务执行

会计师事务所应当制定政策和程序,在全所范围内统一委派具有足够专业胜任能力、时间充裕,并且无不良执业诚信记录的项目合伙人执行业务。会计师事务所应当制定与项目组内部复核相关的政策和程序,对内部复核的层级、各层级的复核范围、执行复核的具体要求以及对复核的记录要求等作出规定。

会计师事务所应制定政策和程序,在全所范围内统一委派项目质量复核人员,明确任职资质、规范复核内容、形成项目质量复核底稿,并包含于业务工作底稿中,除非出现特殊情况,应避免在同一年度内需要实施项目质量复核的项目之间交叉实施项目质量复核的情况。

会计师事务所应当制定政策和程序,确保所执行的项目在意见分歧解决后才能出具业务报告。

会计师事务所应当制定政策和程序,要求业务报告在出具前,应当经项目合伙人、项目质量复核人员(如有)复核确认,确保其内容、格式符合职业准则的规定,并由项目合伙人及其他适当的人员(如适用)签署。

6.资源

质量管理准则所称的资源,主要包括人力资源、技术资源和知识资源。此外,财务资源也是不可或缺的。

人力资源通常是与人有关的资源,如会计师事务所的专业人员、管理人员等;技术资源是指与信息技术有关的资源,如会计师事务所的信息技术基础设施、信息系统、应用软件等;知识资源是指会计师事务所内部书面的政策和程序、方法论、会计指引等。

事务所应打造一支专业性强、经验丰富、运作规范的质量管理体系团队,以维持质量管理体系日常运行;应建立专业技术支持保障机制,确保相关业务能够获得必要的专业技术支持,如技术咨询和审计业务所需的估值专家、金融专家、税务专家、IT审计专家、大数据专家、反舞弊审计专家等的支持。对此,会计师事务所应建立完善的工时管理系统,确保相关人员投入足够的时间执行业务,并作为业绩评价的依据。会计师事务所应建立完善业务操作规程,把职业准则的要求从实质上执行到位。

7.信息与沟通

质量管理准则增加了"信息与沟通"要素,并作了原则性规定,比如会计师事务所的信息系统需要能够识别、获取、处理和维护来自内部或外部相关、可靠的信息,为质量管理体系提供支持;会计师事务所应建立有效的沟通机制,以确保与质量管理相关的信息得到及时地传递与沟通。

信息沟通的主体既包括会计师事务所、项目组、相关人员,也包括网络、网络事务所、监管机构等。信息沟通应当是双向的,既不仅会计师事务所要向项目组和相关人员传递信息,项目组和相关人员也要向会计师事务所反馈信息,甚至在项目组之间、相关人员之间也要互相沟通信息。

8.监控和整改程序

会计师事务所的质量管理是一个循序渐进、不断完善更新的过程。因此,会计师事务所有必要对质量管理体系进行监控和整改。

会计师事务所应当建立在全所范围内统一的监控和整改程序,并开展实质性监控,包括定期和持续的监控。其中,作为一项监控活动,会计师事务所应当周期性地选取已完成的项目进行检查,在每个周期内,对每个项目合伙人,至少选择一项已完成的项目进行检查,对承接上市实体审计业务的每个项目合伙人,检查周期最长不得超过三年。

质量管理准则在原"监控"的基础上增加了"整改"的要求。在实施监控的过程中,会计师事务所可能会发现一些情况,经评价认为这些情况表明质量管理体系存在一些缺陷。针对这些缺陷,会计师事务所应当评价其严重程度和广泛性,调查和分析其根本原因,并有针对性地采取整改措施,确保这些缺陷能够及时、适当地得到整改。会计师事务所还应当视具体情况对相关人员进行问责,并及时修订完善质量管理体系。

(二)评价质量管理体系

会计师事务所主要负责人应当代表会计师事务所对质量管理体系进行评价。该评价应当以某一时点为基准,并且应当至少每年一次。

会计师事务所应当定期对下列人员进行业绩评价:①主要负责人;②质量管理主管合伙人;③对质量管理体系特定方面承担责任的人员。在进行业绩评价时,会计师事务所应当考虑对质量管理体系的评价结果。

(三)记录质量管理体系

会计师事务所应当对其质量管理体系进行记录,以实现下列目的:①为会计师事务所人员对质量管理体系的一致理解提供支持,包括理解其在质量管理体系和业务执行中的角色和责任;②为质量管理体系的持续实施和运行提供支持;③为应对措施的设计、实施和运行提供证据,以支持主要负责人对质量管理体系进行评价。

会计师事务所应当就下列方面形成工作记录:①主要负责人和质量管理主管合伙人各自的身份;②会计师事务所的质量目标和质量风险;③对应对措施的描述,以及这些措施是如何应对质量风险的;④监控和整改程序;⑤主要负责人对质量管理体系作出的评价及其依据。

会计师事务所应当规定质量管理体系工作记录的保存期限,该期限应当涵盖足够长的期间,以使会计师事务所能够监控质量管理体系的设计、实施和运行情况。如果法律法规要求更长的期限,应当遵守法律法规的要求。

第四节 注册会计师的法律责任

一、注册会计师的法律责任概述

注册会计师法律责任是指注册会计师在执行业务的过程中,因违约、过失以及欺诈等原因,致使委托客户或其他鉴证报告的使用者遭受损失,或虽未构成损害但已违反国家的相关法律法规,应当由注册会计师或会计师事务所承担的行政责任、民事责任或刑事责任。

与其他专业人员一样,如果注册会计师在履行职责期间未尽其专业责任,也需受到法律、职业组织或其他方面的制裁。所不同的是,多数其他专业人员仅对直接关系人负责,而审计人员不仅要对这些直接关系人负责,还需对依靠不准确的被审计信息而蒙受巨大损失的其他非直接关系人承担责任。所以,审计人员面临的法律责任一般大于其他专业人员,由此带来的潜在损失是在实施审计时很难预见的。

通过分析注册会计师的法律责任,一方面可以从法律角度规范注册会计师的执业行为,让法院在判决审计失败案件时有法可依、有章可循;另一方面也可以通过法律的约束来保护注册会计师自身的合法权益。

二、法律责任的成因

注册会计师法律责任的成因,主要包括经济与法律环境、被审计单位的原因和注册会计师的原因等多方面因素。

(一)经济与法律环境

1.扩大了注册会计师对第三方的责任

早期的司法制度倾向于限定注册会计师对第三方的责任。20世纪30年代西方的"厄特马斯主义"判例开启了注册会计师对第三者法律责任的先河,即:如果是一般过失,注册会计师只须对已确知其姓名的审计报告的主要受益者这一特定的第三者负责任;但如果是重大过失和欺诈行为,则对一切可合理预见的第三者负责任。

近些年来,特别是"安然""世通"等事件爆发之后,因企业经营失败或者管理层舞弊导致的破产事件激增,投资者和贷款人在其中蒙受巨大损失,从而要求注册会计师承担赔偿责任。迫于社会压力,许多国家法院判决倾向于增加注册会计师在这一方面的法律责任。

2.扩充了注册会计师法律责任的内涵

注册会计师传统法律责任的含义仅限于会计报表符合公认会计原则的公允性。迫于各方使用者、利益集团以及社会舆论等的压力,许多会计职业团体在 20 世纪 80 年代末修订有关审计准则,要求注册会计师在进行会计报表审计时,必须设计和实施必要的审计程序,为发现错误与舞弊提供合理的保证,从而实质上扩充了注册会计师法律责任的内涵。

3.针对注册会计师的法律诉讼大量增加

近年来,注册会计师被卷入法律纠纷的案件层出不穷,以致迎来"诉讼爆炸"的时代。新《证券法》要求中介机构对上市公司的虚假陈述承担连带责任,能够证明自己没有过错的除外。新《证券法》还引入了新的集体诉讼制度,最高人民法院发布的《关于证券纠纷代表人诉讼若干问题的规定》,则进一步落实了证券集体诉讼制度,加大了注册会计师承担民事赔偿责任的风险。

4.审计期望差距的存在

投资者、债权人等审计信息使用者对审计的期望值过高,并且公众对注册会计师提供的保证程度以及审计工作程序等可能存在误解。委托人也可能意图通过支付审计费用,将审计风险转嫁给审计人员。此外,审计服务的供给能力受审计技术、方法和审计理论创新以及审计人员自身能力不足等诸多因素的制约和影响,导致审计期望差距始终无法完全弥合,这也在一定程度上加大了注册会计师的法律责任风险。

(二)被审计单位的原因

1.错误、舞弊和违反法规行为

错误,是指被审计单位由于疏忽、误解等原因,在注册会计师所审计的会计报表中产生了错报或漏报。如原始记录和会计数据的计算、抄写错误;对实施的疏忽和误解;对会计政策误用等。

舞弊,是指被审计单位故意在注册会计师所审计的会计报表中造成错报或漏报。如伪造、编造记录或凭证,侵占资产,隐瞒或删除交易或事项,记录虚假的交易或事项,蓄意使用不当的会计政策等。

违反法规行为,是指被审计单位有意或无意地违反企业会计准则和相关会计制度之外的法律法规行为。

防止或发现错误与舞弊,保证经营活动符合法律法规的规定,是被审计单位治理层和管理层的责任。但是如果被审计单位因存在错误、舞弊和违反法规的行为,导致其会计报表含有重大错报而注册会计师未能发现、揭露,注册会计师可能遭受到委托单位及有关方面的控告。

2.经营失败

被审计单位出现经营失败很可能会连累注册会计师,但经营失败不能等同于审计失败。

经营失败是指因经济萧条、决策失误或出现非预期的竞争因素导致企业无力归还借款,或无法达到投资人期望的收益。审计失败是指注册会计师由于没有遵守审计准则的要求而发表了错误的审计意见。社会公众容易混淆经营失败与审计失败。为了最大限度地保护自身权益,广大投资者和债权人往往会追究注册会计师的责任,使会计师事务所蒙受损失。

(三)注册会计师的原因

1.违约

违约,是指合同的一方或几方未能达到合同条款的要求。当违约给他人造成损失时,注册会计师应负担违约责任。例如,会计师事务所违反了与被审计单位订立的保密协议等。

2.过失

过失,是指在一定条件下缺少应具有的合理谨慎。评价注册会计师的过失,是以其他合格注册会计师在相同条件下可做到的谨慎为标准的。当过失损害他人时,注册会计师应负过失责任。

过失按其程度不同分为普通过失和重大过失。普通过失(也称"一般过失")通常是指没有严格保持职业上应有的认真和谨慎,注册会计师没有完全遵循专业准则的要求执业。例如,未按特定项目取得充分和适当审计证据的情况,可视为一般过失。重大过失是指没有保持最起码的职业谨慎,注册会计师根本没有遵循专业准则,或没有按专业准则的基本要求执行审计。

3.欺诈

注册会计师的欺诈是指为了达到欺骗他人的目的,明知委托单位的财务报表有重大错报,却加以虚伪的陈述,出具无保留意见的审计报告。欺诈的重要特征,也是欺诈与普通过失和重大过失的主要区别之一是作案具有不良动机。

与欺诈相关的另一个概念是推定欺诈(也称"涉嫌欺诈")。这是指注册会计师虽然没有故意欺骗或坑害他人的动机,却存在极端或异常的过失。

事实上,推定欺诈和重大过失并没有严格的界限,也很难界定。美国许多法院曾经将注册会计师的重大过失解释为推定欺诈,特别是近些年来有些法院放宽了"欺诈"一词的范围,使得"推定欺诈"和"欺诈"在法律上成为等效的概念。同样,对过失程度的大小也没有特别严格的界限,对审计实务中发生的过失往往很难界定。注册会计师如果工作失误或有欺诈的行为,将会给委托人或依赖审定会计资料的第三人造成重大损失,甚至会导致社会经济秩序的紊乱。

【例3-5】H会计师事务所的违法违规行为

浙江省注册会计师协会于2022年12月发布了《浙江省会计师事务所执业质量检查典型案例》,曝光了八家会计师事务所的违法违规行为。

H会计师事务所(简称"H所")在明知被审计单位篡改财务报表的情况下,仍然出具审计报告。在对某公司财务报表进行审计时,H所为帮助公司申请专项补助,明知道该公司不符合申请财政补偿资金的标准条件,默许公司修改相关数据,并让该公司出具承诺函,其中承诺:"为申报××专项补助,修改2016年度公司的财务报表和财务报表附注,并愿意承担因数据不一致舞弊行为所引起的一切法律责任。"

H 所的上述行为,严重违反《注册会计师法》第二十条"注册会计师执行审计业务,遇有下列情形之一的,应当拒绝出具有关报告:(一)委托人示意其作不实或者不当证明的"。第二十一条"注册会计师执行审计业务,必须按照执业准则、规则确定的工作程序出具报告。注册会计师执行审计业务出具报告时,不得有下列行为:(二)明知委托人的财务会计处理会直接损害报告使用人或者其他利害关系人的利益,而予以隐瞒或者作不实的报告"。

案例启示:本案中,被审计单位为了非法的目的篡改财务报表,会计师事务所在明知篡改的情况下仍然出具审计报告,严重违反注册会计师法,毫无道德底线,属于串通舞弊。被审计单位对外提供虚假证明文件,骗取政府有关部门给予财政补助,H 所及有关注册会计师为其提供背书,系明知故意行为,须承担连带责任。应增强企业领导和财会人员的法律意识,健全会计法律法规,严惩一切财务造假行为。防止公司管理层或者财会人员存在侥幸心理,从根源上杜绝财务造假。

三、法律责任的种类

注册会计师因违约、过失或欺诈给被审计单位或其他利害关系人造成损失的,按照相关法律规定,可能被判负行政责任、民事责任或刑事责任。这三种责任可单处,也可并处。在我国监管实践中,注册会计师承担的法律责任主要是行政责任。

在我国,界定注册会计师法律责任的法律规范体系以《中华人民共和国注册会计师法》为主体,还包括《中华人民共和国证券法》《中华人民共和国公司法》(简称《公司法》)以及《中华人民共和国刑法》(简称《刑法》)等法律、相关司法解释以及财政部、证监会、国资委等相关部门制定的法规。其中,我国当前适用的《注册会计师法》是根据 2014 年 8 月 31 日第十二届全国人民代表大会常务委员会第十次会议《关于修改〈中华人民共和国保险法〉等五部法律的决定》修正的。《证券法》于 2019 年 12 月 28 日由第十三届全国人民代表大会常委会第十五次会议第二次修订通过,自 2020 年 3 月 1 日起施行。《公司法》于 2023 年 12 月 29 日由第十四届全国人民代表大会常务委员会第七次会议修订通过,自 2024 年 7 月 1 日起施行。《中华人民共和国刑法修正案(十一)》于 2020 年 12 月 26 日由第十三届全国人民代表大会常务委员会第二十四次会议通过,自 2021 年 3 月 1 日起施行。

(一)行政责任

行政责任是指注册会计师违反了法律、法规的有关规定,政府主管部门将依法对其进行行政处罚,包括对会计师事务所给予警告、没收违法所得、罚款、暂停营业、撤销,以及对注册会计师给予警告、暂停执业和吊销证书。

1.《注册会计师法》的规定

《注册会计师法》第三十九条规定:会计师事务所违反本法第二十条、第二十一条规定的,由省级以上人民政府财政部门给予警告,没收违法所得,可以并处违法所得一倍以上五倍以下的罚款;情节严重的,并可以由省级以上人民政府财政部门暂停其经营业务或者予以撤销。

注册会计师违反本法第二十条、第二十一条规定的,由省级以上人民政府财政部门给予警告;情节严重的,可以由省级以上人民政府财政部门暂停其执行业务或者吊销注册会计师证书。

2.《证券法》的规定

《证券法》第一百八十八条规定:证券服务机构及其从业人员,违反本法第四十二条的规定买卖证券的,责令依法处理非法持有的证券,没收违法所得,并处以买卖证券等值以下的罚款。

第一百九十三条第二款规定:违反本法第五十六条第二款的规定,在证券交易活动中作出虚假陈述或者信息误导的,责令改正,处以二十万元以上二百万元以下的罚款;属于国家工作人员的,还应当依法给予处分。

第二百一十三条规定:会计师事务所、律师事务所以及从事资产评估、资信评级、财务顾问、信息技术系统服务的机构违反本法第一百六十条第二款的规定,从事证券服务业务未报备案的,责令改正,可以处二十万元以下的罚款。

证券服务机构违反本法第一百六十三条的规定,未勤勉尽责,所制作、出具的文件有虚假记载、误导性陈述或者重大遗漏的,责令改正,没收业务收入,并处以业务收入一倍以上十倍以下的罚款,没有业务收入或者业务收入不足五十万元的,处以五十万元以上五百万元以下的罚款;情节严重的,并处暂停或者禁止从事证券服务业务。对直接负责的主管人员和其他直接责任人员给予警告,并处以二十万元以上二百万元以下的罚款。

第二百一十四条规定:发行人、证券登记结算机构、证券公司、证券服务机构未按照规定保存有关文件和资料的,责令改正,给予警告,并处以十万元以上一百万元以下的罚款;泄露、隐匿、伪造、篡改或者毁损有关文件和资料的,给予警告,并处以二十万元以上二百万元以下的罚款;情节严重的,处以五十万元以上五百万元以下的罚款,并处暂停、撤销相关业务许可或者禁止从事相关业务。对直接负责的主管人员和其他直接责任人员给予警告,并处以十万元以上一百万元以下的罚款。

3.《公司法》的规定

《公司法》第二百五十七条规定:承担资产评估、验资或者验证的机构提供虚假材料或者提供有重大遗漏的报告的,由有关部门依照《中华人民共和国资产评估法》《中华人民共和国注册会计师法》等法律、行政法规的规定处罚。

(二)民事责任

民事责任是指会计师事务所给他人造成经济损失的,应予以赔偿受害人的经济损失。民事责任又可分为对委托人的责任和对第三者的责任。

1.《注册会计师法》的规定

《注册会计师法》第四十二条规定:会计师事务所违反本法规定,给委托人、其他利害关系人造成损失的,应当依法承担赔偿责任。

2.《证券法》的规定

《证券法》第一百六十三条规定:证券服务机构为证券的发行、上市、交易等证券业务活动制作、出具审计报告及其他鉴证报告、资产评估报告、财务顾问报告、资信评级报告或者法律意见书等文件,应当勤勉尽责,对所依据的文件资料内容的真实性、准确性、完整性进行核查和验证。其制作、出具的文件有虚假记载、误导性陈述或者重大遗漏,给他人造成损失的,应当与委托人承担连带赔偿责任,但是能够证明自己没有过错的除外。

3.《公司法》的规定

《公司法》第二百五十七条规定:承担资产评估、验资或者验证的机构因其出具的评估结果、验资或者验证证明不实,给公司债权人造成损失的,除能够证明自己没有过错的外,在其评估或者证明不实的金额范围内承担赔偿责任。

【例3-6】立信所涉大智慧案

2018年10月5日,中国证券网以"会计师参与造假承担连带赔偿责任,立信涉大智慧终审败诉"为题,报道了投资者与上海大智慧股份有限公司(简称"大智慧")、立信会计师事务所(特殊普通合伙)(简称"立信所")证券虚假陈述责任纠纷二审民事判决情况。回顾案情,2016年7月20日,大智慧因2013年年报披露问题受到中国证监会行政处罚(〔2016〕88号)。同日,由于在大智慧2013年度财务报表审计中出具了标准无保留意见的审计报告,立信所也受到了中国证监会的行政处罚(〔2016〕89号)。随后,大量投资者向上海市第一中级人民法院(简称"上海一中院")提起证券虚假陈述民事赔偿诉讼,要求立信所与大智慧共同赔偿投资者的损失。2017年12月,上海一中院作出一审判决,判令立信所就投资者的损失承担连带赔偿责任。立信所不服一审判决,向上海市高级人民法院(简称"上海高院")提起上诉,其核心诉求为主张承担补充赔偿责任,而非连带赔偿责任。2018年9月,上海高院作出二审判决,维持了一审判决。这一判例对资本市场的中介机构是一个严正警示,连带赔偿责任并非一句空话、一纸空文。

(三)刑事责任

刑事责任是指注册会计师犯有刑法禁止的行为,将会受到刑事追究。《注册会计师法》《刑法》《证券法》等都有明确规定,当注册会计师在执业过程中出现严重欺诈等违法行为,并给审计委托方或社会造成重大经济损失的情况时,应承担相应的刑事责任。

四、法律责任的防范

任何一种职业,其应承担的职业责任与其社会地位是有直接联系的。对于审计人员来说,只有其愿意承担职业责任并对因未能履行其职业责任而引起的后果负责时,其社会地位和执业能力才会被认可。因此,审计职业界面对日益变化的经济和法律环境以及日益高涨的法律责任风险,不仅不能退缩或消极对待,反而应该采取积极的态度,勇于承担责任,并寻求科学和有效的措施,减轻自己所面临的法律责任风险,尽量避免法律诉讼的发生。防范审计人员法律责任风险的对策主要包括以下方面。

拓展资源:特别代表人诉讼制度下的注册会计师法律责任

(一)明确区分会计人员和审计人员的责任

会计责任和审计责任是两种不同性质的民事责任,不能相互替代,也不能简单等同。会计人员应按照一定的标准记录、分类、整理、汇总和报告财务信息使用者所要求的各种财务信息,因此他们应对其报告的财务信息负责。例如,由会计人员编制的财务报表中如果存在错报,就应由会计人员负责。而审计人员负责审查财务信息的处理和报告是否符合既定准则,以及是否真实地反映了被审计单位与财务相关的各种情况,因此审计人员对于财务报表中存在的错报不负责任。如果审计人员未按审计准则工作,而导致本应发现的错报未被发现,审计人员则应负相应的责任。

会计与审计是密不可分的,社会上往往有将会计与审计工作、会计与审计人员混淆的情况发生,这是不能正确理解会计人员和审计人员各自责任的一种表现。可见,只有明确会计人员与审计人员双方的责任,才能使遭受经济损失者选择真正的起诉对象。

(二)严格遵循职业道德规范和执业准则

在执业过程中,审计人员首先要保持独立性、正直客观,并且具备专业胜任能力。其次,必须遵循有关的执业准则、规则和法律。因为审计人员在审计过程中应遵循合理谨慎的原则,而公认审计准则所规定的合理的职业谨慎的含义就是遵循执业准则进行审计,所以只要切实遵照这些规则进行审计,就可以避免法律诉讼案的发生,即便一旦受到牵连,也可以据此提出抗诉。另外,除了严格遵守执业准则外,审计人员还必须密切关注被审计单位的管理部门是否存在不良动机,在编制报表过程中有无舞弊行为,特别是对财务上陷入困境的被审计单位要加倍小心,因为这种舞弊行为往往是管理部门的集体所为,所以审计人员即使完全按执业准则审计,也有可能未发现存在的舞弊行为,因此在执业时要特别留意。

(三)建立健全会计师事务所质量控制制度

审计机构应建立切实有效的质量管理体系,保证审计工作的质量,而不是单纯求进度、求数量、讲规模、究效益,导致审计工作质量下降。尤其是要高度重视自身的治理机制和企业文化建设,切实树立以质量为导向的企业文化理念,并真正建立有效的质量控制督察制度和质量管理体系,严格实施分级复核制度,以保证审计工作的质量。

(四)深入了解被审计单位业务,审慎选择被审计单位

在选择被审计单位时,首先,要充分了解被审计单位的基本情况,熟悉其经营情况,选择正直的被审计单位。比如可以与其前任注册会计师取得联系,了解前任注册会计师与被审计单位之间有无法律纠纷,被审计单位更换会计师事务所的原因等,尽量避免和不正直的管理层及其所在单位有业务关系。其次,对陷入财务和法律困境的被审计单位要尤为注意,因为绝大部分涉及注册会计师的诉讼案都集中在宣告破产的被审计单位。

(五)与委托人签订业务约定书

业务约定书是明确审计人员与被审计单位责任的法律依据,应列明双方的责任,提供审计业务的性质、范围、要求条件等。文字叙述应尽可能清楚,以便事后发生纠纷时作为明确双方责任的书面凭证。

(六)提取风险基金或购买职业保险

在西方国家投保充分的责任保险是会计师事务所一项极为重要的保护措施。尽管保险不能免除可能受到的法律诉讼,但能防止或减少诉讼失败的财务损失。《注册会计师法》《会计师事务所职业风险基金管理办法》规定了会计师事务所应当按规定建立职业风险基金,办理职业保险,以最大限度地避免、减少或弥补损失。

（七）聘请熟悉注册会计师法律责任的律师

审计人员应经常同法律顾问探讨所有可能存在的法律问题，一旦审计工作中出现有关迹象，应及时同法律顾问进行商洽并采取对策。

本章小结

我国注册会计师职业规范体系受《中华人民共和国注册会计师法》统驭，由职业道德准则、执业准则体系、后续教育准则三个部分组成。

注册会计师职业道德准则主要介绍了注册会计师职业道德基本原则、概念框架、具体应用等内容。其中，基本准则包括诚信、独立性、客观和公正、专业胜任能力和应有的关注、保密以及良好的执业行为。而职业道德概念框架是指解决职业道德问题的思路和方法，用以指导注册会计师识别、评估并应对那些对职业道德基本准则产生不利影响的情形。

我国现行执业准则体系由两大类准则构成，分别是注册会计师业务准则（包括鉴证业务准则、审计准则、审阅准则、其他鉴证业务准则以及相关服务准则）和会计师事务所质量管理准则。注册会计师执行业务必须遵循其执业准则。

为了约束会计师事务所，确保注册会计师在执业过程中遵守职业规范，需要明确其所应当承担的法律责任。注册会计师法律责任的成因，主要包括经济与法律环境、被审计单位的责任和注册会计师自身的责任等多方面因素。注册会计师因违约、过失或欺诈给被审计单位或其他利害关系人造成损失的，按照相关法律规定，可能被判负行政责任、民事责任或刑事责任。因此，审计职业界、会计师事务所和注册会计师都应当积极采取措施防范自身的法律责任风险，避免法律诉讼。

本章思考题

1. 注册会计师执业准则体系包括哪些组成部分？
2. 注册会计师职业道德的基本原则有哪些？可能对遵守职业道德基本原则产生不利影响的因素有哪些？
3. 注册会计师如何运用职业道德概念框架？
4. 我国会计师事务所质量管理体系包括哪八大要素？
5. 比较项目质量复核与项目组内部复核的异同之处。
6. 可能导致注册会计师承担法律责任的原因有哪些？
7. 我国注册会计师的法律责任有哪些种类？注册会计师可以采取何种对策来避免或减少法律诉讼风险？

第四章 审计证据与工作底稿

学习目标

掌握审计证据的种类和特征以及主要审计技术方法

熟悉审计证据与审计准则、审计依据(标准)的关系以及审计工作底稿的格式和要素

了解审计证据和审计工作底稿的含义以及审计工作底稿的归档

思政元素

审计依据与审计中以法律为准绳

审计证据与审计中以事实为根据

审计证据的证明力(证据力)

审计证据的相关性与可靠性

审计目标、审计方法与审计证据的关系

审计工作底稿的制作原则

引例——奔驰车是抵账收回来的吗

2022年,S市公正会计师事务所派出一支审计小组对该市大型国有企业建工集团进行财务审计。经过几天的深入检查,查阅了大量的会计资料及其他相关资料,发现建工集团的经营管理比较混乱,同时还发现经常停放在公司办公楼的一辆奔驰轿车没有在账上反映。

针对这一疑问,审计小组在公司上下进行了较为广泛的座谈,关于轿车的来历广大干部职工有两种说法。

一种说法是车是2021年10月买的,但公司近几年一直连续亏损,其大额开支必须由主管部门批准,按道理不应该有资金用于购车;另一种说法是车是抵债收回来的,审计小组不仅看到了一份由H单位出具的"抵债协议书",而且公司领导和财会人员一致解释:车刚收回来,没有来得及入账,后一种说法似乎更有说服力。

为了破解轿车之谜,审计小组决定兵分两路,一路直奔H公司查询有关抵债情况。在H公司调查时,其负责人表示奔驰轿车确实是用于抵偿建工集团95万元贷款的。另一路则到市车管所查询该车的证照手续办理情况。到市车管所的审计人员查出了购车发票复印件,购车发票中写明车辆系W市腾飞汽车公司出售的。

审计组再赴H公司询问,费尽周折,但效果不明显。据此,审计小组又前往W市腾飞汽车公司调查,了解到该购车款是通过S市某银行储蓄所名为"0021579"的账户以转账支票的方式支付的,金额为95万元。经查询该银行账户,审计人员发现,账户是建工集团的。显然,车是买的,不是抵债收回的。

谜底被揭穿后,建工集团领导和财会人员不得不说出购车款的来源。2020 年,建工集团将出租施工机械的租金收入 100 多万元设立了"小金库",被举报后,市纪检部门对其进行了立案查处,在处理 100 多万元"小金库"时,该公司称其中的 95 万元是职工集资款,并出具了收取职工集资款的有关手续凭证,专案组剔除了其中的 95 万元,作撤案处理。

实际上,建工集团原收取的职工集资款已列入"其他应付款"账户,并未纳入原"小金库"收入。在用原"小金库"资金退还职工集资款 95 万元后,"其他应付款"账户内仍以职工集资款名义虚列着 95 万元的债务,直至 2021 年,建工集团以为"调包"成功,就将 95 万元转入某银行储蓄所,开设了"0021579"账户,违反规定购买了豪华轿车。

思考:上述案例中出现了哪些类型的审计证据,这些审计证据围绕的具体认定是什么?

第一节　审计证据

审计凭证据"说话",审计工作主要就是取证。为实现审计目标,必须收集和评价审计证据。审计人员形成任何审计结论和审计意见都必须以合理的证据作为基础,即应当获取充分、适当的审计证据,以得出合理的审计结论,作为形成审计意见的基础。因此,审计证据是审计中的一个核心概念。各国所发布的审计准则都很强调审计证据对审计意见的重要性。比如,美国的《公认审计准则》中"外勤工作准则"第三条规定:"审计人员应通过检查、观察、询问和函证等方法,获取充分、适当的审计证据,以便对被审计会计报表发表意见提供合理的基础。"国际审计实务委员会发布的《国际审计准则——审计证据》和《国际审计准则——审计证据——特定项目的额外考虑》,对有关审计证据的工作要求作了具体说明。为了规范我国审计人员获取和评价、利用审计证据,保证审计证据的充分性和适当性,《中国注册会计师审计准则第 1301 号——审计证据》对审计证据的含义以及审计人员获取审计证据提出了总体要求。

审计证据是审计机关和审计人员获取的用以说明审计事项真相,形成审计结论的证明材料。审计证据对于审计工作的重要意义表现在下列四个方面:①审计证据是审计意见的支柱。所有的审计意见必须有审计证据支持。②审计证据是作出审计决定的基础。任何对违纪违规问题的处理处罚,都必须有充分可靠的审计证据来证明。③审计证据是解除或追究被审计人经济责任的事实根据。通过审计证据可以证明被审计单位及相关人员履行经济责任的情况。④审计证据是控制审计工作质量的重要工具。通过对审计人员收集的审计证据的检查,同样可以发现审计人员履行职责及其工作质量的情况。

一、审计证据的含义

审计证据是指审计人员为了得出审计结论、形成审计意见而获取的所有信息,包括主要的会计数据(会计记录)及审计人员可获得的所有的有效确认资料。

以会计学中的会计等式作类比,审计等式为:审计证据＝主要会计资料＋确认信息。这个审计等式很重要,因为它抓住了财务报表审计的理性原则。审计人员需要检验主要会计数据是否适当准确,以便能够对财务报表发表审计意见。依据会计记录编制财务报表是被审计单位管理层的责任,审计人员应当测试会计记录以获取审计证据。财务报表依据的会计记录一般包括对初始分录的记录和支持性记录,如支票、银行转账记录、发票、合同、总账、明细账、记账凭证和未在记账凭证中反映的对财务报表的其他调整,以及支持成本分配、计算、调节和披露的手工计算表和电子数据表。会计记录取决于相关交易的性质,它既包括被审计单位内部生成的手工或电脑形式的凭证,也包括从与被审计单位进行交易的其他企业收到的凭证。会计记录中含有的信息本身并不足以提供充分的审计证据作为对财务报表发表审计意见的基础,审计人员还应当获取用作审计证据的其他信息,包括自身编制或获取的可以通过合理推断得出结论的信息,如审计人员编制的各种计算表、分析表等。

在理解审计证据含义时,需分辨审计证据与审计准则、审计依据的区别与联系,见图 4-1。

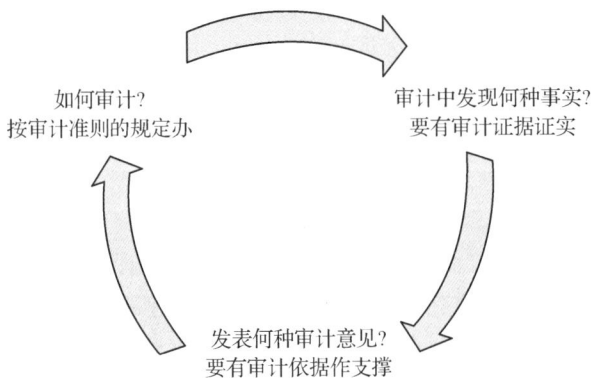

如何审计? 按审计准则的规定办

审计中发现何种事实? 要有审计证据证实

发表何种审计意见? 要有审计依据作支撑

图 4-1 审计证据与审计准则、审计依据的关系

从某种意义上讲,审计活动就是收集、鉴定、综合和运用审计证据,提出审计意见和建议,作出审计结论的过程。没有审计证据,审计人员就无法了解和证实被审计事项的真实情况,无法作出审计结论。审计依据是审计人员在审计过程中用来衡量被审计事项是非优劣的准绳;是提出审计意见,作出审计决定的依据。审计准则是审计人员进行审计工作时必须遵循的行为规范,是审计人员执行审计业务、获取审计证据、形成审计结论、出具审计报告的专业标准。

二、审计证据的种类

(一)按证据表现形式分

审计证据的种类繁多,其取得途径和相应的证明力也有所不同。按证据形态分类,审计证据可分为实物证据、书面证据、口头证据和环境证据四类。

1. 实物证据

实物证据是指审计人员在审计工作中,运用审计方法,依法获取的,能客观反映被审事项,以实物形式存在的财产物资。从被审计单位收集的厂房、机器、设备、材料、现金等实物信息,都属于实物证据。

主题讨论:非结构化数据形式的审计证据

(1)实物证据的特点

实物证据具有以下五个特点,针对其每个特点,在审计时应注意的问题分述如下。

①实物证据客观性较强,不依赖于人的意志而独立存在,是佐证其他类型证据的必需证据,所以在审查判断账实是否相符时,应当取得相应的实物证据。

②实物证据被动性明显,它所反映的事实,固定于实物形态之中,处于被动的待发现的地

位,只有经过审计人员发挥能动作用积极地主动识别、清查、验证,才能发现是否存在问题。

③实物证据依赖性较为明显,其证明价值常常在于审计人员运用盘存方法来核实会计账面资料。审计时,应看所有财产物资是否都在账面上作了记载,所作记载是否正确。

④作为实物证据的财产物资,通常为厂房、建筑物、机器、机械、运输工具、原材料、燃料、库存半成品和产成品等,本单位可利用,其他单位或个人也可使用,即可利用性较强。针对实物证据的这一特点,在审计时,应当从审查被审计单位的实物控制制度是否完善和健全入手,判断财产物资是否安全完整,有无被挪用贪污等现象。

⑤作为实物证据的财产物资,一般来说存在同类物。一些人常常利用这一特点,为使"账实相符",以其他单位或个人的财产物资冒充本单位的财产物资,本属于本单位的财产物资,说成不是本单位的财产物资,以图蒙混过关。因此,在审计实物证据时,应注意审查其所有权的归属。

(2)验证实物资产存在的状况

正是因为实物证据存在上述特点,所以在审计实物证据时,在审查实物资产存在数量的真实可靠的同时,还需要验证实物资产存在的状况,以明确被审计单位计价的合理性,同时还需要验明作为实物证据的财产物资是否属于被审计单位所有。

①审查判断实物证据的真实可靠性,是审计实物证据的首要任务。收集实物证据,通常运用监盘法,主要采取两种方式:其一是直接清查验证法,即审计人员亲自清查验证;其二是监督清查验证法,即审计人员到现场监督,由其他人员清查,审计人员只对其中的某一部分亲自清查验证。无论采取哪一种方式,收集实物证据都是比较烦琐耗时的事,于是有的审计人员怕麻烦,工作不负责任,马虎了事,甚至根本不清点,不认真观察,只是听一下被审计单位有关人员报一下数,记下来就算是取得了证据,这样取得的实物证据显然缺乏真实可靠性。审计人员直接清查验证时,必须要有被审计单位负责人、主管人、具体经管人等在场,共同证明,在场的有关人员都应在验证单据上签章,经过适当的法律程序,取得法律证明文件,以分清责任。例如,验证现金的真实性,一般应由审计人员在制订盘点计划后,实行突击性盘点。盘点时间应在全天业务开始之前或终止后,除审计人员外,参加盘点的人,还应包括被审计单位领导人、财务负责人和现金管理人员。在盘点结束前,审计人员对所有的现金加以控制,对未能盘点的现金应予封存。盘点一般不事先通知现金管理人员。对实物证据的取得,关键是审计人员应实地考查,而不能仅凭被审计单位提供的资料来确认。

【例4-1】某公司经理离任经济责任审计

为验证企业固定资产的安全完整性,审计小组运用抽查法进行审查。根据固定资产卡片上的内容分别与实物相核对,审计小组发现:①一台2013年购置的捷达轿车未按要求驶回厂区待检;相关人员说车已用于出差,并拿出购车发票予以证明,保证一切符合规定。②120平方米的产成品库房。按卡片上记载的位置,有关人员指着一陈旧的房屋介绍人说是该产成品库房。对于以上证据,审计人员认为应进一步实地审查。

经实地考查,取得了新的证据:①轿车挂的是私人牌照,由采购办主任驾驶。②卡片上记载的产成品库房并未在厂区,实为处于市内繁华地段的销售门市部,现已作为投出资产与某商场联营,但并未在公司会计核算中反映。③公司人员介绍的陈旧房屋已停用两年。这样,审计人员终于查清了该公司存在的问题:公司车辆擅落私人牌照,容易造成资产流失,而名为产品库,实已作为投资的销售门市部,掩盖了非正当的经营目的。

②取得实物证据获取实物资产数量的同时,还需要审查实物资产存在的状况,以确定被审计单位计价的正确性。例如,当审计人员审查库存材料的数量时,一般采用点数的方法来获取证据,即点数后所得的总数是审计人员得出库存材料账与实有数量是否一致的重要证据。但因材料核算可采用多种计价方法,如果审计人员不对其计价方法的合理性、正确性和一贯性进行审查,仅凭点数是无法作出库存材料账与实存价值是否相符的判断。

【例 4-2】某企业原材料审计

审计人员在年底对某企业的原材料进行审计时,取得以下证据:①一种添加剂一次性购入 200 吨,单价 1.3 万元,计 260 万元;②只出库一次 10 吨,金额 13 万元;③经盘点,发现库存数与账面数相符。表面上我们完全可以作出结论:账实相符。但是,审计人员并没有马上下结论,而是认真审计以上证据,发现该添加剂已经有 9 个月无动态,不能不让人疑惑:购入原材料是为生产需要,为什么这么长时间无动态,没有消耗吗?

带着疑问,审计人员又继续调查,取得下列证据:①到库房检查,得知该库存添加剂已变质;②询问保管员和车间领料员,都说是由于当时进货后是雨季,库房漏雨,使这批原材料被雨水淋湿,车间领用后,无法生产出合格产品,就没有领用;③查阅相关利润账,该企业每个月一直处于微利状态,年底盈利 4.5 万元。

通过对以上证据的分析,审计人员认为,该企业如在年底将此原材料——添加剂报损,那事必造成 247 万元的亏损,年底上级单位来考核该企业,企业领导将受重罚,所以财务一直将这批原材料挂在账上,不作处理,形成潜亏 247 万元。审计人员又通过询问财务人员证实了上述分析正确。

③需要审查实物资产的所有权问题,作为实物证据的财产物资是否属于被审计单位所有,不能解决这个问题,就不能作出账实相符或不相符的结论。

【例 4-3】某汽车修理厂的固定资产审计

审计人员对某汽车修理厂的固定资产进行审计时,运用审阅法、核对法和抽查法取得以下证据。

(1)会计凭证分录

借:固定资产——4 台客车   20 万元

　　贷:长期应付款——运输公司   20 万元

上述分录附有一张购车原始单据。

(2)固定资产登记簿上记载:2009 年 12 月 17 日购某运输公司 4 台单客 20 万元。

(3)实地盘存,一车间和二车间各 2 台单客。审计人员初步结论为:账实相符。

对此,审计负责人在检查以上证据时,发现审计人员没有审查单客的产权证书。审计负责人要求该厂出示 4 台单客的产权证书时,该厂有关负责人员道出了原委:原来这 4 台单客均由某运输公司购买,运输公司经理为增加创收渠道,并逃避税务部门的检查,把车交由汽车修理厂进行经营管理。本案就是从固定资产产权的归属查出了汽车修理厂的舞弊行为。因而,在审计实物证据时,审查财产物资所有权归属是极其重要的一方面。

2.书面证据

书面证据是指审计人员获取的各种文件记录形式的证据,包括审计人员从被审计单位或者其他单位取得的证据和审计人员自身编制的书面材料。如从被审计单位或相关单位收集到的凭证、账簿、报表、计划、合同、证明函件、信件等,都属于书面证据。书面证据是审计人员收集证据的主要领域,也是形成审计意见和审计结论的重要基础。书面证据具有的四个特点,针对各特点,审计时应重点注意的问题如下。

(1)书面证据具有直接证明性。在通常情况下,它能够以其独特的具体化、形象化和固定化的文字、数据、符号和图表本身所体现的内容起到证明被审事项的作用。对书面证据审计判断时,要看其是否全面、充分。书面证据成为审计工作中收集证据的主要对象,不仅仅在于它是会计工作的主要内容,更重要的是因为它具有直接证明作用。

(2)书面证据具有稳定性。书面内容不仅内容明确,而且形式上也相对固定,稳定性强,一般不受时间影响,易于长期保存。审计人员一般都能够收集到反映被审计单位各种经济事项的书面资料。在审计时,着重查看被审计单位是否按规定保存书面资料,有无任意违规毁弃的现象,从中发现有无不正常情况。

(3)书面证据具有物资性。作为其所反映内容的物资载体,会计领域主要以纸张最为常见,如会计凭证、会计账簿、会计报表、合同等。针对此特点,审查判断书面证据时,应注意审查是否所有的经济业务活动都在书面资料上作了记载。

(4)书面证据具有思想性。书面证据以客观物资材料作为其载体,借助文字、数据、符号或图表等表达的内容来证明被审事项,其内容是人的思想的表达。所以存在对某种经济事项错误认识和表达的可能性,同时书面资料易涂改等,这都直接影响书面证据的真实性与正确性。因而,书面证据的审查,亦应查看有无其他实物证据佐证。

根据上述书面证据的特点,审计书面证据应结合其他证据审查其真实可靠性与准确性。

审查判断书面证据的真实、可靠、正确性,确定其证据力。一般而言,对于来自被审计单位内部的资料,应审查产生这些资料的内部控制机制;对于由被审计单位提供的、其他单位填制的资料,应审查有无篡改、伪造,是否符合国家规定;对外部证据,应审查提供者的理解能力和可信程度;对专家提供的书面证据,应审查其声誉和资格。另外,还应分析专家所用的分析方法和假设,并测试被审计单位提供的数据;对审计人员自己编制的资料,应审查其数据来源、计算程序、计算结果。

审查书面证据真实、正确性,除了确定审查要点外,更重要的是审查有无其他证据进行佐证,因为在发现书面记载、会计处理有问题后,还需要其他证据证明对疑问的分析和结论是否正确。

【例4-4】某企业发生的两台进口空调器提前报废时的业务审计

审计人员在审计某企业发生的两台进口空调器提前报废业务时,获得了这样的证据:一张转账凭证,会计分录为如下。

借:营业外支出——非常损失　　　　　　　　　　　　　　　　　　6000

　　累计折旧　　　　　　　　　　　　　　　　　　　　　　　　3500

　　贷:固定资产　　　　　　　　　　　　　　　　　　　　　　　　9500

因为审计人员对被审计单位进行内部控制制度评审后认为,该企业内控制度不健全,所以对这张内部自制凭证进行了认真审查分析并发现了疑点:这笔业务为何做在转账凭证上?审计人员又审阅取得了如下证据:①经查询,在此期间,企业并未发生盗窃、火灾等情况;②固定资产卡片上记载,这两台空调器均仅使用了两年零三个月,且没有修理记录。在铁的事实面前,该企业财务主管人员及空调器的使用负责人说出了真实情况。最后证实,该项业务是虚报固定资产毁损,实则是将两台空调器送给了关系单位的两个重要负责人。本案审计人员对内部证据的审查从内控制度入手,确定审查要点,发现疑点,继而调取其他证据予以佐证自己对疑点的分析,最终查明了案情。

3.口头证据

口头证据是指被审计单位的有关人员对审计人员提出的问题所作的口头答复形成的证据。口头证据虽然通常以书面记录等形式表现,但不能认为其是一种书面证据。通常口头证据不足以证明被审计单位的具体情况,但审计人员可以通过口头证据发现一些重要线索,从而有利于对某些需要审核的情况作进一步调查。口头证据主要用于发掘需要审查的情况,提供获取其他证据的线索,作为其他证据的佐证材料。口头证据具有的两个特点以及审计时应着重注意的问题分述如下。

(1)口头证据能够主动、具体地证明被审经济业务活动情况。口头证据所反映的被审经济业务活动存在于人的大脑之中,通过人的陈述表达出来,有关人员可以主动地提供他所感知的经济活动情况,从而对经济事项起到及时的证明作用。口头证据这一特点,对于审查某些经济事项来说,决定了其他证据不可替代它。对于经济资料和经济活动的审计来说,凡是不能单纯用被审计单位提供的资料来确证的经济责任都可以用调查法取得口头证据来确证。因此,审查证据的充分性时,应审查用被审计单位提供的资料不能确证的经济责任是否取得了口头证据来确证。

(2)口头证据容易受到各种主客观因素的影响会出现失实的情况。人的大脑对经济业务活动的反映,要受到人的感知、记忆、表达能力、理解能力、知识程度以及思想感情、个人品德、利害关系等一系列主客观因素的影响和制约。因而口头证据常常不能确切地反映客观事实,容易发生失实甚至完全虚假的情况,故对口头证据的运用必须慎重,不可轻易相信。审计口头证据的重点在于其可信度,看其是否能与其他证据一起形成证明体系。

针对口头证据的上述特点,审计口头证据时,应将重点放在对其真实可靠性进行审查。

审查判断口头证据的真实可靠性,主要从以下几个方面审查:一是审查被调查人员的资格和品质,如请采购员介绍和说明支付佣金、回扣的情况,品质好的采购员提供的介绍和说明比品质差的更可靠。二是审查口头证据的来源和环境,提供者是否受到外界的影响。一般来说,原始口头证据比传来口头证据要真实可靠些,受到思想感情、利害关系等影响的口头证据缺乏可靠性。对审计人员观察所得的证据,应审查是否存在观察者被污染的现象。三是审查有无佐证材料,是否与口头证据一起形成证明链。

【例4-5】某企业年度经营情况审计

审计人员对某企业进行年度经营情况审计,审查财务状况变动表时发现固定资产净增加为650万元。为确证其真实性,审计人员获得以下证据。

(1)财会人员介绍:企业为改变店容,对主要服务设施进行了改建,并购置了其他一些辅助设备,废弃了部分陈旧落后的设备。

(2)查阅财务状况变动表,有关固定资产盘亏或清理的发生额很小。

(3)从资产管理部门有关人员处得到的信息基本上与财会人员所说的一致。

审计以上证据时,审计人员认为,从口头证据的来源以及被调查人来看,上述口头证据都不十分可靠,且缺乏其他类型证据的佐证,因此决定补充收集证据。

(1)找到资产管理部门具体管理人员查询,从谈话中获悉,企业已作广告,要变卖一些尚可使用的旧设备。

(2)将资产管理部门已作报废处置的固定资产卡片与会计部门的固定资产明细账进行核对,证实了会计部门未对已进行报废和准备变卖的资产进行财务处理。

(3)经询问得知,新任经理为扩大销售收入,增强竞争力,除进行大规模的固定资产改造、购置外,还淘汰了一大批落后及已经毁损的设备;因清理损失较大,会影响减亏幅度,就指使财会人员在下一年度再视经营情况逐渐摊销,从而出现了固定资产减少业务不真实、不合规的错弊。

本案就是审计人员从口头证据来源及被调查人资格入手,进而寻找其他佐证材料,从中查出了错弊,揭露了事实真相。

4.环境证据

环境证据亦称状况证据,是指影响被审事项的各种环境事实。环境证据一般不属于基本证据,不能被用于直接证实有关被审事项,但它可以帮助审计人员了解被审事项所处的环境或发展的状况,为判断被审事项和确证已收集的其他证据的程度提供依据,因而,环境证据仍然是审计人员进行判断所必须掌握的资料。从与被审计单位的关系的角度考察,环境证据可分为内部环境证据和外部环境证据。

内部环境证据是指被审计单位内部存在的各种环境事实,是经审计人员提炼和记录而形成的一种审计证据,主要内容包括有关内部控制情况、被审计单位管理人员素质、各种管理条件和管理水平、主要管理人员的观念及品行等。

外部环境证据是指存在于被审计单位外部的各种环境事实,主要有五个方面:法律、法规及统一的规章制度,政府主管部门的执法、指导和监督,行业自律状况,社会舆论的关注程度,其他外部因素。

环境证据最突出的特点是它能帮助审计人员正确评价有关资料所反映的信息在总体或大体上的可靠程度,亦即它对证实总体合理性这一审计目标有着积极的意义。通常,运用调查、询问和观察等手段是审计人员获取环境证据的有效途径。审计人员可以通过设计调查表、记录询问观察事项等方式来形成审计工作底稿,作为发表审计意见依据的环境证据。

实物证据、书面证据、口头证据和环境证据之间的关系,以及与形成审计结论的意义,主要可以从以下三个方面进行分析。

(1)审查分析各证据之间能否相互印证,是否存在相互矛盾和不一致的证据。如证明同一被审事项的书面证据与实物证据不相符,对存在的矛盾,应提出进一步收集证据的方向和方法,验证原证据的真伪,发现新问题。

(2)审查分析审计证据的相关性,着重从全部证据着眼,即所有证据形成的证明体系的指向是否为被审事项。

(3)审查分析审计证据的充分性,即审计证据是否足以揭示被审事项的客观真实性,是否足以支持审计结论。审计证据的充分性,应以能否排除人们对被审事项的实质性怀疑为准,当审计人员认为被审事项中存在某些实质性疑点时,就表明审计证据不充分,应进一步收集证据。

(二)按证据来源分

按证据来源分类,审计证据可分为内部证据和外部证据两类。

1. 内部证据

内部证据是由被审计单位内部机构或职员编制和提供的书面证据,如被审计单位的会计记录、管理层的声明书以及其他各种由被审计单位编制和提供的有关书面文件。

按照证据的处理过程,内部证据可以进一步划分为以下方面。

(1)只在审计客户内部流转的证据,如被审计单位的各种账簿、管理制度、董事会决议以及其他各种有关的书面文件等。

(2)由被审计单位产生,但在被审计单位外部流传,并获得其他单位和个人承认的内部证据,如销售发票、付款支票等。

一般而言,内部证据不如外部证据可靠,但如果内部证据在外部流转,并得到其他单位或个人的承认,则具有较强的可靠性。即使只在被审计单位流转的内部证据,其可靠程度也会因被审计单位内部控制的程度而异。如果被审计单位内部控制较为健全,其内部证据的可靠程度也较高。

2. 外部证据

外部证据是由被审计单位以外的组织机构或人士编制的书面证据。按照证据的处理过程,外部证据可以进一步划分为以下方面。

(1)由被审计单位以外的机构或人士编制,并由其直接递交给审计人员的外部证据,如应收账款回函、被审计单位律师或其他独立的专家关于被审计单位资产所有权和或有负债的证明文件等。

(2)由被审计单位以外的机构或人士编制,但由被审计单位持有并提交审计人员的书面证据,如银行对账单、购货发票、顾客订购单、有关的契约、合同等。

(3)由审计人员为证明某个事项而自己动手编制的各种计算表、分析表或自行观察获取的证据。

虽然一般情况下外部证据的可靠性高于内部证据,但是审计工作不可能甩开内部证据而只依靠外部证据,相反,审计人员还是需要大量的内部证据来支持审计结论。当然,在利用的过程中,也应注意内部证据的弱点,保持合理的谨慎和职业怀疑态度。

(三)按证据取证方式分

按证据取证方式分类,审计证据可分为直接证据和间接证据两类。

1. 直接证据

直接证据是指能够直接证明被审计单位财务报表真实性、准确性和完整性的证据,包括会计凭证、银行对账单、发票、收据等。直接证据通常是最有力的证据之一,因为它们能够直接证明被审计单位的财务状况和财务报表的真实性。

2. 间接证据

间接证据是指不能直接证明被审计单位财务报表真实性、准确性和完整性的证据,但可以通过推断和逻辑推理来证明被审计单位的财务状况和财务报表的真实性。间接证据包括行业报告、市场调查、竞争对手分析等。间接证据通常需要审计师进行进一步的分析和判断,以确定其可信度和可靠性。

三、审计证据的基本特征

充分性和适当性是审计证据的两个基本特点。《注册会计师审计准则第 1301 号——审计证据》要求:注册会计师应当获取充分、适当的审计证据,以得出合理的审计结论,作为形成审计意见的基础。审计人员应当保持职业怀疑态度,运用职业判断,评价审计证据的充分性和适当性。这里的职业怀疑态度是指审计人员以质疑的思维方式评价所获取审计证据的有效性,并对相互矛盾的审计证据,以及引起对文件记录或管理层和治理层提供的信息的可靠性产生怀疑的审计证据保持警觉,即职业怀疑态度要求审计人员对审计证据进行批判性评价。审计人员不能假定"管理层是诚实的",而应当考虑他们不诚实的可能性。

(一)审计证据的充分性

审计证据的充分性是对审计证据数量的衡量,主要与审计人员确定的样本量有关。它是指审计证据的数量能足以支持审计人员的审计意见,是审计人员为形成审计意见所需审计证据的最低数量要求。客观公正的审计意见必须建立在有足够数量的审计证据的基础之上,但这并不是说审计证据的数量越多越好。为了使审计人员进行有效率、有效益的审计,审计人员把需要足够数量审计证据的范围降低到最低限度。因此,每一个审计项目对审计证据的需要量,以及取得这些证据的途径和方法,应当根据该项目的具体情况来定。在某些情况下,由于时间、空间或成本的限制,审计人员不能获取最为理想的审计证据时,可考虑通过其他的审计证据来替代。审计人员只有通过不同的渠道和方法取得他认为足够的审计证据时,才能据以发表审计意见。

审计人员判断证据是否充分,应当考虑以下主要因素。

1. 审计风险

审计风险由重大错报风险和检查风险两部分组成。审计人员需要获取的审计证据的数量受重大错报风险水平的影响。错报风险越大,需要的审计证据可能越多。具体来说,在可接受的审计风险水平一定的情况下,重大错报风险越大,审计人员就应实施越多的测试工作,将检查风险降至可接受的水平,以将审计风险控制在可接受的低水平范围内。

2. 具体审计项目的重要程度

越是重要审计项目,就越需要获取充分的审计证据以支持审计意见,否则,一旦出现判断错误,就会影响审计人员对审计整体的判断,从而导致审计人员的整体判断失误。相反,对于不太重要的审计项目,审计人员可适当减少审计证据的数量。

3. 审计人员及其业务助理人员的经验

如果审计人员及其助理人员的审计经验比较丰富,就可以从较少的审计证据中判断出被审计事项是否存在错误或舞弊行为。所以审计人员的执业经验往往成为决定审计证据数量多寡的因素。

4. 审计过程中是否发现错误或舞弊

如果在执行审计程序的过程中,审计人员发现较大的舞弊行为或者错误,那么就必须相应增加审计证据的数量,以便进一步检查和证实被审计单位整体财务状况是否存在问题。

5.审计证据的质量

如果审计证据的质量较高,则审计人员所需获取的审计证据的数量就可以减少,反之,审计证据的数量就相应增加。

6.总体规模与特征

如果总体规模越大,所需证据的数量就越多,反之,则可以减少审计证据的数量。这里的总体规模是指包括在总体中的项目数量。例如,如果被审计单位的客户数量众多,交易频繁且数额较大,那么,就应该增加审计证据的数量。总体的特征是指总体中各组成项目的同质性或变异性。审计人员对不同质的总体需要较大的样本量和更多的佐证信息。

(二)审计证据的适当性

审计证据的适当性是对审计证据质量的衡量,即审计证据在支持各类交易、账户余额、列报(包括披露,下同)的相关认定或发现其中存在错报方面具有的相关性和可靠性。相关性和可靠性是审计证据适当性的核心内容,只有相关且可靠的审计证据才是高质量的。前者是指审计证据应与审计目标相关联;后者是指审计证据应能如实地反映客观事实。

审计证据的充分性和适当性密切相关。审计证据的适当性会影响其充分性。一般而言,审计证据的相关与可靠程度越高,则所需审计证据的数量就可减少;反之,审计证据的数量就要相应增加。

1.审计证据的相关性

审计证据是否相关必须结合审计具体目标来考虑,是指审计证据所包含的信息与审计程序之目的及所考虑的相关认定之间的逻辑关系。即审计人员只能利用与审计目的相关联的审计证据来证明和否定被审计单位所认定的事项。例如,审计人员在审计过程中怀疑被审计单位发出存货却没有给顾客开票,需要确认销售是否完整。审计人员应当从发货单中选取样本,追查与每张发货单相应的销售发票副本,以确定是否每张发货单均已开具发票。如果审计人员从销售发票副本中选取样本,并追查至与每张发票相应的发货单,由此所获得的证据与完整性目标就不相关。

审计证据是否相关必须结合具体审计目标来考虑。在确定审计证据的相关性时,审计人员应当考虑以下方面。

(1)特定的审计程序可能只为某些认定提供相关的审计证据,而与其他认定无关。例如,检查期后应收账款收回的记录和文件,可以提供有关存在和准确性、计价和分摊的审计证据,但是不一定与期末截止是否适当相关。

(2)针对同一项认定可以从不同来源获取审计证据或获取不同性质的审计证据。例如,审计人员可以分析应收账款的账龄和应收账款的期后收款情况,以获取与坏账准备计价有关的审计证据。

(3)只与特定认定相关的审计证据并不能替代与其他认定相关的审计证据。例如,存货监盘结果只能证明存货是否存在、是否有毁损及短缺,而不能证明存货的计价和所有权的情况。

2.审计证据的可靠性

审计证据的可靠性是指审计证据的可信程度。审计证据的可靠性受其来源、及时性和客观性的影响,并取决于获取审计证据的具体环境。审计人员在判断审计证据的可靠性时,通常会考虑下列原则。

(1)提供者的独立性。从外部独立来源获取的审计证据比从其他来源获取的审计证据更可靠。从外部独立来源获取的审计证据由完全独立于被审计单位以外的机构或人士编制并提供,未经被审计单位有关职员之手,从而减少了伪造、更改凭证或业务记录的可能性,因而其证明力最强。此类证据如银行询证函回函、应收账款询证函回函、保险公司等机构出具的证明等。相反,从其他来源获取的审计证据,由于证据提供者与被审计单位存在经济或行政关系等原因,其可靠性应受到质疑。此类证据如被审计单位内部的会计记录、会议记录等。

(2)被审计单位内部控制的有效性。内部控制有效时内部生成的审计证据比内部控制薄弱时内部生成的审计证据更可靠。如果被审计单位有着健全的内部控制且在日常管理中得到一贯地执行,会计记录的可信赖程度将会增加。如果被审计单位的内部控制薄弱,甚至不存在任何内部控制,被审计单位内部凭证记录的可靠性就大为降低。例如,如果与销售业务相关的内部控制有效,审计人员就能从销售发票和发货单中取得比内部控制不健全时更加可靠的审计证据。

(3)信息获取方式。直接获取的审计证据比间接获取或推论得出的审计证据更可靠。例如,审计人员观察某项控制的运行得到的证据比询问被审计单位某项内部控制的运行得到的证据更可靠。间接获取的证据有被涂改及伪造的可能性,降低了可信赖程度。推论得出的审计证据,其主观性较强,人为因素较多,可信赖程度也受到影响。

(4)以文件、记录形式(无论是纸质、电子或其他介质)存在的审计证据比口头形式存在的审计证据更可靠。例如,会议的同步书面记录比对讨论事项事后的口头表述更可靠。口头证据本身并不足以证明事实的真相,仅仅提供一些重要线索,为进一步调查确认所用。如审计人员在对应收账款进行账龄分析后,可以向应收账款负责人询问逾期应收账款收回的可能性。如果该负责人的意见与审计人员自行估计的坏账损失基本一致,则这一口头证据就可成为证实审计人员对有关坏账损失的判断的重要证据。但在一般情况下,口头证据往往需要得到其他相应证据的支持。

(5)信息存在形式。从原件获取的审计证据比从传真件或复印件获取的审计证据更可靠。审计人员可审查原件是否有被涂改或伪造的迹象,排除伪证,提高证据的可信赖程度。而传真件或复印件容易是变造或伪造的结果,可靠性较低。

另外,越及时的证据越可靠,客观证据比主观证据可靠。

需指出的是,审计人员在获取审计证据时,可以考虑成本效益原则。如果获取最可靠的审计证据需花费高昂的审计成本,则审计人员可转而收集质量稍逊的其他证据予以替代,只要它仍能满足审计目的的要求。例如,审计人员发现一张外地单位的巨额应收票据,他可以采取以下两种方法来证明其可靠且能到期收回:一是审计人员直接向欠款单位函证,以取得票据金额、到期日和其他条件的书面证据;二是审计人员获准检查该欠款单位的会计报表,并向该欠款单位的开户银行调查其信用情况,以测试票据到期可兑现的可能性。显然,执行第二种方案取得的审计证据将最具可靠性,但其成本会大大超过第一种方案。此时,若采用第一种方案获得的审计证据也可满意,则选择第一种方案就更为明智。即考虑获取审计证据的成本效益原则,审计人员并不一定要选取最有力的审计证据。但需注意:对于重要的审计项目,审计人员不应以审计成本的高低或获取审计证据的程度作为减少必要审计程序的理由。此时,审计人员如若无法取得充分且适当的审计证据,则应视情况发表保留意见或无法表示意见的审计报告。

3.充分性和适当性之间的关系

充分性和适当性是审计证据的两个重要特征,两者缺一不可,只有充分且适当的审计证据才是有证明力的。

审计证据的适当性会影响审计证据的充分性。也就是说,审计人员需要获取的审计证据的数量受审计证据质量的影响。审计证据质量越高,需要的审计证据数量可能越少。例如,被审计单位内部控制健全时生成的审计证据更可靠,审计人员只需获取适量的审计证据,就可以为发表审计意见提供合理的基础。

需要注意的是,尽管审计证据的充分性和适当性相关,但如果审计证据的质量存在缺陷,那么审计人员仅靠获取更多的审计证据可能无法弥补其质量上的缺陷。例如,审计人员应当获取与销售收入完整性相关的证据,实际获取到的却是有关销售收入真实性的证据,审计证据与完整性目标不相关,即使获取的证据再多,也证明不了收入的完整性。同样的,如果审计人员获取的证据不可靠,那么证据数量再多也难以起到证明作用。

4.评价充分性和适当性时的特殊考虑

(1)对文件记录可靠性的考虑

审计工作通常不涉及鉴定文件记录的真伪,审计人员也不是鉴定文件记录真伪的专家,但应当考虑用作审计证据的信息的可靠性,并考虑与这些信息生成和维护相关的控制的有效性。

如果在审计过程中识别出的情况使其认为文件记录可能是伪造的,或文件记录中的某些条款已发生变动,审计人员应当作出进一步调查,包括直接向第三方询证,或考虑利用专家的工作以评价文件记录的真伪。例如,发现某银行询证函回函有伪造或篡改的迹象,审计人员应当作进一步的调查,并考虑是否存在舞弊的可能性。必要时,应当通过适当方式聘请专家予以鉴定。

(2)使用被审计单位生成信息时的考虑

如果在实施审计程序时使用被审计单位生成的信息,审计人员应当就这些信息的准确性和完整性获取审计证据。例如,在审计收入项目时,审计人员应当考虑价格信息的准确性以及销售量数据的完整性和准确性。在某些情况下,审计人员可能需要确定实施额外的审计程序,如利用计算机辅助审计技术(CAATs)来重新计算这些信息,测试与信息生成有关的控制等。

(3)证据相互矛盾时的考虑

如果针对某项认定从不同来源获取的审计证据或获取的不同性质的审计证据能够相互印证,与该项认定相关的审计证据则具有更强的说服力。例如,审计人员通过检查委托加工协议发现被审计单位有委托加工材料,且委托加工材料占存货比重较大,经发函询证后证实委托加工材料确实存在。委托加工协议和询证函回函这两个不同来源的审计证据互相印证,证明委托加工材料真实存在。

如果从不同来源获取的审计证据或获取的不同性质的审计证据不一致,表明某项审计证据可能不可靠,审计人员应当追加必要的审计程序。上例中,如果审计人员发函询证后证实委托加工材料已加工完成并返回被审计单位。委托加工协议和询证函回函这两个不同来源的证据不一致,委托加工材料是否真实存在受到质疑。这时,审计人员应追加审计程序,确认委托加工材料收回后是否未入库或被审计单位收回后予以销售而未入账。

（4）获取审计证据时对成本的考虑

审计人员可以考虑获取审计证据的成本与所获取信息的有用性之间的关系，但不应以获取审计证据的困难和成本为由减少不可替代的审计程序。

在保证获取充分、适当的审计证据的前提下，控制审计成本也是会计师事务所增强竞争能力和获利能力所必需的。但为了保证得出的审计结论、形成的审计意见是恰当的，审计人员不应将获取审计证据的成本高低和难易程度作为减少不可替代的审计程序的理由。例如，在某些情况下，存货监盘是证实存货存在性认定的不可替代的审计程序，审计人员在审计中不得以检查成本高和难以实施为由而不执行该程序。

四、获取审计证据的审计程序

按审计程序的目的，可将审计人员为获取充分、适当的审计证据而实施的审计程序分为风险评估程序、控制测试（必要时或决定测试时）和实质性程序。

（一）风险评估程序

审计人员应当实施风险评估程序，以此作为评估财务报表层次和认定层次重大错报风险的基础。风险评估程序为审计人员确定重要性水平、识别需要特殊考虑的领域、设计和实施进一步审计程序等工作提供了重要基础，有助于审计人员合理分配审计资源，获取充分、适当的审计证据。需要注意的是，风险评估程序并不能识别出所有的重大错报风险，虽然它可作为评估财务报表层次和认定层次重大错报风险的基础，但并不能为发表审计意见提供充分、适当的审计证据。为了获取充分、适当的审计证据，审计人员还需要实施进一步程序，包括控制测试和实质性程序。

（二）控制测试

（1）在评估认定层次重大错报风险时，预期控制的运行是有效的，审计人员应当实施控制测试以支持评估结果。

（2）仅实施实质性程序不足以提供有关认定层次的充分、适当的审计证据，审计人员应当实施控制测试，以获取内部控制运行有效性的审计证据。

实施控制测试的目的是测试内部控制在防止、发现并纠正认定层次重大错报方面的运行有效性，从而支持或修正重大错报风险的评估结果，据以确定实质性程序的性质、时间和范围。

（三）实质性程序

实质性程序是指用于发现重大错报的审计程序，包括对各类交易、账户余额和披露的细节测试以及实质性分析程序。因此，注册会计师应当针对评估的重大错报风险设计和实施实质性程序，以发现认定层次的重大错报。实质性程序包括对各类交易、账户余额、列报和披露的细节测试以及实质性分析程序。

第二节　审计方法

审计方法是审计人员为完成审计工作、达到审计目标而采用的各种手段,是审计人员分析审计对象、收集审计证据、形成审计意见的各种专门手段的总称。

审计方法的选用是否恰当,对于降低审计成本、减少审计风险、提高审计工作效率尤其重要。选择审计方法时应当注意,审计方法的选用不仅要适应审计目的、审计方式,还要联系被审计单位的实际。不同的审计方法获取的审计证据不同,有时一种方法可以收集多种证据,有时一种证据需要多种方法收集。审计人员要针对不同的审计对象和审计目的,综合运用各种审计方法,才能取得适当的审计证据,达到较好的审计效果。

一、具体审计技术方法

(一)检查文件和记录

1.审阅法

审阅法是指审计人员仔细审核阅读会计凭证、账簿、报表及其他各种书面资料,这是任何审计都要运用的一种方法。通过审阅有关资料,审计人员可以初步确定有关资料及其所反映的经济活动是否真实、合法,然后再用其他方法作进一步检查,因此审阅法必须与其他审计方法结合使用。

(1)会计凭证的审阅。主要包括审阅原始凭证和记账凭证。

原始凭证审阅的内容:①原始凭证上所记载的抬头、日期、数量、单价、金额,制单人和复核人签章是否正确、齐全,有无涂改;填发原始凭证的单位名称、地址、公章以及经手人签章是否齐全,凭证编号是否连续。凭证格式是否符合规范化要求。②原始凭证所反映的经济业务是否符合经济政策、法律、法规和制度,是否属于被审计单位正常的业务范围。

记账凭证审阅的内容:①记账凭证的项目填写是否齐全。手续是否完备,有无制证人、复核人、记账人和主管人员签章,编号是否连续;记账凭证所注明的附件张数是否与所附原始凭证张数相符,经济内容是否一致,金额是否相符,所附原始凭证是否齐全。②记账凭证记载的会计分录所用科目是否正确,能否反映所附原始凭证记载的经济事项。

(2)账簿的审阅。包括审阅总账、明细账、日记账和各种辅助账簿的审阅,审查重点是明细账和日记账。审阅的要点包括:账簿的设置是否完整;账簿启用手续是否符合规定;账簿内容记录是否完整;是否按页次顺序连续登记;记录有无涂改、刮擦,记账错误是否按规定更正;是否按规定结账,等等。

(3)会计报表的审阅。审阅的报表主要是资产负债表、利润表、利润分配表、现金流量表。应重点查明的内容包括:报表项目及其填列是否齐全;报表编制手续是否完备,有无编制人、审核人及其他规定签章人的签章;报表附注和说明是否符合制度规定的要求;各项目间的勾稽关系是否正确;等等。

(4)其他书面资料的审阅。除了会计资料,审计人员还应对被审计单位的计划、预算、合同、协议、规章制度、质量检查记录等其他书面资料进行审阅,以便从中发现问题或作为追查的线索。

2.核对法

核对法是指互相关联的两种或两种以上的书面资料相互或交叉对照,以检查它们之间是否相符的一种基本审计方法。它是用具有勾稽关系或制约关系的有关资料的审查。包括证证之间、账证之间、账账之间、账表之间、财单之间、账实之间、表表之间的核对。

(1)证证核对,是指原始凭证之间、记账凭证之间以及原始凭证与记账凭证之间的核对,内容包括核对原始凭证上的数量、单价、金额和合计数是否相符,核对记账凭证与其所附原始凭证是否相符,原始凭证的合计数是否与记账凭证的合计数相符,原始凭证的张数与金额是否相符等。

(2)账证核对,是指账簿与凭证之间的核对,内容包括:核对记账凭证是否已记入有关明细账和总账;账面记录与记账凭证或原始凭证的记录是否一致。

(3)账账核对,是指总账之间、明细账之间、总账与明细账之间的核对,内容包括:核对各明细分类账户的余额合计数与总分类账中有关账户的余额是否相符;核对总分类账各账户的期初余额、本期发生额和期末余额的计算是否正确;全部账户的借方余额合计与贷方余额合计是否平衡。

(4)账表核对,是指账簿记录与有关报表之间的核对,主要核对会计报表的数字是否与总分类账或明细账的记录相符。

(5)账单核对,是指账簿记录与其他有关单据的核对,主要核对外来对账单(如银行对账单、客户往来清单等)是否与被审计单位有关账项记录相符。

(6)账实核对,是指核对账簿上所反映的余额是否与实际存在的实物数额相符。

(7)表表核对,是指报表之间的核对,主要核对会计报表上的数字计算是否正确无误,相关会计报表之间的相关项目数额是否相符。

核对法要核对大量的会计资料,必须有秩序地进行,以防遗漏或重复,审计人员应当对已核对的账项作出标记,以供事后进行分析汇总。核对法也常常与审阅法结合进行,两者的结合运用可称为检查法。

(二)重新计算法

重新计算法也被称作复算法,是指审计人员以人工或使用计算机辅助审计技术,对被审计单位的原始凭证及会计记录中的数据进行验算或另行计算。重新计算通常包括销售发票和存货总金额的计算,加总日记账和明细账的计算,检查折旧费用和预付费用的计算,检查应纳税额的计算等。

【例4-6】企业生产成本的重新计算

审计人员审查某企业的生产成本,搜集到如下资料及表4-1所列的生产成本明细账:
(1)采用约当产量法计算甲产品的成本。
(2)甲产品本月完工120件,月末在产品60件。
(3)甲产品在产品投料率为80%,在产品完工率为50%。

表 4-1 生产成本明细账

产品名称:甲产品   单位:元

月	日	摘要	直接材料	直接人工	制造费用	合计
8	1	月初在产品成本	12000.0	3000.0	4500.0	19500.0
	31	本月生产费用	55200.0	7500.0	19500.0	82200.0
	31	生产费用合计	67200.0	10500.0	24000.0	101700.0
	31	结转完工产品成本	38000.0	7000.0	17200.0	62200.0
	31	月末在产品成本	29200.0	3500.0	6800.0	39500.0

利用复算的方法,计算月末在产品成本:

直接材料 $= 67200 \times 60 \times 80\% / (120 + 60 \times 80\%) = 19200$(元)

直接人工 $= 10500 \times 60 \times 50\% / (120 + 60 \times 50\%) = 2100$(元)

制造费用 $= 24000 \times 60 \times 50\% / (120 + 60 \times 50\%) = 4800$(元)

该企业通过增加月末在产品成本、减少结转完工产品成本,从而达到降低主营业务成本、提高营业利润的目的。

(三)分析性程序法

分析程序是指审计人员对被审计单位重要的相关比率或趋势进行分析和比较,发掘审计疑点,探寻审计线索,进而明确下一步的审计重点。分析程序还包括调查和识别与其他相关信息不一致或严重偏离预期数据的波动及关系。

注册会计师在审计的不同阶段都有可能运用分析程序。在了解被审计单位及其环境等方面情况并评估重大错报风险时,注册会计师应当运用分析程序,识别重大错报风险领域,以设计进一步审计程序的性质、时间和范围。在实施进一步审计程序时,如果认为使用分析程序比细节测试更能有效地将认定层次的检查风险降至可接受的低水平,注册会计师可以考虑将分析程序用作实质性程序,以收集充分、适当的审计证据。在审计结束后或邻近结束的总体复核阶段,注册会计师应当运用分析程序,确定财务报表整体是否与其对被审计单位的了解一致,财务报表是否满足了公允反映的要求。值得注意的是,由于分析程序需要计算金额、比率或趋势,以评价财务信息,它对于控制测试并不适用。

不同阶段运用分析程序的方法和步骤有所不同,但完整的分析程序一般包括以下几个步骤:①选择适当的数据关系;②对数据关系进行分析;③识别异常的数据关系或波动;④调查异常的数据关系或波动;⑤得出结论。

如果审计人员在实施分析程序时识别出与其他相关信息不一致或与预期数据严重偏离的波动和关系,可能表明财务报表存在重大错报风险。审计人员应结合其他审计程序,对异常项目作进一步调查,以获取对差异的合理解释或存在重大错报风险的佐证证据。

(四)函询法

函询法也称函证,是为证明被审计单位会计记录所载事项而向第三者发函,根据对方的回答对某些问题予以证实的方法。这种方法通常用于了解某项经济业务的实际情况或核对某些往来账目。函证又分为肯定式函证和否定式函证。肯定式函证又称积极式函证,要求被询证者对询证函中的事项给予回函答复,如未得到答复,需要重复发函或采取替代审计程序。否定式函证又称消极式函证,则要求被询证者仅对询证函中的事项有异议时才给予回函,若被询证者认为询证函中的事项与其所知悉的没有差异,则不必回函答复。另外,询证函中应注明回函期限,肯定式函证逾期未回复,需要再次函证或采取追加审计程序。对于这两种函证方式的选择,一般应视函证事项的具体情况而定。

(五)检查有形资产(盘点法)

检查有形资产,也称盘点法,是指通过对被审计单位的现金、有价证券、原材料、在产品、商品或产成品、固定资产、低值易耗品和其他物资进行清点、计量,确定账面反映的财产物资是否存在,以验证账簿记录正确性的一种审计方法,可分为直接盘点法和监督盘点法两种。

直接盘点法是由审计人员直接盘点实物,证实有关财产物资是否与书面资料相符的方法。一般而言,审计人员只对数量较少的财产物资,如稀缺金属、珠宝、贵重文物、现金等进行直接盘点。盘点时应有被审计单位的经管人员和主管部门负责人在场,填写盘点记录,并由被审计单位的经管人员和主管人员作成盘点记录,最后再由被审计单位的经管人员和主管人员以及审计人员签字盖章。对直接盘点的项目,常常事先不告知财产经管人员何时进行盘点,而是采取突击方式进行盘点,以防有关人员对弊端进行掩饰。

监督盘点法也称监盘,是审计人员通过现场观察和监督由被审计单位管理人员进行的盘点过程,以证实书面资料同实物是否相符的审计方法,必要时,审计人员可以部分地进行复点。该方法一般用于数量较多的实物,如材料、商品、机器设备等。

(六)观察法

观察法是通过察看相关人员正在从事的活动或执行的程序,来取得审计证据的方法。审计人员可以运用该方法来了解被审计单位有关财务管理、财产物资保管、生产经营管理以及内部控制制度的执行等情况。

(七)询问法

询问法是指直接向有关经手人、关系人、责任人、知情人及其他有关人员进行谈话、征询意见、了解情况以取得必要资料或对某一问题给予证实的审计方法。面询可以采用个别谈话、访问、座谈会、到外地直接找有关人询证等方式进行,所取得资料的形式可以是录音、谈话笔录、书面回答等。需要注意的是,对询问获得的口头证据不能作为直接依据来证明被审事项,只能用作重要证据的补充证据,为获取其他审计证据提供线索。

(八)重新执行

重新执行是指重新独立执行作为被审计单位内部控制组成部分的程序和措施。例如,注册会计师利用被审计单位的银行存款日记账和银行对账单,重新编制银行存款余额调节表,并与被审计单位编制的银行存款余额调节表进行比较。

关于以上具体审计技术方法适用的审计阶段、实现的审计目标以及获取的审计证据类型,总结如表4-2所示。

表 4-2　审计技术方法总结

审计技术方法	适用阶段	审计目标	证据类型
检查文件和记录	审计实施阶段	大部分具体审计目标	书面证据
重新计算法	审计实施阶段	准确性、计价和分摊目标	书面证据
分析性程序法	审计准备阶段 审计实施阶段 审计终结阶段	总体合理性 大部分具体审计目标	书面证据 环境证据
函证法	审计实施阶段	存在,权利和义务,准确性、计价和分摊等目标	书面证据
检查有形资产	审计实施阶段	存在,完整性,准确性、计价和分摊等目标	实物证据
观察法	审计准备阶段 审计实施阶段	内部控制的有效性,存在,完整性等	环境证据 实物证据
询问法	审计准备阶段 审计实施阶段	大部分具体审计目标	口头/书面证据 环境证据
重新执行	审计实施阶段	内部控制的有效性等	环境证据 书面证据

二、审计取证顺序的方法

审计取证方法按其取证顺序与记账程序的关系可分为直查法、顺查法和逆查法,如图 4-2 所示。

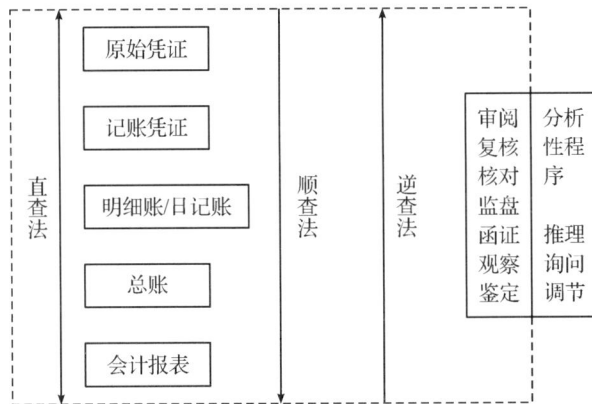

图 4-2　审计取证顺序方法

(一)顺查法

顺查法就是按照经济活动发生的先后顺序,依次从起点查到终点的审计方法。顺查法按照会计核算程序,从审查原始凭证开始,顺次审查账簿,核对报表,最后审查纳税情况,适用于审查经济业务量较少的单位。这种方法的优点是简便易行,由于它是按记账程序逐一地、仔细地核对,审计内容详细,一般较少遗漏账务上的错误和弊端,审计结果较为可靠;缺点是事无大小都同等对待,往往把握不住重点和主次方向,且着重对证账表的机械核对,不仅费时费力,还可能因小失大,因此一般在规模较小、业务不多的单位审计时采用。

(二)逆查法

逆查法就是按照经济活动进行的相反顺序,从终点查到起点的审计方法。在财务收支审计中,这种审计方法就是按照会计核算程序的相反次序,先审查会计报表,从中发现错弊和问题,然后再有针对性地依次审查和分析报表、账簿和凭证。这种方法的优点是从大处着手,审计面较宽,审查的重点和目的比较明确,易于查清主要问题,审计效率较高;缺点是由于着重审查分析报表,并据以逆查账目,可能会遗漏或忽略某些重要问题,难以揭露错弊,而且逆查法难度较大,对审计人员业务素质要求较高。

(三)直查法

直查法是相对于顺查法和逆查法而言的,它是指直接从有关明细账的审阅和分析开始的一种审计方法。该种方法结合明细账的检查,可根据需要审核记账凭证及其所附的原始凭证,或审核总账与报表等。由于明细账可以较为全面而准确地说明每笔经济业务的来龙去脉,它既反映了记账凭证或原始凭证的内容,又是记录总账和编制报表的依据,有承上启下的作用。

不同审计取证顺序的方法比较如表 4-3 所示。

表 4-3　审计取证方法优缺点

方法	优点	缺点	适用范围
顺查法	广泛取证,最大限度地查错防弊	费时、费力,成本高、效率低	规模小、业务量少的单位 管理混乱,存在严重问题的单位 特别重要或高风险的审计项目
逆查法	重点突出,提高审计效率,降低成本	不能全面取证,不利于保证审计质量	大型企业 内部控制健全的单位
直查法	灵活方便,兼备顺查法与逆查法的优点	只能抓住重点,难以作出十分精确的结论	特别重要和高风险的审计项目不适用 管理混乱、账目资料不全的审计项目不适用

三、审计取证范围的方法

审计取证方法按照审查经济业务和会计资料的范围大小可分为详查法和抽查法。

(一)详查法

详查法是对被审计单位某一期间内的全部证账表或某一重要(或可疑)项目所包括的全部账项进行全面、详细的审查。早期财务审计通常采用这种方法。

(二)抽查法

抽查法是指在被审计单位某一时期内的全部会计资料中,选择其中某一部分进行检查的方法。抽查法与审计抽样是一对密切相关的概念,但两者不完全等同。审计抽样在使用中有着严格的程序和方法,其大致程序是根据审计对象的具体情况和审计目的,经过判断,选取具有代表性的、相对重要的项目作为样本,或者从被审查资料中随机抽取一定数量的样本,然后根据样本的审查结果来推断总体的正确性,或推断其余未抽部分有无错弊。而抽查法是与详查法相对应的概念,其含义较广,可以用来了解总体情况、确定审计重点、获取审计证据,但在使用中并无严格要求。

(三)重制法

重制法是在不能使用详查法和抽查法时所采取的方法。重制法是根据需要而进行的检查。重制法只在被审计单位因管理混乱无法提供完整而正确的经济资料、无法开展正常的稽核审计工作时才采用。

不同审计取证范围的方法比较如表 4-4 所示。

表 4-4　审计取证范围的方法

方法	检查手段	优点	缺点	适用范围
详查法	百分百检查	能够得出较精确的审计结论	效率低、成本高	小型单位 重要或高风险项目
抽查法	任意抽样、判断抽样、统计抽样	效率高、成本低	与实际情况可能存在偏差	大型单位 非重要或非风险项目
重制法	重新整理、记账后检查	为查明严重问题提供条件	成本高、时间长	管理混乱单位 证、账、表不全的项目

第三节　审计抽样

一、审计抽样概述

(一)选择测试项目的方法

在设计审计程序时,审计人员可以根据所测试认定的有关重大错报风险和审计效率的要求,单独或综合选择测试项目的方法,以获取充分、适当的审计证据,实现审计程序的目标。选取测试项目的方法包括选取全部项目、选取特定项目和审计抽样。

1. 选取全部项目

在某些情况下,基于重要性水平或风险的考虑,审计人员可能认为需要测试总体中的全部项目,这通常更适用于细节测试,而不适用于控制测试。当存在下列情形之一时,审计人员应当考虑选取全部项目进行测试。

(1)总体由少量的大额项目构成。

(2)存在特别风险且其他方法未提供充分、适当的审计证据。存在特别风险的项目主要包括:管理层高度参与的,或错报可能性较大的交易事项或账户余额;非常规的交易事项或账户余额,特别是与关联方有关的交易或余额;长期不变的账户余额,如滞销的存货余额或账龄较长的应收账款余额;可疑的或非正常的项目,或明显不规范的项目;以前发生过错误的项目;期末人为调整的项目;其他存在特别风险的项目。

(3)由于信息系统自动化执行的计算或其他程序具有重复性,对全部项目进行检查需符合成本效益原则。

2.选取特定项目

根据对被审计单位的了解,结合评估的重大错报风险以及所测试项目的总体特征等,审计人员可以确定从总体中选取特定项目进行测试。选取的特定项目可能包括以下方面。

(1)大额或关键项目。

(2)超过某一金额的全部项目。

(3)被用于获取某些信息的项目。

(4)被用于测试控制活动的项目。

3.审计抽样

审计抽样是指审计人员对某类交易或账户余额中低于百分之百的项目实施审计程序,使所有抽样单元都有被选取的机会。抽样单元,是指构成总体的个体项目。总体,是指审计人员从中选取样本并据此得出结论的整套数据,总体可分为多个层次或子总体,每一个层次或子总体可予以分别检查。

在审计发展的初期,详细审计是普遍采用的审计方法,而随着社会经济活动由简单向复杂不断发展,企业规模扩大,交易数量迅速增加,业务性质日益复杂,导致审计范围不断扩大,详细审计不再符合成本效益原则,同时审计目标也由对会计账户准确进行绝对的保证,逐步转化为对财务报告总体公允性进行合理的保证,从而使抽样审计技术的运用越来越普遍。

审计过程中包括了如下三种不同目的的审计程序:风险评估程序、控制测试和实质性程序。实质性程序又包括对各类交易、账户余额、列报的细节测试,以及实质性分析程序。其中,风险评估程序、对未留下运行轨迹的控制实施的控制测试以及实质性分析程序,不涉及审计抽样和其他选取测试项目的方法,只有对留下了运行轨迹的控制实施的控制测试和对各类交易、账户余额、列报的细节测试才可能涉及审计抽样和其他选取测试项目的方法。

(二)审计抽样的类型

审计抽样通常按抽样决策的依据不同,分为统计抽样与非统计抽样,而统计抽样又可以按审计抽样所了解的总体特征不同分为属性抽样与变量抽样。

1.统计抽样与非统计抽样

统计抽样(statistical sampling)是指同时具备下列特征的抽样方法:①随机选取样本;②运用概率论评价样本结果,包括计量抽样风险。不同时具备上述两个特征的抽样方法为非统计抽样(non-statistical sampling)。审计人员应当根据具体情况并运用职业判断,确定使用统计抽样或非统计抽样方法,才能最有效率地获取审计证据。

审计人员在统计抽样与非统计抽样方法之间进行选择时主要考虑成本效益。统计抽样的优点在于能够客观地计量抽样风险,并通过调整样本规模精确地控制风险,这是与非统计抽样最重要的区别。另外,统计抽样还有助于审计人员高效地设计样本,计量所获取证据的充分性,以及定量评价样本结果。但统计抽样又可能产生额外的成本。首先,统计抽样需要特殊的专业技能,因此使用统计抽样需要增加额外的支出以培训审计人员。其次,统计抽样要求单个样本项目符合统计要求,这些也可能需要支出额外的费用。非统计抽样依赖于审计人员的素质和经验,素质和经验不足的审计人员将难以确定样本规模并抽取合适的样本,抽样结果也难以得出定量的评价。但是非统计抽样如果设计得当,也能提供与设计适当的统计抽样方法同样有效的结果。审计人员使用非统计抽样时,必须考虑抽样风险并将其降至可接受的低水平,但不能精确地测定出抽样风险。

不论采用哪种抽样技术,都要求审计人员在设计、实施抽样和评价样本时运用职业判断。另外,使用的抽样方法通常也不影响对选取的样本项目实施的审计程序。

另外,如果采用的抽样方法不符合统计抽样的定义,而只使用了统计方法的部分要素,则不能有效计量抽样风险。只有当采用的方法符合统计抽样的所有特征时,对抽样风险的统计评价才是有效的。

2.属性抽样与变量抽样

审计人员通常使用的统计抽样有属性抽样与变量抽样两种。

属性抽样(attribute sampling)是指在精确度界限和可靠程度一定的条件下,为了测定总体特征的发生频率而采用的一种方法。属性抽样是适用于控制测试方面的统计抽样,在审计中通常用于测试某一控制的偏差率,以支持审计人员评估的控制有效性,而不必作出错误数额大小的估计。用于控制测试的属性抽样通常有固定样本量抽样、停—走抽样、发现抽样等。

变量抽样(variable sampling)是一种用来对总体金额得出结论的统计抽样方法。变量抽样方法适用于实质性测试方面的统计抽样。用于实质性测试的变量抽样方法包括平均值估计抽样、差额估计抽样、比率估计抽样等。

在审计实务中,经常存在同时进行控制测试和实质性测试的情况,在此情况下采用的审计抽样称为双重目的抽样。

(三)抽样风险与非抽样风险

审计风险取决于重大错报风险和检查风险。使用审计抽样时,抽样风险与非抽样风险可能影响重大错报风险的评估和检查风险的确定。

1.抽样风险

抽样风险是指审计人员根据样本得出的结论,与对总体全部项目实施和样本同样的审计程序得出的结论存在差异的可能性。不论在控制测试还是在细节测试中,审计人员都要关注两类抽样风险,一类是影响审计的效果并可能导致审计人员发表不恰当的审计意见,另一类则是影响审计的效率。

(1)控制测试中的抽样风险

在实施控制测试时,审计人员要关注的两类抽样风险是信赖过度风险和信赖不足风险。

信赖过度风险,是指在实施控制测试时,审计人员推断的控制有效性高于其实际有效性的风险。信赖过度风险与审计的效果有关。如果审计人员评估的控制有效性高于其实际有效性,从而导致评估的重大错报风险水平偏低,审计人员可能不适当地减少从实质性程序中获取的证据,因此审计的有效性下降。对于审计人员而言,信赖过度风险更容易导致审计人员发表不恰当的审计意见,因而更应予以关注。

信赖不足风险,是指在实施控制测试时,审计人员推断的控制有效性低于其实际有效性的风险。信赖不足风险与审计的效率有关。当审计人员评估的控制有效性低于其实际有效性时,评估的重大错报风险水平偏高。为了弥补评估的控制有效性低而导致的对重大错报风险评估的高水平,审计人员可能会增加不必要的实质性程序。在这种情况下,审计效率可能降低。

(2)细节测试中的抽样风险

在实施细节测试时,审计人员也要关注两类抽样风险:误受风险和误拒风险。

误受风险,是指在实施细节测试时,审计人员推断某一重大错报不存在而实际上存在的风险。如果被审计单位账面金额实际上存在重大错报而审计人员认为其没有存在重大错报,则通常会停止对该账面金额继续进行测试,并根据样本结果得出账面金额无重大错报的结论。与信赖过度风险类似,误受风险影响审计效率,容易导致审计人员发表不恰当的审计意见,因此审计人员更应予以关注。

误拒风险,是指在实施细节测试时,审计人员推断某一重大错报存在而实际上并不存在的风险。与信赖不足风险类似,误拒风险影响审计效率。如果被审计单位账面金额不存在重大错报而审计人员认为存在重大错报,通常会扩大细节测试的范围并考虑获取其他审计证据。最终审计人员会得出恰当的结论,但在这种情况下,审计效率可能会降低。

(3)抽样风险的控制

只要使用了审计抽样,抽样风险就总会存在。在使用统计抽样时,审计人员可以准确地计量和控制抽样风险。在使用非统计抽样时,由于审计人员无法量化抽样风险,只能根据职业判断对其进行定性的评价和控制。

对特定样本而言,抽样风险与样本规模呈反向变动,即样本规模越小,抽样风险越大;样本规模越大,抽样风险越小。既然抽样风险只与被检查项目的数量相关,那么控制抽样风险的唯一途径就是控制样本规模。无论是控制测试还是细节测试,审计人员都可以通过扩大样本规模降低抽样风险。如果对总体中的所有项目都实施审计程序,就不存在抽样风险。

2. 非抽样风险

非抽样风险是指由于某些与样本规模无关的因素而导致审计人员得出错误结论的可能性。非抽样风险包括审计风险中不是由抽样所导致的所有风险。审计人员即使对某类交易或账户余额的所有项目实施某种审计程序,也可能仍未发现重大错报或被审计单位的内部控制失效。

(1)非抽样风险产生的原因

审计人员采用不适当的审计程序,或者误解审计证据而没有发现账户余额的偏差等,均可能导致非抽样风险。在审计过程中,可能导致非抽样风险的原因通常包括下列情况。

审计人员选择的总体不适合于测试目标。

审计人员未能适当地定义控制偏差或错报,导致审计人员未能发现样本中存在的偏差或错报。

审计人员选择了不适用于实现特定目标的审计程序。例如,审计人员依赖应收账款函证来揭露未入账的应收账款。

审计人员未能适当地评价审计发现的情况。例如审计人员错误解读审计证据导致没有发现误差;对所发现误差的重要性的判断有误,从而忽略了性质十分重要的误差,也可能导致其得出不恰当的结论。

（2）非抽样风险的控制

非抽样风险是由人为错误造成的，因此可以降低、消除或防范。虽然在任何一种抽样方法中审计人员都不能量化非抽样风险，但通过采取适当的质量控制政策和程序，对审计工作进行适当的指导、监督与复核，以及对审计人员实务的适当改造，可以将非抽样风险降至可以接受的水平。审计人员也可以通过仔细设计审计程序尽量降低非抽样风险。如果可以从两种审计程序中加以选择，且两种程序均以大致相同的成本提供相同程度的保证，审计人员应选择非抽样风险水平较低的程序。

二、审计抽样的基本程序

审计抽样的基本程序包括样本设计、样本规模的确定、样本选取与测试、样本结果的评价四个阶段。

（一）样本设计

样本设计是指审计人员根据测试的目标和抽样总体的属性来制订选取样本的计划，样本设计的步骤如下。

1.确定审计目标

审计人员首先应考虑拟实现的具体目标，并根据目标和总体的特点确定能够最好地实现该目标的审计程序组合，以及如何在实施审计程序时运用审计抽样。

2.定义总体、抽样单元

（1）定义总体。总体是指审计人员从中选取样本并据此得出结论的整套数据。在实施抽样之前，审计人员必须仔细定义总体，确定抽样总体的范围。总体可以包括构成某类交易或账户余额的所有项目，也可以只包括某类交易或账户余额中的部分项目。审计人员还应当实施必要的审计程序，以确保实施审计抽样所依据的全部信息（包括被审计单位信息系统生成的信息）足够完整和准确。

总体应当具备适当性和完整性两个特征。适当性是指总体应当适合于特定的审计目标，包括适合于测试的方向。例如，在控制测试中，如果要测试用于保证所有发运商品都已开单的控制是否有效运行，针对那些已发运但未开单的项目，审计人员合适的做法是将所有已发运的项目作为总体，而不是从已开单的项目中抽取样本。又如，在细节测试中，如果审计人员的目标是测试应付账款的高估，总体可以定义为应付账款清单；但在测试应付账款的低估时，总体就不是应付账款清单，而是后来支付的证明、未付款的发票、供货商的对账单、没有销售发票对应的收货报告，或能够提供低估应付账款的审计证据的其他总体。

总体的完整性包括总体项目内容和涉及时间等方面的完整。例如，如果审计人员从档案中选取付款证明，除非确定所有的付款证明都已归档，否则审计人员不能对该期间的所有付款证明作出结论。又如，如果审计人员对某一控制活动在财务报告期间是否有效运行作出结论，总体应该包括来自整个报告期间的所有相关项目。

审计人员通常从代表总体的实物中选取样本项目。例如，如果审计人员将总体定义为特定日期的所有应收账款余额，代表总体的实物就是打印的该客户应收账款余额明细表。又如，如果总体是某一测试期间的销售收入，代表总体的实物就可能是记录在销售日记账中的销售交易，也可能是销售发票。由于注册会计师实际上是从该实物中选取样本的，所有根据样本得出的结论只与该实物有关,如果代表总体的实物和总体不一致,审计人员可能会对总体作出错误的结论。因此,审计人员必须详细了解代表总体的实物,确定代表总体的实物是否包括整个总体。

(2)定义抽样单元。抽样单元是指抽成总体的个体项目,它也应当与审计测试的目标保持一致。在控制测试中,抽样单元通常是能够提供控制运行证据的资料;而在细节测试中,抽样单元可能是一个账户余额、一笔交易或交易中的一项记录,甚至为每个货币单位。

3.分层

分层是指将一个总体划分为多个子总体的过程,每个子总体由一组具有相同特征(通常为货币金额)的抽样单元组成。分层可以降低每一层中项目的变异性,从而在抽样风险没有成比例增加的前提下减少样本规模。如果总体存在重大的变异性,审计人员可以考虑将总体分为若干个离散的具有识别特征的子总体,即分层,以提高审计效率。

当实施细节测试时,审计人员通常按照货币金额对某类交易或账户进行分层,以将更多的审计资源投入到大额项目中。例如,审计人员为函证应收账款,可以根据企业的实际情况,将应收账款明细账按其金额大小分为若干层,根据各层的重要性分别采取不同的选样方法,对于金额较大的应收账款账户,应进行全部函证;对于金额较小的应收账款账户,则可采用适当的选样方法选取样本进行函证。

对某一层中的样本项目实施审计程序的结果,只能用于推断构成该层的项目。如果对整个总体作出结论,审计人员应当考虑与构成整个总体的其他层有关的重大错报风险。例如,在对某一账户余额进行测试时,占总体数量20%的项目,其金额可能占该账户余额的90%。审计人员只能根据该样本的结果推断至上述90%的金额。对于剩余10%的金额,审计人员可以抽取另一个样本或使用其他收集审计证据的方法,单独作出结论,或者认为其不重要而不实施审计程序。

4.定义误差构成条件

审计人员必须事先准确定义构成误差的条件,否则,执行审计程序时就没有识别误差的标准。

在控制测试中,误差是指控制偏差,审计人员应仔细定义所要测试的控制及可能出现偏差的情况;在细节测试中,误差是指错报,审计人员需要确定构成错报的具体情况。

(二)样本规模的确定

样本规模是指组成样本的项目数量。样本规模过小,不能反映审计对象总体的特征,会降低审计结论的可靠性,影响审计效果;样本规模过大,会加大审计成本、降低审计效率。审计人员应确定样本规模受到多种因素的影响,且在控制测试和细节测试中有所不同。影响样本规模的因素有以下方面。

(1)可接受的抽样风险水平。样本规模受到审计人员可接受的抽样风险水平的影响,可接受的抽样风险水平越低,需要的样本规模越大。在控制测试中,审计人员主要关注抽样风险中的信赖过度风险;在细节测试中,审计人员主要关注抽样风险中的误受风险。

(2)可容忍误差。可容忍误差是指审计人员能够容忍的最大误差。在其他因素既定的条件下,可容忍误差越大,所需的样本规模越小。在控制测试中,可容忍误差是指可容忍偏差率;在细节测试中,可容忍误差是指可容忍错报。

（3）预计总体误差。预计总体误差即审计人员预期在审计过程中发现的误差。在控制测试中，预计总体误差是指预计总体偏差率；在细节测试中，预计总体误差是指预计总体错报额。预计总体误差越大，可容忍误差也应当越大。在既定的可容忍误差下，当预计总体误差增加时，所需的样本规模应当更大。

（4）总体变异性。总体变异性是指总体的某一特征（如金额）在各项目之间的差异程度。在控制测试中，审计人员在确定样本规模时一般不考虑总体变异性。在细节测试中，审计人员确定适当的样本规模时要考虑特征的变异性。总体项目的变异性越低，通常样本规模越小。审计人员可通过分层，将总体分为相对同质的组，以尽可能降低每一组中变异性的影响，从而降低样本规模。未分层总体具有高度变异性，其样本规模通常很大。

（5）总体规模。除非总体规模非常小，一般而言总体规模对样本规模的影响几乎为零。审计人员通常将抽样单元超过 5000 个的总体视为大规模总体。对大规模总体而言，总体的实际容量对样本规模几乎没有影响；对小规模总体而言，审计抽样比其他选取测试项目方法的效率低。

审计抽样中影响样本规模的因素与样本规模的关系如表 4-5 所示。

表 4-5 影响样本规模的因素与样本规模的关系

影响因素	控制测试	细节测试	与样本规模的关系
可接受的抽样风险	可接受的信赖过度风险	可接受的误受风险	反向变动
可容忍误差	可容忍偏差率	可容忍错报	反向变动
预计总体误差	预计总体偏差率	预计总体错报	同向变动
总体变异性		总体变异性	同向变动
总体规模	总体规模	总体规模	影响很小

确定样本规模可以使用统计学公式或运用职业判断来完成。使用统计抽样方法时，审计人员必须对影响样本规模的因素进行量化，并利用根据统计学公式开发的专门的计算机程序或专门的样本量来确定样本规模。在非统计抽样中，审计人员可以只对影响样本规模的因素进行定性的估计，并运用职业判断确定样本规模。

（三）样本选取与测试

1. 样本的选取

在选取样本项目时，审计人员应当使总体中的所有抽样单元都有被选取的机会，这也是审计抽样的基本特征之一。因此，不管使用统计抽样或非统计抽样方法，所有的审计抽样均要求审计人员选取的样本对总体来讲具有代表性，否则，就无法根据样本结果推断总体。

选取样本的基本方法包括随机选样、系统选样和随意选样等。

（1）随机选样

随机选样是指对审计对象总体内的所有项目按随机规则选取样本。这种选样方法的前提是要求总体中的每一个项目都有不同的编号。一般可以利用计算机生成的随机数，如电子表格程序、随机数码生成程序、通用审计软件程序等计算机程序生成的随机数，也可以利用随机数表来选取样本。

随机数是一组从长期来看出现频率相同的数码，且不会产生可识别的模式。随机数表是由随机生成的 0～9 十个数字所组成的数表,每个数字在表中出现的次数是大致相同的,它们出现在表上的顺序是随机的。

使用随机数表时,首先应建立表中数字与总体中各项目的一一对应关系。若总体项目已经连续编号,则这种对应关系就容易建立;有时也需要对总体项目重新编号才能建立一一对应关系。其次,任意确定一个选好的起点和一条选好的路线(上下左右)均可,从起点开始按照选号路线依次选择随机数。符合总体项目编号要求的数字,即为选中的号码,与此号码相对应的总体项目即选取的样本项目,一直选到所需的样本量为止。如果所选择的某个随机数没有相对应的项目编号,则舍弃这个随机数,并按确定的路线继续选择下一个随机数。如果选取的号码出现重复,在不放回抽样的情况下,应当重新补选。

例如,审计人员对某公司连续编号为 1～2000 的单据进行审查,拟从中选取一组样本量为 15 的样本。随机数表的部分列示如表 4-6 所示。

表 4-6　随机数表(部分列示)

	1	2	3	4	5	6	7	8
1	88454	05314	37958	20961	00667	38371	13811	09475
2	11732	01537	16520	39518	45761	02929	11790	39662
3	65641	96481	12790	04362	31108	05648	19113	29621
4	04824	85376	08751	68113	01476	19116	19650	39962
5	31722	36619	06948	28126	14479	39886	12229	19923
6	64181	45927	39218	30005	02515	29074	19809	09812
7	86713	56813	28746	43039	18808	05512	29837	10123
8	35137	29671	75764	01981	21654	18888	16111	27295
9	36298	38701	48743	21457	09192	28886	09166	32035

首先,审计人员确定将随机数表所列数字的前四位数与单据编号相对应。其次,假定以随机数表的第一行、第三列为起点,自上而下、从左到右依次选取表中数字的前四位,则可选出 165(2)、127(9)、087(5)、069(4)、043(6)、019(8)、006(6)、014(7)、144(7)、025(1)、188(0)、091(9)、029(2)、056(4)、191(1)这 15 个数字。选号过程中,凡是前四位数不在 1～2000 之内的数字因为在总体中没有与之对应的编号,所以都被舍弃。最后按选出来的数字来选取编号与之对应的 15 张单据作为样本进行审查。

随机选样不仅使总体中每个抽样单元被选取的概率相等,而且使相同数量的抽样单元组成的每种组合被选取的概率相等。这种方法在统计抽样和非统计抽样中均适用。由于统计抽样要求审计人员能够计量实际样本被选取的概率,这种方法尤其适合于统计抽样。

(2)系统选样

系统选样也称等距选样,是从总体的某个随机起点出发,每间隔相同的距离,选取一个样本项目,直到样本数量达到所需样本规模。选样间隔的计算公式为:

$$选样间隔＝总体规模÷样本规模$$

例如,要从 1000 张凭证中选取 50 张样本进行审查,则选样间隔为 20。假定确定的随机起点是第 301 张凭证,每隔 20 张凭证选取一张,依次向后选取 321、341、361……依次向前选取 281、261、241……直至选满 50 张凭证为止。

系统选样方法的优点是使用方便,比其他选样方法节省时间,并可用于无限总体。但是该方法要求总体必须是随机排列,否则容易发生较大偏差,造成非随机的不具代表性的样本。为克服系统选样的这一缺点,可采用两种办法:一是增加随机起点的个数;二是在确定选样方法之前对总体特征的分布进行观察,如发现总体特征的分布不呈随机分布,则考虑使用其他选样方法。

系统选样可以在非统计抽样中使用,在总体随机分布时也可适用于统计抽样。

(3)随意选样

随意选样是指不考虑金额大小、资料取得的难易程度以及个人偏好,以随意的方式选取样本。随意选样最大的问题是难以彻底排除审计人员的个人偏好对选取样本的影响。随意选样虽然也可以选出代表性样本,但它属于非概率性选样方法,因而不能在统计抽样中使用,只能在非统计抽样中使用。

2.样本的测试

审计人员必须对所选样本的每一项目采用审计测试程序,确定其与既定标准之间存在误差的性质和数量,以备评价抽样结果之用。如果选取的项目不适合实施审计程序,审计人员通常使用替代项目。如果因凭证缺失等原因导致审计人员无法对所选取的项目实施已设计的审计程序,且不能针对该项目实施适当的替代审计程序,审计人员通常考虑将该项目视作误差。

(四)样本结果的评价

审计人员对样本实施了必要的审计程序之后,需要对样本结果进行评价,具体包括以下步骤。

1.分析样本误差

无论是统计抽样还是非统计抽样,对样本结果的定性评估和定量评估一样重要,即使样本的统计评价结果在可以接受的范围内,审计人员也应对样本中的所有误差(包括控制测试中的控制偏差和细节测试中的金额错报)进行定性分析。分析样本误差时,审计人员应当考虑样本的结果、已识别的所有误差的性质和原因,及其对具体审计目标和审计的其他方面可能产生的影响。

(1)分析控制偏差

当审计人员识别控制的运行存在偏差时,应当专门进行调查,并考虑下列事项。

第一,已识别的误差对财务报表的直接影响。控制偏差并不一定导致财务报表中的金额错报。控制偏差虽然增加了金额发生错报的风险,但两者并不是一一对应的关系。如果某项控制偏差更容易导致金额错报,该项控制偏差就更加重要。

第二,内部控制的有效性及其对审计方法的影响。审计人员首先应当分析偏差的性质和原因,包括:是有意的还是无意的? 是误解了规定还是粗心大意? 是经常发生还是偶然发生? 是系统的还是随机的? 如果对偏差的分析表明是故意违背了既定的内部控制政策或程序,审计人员应考虑存在重大舞弊的可能性。与错误相比,舞弊通常要求对其可能产生的影响进行更为广泛的考虑。

在上述情况下,审计人员应当确定实施的控制测试能否提供适当的审计证据,是否需要增加控制测试,或是否需要使用实质性程序应对潜在的错报风险。

（2）分析共同特征误差

分析发现的误差时，审计人员可能注意到许多误差具有共同的特征，在这种情况下，审计人员应当考虑识别出总体中具有共同特征的全部项目，并将审计程序延伸至所有这些项目。这些误差有可能是故意的，并显示被审计单位可能存在舞弊。

（3）分析异常误差

异常误差是指由某一孤立事件引起的误差，该事件只有在特定条件下才会重复发生。如果将某一误差视为异常误差，审计人员应当实施追加的审计程序，以高度确定该误差对总体误差不具有代表性。

2. 推断总体误差

分析样本误差后，审计人员应根据样本中发现的误差，采用适当的方法，推断审计对象总体误差。当总体划分为几个层次时，应先对各个层次作个别的推断，然后将推断结果汇总得出总体误差。

在实施控制测试时，由于样本的误差率就是整个总体的推断误差率，审计人员无须推断总体误差率。在控制测试中，审计人员将样本中发现的偏差数量除以样本规模，就计算出样本偏差率。无论使用统计抽样或非统计抽样方法，样本偏差率都是审计人员对总体偏差率的最佳估计，但审计人员必须考虑抽样风险。

当实施细节测试时，审计人员应当根据样本中发现的误差金额推断总体误差金额，并考虑推断误差对特定审计目标及审计的其他方面的影响。审计人员使用的抽样方法不同，推断总体错报的方法也不同。细节测试中使用的统计抽样方法包括传统变量抽样和概率比例规模抽样，传统变量抽样又主要包括三种具体的方法：均值估计抽样、差额估计抽样和比率估计抽样。三种推断总体错报的方法各不相同。在非统计抽样中，可以用来推断总体错报的方法有比率法和差额法。

3. 重估抽样风险

在进行控制测试时，审计人员如果认为抽样结果无法达到其对所测试的内部控制的预期信赖程度，则应考虑增加样本量，或修改实质性测试程序的性质、时间和范围。

在实质性测试中运用审计抽样推断总体误差后，审计人员应将总体误差与可容忍误差相比较，并将抽样结果与从其他有关审计程序中所得到的证据相比较。如果审计人员推断的总体误差超过可容忍误差，经重估后的抽样风险不能接受，则应增加样本量或执行替代审计程序。如果审计人员推断的总体误差接近可容忍误差，应考虑是否增加样本量或执行替代审计程序。

4. 形成审计结论

审计人员应当评价样本结果，以确定对总体相关特征的评估是否得到证实或需要修正，从而形成审计结论。

（1）控制测试中的样本结果评价

在控制测试中，审计人员应当将总体偏差率与可容忍偏差率进行比较，但必须考虑抽样风险。通常可按统计抽样和非统计抽样两种情况来评价结果。

第一种情况——统计抽样。在统计抽样中，审计人员通常使用表格或计算机程序计算抽样风险。用以评价抽样结果的大多数计算机程序都能根据样本规模、样本结果，计算在审计人员确定的信赖过度风险条件下可能发生的偏差率上限的估计值。

如果估计的总体偏差率上限低于可容忍偏差率,则总体可以接受。这时审计人员对总体得出结论,样本结果支持计划评估的控制有效性,从而支持计划的重大错报风险评估水平。

如果估计的总体偏差率上限大于或等于可容忍偏差率,则总体不能接受。这时审计人员对总体作出结论,样本结果不支持计划评估的控制有效性,从而不支持计划的重大错报风险评估水平。此时,审计人员应当修正重大错报风险评估水平,并增加实质性程序的数量。审计人员也可以对影响重大错报风险评估水平的其他控制进行测试,以支持计划的重大错报风险评估水平。

如果估计的总体偏差率上限低于但接近于可容忍偏差率,审计人员应当结合其他审计程序的结果,考虑是否接受总体,并考虑是否需要扩大测试范围,以进一步证实计划评估的控制有效性和重大错报风险水平。

第二种情况——非统计抽样。在非统计抽样中,抽样风险无法计量。审计人员通常将样本偏差率(即总体偏差率)与可容忍偏差率相比较,以判断总体是否可以接受。

如果样本偏差率大于可容忍偏差率,则总体不可以接受。这时审计人员对总体作出结论,样本结果不支持计划评估的控制有效性,从而不支持计划的重大错报风险评估水平。因此,审计人员应当修正重大错报风险评估水平,并增加实质性程序的数量。

如果样本偏差率低于总体可容忍偏差率,审计人员要考虑即使总体实际偏差率高于可容忍偏差率时仍出现这种结果的风险。如果样本偏差率大大低于可容忍偏差率,审计人员常认为总体可以接受。如果样本偏差率虽然低于可容忍偏差率,但两者很接近,审计人员通常认为总体实际偏差率高于可容忍偏差率的抽样风险很高,因而总体不可以接受。

(2)细节测试中的样本结果评价

在细节测试中,审计人员首先必须根据样本中发生的实际错误要求被审计单位调整账面记录的金额。将被审计单位已更正的错报从推断的总体错报金额中减掉后,审计人员应当将调整后的推断总体错报与该类交易或账户余额的可容忍错报相比较,但必须考虑抽样风险。细节测试中也可分统计抽样和非统计抽样两种情况进行考虑。

第一种情况——统计抽样。在统计抽样中,审计人员利用计算机程序或数学公式计算出总体错报上限,并将计算的总体错报上限与可容忍错报相比较。计算出的总体错报上限等于推断的总体错报(调整后)与抽样风险允许限度之和。

如果计算的总体错报上限低于可容忍错报,则总体可以接受。这时审计人员对总体作出结论,所测试的交易或账户余额不存在重大错报。

如果计算的总体错报上限大于或等于可容忍错报,则总体不能接受。这时审计人员对总体作出结论,所测试的交易或账户余额存在重大错报。在评价财务报表整体是否存在重大错报时,审计人员应将该类交易或账户余额的错报与其他审计证据一起考虑。通常,审计人员会建议被审计单位对错报进行调整,且在必要时调整账面记录。

第二种情况——非统计抽样。在非统计抽样中,审计人员运用其经验和职业判断评价抽样结果。如果调整后的总体错报大于可容忍错报,或虽小于可容忍错报但两者很接近,审计人员通常会作出总体实际错报大于可容忍错报的结论。也就是说,该类交易或账户余额存在重大错报,因而总体不能接受。如果对样本结果的评价显示,对总体相关特征的评估需要修正,审计人员可以单独或综合采取以下措施:提请管理层对已识别的误差和存在更多误差的可能性进行调查,或在必要时予以调整;修改进一步审计程序的性质、时间和范围;考虑对审计报告的影响。

如果调整后的总体错报远远小于可容忍错报,审计人员可以作出总体实际错报小于可容忍错报的结论,即该类交易或账户余额不存在重大错报,因而总体可以接受。

如果调整后的总体错报虽然小于可容忍错报但两者之间的差距很接近,审计人员必须仔细考虑,总体实际错报超过可容忍错报的风险是否能够接受,是否需要扩大细节测试的范围,以获取进一步的审计证据。

三、审计抽样在控制测试中的运用

在了解被审计单位内部控制的基础上,如果审计人员拟信赖内部控制,就应当对内部控制的实际有效性进行测试,以便明确实质性程序的性质、时间和范围。

在进行控制测试时,审计人员可采用属性抽样审计方法。属性抽样就是在一定的精确度和可信赖水平的条件下,通过计算样本差错率来对总体的某种"差错"(属性)的发生频率进行推断的统计抽样审计方法。属性抽样的方法主要有固定样本量抽样、停一走抽样和发现抽样。

(一)固定样本量抽样

在固定样本量抽样中,审计人员对一个确定规模的样本实施检查,且等到某一确定规模的样本全部选取、审查完以后,才作出审计结论。

1.确定样本规模

(1)使用统计公式计算样本规模

在基于泊松分布的统计模型中,样本量的计算公式如下:

$$样本量(n) = \frac{可接受的信赖过度风险系数(R)}{可容忍偏差率(TR)}$$

其中,分子"可接受的信赖过度风险系数"取决于特定的信赖过度风险和预期将出现的偏差的个数,它可在泊松分布表中查得。表4-7列示了在控制测试中常用的风险系数。

表 4-7 控制测试中常用的风险系数表

预期发生偏差的数量	信赖过度风险	
	5%	10%
0	3.0	2.3
1	4.8	3.9
2	6.3	5.3
3	7.8	6.7
4	9.2	8.0
5	10.5	9.3
6	11.9	10.6
7	13.2	11.8
8	14.5	13.0
9	15.7	14.2
10	17.0	15.4

假定在本例中,审计人员所确定的可接受的信赖过度风险为 10％,可容忍偏差率为 7％,并预期至多发现一例偏差。应用公式可计算出所需的样本量为 56,计算过程如下:

$$n = \frac{R}{TR} = \frac{可接受的信赖过度风险系数}{可容忍偏差率} = \frac{3.9}{0.07} = 56$$

其中,风险系数 3.9 是根据预期的偏差(1)信赖过度风险 10％,从表 4-7 中查得的。

(2)使用样本量表确定样本规模

表 4-8 和表 4-9 分别提供了在控制测试中确定的可接受的信赖过度风险为 5％和 10％ 时所使用的样本量表。如果审计人员需要其他信赖过度风险水平的抽样规模,必须使用其他统计抽样参考资料中的表格或计算机程序。

表 4-8 控制测试中统计抽样样本规模——信赖过度风险 5％(括号内是可接受的偏差数)

预计总体偏差率	可容忍偏差率										
	2％	3％	4％	5％	6％	7％	8％	9％	10％	15％	20％
0.00％	149(0)	99(0)	74(0)	59(0)	49(0)	42(0)	36(0)	32(0)	29(0)	19(0)	14(0)
0.25	236(1)	157(1)	117(1)	93(1)	78(1)	66(1)	58(1)	51(1)	46(1)	30(1)	22(1)
0.50	*	157(1)	117(1)	93(1)	78(1)	66(1)	58(1)	51(1)	46(1)	30(1)	22(1)
0.75	*	208(2)	117(1)	93(1)	78(1)	66(1)	58(1)	51(1)	46(1)	30(1)	22(1)
1.00	*	*	156(2)	93(1)	78(1)	66(1)	58(1)	51(1)	46(1)	30(1)	22(1)
1.25	*	*	156(2)	124(2)	78(1)	66(1)	58(1)	51(1)	46(1)	30(1)	22(1)
1.50	*	*	192(3)	124(2)	103(2)	66(1)	58(1)	51(9)	46(1)	30(1)	22(1)
1.75	*	*	227(4)	153(3)	103(2)	88(2)	77(2)	51(1)	46(1)	30(1)	22(1)
2.00	*	*	*	181(4)	127(3)	88(2)	77(2)	68(2)	46(1)	30(1)	22(1)
2.25	*	*	*	208(5)	127(3)	88(2)	77(2)	68(2)	61(2)	30(1)	22(1)
2.50	*	*	*	*	150(4)	109(3)	77(2)	68(2)	61(2)	30(1)	22(1)
2.75	*	*	*	*	173(5)	109(3)	95(3)	68(2)	61(2)	30(1)	22(1)
3.00	*	*	*	*	195(6)	129(4)	95(3)	84(3)	61(2)	30(1)	22(1)
3.25	*	*	*	*	*	148(5)	112(4)	84(3)	61(2)	30(1)	22(1)
3.50	*	*	*	*	*	167(6)	112(4)	84(3)	76(3)	40(2)	22(1)
3.75	*	*	*	*	*	185(7)	129(5)	100(4)	76(3)	40(2)	22(1)
4.00	*	*	*	*	*	*	146(6)	100(4)	89(4)	40(2)	22(1)
5.00	*	*	*	*	*	*	*	158(8)	116(6)	40(2)	30(2)
6.00	*	*	*	*	*	*	*	*	179(11)	50(3)	30(2)
7.00	*	*	*	*	*	*	*	*	*	68(5)	37(3)

注:＊表示样本规模太大,因而在多数情况下不符合成本效益原则;本表假设总体为大总体。下同。

表 4-9 控制测试中统计抽样样本规模——信赖过度风险 10%(括号内是可接受的偏差数)

预计总体偏差率	可容忍偏差率										
	2%	3%	4%	5%	6%	7%	8%	9%	10%	15%	20%
0.00%	114(0)	76(0)	57(0)	45(0)	38(0)	32(0)	28(0)	32(0)	22(0)	15(0)	11(0)
0.25	194(1)	129(1)	96(1)	77(1)	64(1)	55(1)	48(1)	51(1)	38(1)	25(1)	18(1)
0.50	194(1)	129(1)	96(1)	77(1)	64(1)	55(1)	48(1)	51(1)	38(1)	25(1)	18(1)
0.75	265(2)	129(1)	96(1)	77(1)	64(1)	55(1)	48(1)	51(1)	38(1)	25(1)	18(1)
1.00	*	176(2)	96(1)	77(1)	64(1)	55(1)	48(1)	51(1)	38(1)	25(1)	18(1)
1.25	*	221(3)	132(2)	77(1)	64(1)	55(1)	48(1)	51(1)	38(1)	25(1)	18(1)
1.50	*	*	132(2)	105(2)	64(1)	55(1)	48(1)	51(9)	38(1)	25(1)	18(1)
1.75	*	*	166(3)	105(2)	88(2)	55(1)	48(1)	51(1)	38(1)	25(1)	18(1)
2.00	*	*	198(4)	132(2)	88(2)	75(2)	48(1)	68(2)	38(1)	25(1)	18(1)
2.25	*	*	*	132(3)	88(2)	75(2)	65(2)	68(2)	38(2)	25(1)	18(1)
2.50	*	*	*	158(4)	110(3)	75(2)	65(2)	68(2)	38(2)	25(1)	18(1)
2.75	*	*	*	209(6)	132(4)	94(3)	65(2)	52(2)	25(1)	18(1)	
3.00	*	*	*	*	132(4)	94(3)	65(2)	84(3)	52(2)	25(1)	18(1)
3.25	*	*	*	*	153(5)	113(4)	82(3)	84(3)	52(2)	25(1)	18(1)
3.50	*	*	*	*	194(7)	113(4)	82(3)	84(3)	52(2)	25(1)	18(1)
3.75	*	*	*	*	*	131(5)	129(5)	98(4)	52(2)	25(1)	18(1)
4.00	*	*	*	*	*	149(6)	146(6)	98(4)	65(3)	25(1)	18(1)
5.00	*	*	*	*	*	*	*	160(8)	78(4)	34(2)	18(1)
6.00	*	*	*	*	*	*	*	*	116(7)	43(3)	25(2)
7.00	*	*	*	*	*	*	*	*	199(14)	52(4)	25(2)

　　审计人员根据可接受的信赖过度风险选择相应的抽样规模表,然后在预计总体偏差率栏找到适当的比率。接下来审计人员确定与可容忍偏差率对应的列,可容忍偏差率所在列与预计总体偏差率所在行的交点就是所需的样本规模。本例中,审计人员确定的可接受信赖过度风险为 10%,可容忍偏差率为 7%,预计总体偏差率为 1.75%。在信赖过度风险为 10% 时所使用的表 4-9 中,7% 可容忍偏差率与 1.75% 的预计总体偏差率的交叉处为 55,即所需的样本规模为 55,近似于之前用公式计算的 56。

　　2.推断总体误差

　　(1)计算总体偏差率

　　将样本中发现的偏差数量除以样本规模,就可以计算出样本偏差率。样本偏差率是审计人员对总体偏差率的最佳估计,因而在控制测试中不需要另外推断总体偏差率,但审计人员仍然需要考虑抽样风险。

　　(2)考虑抽样风险

　　在实务中,审计人员使用抽样统计方法时通常使用公式、表格或计算机程序直接计算在确定的信赖过度风险水平下可能发生的偏差率上限,即估计的总体偏差率与抽样风险允许限度之和。

①使用统计公式评价样本结果。假定本例中,审计人员对56个项目实施了既定的审计程序,且未发现偏差,则在既定的可接受信赖过度风险下,根据样本结果计算总体最大偏差率如下:

$$总体偏差率上限(MDR) = \frac{R}{n} = \frac{风险系数}{样本量} = \frac{2.3}{56} = 4.1\%$$

其中,风险系数根据可接受的信赖过度风险为10%,且偏差数量为0,在表4-7中查得为2.3。

这意味着,如果样本量为56且无一例偏差,总体实际偏差率超过4.1%的风险为10%,即有90%的把握保证总体实际偏差率不超过4.1%。由于审计人员确定的可容忍偏差率为7%,因此可以得出结论,总体的实际偏差率超过可容忍偏差率的风险很小,总体可以接受。也就是说,样本结果证实审计人员对控制运行有效性的估计和评估的重大错报风险水平是适当的。

如果在56个样本中发现了两例偏差,则在既定的可接受信赖过度风险下,按照公式计算的总体偏差率上限为:

$$总体偏差率上限(MDR) = \frac{R}{n} = \frac{风险系数}{样本量} = \frac{5.3}{56} = 95\%$$

这意味着,如果样本量为56且有两例偏差,总体实际偏差率超过9.5%的风险为10%。在可容忍偏差率为7%的情况下,审计人员可以得出结论,总体的实际偏差率超过可容忍偏差率的风险很大,因而不能接受总体。也就是说,样本结果不支持审计人员对控制运行有效性的评估和评估的重大错报风险水平。审计人员应当扩大控制测试范围,以证实初步评估结果,或提高重大错报风险评估水平,并增加实质性程序的数量,或者对影响重大错报评估水平的其他控制进行测试,以支持计划的重大错报风险评估水平。

②使用样本结果评价表。审计人员也可以使用样本结果评价表评价统计抽样的结果。表4-10和表4-11分别列示了可接受的信赖过度风险为5%和10%时的总体偏差率上限。

表4-10 控制测试中统计抽样结果评价——信赖过度风险5%时的偏差率上限

样本规模	实际发现的偏差										
	0	1	2	3	4	5	6	7	8	9	10
25	11.3	17.6	*	*	*	*	*	*	*	*	*
30	9.5	14.9	19.6	*	*	*	*	*	*	*	*
35	8.3	12.9	17.0	*	*	*	*	*	*	*	*
40	7.3	11.4	15.0	18.3	*	*	*	*	*	*	*
45	6.5	10.2	13.4	16.4	19.2	*	*	*	*	*	*
50	5.9	9.2	12.1	14.8	17.4	19.9	*	*	*	*	*
55	5.4	8.4	11.1	13.5	15.9	18.2	*	*	*	*	*
60	4.9	7.7	10.2	12.5	14.7	16.8	18.8	*	*	*	*
65	4.6	7.1	9.4	11.5	13.6	15.5	17.4	19.3	*	*	*
70	4.2	6.6	8.8	10.8	12.6	14.5	16.3	18.0	19.7	*	*

样本规模	实际发现的偏差										
	0	1	2	3	4	5	6	7	8	9	10
75	4.0	6.2	8.2	10.1	11.8	13.6	15.2	16.9	18.5	20.0	*
80	3.7	5.8	7.7	9.5	11.1	12.7	14.3	15.9	17.4	18.9	*
90	3.3	5.2	6.9	8.4	9.9	11.4	12.8	14.2	15.5	16.8	18.2
100	3.0	4.7	6.2	7.6	9.0	10.3	11.5	12.8	14.0	15.2	16.4
125	2.4	3.8	5.0	6.1	7.2	8.3	9.3	10.3	11.3	12.3	13.2
150	2.0	3.2	4.2	5.1	6.0	6.9	7.8	8.6	9.5	10.3	11.1
200	1.5	2.4	3.2	3.9	4.6	5.2	5.9	6.5	7.2	7.8	8.4

注：* 表示超过20%；本表以百分比表示偏差率上限；本表假设总体为大总体。下同。

表 4-11 控制测试中统计抽样结果评价——信赖过度风险 10% 时的偏差率上限

样本规模	实际发现的偏差										
	0	1	2	3	4	5	6	7	8	9	10
20	10.9	18.1	*	*	*	*	*	*	*	*	*
25	8.8	14.7	19.9	*	*	*	*	*	*	*	*
30	7.4	12.4	16.8	*	*	*	*	*	*	*	*
35	6.4	10.7	14.5	18.1	*	*	*	*	*	*	*
40	5.6	9.4	12.8	16.0	19.0	*	*	*	*	*	*
45	5.0	8.4	11.4	14.3	17.0	19.7	*	*	*	*	*
50	4.6	7.6	10.3	12.9	15.4	17.8	*	*	*	*	*
55	4.1	6.9	9.4	11.8	14.1	16.3	18.4	*	*	*	*
60	3.8	6.4	8.7	10.8	12.9	15.0	16.9	18.9	*	*	*
70	3.3	5.5	7.5	9.3	11.1	12.9	14.6	16.3	17.9	19.6	*
80	2.9	4.8	6.6	8.2	9.8	11.3	12.8	14.3	15.8	17.2	18.6
90	2.6	4.3	5.9	7.3	8.7	10.1	11.5	12.8	14.1	15.4	16.6
100	2.3	3.9	5.3	6.6	7.9	9.1	10.3	11.5	12.7	13.9	15.0
120	2.0	3.3	4.4	5.5	6.6	7.6	8.7	9.7	10.7	11.6	12.6
160	1.5	2.5	3.3	4.2	5.0	5.8	6.5	7.3	8.0	8.8	9.5
200	1.2	2.0	2.7	3.4	4.0	4.6	5.3	5.9	6.5	7.1	7.6

本例中,审计人员应当选择可接受的信赖过度风险为 10% 的表 4-11 以评价样本结果。样本规模为 56,审计人员可以选择样本规模为 55 的那一行。当样本中未发现偏差时,应选择偏差数为 0 的那一列,两者交叉处的 4.1% 即为总体的偏差率上限,与使用公司计算的结果 4.1% 相等。此时,由于总体偏差率上限小于本例中的可容忍偏差率 7%,总体可以接受。也就是说,样本结果证实审计人员对控制运行有效性的估计和评估的重大错报风险水平是适当的。

当样本中发现两个偏差时,应选择偏差数为2的那一列,两者交叉处的9.4%即为总体的偏差率上限,与利用公式计算的结果9.5%相近。此时,总体偏差率上限大于可容忍偏差率,因此不能接受总体。也就是说,样本结果不支持审计人员对控制运行有效性的估计和评估的重大错报风险水平。审计人员应当扩大控制测试范围,以证实初步评估结果,或提高重大错报风险评估水平,并增加实质性程序的数量,或者对影响重大错报风险评估水平的其他控制进行测试,以支持计划的重大错报风险评估水平。

3.分析偏差的性质和原因

除了评价偏差发生的频率之外,审计人员还要对偏差进行定性分析,即分析偏差的性质和原因。

(二)停—走抽样

停—走抽样是固定样本量抽样的一种特殊形式。采用固定样本量抽样时,如果预计总体偏差率大大高于实际偏差率,其结果将是选取了过多的样本,降低了审计工作的效率。停—走抽样从预计总体偏差率为零开始,边抽样边评估来完成审计工作。审计人员先选取一定量的样本进行审查,如果结果可以接受,就停止抽样得出结论;如果结果不能接受,就扩大样本量继续审查直至得出结论。

停—走抽样通常由二到四组抽样单元组成。审计人员根据既定的信赖过度风险、可容忍偏差率和预计总体偏差率,确定(通常使用计算机程序或表格)每组抽样单元的规模。审计人员首先对第一组抽样单元实施检查,然后根据检查结果确定是在不扩大检查范围的情况下接受计划的重大错报风险评估水平,还是不扩大检查范围而提高计划的重大错报风险评估水平,或者因为没有获取充分的信息确定计划的重大错报风险水平是否有保证而决定扩大检查范围。

假定可容忍偏差率为5%,信赖过度风险为10%,预计总体偏差率为0.5%,表4-12列示了一个四步走的停—走抽样决策表。

表 4-12　四步停—走抽样决策表

组	抽样单元数量/个	累计抽样单元数量/个	如果累计偏差为下列数量,则		
			接受重大错报风险计划评估水平	继续抽样（转入下一步）	提高重大错报风险计划评估水平
1	50	50	0	1～3	4
2	51	101	1	2～3	4
3	51	152	2	3	4
4	51	203	3	不适用	4

在本例中,如果审计人员发现4个偏差,就停止检查抽样单元,并提高计划的重大错报风险评估水平。如果在第一组50个抽样单元中没有发现偏差,审计人员就不需要检查更多的抽样单元,认为样本支持计划的控制信赖程度和重大错报风险评估水平。如果第一组抽样单元中存在1个、2个或3个偏差,审计人员就应当对下一组的抽样单元进行检查。审计人员继续对后面组中的抽样单元进行检查,直到样本结果支持或不支持计划的重大错报风险评估水平。例如,如果在第一组存在3个偏差,后面的三组抽样单元必须在检查后没有发

现额外的偏差,才能支持计划的重大错报风险评估水平。

停—走抽样使审计人员在预计总计偏差率较低时可以尽量减小样本规模。但审计人员可能发现,如果在停—走抽样中需要对所有抽样单元进行检查,其审计成本可能大于控制测试所减少的实质性程序成本。因此,有时审计人员会在完成所有步骤之前决定停止停—走抽样。例如,在表 4-12 四步停—走抽样中,如果第二组发现了 2 个或 3 个偏差,审计人员可能决定停止检查。在这种情况下,审计人员可能认为,所减少的实质性程序可能难以补偿对最多可达 101 个抽样单元进行额外检查所增加的审计成本。

(三)发现抽样

发现抽样是固定样本量抽样的另一种特殊形式,与固定样本量抽样的不同之处在于发现抽样将预计总体偏差率直接定为 0%,并根据可接受信赖过度风险和可容忍偏差率一起确定样本量。在对选出的样本进行审查时,一旦发现一个偏差就立即停止抽样,如果在样本中没有发现偏差,则可以得出总体可以接受的结论。发现抽样适用于查找重大舞弊或非法行为。

四、审计抽样在细节测试中的运用

实施细节测试时,审计人员可以使用统计抽样方法,主要有传统变量抽样法和概率比率规模抽样法(PPS 抽样)

(一)传统变量抽样

设计传统变量抽样所需要的数学计算,包括样本规模的计算,对于手工应用来说显得复杂且困难,因此在使用传统变量抽样时审计人员通常运用计算机程序确定样本规模。审计人员在确定样本规模时要考虑可容忍错报和误受风险,有时也需要考虑误拒风险。

1. 均值估计抽样

均值估计抽样是指通过抽样审查确定样本的平均值,再根据样本平均值推断总体的平均值和总值的一种变量抽样方法。使用这种方法时,审计人员先计算样本中所有项目审定金额的平均值,然后用这个样本平均值乘以总体规模,得出总体金额的估计值。总体估计金额和总体账面金额之间的差额就是推断的总体错报。

例如,审计人员从总体规模为 1000、账面金额为 1000000 元的存货项目中选取了 200 个项目作为样本。在确定了正确的采购价格并重新计算了价格与数量的乘积之后,审计人员将 200 个样本项目的审定金额加总后除以 200,确定样本项目的平均审定金额为 980 元。然后计算估计的存货余额为 980000 元(980×1000)。推断的总体错报就是 20000 元(1000000－980000)。

2. 差额估计抽样

差额估计抽样是以样本实际金额与账面金额的平均差额来估计总体实际金额与账面金额的平均差额,然后再以这个平均差额乘以总体规模,从而求出总体的实际金额与账面金额的差额(即总体错报)的一种方法。差额估计抽样的计算公式如下:

$$平均错报＝样本实际金额与账面金额的差额÷样本规模$$
$$推断的总体错报＝平均错报×总体规模$$

使用这种方法时,审计人员先计算样本项目的平均错报,然后根据这个样本平均错报推断总体。例如,审计人员从总体规模为 1000 的存货项目中选取了 200 个项目进行检查,总体的账面金额总额为 1040000 元。审计人员逐一比较 200 个样本项目的审定金额和账面金额并汇总账面金额(208000)和审定金额(196000)之间的差异,本例中差异为 12000 元。用 12000 的差额除以样本项目数 200,得到的样本平均错报为 60 元。然后审计人员用这个平均错报乘以总体规模,计算出总体错报为 60000 元(60×1000)。

3.比率估计抽样

比率估计抽样是指以样本的实际金额与账面金额之间的比率关系来估计总体实际金额与账面金额之间的比率关系,然后再以这个比率去乘以总体的账面金额,从而求出估计的总体实际金额的一种抽样方法。比率估计抽样法的计算公式如下:

比率=样本审定金额÷样本账面金额

估计的总体实际金额=总体账面金额×比率

推断的总体错报=估计的总体实际金额－总体账面金额

如果上例中审计人员使用比率估计抽样,样本审定金额合计与样本账面金额的比率则为 0.94(196000÷208000)。审计人员用总体的账面金额乘以该比例 0.94,得到估计的存货余额为 977600 元(1040000×0.94)。推断的总体错报则为 62400 元(1040000－977600)。

如果未对总体进行分层,审计人员通常不使用均值估计抽样,因为此时所需的样本规模可能太大,以至于对一般的审计而言不符合成本效益原则。比率估计抽样和差额估计抽样都要求样本项目存在错报,如果样本项目的审定金额和账面金额之间没有差异,这两种方法使用的公式所隐含的机理就会导致错误的结论。如果审计人员决定使用统计抽样,且预计只发现少量差异,就不应使用比率估计抽样和差额估计抽样,而应考虑使用其他的替代方法,如均值估计抽样或 PPS 抽样。

(二)PPS 抽样

PPS 抽样是一种运用属性抽样原理对货币金额而不是对发生率得出结论的统计抽样方法,它用样本的错报率来推断总体的错报率,进而推断总体的错报金额,也被称为金额加权抽样、货币单位抽样、累计货币金额抽样以及综合属性变量抽样等。

PPS 抽样是以货币单位作为抽样单元进行选样的一种方法。在该方法下总体的每个货币单位被选中的机会相同,所以总体中某一项目被选中的概率等于该项目的金额与总体金额的比率。项目金额越大,被选中的概率就越大。但实际上审计人员并不是对总体的货币单位实施检查,而是对包含被选取货币单位的余额或交易实施检查。审计人员检查的余额或交易被称为逻辑单元。PPS 有助于审计人员将审计重点放在较大的余额或交易上。

1.PPS 抽样的优点

(1)PPS 抽样一般比传统变量抽样更易于使用。由于 PPS 抽样以属性抽样原理为基础,审计人员可以很方便地计算样本规模,并手工或使用样本量表评价样本结果。样本的选取可以在计算机程序或计算器的协助下进行。

(2)PPS 抽样的样本规模不需要考虑被审计金额的预计变异性。传统变量抽样的样本规模是在总体项目共有特征的变异性或标准差的基础上计算的,PPS 抽样在确定所需的样本规模时不需要直接考虑货币金额的标准差。

（3）PPS抽样中，项目被选取的概率与其货币金额大小成比例，因而生成的样本自动分层。如果使用传统变量抽样，审计人员通常需要对总体进行分层，以减少样本规模。

（4）PPS抽样中如果项目金额超过选样间距，PPS系统自动识别所有单个重大项目。

（5）如果审计人员预计没有错报，PPS抽样的样本规模通常比传统变量抽样的样本规模小。

（6）PPS抽样的样本更容易设计，且可在能够获得完整的总体之前开始选取样本。

2.PPS抽样的缺点

（1）使用PPS抽样时通常假设抽样单元的审定金额不应小于零或者大于账面金额。如果审计人员预计存在低估或审定金额小于零的情况，在设计PPS抽样方法时就需要特别考虑。

（2）如果审计人员在PPS抽样的样本中发现低估，在评价样本时需要特别考虑。

（3）对零余额或负余额的选取需要在设计时特别考虑。例如，如果审计人员准备对应收账款进行抽样，可能需要将贷方余额分离出去，作为一个单独的总体。如果检查零余额的项目对完成审计目标很重要，审计人员需要单独对其进行测试，因为零余额在PPS抽样中不会被选取。

（4）当发现错报时，如果风险水平一定，PPS抽样在评价样本时可能高估抽样风险的影响，从而导致审计人员更可能拒绝一个可接受的总体账面金额。

（5）在PPS抽样中审计人员通常需要逐个累计总体金额。需要说明的是，这不需要额外增加大量的审计成本，因为相关的会计数据一般会以电子形式存储。

（6）当预计总体错报金额增加时，PPS抽样所需的样本规模也会增加。在这些情况下，PPS抽样的样本规模可能大于传统变量抽样的样本规模。

PPS抽样中可以使用随机数法、系统选样法等方法选取样本，系统选样首先要将总体分为几个由同样的货币单位构成的组，并从每一组中选择一个逻辑单元（即实际单位），每组的货币单位数量就是选样间距。

在使用系统选样方法时，审计人员在1和选样间距（包含该选样间距）之间选择一个随机数，这个数字就是随机起点。然后审计人员计算总体中的逻辑单元的累计账面金额。选取的第一个逻辑单元就是包含与随机起点对应的货币单位的那个项目。然后审计人员每隔 n（n 代表选样间距）个货币单位依次选取所需的抽样单元（即货币单位），并选择包含这些抽样单元的所有逻辑单元（即实际单位）。例如，审计人员使用的选样间距为5000元，他在1元和5000元之间（含5000元）选择一个随机数作为随机起点，假设是第2000个货币单位。然后依次是第7000个货币单位，第12000个货币单位，以及其后整个抽样总体中每间隔 n 个（本例中为5000个）的货币单位。审计人员然后对包含第2000个、第7000个、第12000个……货币单位的逻辑单元实施检查。

由于每个货币单位被选取的机会相等，逻辑单元所含的货币单位越多（即账面金额越大），被选中的机会越大。反之，较小的逻辑单元元被选中的机会也较小。在PPS系统选样法下，金额等于或高于选样间距的所有逻辑单元肯定会被选中，而规模只有选样间距一半的逻辑单元被选中的概率为50%。

第四节 审计工作底稿

一、审计工作底稿的含义和作用

(一)审计工作底稿的含义

审计工作底稿是审计证据的载体,是审计人员在审计过程中形成的全部审计工作记录和获取的资料。其内容包括审计人员在制订和实施审计计划时直接编制的、用以反映其审计思路和审计工作记录,审计人员从被审计单位或其他有关部门取得的、用作审计证据的各种原始资料,以及审计人员接受并审阅他人代为编制的审计记录。审计工作底稿的全部内容是审计人员形成审计结论、发表审计意见的直接依据。

(二)审计工作底稿的作用

编制或取得审计工作底稿是审计人员最主要的审计工作。审计工作底稿的主要作用表现在以下几个方面。

1. 审计工作底稿是联结整个审计工作的纽带

审计项目小组一般由多人组成,项目小组内要进行合理的分工,不同的审计程序、不同会计的审计往往由不同人员执行。而最终形成审计结论和发表审计意见时,则主要针对被审计单位的会计报表进行。因而,必须把不同人员的审计工作有机地联结起来,以便对整体会计报表发表意见,而这种联结必须借助于审计工作底稿。

2. 审计工作底稿是审计人员形成审计结论、发表审计意见的直接依据

审计结论和审计意见是根据审计人员获取的各种审计证据,以及审计人员一系列的专业判断形成的。审计人员所收集到的审计证据和所作出的专业判断,都完整地记载于审计工作底稿中,因此,审计工作底稿应当成为审计结论与审计意见的直接依据。

3. 审计工作底稿是明确审计人员的审计责任、评价或考核审计人员专业能力与工作业绩的依据

审计人员依照审计准则实施了必要的审计程序,才可免除或减轻其审计责任。审计人员专业能力的大小、工作业绩的好坏,主要体现在对审计程序的选择、执行和有关的专业判断上,而审计人员是否实施了必要的审计程序、审计程序的选择是否合理、专业判断是否准确,都必须通过审计工作底稿来体现和衡量。

4. 审计工作底稿为审计质量控制与质量检查提供了可能

会计师事务所进行审计质量控制,主要是指导和监督审计人员选择实施审计程序,编制审计工作底稿,并对审计工作底稿进行严格复核。注册会计师协会或其他有关单位依法进行审计质量检查,也主要是对审计工作底稿的检查。因此,没有审计工作底稿,审计质量的控制与检查就无法落到实处。

5. 审计工作底稿对未来的审计业务具有参考或备查价值

审计业务具有一定的连续性,同一被审计单位前后年度的审计业务具有众多联系或共

同点。因此,当年度的审计工作底稿对以后年度审计业务具有很大的参考或备查作用。

二、审计工作底稿的存在形式和内容

审计工作底稿可以以纸质、电子或其他介质形式存在。无论以哪种形式存在,会计师事务所都应当针对审计工作底稿设计和实施适当的控制,以实现下列目的。

(1)使审计工作底稿清晰地显示其生成、修改及复核的时间和人员。

(2)在审计业务的所有阶段,尤其是在项目组成员共享信息或通过互联网将信息传递给其他人员时,保护信息的完整性和安全性。

(3)防止未经授权改动审计工作底稿。

(4)允许项目组和其他经授权的人员为适当履行职责而接触审计工作底稿。

为便于会计师事务所内部进行质量控制和外部质量检查或调查,以电子或其他介质形式存在的审计工作底稿,应与其他纸质形式的审计工作底稿一并归档,并应能通过打印等方式,转换成纸质形式的审计工作底稿。

审计工作底稿通常包括总体审计策略、具体审计计划、分析表、问题备忘录、重大事项概要、询证函回函、管理层声明书、核对表、有关重大事项的往来信件(包括电子邮件),以及对被审计单位文件记录的摘要或复印件等。此外,审计工作底稿通常还包括业务约定书、管理建议书、项目组内部或项目组和被审计单位举行的会议记录、与其他人士(如其他审计人员、律师、专家等)的沟通文件及错报汇总表等。

三、编制审计工作底稿的总体要求

审计人员编制的审计工作底稿,应当使得未曾接触该项审计工作的有经验的专业人士清楚地了解:①按照审计准则的规定实施的审计程序的性质、时间和范围;②实施审计程序的结果和获取的审计证据;③就重大事项得出的结论。

有经验的专业人士,是指对下列方面有合理了解的人士:①审计过程;②相关法律法规和审计准则的规定;③被审计单位所处的经营环境;④与被审计单位所处行业相关的会计和审计问题。

四、审计工作底稿的格式、要素和范围

(一)确定审计工作底稿的格式、要素和范围时应考虑的因素

1.实施审计程序的性质

通常,不同的审计程序会使得审计人员获取不同性质的审计证据,由此审计人员可能会编制不同格式、内容和范围的审计工作底稿。例如,审计人员编制的有关函证程序的审计工作底稿(包括询证函及回函、有关不符事项的分析等)和存货监盘程序的审计工作底稿(包括盘点表、审计人员对存货的测试记录等)在内容、格式及范围方面是不同的。

2.已识别的重大错报风险

识别和评估的重大风险水平的不同可能导致审计人员实施的审计程序和获取的审计证据不尽相同。例如,如果审计人员识别出应收账款存在较高的重大错报风险,而其他应收款的重大错报风险较低,则审计人员可能对应收账款实施较多的审计程序并获取较多

的审计证据,因而对测试应收账款的记录会比针对测试其他应收款记录的内容多且范围广。

3.在执行审计工作和评价审计结果时需要作出判断的范围

审计程序的选择和实施及审计结果的评价通常需要不同程度的职业判断。例如,运用非统计抽样的方法选取样本进行应收账款函证程序时,审计人员可能基于应收账款账龄、以前的审计经验及是否为关联方欠款等因素,考虑哪些应收账款存在较高的重大错报风险,并运用职业判断在总体中选取样本,并对作出职业判断时的考虑事项进行适当的记录。因此,在作出职业判断时所考虑的因素及范围可能使审计人员作出不同的内容和范围的记录。

4.已获取的审计证据的重要程度

审计人员通过执行多项审计程序可能会获取不同的审计证据,有些审计证据的相关性和可靠性较高,有些则质量较差,审计人员可以区分不同的审计证据进行有选择性的记录,因此,审计证据的重要程度也会影响审计工作底稿的格式、内容和范围。

5.已识别的例外事项的性质和范围

有时审计人员在执行审计程序时会发现例外事项,由此可能导致审计工作底稿在格式、内容和范围方面的不同。例如,某个函证的回函表明存在不符事项,如果在实施恰当的追查后发现该例外事项并未构成错报,审计人员可能只在审计工作底稿中解释发生该例外事项的原因及影响。反之,如果该例外事项构成错报,审计人员可能需要执行额外的审计程序并获取更多的审计证据,由此编制的审计工作底稿在内容和范围方面可能有很大不同。

6.当从已执行的审计工作或已获取的审计证据的记录中不易确定结论或结论的基础时,记录结论或结论基础的必要性

在某些情况下,特别是在涉及复杂的事项时,审计人员仅将已执行的审计工作或获取的审计证据记录下来,并不容易使其他有经验的审计人员通过合理的分析,得出审计结论或结论的基础。此时审计人员应当考虑是否需要进一步说明并记录得出结论的基础(即得出结论的过程)及该事项的结论。

7.使用的审计方法和工具

使用的审计方法和工具可能影响审计工作底稿的格式、内容和范围。例如,如果使用计算机辅助审计技术对应收账款的账龄进行重新计算时,通常可以针对总体进行测试,而采用人工方式重新计算时,则可能会针对样本进行测试,由此形成的审计工作底稿会在格式、内容和范围方面有所不同。

考虑以上因素有助于审计人员确定审计工作底稿的格式、内容和范围是否恰当。审计人员在考虑以上因素时需注意,根据不同情况确定审计工作底稿的格式、内容和范围均是为达到编制审计工作底稿的目的,特别是提供证据的目的。例如,细节测试和实质性分析程序的审计工作底稿所记录的审计程序有所不同,但两类审计工作底稿都应当充分、适当地反映审计人员执行的审计程序。

（二）审计工作底稿的要素

不同会计师事务所审计工作底稿的格式不同,文字描述型底稿至少应包含审计目标、工作内容和结论三部分。表格索引型底稿包括被审计单位的名称、审计起止日期、审计过程记录、审计标识及说明、索引号及页次、编制者姓名及日期、复核者姓名及日期以及其他需要说明的事项。通常,审计工作底稿应包括下列全部或部分要素。

拓展资源:审计工作底稿的编制

(1)被审计单位名称。

(2)审计项目名称。

(3)审计项目时点或期间。

(4)审计过程记录。

(5)审计结论。

(6)审计标识及其说明。

(7)索引号及编号。

(8)编制者姓名及编制日期。

(9)复核者姓名及复核日期。

(10)其他应说明事项。

下面分别对以上所述要素中的第(4)～(9)项进行说明。

（三）审计过程记录

在记录审计过程时,应当特别注意以下几个方面。

1.特定项目或事项的识别特征

在记录实施审计程序的性质、时间和范围时,注册会计师应当记录测试的特定项目或事项的识别特征。记录测试的特定项目或事项的识别特征可以实现多种目的。例如,便于对例外事项或不符事项进行检查,以及对测试的项目或事项进行复核。

识别特征是指被测试的项目或事项表现出的征象或标志。识别特征因审计程序的性质和所测试的项目或事项不同而不同。对某一个具体项目或事项而言,其识别特征通常具有唯一性,这种特性可以使其他人员根据识别特征在总体中识别该项目或事项并重新执行该测试。为帮助理解,以下列举部分为审计程序中所测试的样本的识别特征。

如在对被审计单位生成的订购单进行细节测试时,审计人员可能以订购单的日期或编号作为测试订购单的识别特征。需要注意的是,在以日期或编号作为识别特征时,审计人员需要同时考虑被审计单位对订购单进行编号的方式。例如,若被审计单位按年对订购单依次编号,则识别特征是××年的××号;若被审计单位仅以序列号进行编号,则可以直接将该号码作为识别特征。

对于需要选取或复核既定总体内一定金额以下的所有项目的审计程序,审计人员可能会以实施审计程序的范围作为识别特征,例如,总账中一定金额以上的所有会计分录。

对于需要系统化抽样的审计程序,审计人员可能会通过记录样本的来源、抽样的起点及抽样间隔来识别已选取的样本。例如,若被审计单位对发运单顺序编号,测试的发运单的识别特征可以是,对4月1日至9月30日的发运台账,从第12345号发运单开始每隔125号系统抽取发运单。

对于需要询问被审计单位中特定人员的审计程序,审计人员可能会以询问的时间、被询问人的姓名及职位作为识别特征。

对于观察程序,审计人员可能会以观察的对象或观察过程、观察的地点和时间作为识别特征。

2. 重大事项

审计人员应当根据具体情况判断某一事项是否属于重大事项。重大事项通常包括以下方面。

(1)引起特别风险的事项。

(2)实施审计程序的结果,该结果表明财务信息可能存在重大错报,或需要修正以前对重大错报风险的评估和针对这些风险拟采取的应对措施。

(3)导致审计人员难以实施必要审计程序的情形。

(4)导致出具非无保留意见或者带强调事项段"与持续经营相关的重大不确定性"等段落的审计报告的事项。

审计人员应当及时记录与管理层、治理层和其他人员对重大事项的讨论,包括讨论的内容、时间、地点和参加人员。

有关重大事项的记录可能分散在审计工作底稿的不同部分。将这些分散在审计工作底稿中的有关重大事项的记录汇总在重大事项概要中,不仅可以帮助审计人员集中考虑重大事项对审计工作的影响,而且还便于审计工作的复核人员全面、快速地了解重大事项,从而提高复核工作的效率。对于大型、复杂的审计项目,重大事项概要的作用尤为重要。根据审计准则的规定,审计人员应当考虑编制重大事项概要,将其作为审计工作底稿的组成部分,以有效地复核和检查审计工作底稿,并评价重大事项的影响。

重大事项概要包括审计过程中识别的重大事项及其解决方法,或对其他支持性审计工作底稿的交叉索引。

3. 针对重大事项如何处理矛盾或不一致的情况

如果识别出的信息与针对某重大事项得出的最终结论相矛盾或不一致,审计人员应当记录形成最终结论时如何处理该矛盾或不一致的情况。

上述情况包括但不限于审计人员针对该信息执行的审计程序、项目组成员对某事项的职业判断不同而向专业技术部门的咨询情况,以及项目组成员和被咨询人员不同意见(如项目组与专业技术部门的不同意见)的解决情况。

记录如何处理识别出的信息与针对重大事项得出的结论相矛盾或不一致的情况是非常必要的,它有助于审计人员关注这些矛盾或不一致,并对此执行必要的审计程序以恰当地解决这些矛盾或不一致。

但是,对如何解决这些矛盾或不一致的记录要求并不意味着审计人员需要保留不正确的或被取代的资料。例如,某些信息初步显示与针对某重大事项得出的最终结论相矛盾或不一致,审计人员发现这些信息是错误的或不完整的,并且初步显示的矛盾或不一致可以通过获取正确或完整的信息得到满意的解决,则审计人员无须保留这些错误或不完整的信息。此外,对于职业判断的差异,若初步的判断意见是基于不完整的资料或数据,则审计人员也无须保留这些初步的判断意见。

(四)审计结论

审计人员恰当地记录审计结论非常重要,审计人员需要根据所实施的审计程序及获取的审计证据得出结论,并以此作为对财务报表形成审计意见的基础。在记录审计结论时需注意,在审计工作底稿中记录的审计程序和审计证据是否足以支持所得出的审计结论。

(五)审计标识及其说明

审计工作底稿中可使用各种审计标识,但应说明其含义,并保持前后一致。以下是审计人员在审计工作底稿中列明标识并说明其含义的例子,供参考。在实务中,审计人员也可以依据实际情况运用更多的审计标识。

∧:纵加核对。

＜:横加核对。

B:与上年结转数核对一致。

T:与原始凭证核对一致。

G:与总分类账核对一致。

S:与明细账核对一致。

T/B:与试算平衡表核对一致。

C:已发询证函。

C\:已收回询证函。

(六)索引号及编号

通常,审计工作底稿需要注明索引号及顺序编号,相关审计工作底稿之间需要保持清晰的勾稽关系。在实务中,审计人员可以按照所记录的审计工作的内容层次进行编号。例如,固定资产汇总表的编号为 C1,按类别列示的固定资产明细表的编号为 C1-1,以及列示单个固定资产原值及累计折旧的明细表编号,包括房屋建筑物(编号为 C1-1-1)、机器设备(编号为 C1-1-2)、运输工具(编号为 C1-1-3)及其他设备(编号为 C1-1-4)。相互引用时,需要在审计工作底稿中交叉注明索引号。

以下是不同审计工作底稿之间相互索引的例子,供参考。

例如,固定资产的原值、累计折旧及净值的总额应分别与固定资产明细表的数字互相勾稽。以下是从固定资产汇总表工作底稿(见表 4-13)及固定资产明细表工作底稿(见表 4-14)中节选的部分,以作相互索引的示范。

表 4-13　固定资产汇总表(工作底稿索引号:C1)(节选)

工作底稿索引号	固定资产	20×2 年 12 月 31 日	20×1 年 12 月 31 日
C1-1	原值	×××	×××
C1-1	累计折旧	×××	×××
	净值	×××T/B∧	×××B∧

表 4-14　固定资产明细表(工作底稿索引号:C1-1)(节选)

工作底稿索引号	固定资产	期初余额	本期增加	本期减少	期末余额
	原　值				
C1-1-1	1.房屋建筑物	×××		×××	×××S
C1-1-2	2.机器设备	×××	×××		×××S
C1-1-3	3.运输工具	×××			×××S
C1-1-4	4.其他设备	×××			×××S
	小　计	×××B∧	×××∧	×××∧	×××<C1∧
	累计折旧				
C1-1-1	1.房屋建筑物	×××			×××S
C1-1-2	2.机器设备	×××	×××		×××S
C1-1-3	3.运输工具	×××			×××S
C1-1-4	4.其他设备	×××			×××S
	小　计	×××B∧	×××∧	×××∧	×××<C1∧
	净　值	×××B∧			×××C1∧

(七)编制人员和复核人员及日期

在记录实施审计程序的性质、时间和范围时,审计人员应当记录以下方面。

(1)审计工作的执行人员及完成该项审计工作的日期。

(2)审计工作的复核人员及复核的日期和范围。

在需要项目质量控制复核的情况下,还需要注明项目质量控制复核人员及复核的日期。

通常,需要在每一张审计工作底稿上注明执行审计工作的人员和复核人员、完成该项审计工作的日期以及完成复核的日期。

在实务中,如果若干页的审计工作底稿记录同一性质的具体审计程序或事项,并且编制在同一个索引号中,此时可以仅在审计工作底稿的第一页上记录审计工作的执行人员和复核人员并注明日期。例如,应收账款函证核对表的索引号为 L3-1-1/21,相对应的询证函回函共有 20 份,每一份应收账款询证函回函索引号以 L3-1-2/21,L3-1-3/21……L3-1-21/21表示,对于这种情况,就可以仅在应收账款函证核对表上记录审计工作的执行人员和复核人员并注明日期。

五、审计工作底稿的归档

《会计师事务所质量控制准则第 5101 号——业务质量控制》和《中国审计人员审计准则第 1131 号——审计工作底稿》对审计工作底稿的归档作了具体规定,涉及归档工作的性质和期限、审计工作底稿保管期限等方面。

（一）审计工作底稿归档的性质

在出具审计报告前，审计人员应完成所有必要的审计程序，取得充分、适当的审计证据并得出适当的审计结论。由此，在审计报告日后，将审计工作底稿归整为最终审计档案是一项事务性的工作，不涉及实施新的审计程序或得出新的结论。

1. 对审计工作底稿作出的事务性的变动

如果在归档期间对审计工作底稿作出的变动属于事务性的，审计人员可以作出变动，主要包括以下方面。

（1）删除或废弃被取代的审计工作底稿。

（2）对审计工作底稿进行分类、整理和交叉索引。

（3）对审计档案归整工作的完成核对表签字认可。

（4）记录在审计报告日前获取的、与审计项目组相关成员进行讨论并取得一致意见的审计证据。

审计工作底稿通常不包括已被取代的审计工作底稿的草稿或财务报表的草稿、对不全面或初步思考的记录、存在印刷错误或其他错误而作废的文本，以及重复的文件记录等。由于这些草稿、错误的文本或重复的文件记录不直接构成审计结论和审计意见的支持性证据，因此，审计人员通常无须保留这些记录，在审计工作底稿归档时予以清理。

2. 永久性档案和当期档案

归整审计档案时，有些会计师事务所将审计档案分为永久性档案和当期档案。这一分类主要是基于具体实务中对审计档案使用的时间。

（1）永久性档案。永久性档案是指那些记录内容相对稳定，具有长期使用价值，并对以后审计工作具有重要影响和直接作用的审计档案。例如，被审计单位的组织结构、批准证书、营业执照、章程、重要资产的所有权或使用权的证明文件复印件等。若永久性档案中的某些内容已发生变化，审计人员应当及时予以更新。为保持资料的完整性以便满足日后查阅历史资料的需要，永久性档案中被替换下的资料一般也需保留。例如，被审计单位因增加注册资本而变更了的营业执照等法律文件、被替换的旧营业执照等文件，可以将它们汇总在一起，与其他有效的资料分开，作为单独部分归整在永久性档案中。

（2）当期档案。当期档案是指那些记录内容经常变化，主要供当期和下期审计使用的审计档案。例如，总体审计策略和具体审计计划。

（二）审计工作底稿归档的期限

审计人员应当按照会计师事务所质量控制政策和程序的规定，及时将审计工作底稿归整为最终审计档案。审计工作底稿的归档期限为审计报告日后 60 天内。如果审计人员未能完成审计业务，审计工作底稿的归档期限为审计业务中止后的 60 天内。

如果针对客户的同一财务信息执行不同的委托业务，出具两个或多个不同的报告，会计师事务所应当将其视为不同的业务，根据会计师事务所内部制定的政策和程序，在规定的归档期限内分别将审计工作底稿归整为最终审计档案。

(三)审计工作底稿归档后的变动

1. 需要变动审计工作底稿的情形

一般情况下,在审计报告归档之后不需要对审计工作底稿进行修改或增加。审计人员发现有必要修改现有审计工作底稿或增加新的审计工作底稿的情形主要有以下两种。

(1)审计人员已实施了必要的审计程序,取得了充分、适当的审计证据并得出了恰当的审计结论,但审计工作底稿的记录不够充分。

(2)审计报告日后,发现例外情况要求审计人员实施新的或追加审计程序,或导致审计人员得出新的结论。例外情况主要是指审计报告日后发现与已审计财务信息相关,且在审计报告日已经存在的事实,如果被审计人员在审计报告日前获知该事实,则可能影响审计报告。例如,审计人员在审计报告日后才获知法院在审计报告日前已对被审计单位的诉讼、索赔事项作出最终判决结果。例外情况可能在审计报告日后发现,也可能在财务报表报出日后发现,审计人员应当按照《中国审计人员审计准则第 1332 号——期后事项》第四章"财务报表报出后发现的事实"的相关规定,对例外事项实施新的或追加的审计程序。

2. 变动审计工作底稿时的记录要求

在完成最终审计档案的归整工作后,如果发现有必要修改现有审计工作底稿或增加新的审计工作底稿,无论修改或增加的性质如何,审计人员均应当记录下列事项。

(1)修改或增加审计工作底稿的时间和人员,以及复核的时间和人员。

(2)修改或增加审计工作底稿的具体理由。

(3)修改或增加审计工作底稿对审计结论产生的影响。

(四)审计工作底稿的保存期限

会计师事务所应当自审计报告之日起,对审计工作底稿至少保存 10 年。如果审计人员未能完成审计业务,会计师事务所应当自审计业务中止日起,对审计工作底稿至少保存 10 年。值得注意的是,对于连续审计的情况,当期归整的永久性档案虽然包括以前年度获取的资料(有可能是 10 年以前),但由于其是本期档案的一部分,是支持审计结论的基础,因此,审计人员对于这些对当期有效的档案,应视为当期取得并保存 10 年。如果这些资料在某个审计期间被替换,被替换的资料可以从被替换的年度起至少保存 10 年。

在完成最终审计档案的归整工作后,审计人员不得在规定的保存期限届满前删除或废弃审计工作底稿。

本章小结

本章内容主要介绍了审计证据、审计方法、审计抽样和审计工作底稿的相关内容。

审计证据是指审计人员在审计过程中获取的用来说明被审计事项真相的一切凭据,是审计结论的基础。在审计准则中,审计证据是注册会计师为了得出审计结论、形成审计意见而使用的所有信息,包括财务报表依据的会计记录中含有的信息和其他信息。从形式而言,审计证据包括实物证据、书面证据、口头证据和环境证据。审计人员应该获取充分、适当的审计证据作为发表审计意见的基础。

　　审计方法是审计人员在审计监督活动过程中所运用的各种手段的总称。审计方法通常包括检查文件和记录法、重新计算法、分析性程序法、函证法、检查有形资产、观察法、询问法和重新执行。不同的审计方法获取的审计证据不同，有时一种方法可以收集多种证据，有时一种证据需要多种方法收集。审计人员要针对不同的审计对象和审计目的，综合运用各种审计方法，才能取得适当的审计证据，达到较好的审计效果。

　　审计抽样是指注册会计师对具有审计相关性的总体中低于百分之百的项目实施审计程序，使所有抽样单元都有被选取的机会，为注册会计师针对整个总体得出结论提供合理的基础。

　　审计工作底稿是审计人员将在审计工作过程中所采用的方法、步骤和收集的用来证明审计事项真实情况的事实和资料，按照一定的格式编制的档案性原始文件。是审计证据的汇集，可作为审计过程和结果的书面证明，也是形成审计结论的依据。

本章思考题

1. 审计证据有哪些？不同的审计证据各有哪些特征？

2. 如何评价审计证据的充分性和适当性？

3. 获取充分、适当的审计证据需要哪些审计程序？

4. 全部审计是否等同于详查法？局部审计是否等同于抽查法？

5. 审计工作底稿归档后在哪些情况下可以进行变动？应如何记录？

6. 下列事项中哪些属于审计准则，哪些属于审计依据（标准），哪些属于审计证据？

(1)《中国注册会计师审计准则 1211 号——了解被审计单位环境并评估重大错报风险》；

(2)原材料盘点记录；

(3)《企业内部控制基本规范》；

(4)内部控制调查分析表；

(5)对外投资的批准文件(结合凭证审查相关科目)；

(6)被审计单位现金管理规定；

(7)员工询问笔录；

(8)现金存款单据。

第五章 审计流程与规划

掌握审计重要性和审计风险的含义及其运用,审计重要性、审计风险和审计证据之间的关系

熟悉审计模式的演进

熟悉审计业务约定书的基本内容、总体审计策略和具体审计计划

了解一般审计流程及其应做的主要工作、审计计划的含义以及审计业务约定书的概念和签约前的准备工作

审计目标演进与审计模式发展

审计签约前的准备工作

客户的会计责任与注册会计师的审计责任

不同重要性水平下的审计谨慎性要求

计划重要性水平与实际执行重要性水平

不同审计风险下的审计取证要求

引例——审计业务约定书免责声明是否有效?

普华永道中天会计师事务所于 2003 年至 2005 年 4 月,为老牌上市公司上海外高桥保税区开发股份有限公司(简称"外高桥")提供审计服务。2005 年 6 月,外高桥发现存放在国海证券上海圆明园路营业部证券保证金账户中的资金实际余额与经审计的 2003 年度和 2004 年度公司报表明细账上的金额严重不符,经调查发现系员工内外勾结、串通舞弊,挪用了外高桥存放于国海证券营业部的 2.04 亿元证券保证金。

在对外高桥的审计过程中,普华永道在最基本的函证程序上犯了初级错误,将询证函交由和证券公司有业务往来的公司内部人员完成,为相关人员弄虚作假、掩盖挪用资金行为客观上提供了机会,存在重大过失。

由于巨额保证金被挪用,而负责审计的普华永道却连年出具无保留意见的审计报告,2006 年 5 月,外高桥以审计不尽责为由向中国国际经济贸易仲裁委员会上海分会提起仲裁,要求普华永道退还全部审计服务费共计人民币 170 万元,赔偿外高桥全部经济损失共计人民币 2 亿元并承担全部仲裁费用和公司的律师费。

但普华永道在与外高桥签订的 2003 年和 2004 年的《审计业务约定书》中,均约定了有关责任解除和限制的条款:"除因本事务所故意的不当行为或欺诈行为所引起的索赔事项

外,本事务所概无义务向贵公司赔偿任何超过本约定书中所支付的专业服务费的金额,无论这些损失是因侵权、违约或其他原因而引起。本事务所也无义务对任何本约定书中所提及的与服务有关的直接和间接的损失、利润损失或未能实现的预期节支负责,无论这些损失是因为侵权、违约或其他原因而引起。"

　　思考:审计业务约定书中的免责声明是否有效？普华永道可以凭借审计业务约定书中的免责条款避免赔偿责任吗？

第一节　审计流程概述

一、审计模式

　　审计模式是审计目标、范围和方法、程序等各个要素的组合。其中,审计目标起着决定性作用。随着社会的发展,审计目标发生了变化,审计模式也在不断演进。

　　审计模式既属于审计理论的范畴,反映了人们的审计思想,如审计的目标取向应该是什么,审计的对策应该是什么;同时审计模式又属于审计实务的范畴,约定了审计工作的行为方式或方法,如为实现既定的审计目标,审计工作的全过程应如何设计,各阶段的工作应如何着手,应采取什么样的具体方法等。

　　审计活动总是为完成一定的审计目标而设计并进行的,随着社会经济的发展和人们认识的改变与提高。审计目标是处于变动之中的,因而审计模式也在不断发展,它是一定历史条件下的产物。在审计发展的历史中,审计模式的发展起着相当重要的作用。按照历史发展的顺序,审计模式经历了账项基础审计模式、制度基础审计模式、风险导向审计模式三个阶段。由于各阶段的导向性目标不同,所采用的审计程序和方法也有所不同,但是三个阶段相互之间并非孤立,而是存在着承前启后的关系。

(一)账项基础审计模式

　　账项基础又称账项导向审计,是基于查错防弊的审计目标,以账项为基础,对所有会计事项都加以审查的传统审计模式。

　　账项基础审计是审计模式的最初形式,西方国家在20世纪40年代以前基本采用这一审计模式,它在审计方法史上占据十分重要的地位,至今仍被采用,在制度基础审计和风险导向模式下也仍旧使用在这一阶段形成的大量审计方法和技术。

　　账项基础审计主要有以下特点。

　　(1)账项基础审计以会计事项为主线,在审查会计事项的基础上开展审计工作,其工作量比较大,适应早期审计的需要。

　　(2)账项基础审计的主要目标是查错纠弊,但不审查内部牵制制度,不对内部牵制制度发表评价意见。

　　(3)账项基础审计主要采用查账的方法。它要审查被审计单位在审计期间内关于会计事项的会计记录及其有关凭证,验算其会计金额,核对转账事项,以证实账簿和报表数字的正确性。

　　(4)账项基础审计没有区分阶段、步骤,没有固定的审计程序,也不重视着手审计前的准备工作,只要求了解被审计单位的概况和搜集试算表、总账、明细账等会计资料,然后直接审查会计账项。

(5)账项基础审计阶段形成了丰富的审计方法和技术,并沿用至今,包括书面资料审计方法、财产物资审计方法、分析性程序(复核)方法。

(二)制度基础审计模式

制度基础审计又称为系统导向审计,是指以内部控制制度为基础,借助对内部控制制度的分析和评价,来证实会计报表公允性的一种审计模式。它是审计模式发展的第二个阶段,大约产生于20世纪40年代,它的产生和运用被认为是审计理论研究的突破和审计方法的重大变革。

1.制度基础审计产生的背景

(1)现代企业尤其是大型企业的出现,对审计提出了更高的要求。由于账项基础审计要对所有会计事项进行详细审计,工作量大,审计成本高,已经不能满足现代审计的需要,迫使审计人员寻求效率更高、质量更可靠的审计方法。

(2)随着股份有限公司的出现,社会公众更多关注的是财务报表的合法性、公允性和真实性,审计目标也逐步由查错防弊为主转变为以确认财务报表的公允性为主。

(3)在企业管理方面,内部控制理论的不断发展和完善是制度基础审计产生的前提。

(4)审计人员认识到内部控制对于审计工作有着重要意义——内部控制的可靠性将直接影响财务报表的公允性,因此审计人员应当关注内部控制的薄弱环节以及因此产生的会计报表重大错报或漏报,由此逐渐产生了审计理论和实践的一系列突破。

2.制度基础审计的主要特点

(1)制度基础审计的主要目标是确定会计报表的公允性,它也揭露错误和舞弊,但只是因为错误和舞弊会影响财务报表的公允性。

(2)制度基础审计在评价内部控制的基础上确定审计的重点和范围,并非传统的详细审计,可以在保证审计结论具有一定可靠水平的前提下提高审计工作的效率。

(3)制度基础审计形成了标准化的审计程序,一般包括计划、实施、完成三个阶段,重视审计计划阶段,并把内部控制的评审作为关键步骤,审计范围和重点都比较明确。

(4)制度基础审计除采用账项基础审计的技术方法之外,还引入了对内部控制的符合性测试和审计抽样。

(三)风险导向审计模式

风险导向审计,是以对审计风险的评价作为一切审计工作的出发点并贯穿于审计全过程,以降低审计风险至可接受水平的一种审计模式。所有审计方案的制订、审计测试范围和方法的确定、审计证据的搜集以及审计意见的发表均以审计风险的评价和控制为立足点。风险导向审计模式经历了从传统风险导向审计向现代风险导向审计的转变。

1.传统风险导向审计

(1)传统风险导向审计产生的背景

审计风险的急剧增加是风险导向审计产生的直接原因。制度基础审计模式下审计风险是必然存在的,而20世纪60年代以来,随着竞争的加剧和破产企业的增多,社会对审计的需求以及对审计作用的期望不断提高,审计人员面临的审计风险急剧增加。在这种环境下,审计人员必须主动寻求解决的途径。

成本效益原则要求审计人员在降低审计成本的同时,提高审计质量,以满足相关利益方的需求。因此审计人员必须寻找效率更高的审计方法,并使审计资源和审计效果之间达到最大配比。制度基础审计是根据内部控制的强弱来分配审计资源的,就有可能对低风险项目审计过度而对高风险审计项目审计不足。传统风险导向审计则是根据审计人员所面临风险的大小来安排和实施审计工作的,在一定审计成本下实现审计目标的要求,并使审计人员所承担的风险控制在审计人员和社会公众可接受的范围之内。

制度基础审计的内在缺陷及其解决方法推动了传统风险导向审计的产生。相对于传统审计,现代审计的重要标志之一是抽样审计的广泛运用,这将不可避免地存在审计风险。制度基础审计没有把风险和抽样样本量的确定联系起来,对审计风险的控制显得无力,因此需要寻求能够量化抽样风险并降低审计风险的更有效的方法。此外,在对内部控制的研究方面,制度基础审计只考虑被审计单位的内部控制制度,尤其内部会计控制,忽略了内部控制的其他方面如控制环境等对会计处理的重要影响,故不能保证审计结论的准确性,因此需要对内部控制进行更为广泛的研究。

(2)传统风险导向审计的特点

①风险导向审计引入了审计风险模型。审计风险模型是风险导向审计的理论基础,在传统风险导向审计阶段,审计风险模型为:审计风险=固有风险×控制风险×检查风险。

传统风险导向审计以评价被审计单位内外环境下的审计风险为基础,据以确定审计的重点、范围和方法。它将审计资源倾斜于高风险的审计领域,通过降低检查风险,以将审计风险降低到可接受的水平。

②传统风险导向审计扩大了内部控制研究和评价的范围,不再局限于内部控制制度本身,而是强调了对控制环境和控制风险的评价。

③传统风险导向审计广泛采用分析性程序和审计抽样等审计方法。

2.现代风险导向审计

传统风险导向审计方法注重对账户余额和交易层次风险的评估。然而,企业是整个社会经济网络中的一个细胞,其所处的经济环境、行业状况、经营目标、战略和风险等都将对最终会计报表产生重大影响。如果注册会计师不深入考虑会计报表深层次的东西,就不能对会计报表项目余额得出一个合理的期望。而且,当企业管理当局串通舞弊时,内部控制是失效的,注册会计师如果不把审计视角扩展到内部控制之外,将很容易受到蒙蔽和欺骗,不能发现由于内部控制失效所导致的会计报表存在的重大错报和舞弊行为。

随着企业财务欺诈案的不断涌现,国外一些会计师事务所在20世纪90年代对传统风险导向审计进行了改进。尤其是2001年"安然事件"之后,不同内涵的"风险导向审计"概念开始出现,其中比较有代表性和影响力的主要有"风险基础战略系统审计"和"管理舞弊导向审计"。职业界的探索也引起了审计准则制定机构的关注,国际审计与鉴证准则理事会(IAASB)和美国注册会计师协会下属的审计准则委员会先后成立了审计风险项目小组,后又将两个小组合并,以从源头上实现国际协调。该小组于2002年10月发布了审计风险准则征求意见稿。2003年10月,国际审计与鉴证理事会对征求意见稿进行了最后修订并获得通过,审计风险准则在2004年12月15日之后正式实施。该审计风险准则包含一系列修订和新起草的准则,并将审计风险模型修改为"审计风险=重大错报风险×检查风险",以便于注册会计师执行风险评估程序,使之更加符合审计工作的实际情况,从此审计模式进入现代风险导向审计阶段。

3.现代风险导向审计模式与传统风险导向审计模式的主要区别

(1)从审计风险模型来看,现代风险导向审计的审计风险模型为:审计风险＝重大错报风险×检查风险;不同于传统审计风险模型。

(2)从审计思路来看,传统风险导向审计一般采用自下而上的审计方式,以企业的内部控制为审计起点,以内部控制风险评估为风险评估的重心;而现代风险导向审计主要从企业内外部环境、经营风险分析入手,以此来发现可能出现重大错报的领域以及评估被审计单位的会计政策及会计估计的恰当性,加强了对固有风险的评估,同时仍未完全放弃自下而上的审计方式。

(3)从审计程序来看,传统风险导向审计在实务中存在重程序、轻风险的倾向,而现代风险导向审计则针对不同的客户、客户不同的风险领域采取不同的审计程序,对分析性程序也更为重视。

现代风险导向审计更能适应现代审计环境的变化,它要求注册会计师以重大错报风险的识别、评估和应对为审计工作的主线,以提高审计效率和效果。2006 年,我国财政部发布的中国注册会计师执业准则体系全面贯彻了现代风险导向审计思想和方法的要求。

二、审计流程

审计流程是指审计人员对审计项目从开始到结束的整个过程中所采取的系统性工作步骤。审计流程一般包括准备、实施和终结(报告)三个阶段,每个阶段又包括若干具体工作内容。

随着审计模式从早期的账项基础审计演变到今天的风险导向审计,审计的基本流程也发生了相应的变化。风险导向审计模式要求审计人员在审计过程中,以重大错报风险的识别、评估和应对作为工作主线。相应的,审计过程大致可分为以下几个过程。

(一)接受业务委托

会计师事务所应当按照执业准则的规定,谨慎决策是否接受或保持与某客户的关系和具体的审计业务。在接受委托前,注册会计师应当初步了解审计业务环境,包括业务约定事项、审计对象特征、使用的标准、预期使用者的需求、责任方及其环境的相关特征,以及可能对审计业务产生重大影响的交易、事项、条件和惯例等其他事项。

只有在了解后认为具备专业胜任能力、符合独立性和应有的职业关注等职业道德要求,并且拟承接的业务具备审计业务特征时,注册会计师才能将其作为审计业务进行承接。如果审计业务的工作范围受到重大限制,或者委托人试图将注册会计师的名字和审计对象不适当地联系在一起,则该项业务可能不具有合理的目的。接受业务委托阶段的主要工作包括了解和评价审计对象的可审性、决策是否考虑接受委托、商定业务约定条款、签订审计业务约定书等。

(二)计划审计工作

计划审计工作十分重要,计划不周不仅会导致盲目实施审计程序,无法获取充分、适当的审计证据以将审计风险降至可接受的低水平,影响审计目标的实现,还会浪费有限的审计资源,增加不必要的审计成本,影响审计工作的效率。因此,对于任何一项审计业务,注册会计师在执行具体审计程序之前,都必须根据具体情况制订科学、合理的计划,使审计业务有效地开展。一般来说,计划审计工作主要包括在本期审计业务开始时开展初步业务活动、制定总体审计策略、制订具体的审计计划等。计划审计工作不是审计业务的一个孤立阶段,而是一个持续的、不断修正的过程,贯穿于整个审计业务的始终。

(三)实施风险评估程序

根据审计准则的规定,注册会计师必须实施风险评估程序,并以此作为评估财务报表层次和认定层次重大错报风险的基础。风险评估程序是必要程序,了解被审计单位及其环境为注册会计师在许多关键环节作出职业判断提供了重要基础。了解被审计单位及其环境是一个连续和动态的收集、更新与分析信息的过程,贯穿于整个审计过程的始终。注册会计师应当运用职业判断确定需要了解被审计单位及其环境的程度。一般来说,实施风险评估程序的主要工作包括了解被审计单位及其环境,识别和评估财务报表层次以及各类交易、账户余额、列报认定层次的重大错报风险,其中涵盖确定需要特别考虑的重大错报风险以及仅通过实质性程序无法应对的重大错报风险等。

(四)实施控制测试和实质性程序

注册会计师实施风险评估程序本身并不足以为发表审计意见提供充分、适当的审计证据,注册会计师还应当实施进一步审计程序,包括实施控制测试(必要时或决定测试时)和实质性程序。因此,注册会计师对财务报表重大风险进行评估后,应当运用职业判断,针对评估的财务报表层次重大错报风险确定总体应对措施,并针对评估的认定层次重大错报风险设计和实施进一步审计程序,以将审计风险降至可接受的低水平。

(五)完成审计工作和编制审计报告

注册会计师在完成财务报表所有循环的进一步审计程序后,还应当按照有关审计准则的规定做好审计完成阶段的工作,并根据所获取的各项审计证据,合理运用专业判断,形成适当的审计意见。本阶段的主要工作有:审计期初余额、比较数据、期后事项和或有事项;考虑持续经营问题和获取管理层声明;汇总审计差异,并提请被审计单位调整或披露;复核审计工作底稿和财务报表;与管理层和治理层沟通;评价审计证据,形成审计意见;编制审计报告;等等。

按照审计底稿划分审计路径,审计流程在准备、实施和终结(报告)三个阶段分别实施了五个过程,如图5-1所示。

审计业务要素(简称审计要素)路径包括审计业务的三方关系人、财务报表、财务报告编制基础、审计证据和审计报告。按照审计要素划分审计路径,审计人员应在确立审计目标的基础上,制订审计计划,确立相应的审计方法,进而根据获取的充分、适当的审计证据,制作审计工作底稿,得出审计结论,出具审计意见,编制审计报告,如图5-2所示。

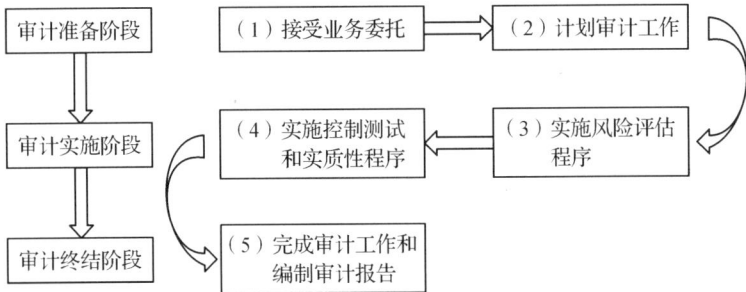

图 5-1　审计底稿路径

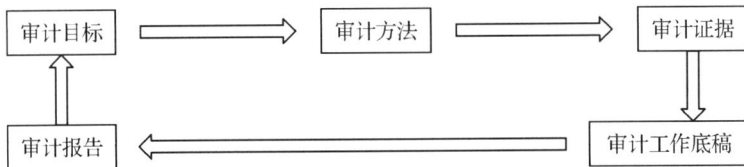

图 5-2　审计要素路径

第二节　审计业务约定书与审计计划

一、审计业务约定书

根据《中国注册会计师审计准则第 1111 号——就审计业务约定条款达成一致意见》(2022 年 1 月 5 日修订),注册会计师在实施审计过程中,只有通过实施下列工作,就执行审计工作的基础达成一致意见后,才能承接或保持审计业务。

(1)确定审计的前提条件存在;

(2)确认注册会计师和管理层已就审计业务约定条款达成一致意见。

审计人员在考察了被审计单位的基本情况后,在打算承接审计业务时,需要与被审计单位签订审计业务约定书。

(一)业务约定书的含义

审计业务约定书,是指会计师事务所与被审计单位签订的,用以记录和确认审计业务的委托与受托关系、审计目标和范围、双方的责任以及报告的格式等事项的书面协议。

在业务约定书中,合同双方会就审计活动中审计人员的审计责任与被审计单位的会计责任进行约定。建立健全完善的内部控制制度,保护资产的安全、完整,保证会计资料的真实、合法、完整,是被审计单位的会计责任。而审计人员的审计责任就是按照审计准则的要求开展审计活动并出具审计报告,并保证审计报告的真实性、合法性。

审计业务约定书的实质是经济合同,双方一经签字认可,即成为当事人之间在法律上生效的契约,具有法定的约束力。

审计业务约定书具有以下作用。

(1)审计业务约定书可以增加会计师事务所与委托人之间的了解,尤其使被审计单位了解审计人员的审计责任及需要提供的合作。

（2）审计业务约定书可以作为被审计单位鉴定审计业务完成情况，以及会计师事务所检查被审计单位约定义务完成情况的依据。

（3）如果发生法律诉讼，审计业务约定书可以作为确定会计师事务所与被审计单位应负责任的重要依据。

（二）签署业务约定书前的准备工作

在签署审计业务约定书之前，审计人员应该对被审计单位基本情况进行了解，并就委托目的、审计范围是否受到限制、审计收费，以及被审计单位应提供的资料、协助的工作等约定事项进行商议。

1. 明确审计业务的性质和范围

在签订业务约定书之前，审计人员和被审计单位要就双方对审计工作的性质和范围取得一致看法，确保不存在对业务约定条款的误解。如果审计人员的审计范围受到限制而无法获取充分适当的审计证据，就不能对受托项目发表合理的审计意见，从而无法完成委托事项。

2. 初步了解被审计单位的基本情况

审计人员应了解被审计单位的业务性质、经营规模和组织结构；经营情况及经营风险；以前年度接受审计的情况；财务会计机构及工作组织；其他与签订审计业务约定书相关事项。

3. 会计师事务所评价自身独立性与专业胜任能力

审计人员需要针对保持客户关系与具体审计业务实施相应的质量控制程序，了解被审计单位治理层和管理层的诚信情况，并判断项目组是否具备执行审计业务的专业胜任能力及必要的时间和资源。

审计人员需要从以下方面评价自身的专业胜任能力：评价执行审计业务的能力，从而确定审计小组的关键成员和考虑在审计过程中是否需要向外界专家寻求协助；评价自身在执行审计业务时的独立性；评价自身在审计业务过程中所应具有的谨慎能力。如果审计人员不具备上述条件，则应当拒绝接受审计委托。

4. 商定审计收费

审计人员可以采用计件收费或计时收费的方法。

5. 明确被审计单位应协助的工作

在审计人员实施现场审计之前，被审计单位一定要把所有的会计资料准备齐全；在审计过程中被审计单位的财会人员或其他相关人员应当对审计人员的询问、审查予以积极的配合，并在适当的时候为审计人员编制审计工作底稿。

（三）审计业务约定书的内容

审计业务约定书的核心条款包括以下方面。

（1）财务报表审计的目标与范围。审计范围是指审计对象涉及的领域及内容。审计对象是指被审计单位全部或部分的经济活动，而经济活动的载体通常是会计资料，因此反映经济活动的会计资料一般是审计的基本对象。

（2）会计责任。按照企业会计准则的规定编制财务报表是公司管理层的责任,这种责任包括:①设计、实施和维护与财务报表编制相关的内部控制,以使财务报表不存在由于舞弊或错误而导致的重大错报;②选择和运用恰当的会计政策;③作出合理的会计估计。

（3）审计责任。注册会计师的责任是在实施审计工作的基础上对财务报表发表审计意见。注册会计师按照审计准则的规定执行审计工作,审计准则要求注册会计师遵守职业道德规范,计划和实施审计工作以对财务报表是否不存在重大错报获取合理保证。被审计单位管理层和注册会计师的责任不能互相替代,出现问题需各自承担相应的责任。

（4）用于编制财务报表所适用的财务报告编制基础。通用目的编制基础是满足财务报表使用者共同的财务信息需求的财务报告编制基础,主要是指企业会计准则和会计制度。特殊目的编制基础是满足财务报表特定使用者对财务信息需求的财务报告编制基础,主要是指计税核算基础、监管机构的要求和合同的约定等。

（5）需要特别说明的事项。

（6）双方约定的其他事项。如审计人员不受限制地接触任何与审计有关的记录、文件和所有其他信息。

审计业务约定书还包括签约各方的名称、签约双方的义务、执行审计工作的安排、审计报告的使用责任、审计业务约定书的有效期限、审计收费、违约责任、签约时间等。在审计约定事项完成后,审计业务约定书应归入审计业务档案。

【例 5-1】 了解审计业务约定书

阅读下文中委托单位与某会计师事务所签订的业务委托书,了解委托书的主要构成要素。

审计业务约定书

甲方:[委托人]

乙方:[事务所全称]

丙方:[被审计单位]

兹由甲方委托乙方对丙方20××年度财务报表中的资产负债表、利润及利润分配表、现金流量表、所有者权益(或股东权益)增减变动表以及报表附注(简称"财务报告")进行审计。经叁方协商,达成以下约定。

一、委托目的与审计范围

1.委托目的

2.审计范围

二、甲方的义务

1.按本约定书的约定及时足额支付审计费用。

2.协调审计过程中出现的有关问题。

三、乙方的责任和义务

(一)乙方的责任

1.乙方的责任是按照中国注册会计师审计准则的有关规定,在实施审计工作的基础上对丙方财务报告发表审计意见。

2.乙方需要合理计划和实施审计工作,以使乙方能够获取充分、适当的审计证据,为丙方财务报表是否不存在重大错报获取合理保证。

3.乙方有责任在审计报告中指明所发现的丙方在重大方面没有遵循企业会计准则和企业会计制度且未按乙方的建议进行调整的事项。

4.在审计过程中，乙方若发现丙方内部控制存在重要缺陷，应及时向甲方报告；对丙方会计处理、内部控制制度及其他事项提出改进意见，并根据甲方的要求提交管理建议书。

5.乙方的审计不能减轻丙方及丙方管理层的责任。

（二）乙方的义务

1.乙方应于20××年××月××日前按照约定完成审计工作，出具审计报告。

2.除下列情况外，乙方应当对执行业务过程中知悉的丙方信息予以保密：(1)取得丙方的授权；(2)根据法律法规的规定，为法律诉讼准备的文件或提供的证据，以及向监管机构报告发现的违反法律法规的行为；(3)接受行业协会和监管机构依法进行的质量检查；(4)监管机构对乙方进行的行政处罚（包括监管机构处罚前的调查、听证）以及乙方对此提起的行政复议。

四、丙方的责任与义务

（一）丙方的责任

1.根据《中华人民共和国会计法》和《企业财务会计报告条例》，丙方及丙方负责人有责任保证会计资料的真实性和完整性。因此，丙方管理层有责任妥善保存和提供会计记录（包括但不限于会计凭证、会计账簿及其他会计资料），这些记录必须真实、完整地反映丙方的财务状况、经营成果和现金流量。

2.按照企业会计准则和企业会计制度的规定编制财务报表是丙方管理层的责任，这种责任包括：(1)设计、实施和维护与财务报表编制相关的内部控制，以使财务报表不存在由于舞弊或错误而导致的重大错报；(2)选择和运用恰当的会计政策；(3)作出合理的会计估计。

（二）丙方的义务

1.及时为乙方的审计工作提供其所要求的全部会计资料和其他有关资料（在20××年××月××日之前提供审计所需的全部资料），并保证所提供资料的真实性和完整性。

2.确保乙方不受限制地接触任何与审计有关的记录、文件和所需的其他信息。

3.丙方管理层对其作出的与审计有关的声明予以书面确认。

五、审计收费

1.本次审计服务费用总额为人民币××元，其中集团合并审计费用为人民币××元，集团本部审计费用为人民币××元。

2.乙方按照甲方工作要求和时限完成审计工作，出具审计报告，经甲方审核无误后，支付约定的审计服务费用。

3.如果由于无法预见的原因，致使乙方从事本约定书所涉及的审计服务实际时间较本约定书签订时预计的时间有明显的增加或减少时，甲乙双方应通过协商，相应调整本约定书第五条第1项下所述的审计费用。

4.如乙方违反甲方有关审计工作的要求，甲方在核实相关情况后，可酌情扣减审计费用的10%～30%。

六、审计报告和审计报告的使用

乙方按照中国注册会计师审计准则向甲方出具财务报表审计报告一式××份，并抄送丙方。

七、本约定书的有效期间

本约定书自签署之日起生效,并在各方履行完毕本约定书约定的所有义务后终止。但其中第三(二)、四(一)项并不因本约定书终止而失效。

八、约定事项的变更

如果出现不可预见的情况,影响审计工作如期完成,或需要提前出具审计报告时,甲、乙、丙三方均可要求变更约定事项,但应及时通知其他两方,并由三方协商解决。

九、违约责任

甲、乙、丙三方按照《中华人民共和国合同法》的规定承担违约责任。

十、双方对其他有关事项的约定

本约定书一式叁份,甲、乙、丙方各执一份,具有同等法律效力。

甲方可对委托审计过程进行监控和对审计质量进行检查审核。

如有未尽事宜,三方经协商后可签订补充约定,补充约定与本约定具有同等法律效力。

甲方:[委托人] （盖章）乙方:[事务所全称] （盖章）

授权代表:(签章)授权代表:(签章)

二○××年×月×日二○××年×月×日

丙方:[被审计单位] （盖章）

授权代表:(签章)

二○××年×月×日

二、审计计划准备工作

计划审计工作对于审计人员顺利完成审计工作和控制审计风险具有非常重要的意义。审计人员为执行审计业务应制定恰当的计划,对审计工作做出合理安排。在计划审计工作时,审计人员要进行初步业务活动、制定总体审计策略和具体审计计划。

(一)审计计划的定义

审计计划是指审计人员为了完成各项审计业务,达到预期的审计目标,在具体执行审计程序之前编制的工作计划。审计计划实质是一个识别重大错报风险与配置审计资源的过程。

审计计划通常可以分为总体审计计划(或称总体审计策略)和具体审计计划两部分。总体审计策略是具体审计计划的指导,原则性强。具体审计计划是总体审计策略的延伸,可操作性强。

由于审计计划仅仅是审计人员对审计业务开展的预先规划,在审计执行的过程中,可能会出现与预期不一致的情况,对被审计单位的评价就会发生变化。在这种情况下,审计人员就需要对之前编制的审计计划进行补充和修订。因此审计计划并不是一成不变的,而是会随着业务进程的不断深入而随时进行调整。

总体审计策略与具体审计计划的比较如表5-1所示。

表 5-1　总体审计策略与具体审计计划两个层次的比较

	总体审计策略	具体审计计划
概念	总体审计策略用以确定审计范围、时间和方向,并指导制订具体审计计划	具体审计计划比总体审计策略更加详细,其内容包括为获取充分、适当的审计证据以将审计风险降至可接受的低水平,以及项目组成员拟实施的审计程序的性质、时间和范围
内容	注册会计师应当考虑以下主要事项: (1)审计范围 (2)报告目标、时间安排及所需沟通 (3)审计方向、资源分配	具体审计计划的内容应包括: (1)风险评估程序 (2)计划实施的进一步审计程序(控制测试和实质性测试程序) (3)其他审计程序,如阅读含有已审财务报表的文件中的其他信息,寻求与被审计单位的直接沟通等
要求	计划审计工作并非审计业务的一个孤立阶段,而是一个持续的、不断修正的过程,贯穿于整个审计业务的始终	

(二)审计计划编制前的准备工作

在编制审计计划之前,审计人员有必要对被审计单位的经营业务及其所处的行业状况进行充分的了解,因为这些事项可能会对被审计单位的会计报表产生不同程度的影响。

1. 了解被审计单位的经营业务及行业情况

(1)年度会计报表。

(2)合同、协议、章程、营业执照。

(3)重要会计记录。

(4)相关内部控制制度。

(5)财务会计机构及工作组织。

(6)厂房、设备及办公场所。

(7)宏观经济形势及其对被审计单位所在行业的影响。

(8)其他与编制审计计划相关的重要情况。

2. 查阅审计档案

在编制审计计划之前,审计人员应当查阅上一年度的审计档案,并对下列可能影响本期审计工作的事项予以考虑。

(1)上一年度的审计意见类型。

(2)上一年度的审计计划及审计总结。

(3)上一年度的重要审计调整事项。

(4)上一年度的或有损失。

(5)上一年度的管理建议书要点。

(6)上一年度的其他有关重要事项。

如果审计人员是首次接受委托,那么在制订新客户的初次审计计划时所付出的精力要比对老客户再次审计多得多,也应当考虑是否向被审计单位的前任审计人员查询审计工作底稿。

3.编制审计计划时需考虑的因素

(1)委托目的、审计范围及审计责任。

(2)被审计单位的经营规模及其业务复杂程度。

(3)被审计单位以前年度的审计情况。

(4)被审计单位在本审计年度内经营环境、内部管理的变化以及其对审计的影响。

(5)被审计单位的持续经营能力。

(6)经济形势及行业政策的变化对被审计单位的影响。

(7)关联方及其交易。

(8)国家新近颁布的有关法律法规对审计工作产生的影响。

(9)被审计单位会计政策及其变更情况。

(10)对专家、内部审计人员及其他审计人员工作的利用。

(11)审计小组成员的业务能力、审计经历和对被审计单位情况的了解程度。

(三)审计计划的作用

审计计划是一项必不可少的工作,审计计划质量的高低将影响整个审计过程。具体来说,在审计工作过程中审计计划的作用有以下方面。

(1)通过制订和实施审计计划,审计人员可根据具体情况收集充分适当的审计证据。审计计划的制订有利于各级审计人员在实施审计程序之前对审计业务的范围和重点作出较为全面的分析,以便制订合理、有效的审计工作计划。

(2)通过制订审计计划,可以使审计活动保持合理的成本,提高审计工作的效率和质量。审计计划一般要列示预定的审计步骤或各项审计工作的时间安排,这是考虑审计工作效率的主要依据。

(3)通过制订审计计划,便于对审计业务助理人员进行指导和监督。由于审计计划对各级审计人员的工作任务都做了事先安排,这便于初级审计人员执行有关的审计程序,达到对他们的审计工作进行督导的目的,便于他们在审计实践中不断提高专业素质和技能。

三、审计计划的内容、编制与审核

审计计划通常包括六个方面的内容,即确定审计的原因与目的;确定审计活动与内容;确定审计人员与助理;确定审计地点与时间;确定审计方法和审计手段;确定相应的审计安排。在编制审计计划时,审计人员需要对审计的重要性、审计风险进行适当评估。

审计人员应当针对总体审计策略中所识别的不同事项,制订具体的审计计划,并考虑通过有效利用审计资源实现审计目标。

(一)总体审计策略的基本内容

在审计计划阶段,审计人员的主要目的是了解被审计单位的情况,并在此基础上评估被审计单位的重大错报风险,因而风险评估以及重点审计领域的确定是总体审计策略编制中一项十分重要的内容。总体审计策略的内容应当包括以下方面。

(1)被审计单位的基本情况。

(2)审计目的、审计范围及审计策略。

(3)重要会计问题及重点审计领域。

（4）审计工作进度及时间、费用预算。

（5）审计小组组成及人员分工。

（6）审计重要性的确定及审计风险的评估。

（7）对专家、内部审计人员及其他审计人员工作的利用。

（8）其他有关内容。

（二）具体审计计划的基本内容

具体审计计划是依据总体审计策略制订的，是对实施总体审计策略所需要的审计程序的性质、时间和范围所作的详细规划与说明。具体审计计划一般通过审计程序来体现，基本内容如下。

（1）审计目标。具体审计目标包括记录完整性、管理层认定的适当性、披露充分性。

（2）审计程序。在制订具体审计计划时，一般采用常规审计程序，当常规审计程序无法达到审计目标时，应采用替代或补充审计程序。例如，审计人员采用函证方法验证应收账款的真实性是常规审计程序，但如果函证没有得到相应的回复，审计人员就应该考虑采用其他审计程序替代，如检查被审计单位的销售业务的原始凭证以及获取期后收款执行情况的证据。

（3）执行人及执行日期。在制订具体审计计划时，通常应列出将要执行的某项审计程序的项目小组成员，以便明确责任。在完成相应的审计程序后，签名并注明完成日期。

（4）审计工作底稿的索引号。当项目小组成员完成某项审计程序后，应将其完成该程序的相应审计工作底稿索引到审计程序表。这便于复核人员一目了然地看出会计报表项目实施了哪些审计程序及记录在哪张审计工作底稿上。

（5）其他有关内容。

【例5-2】新冠疫情对总体审计策略与具体审计计划的影响

在总体审计策略中，需要特别关注以下方面。

1.审计范围：涉及疫情严重地区的机构是否纳入现场审计范围？

2.审计时间：是否需要延长外勤时间，如果延长需要延长多久？

3.审计资源：面对突发事件，该如何合理安排和调配审计力量，总分所的审计人员应当如何分工？

在具体审计计划中，需要特别关注以下方面。

1.风险评估：疫情严重的地区，如果无法实施监盘程序（检查有形资产）则会面临较大的风险。

2.应对评估风险的措施，如是否信赖内部控制，以确定进一步审计的程序；重新确定监盘时间与范围；考虑执行替代审计程序；考虑远程审计程序。

3.与律师保持沟通（特别是资产负债表期后事项）。

（三）编制审计计划的基本步骤

审计人员编制审计计划应包含的步骤包括以下方面。

第一步，了解被审计单位经营及其所属行业的基本情况。

第二步，执行分析程序。

第三步,初步评估重要性水平。

第四步,考虑审计风险。

第五步,对重要性水平制定初步审计策略。

第六步,了解被审计单位的内部控制。

第七步,进行控制测试及评价控制风险。

第八步,确定检查风险及设计实质性测试。

在审计实务中,审计计划通常由审计项目负责人于外勤审计测试开始工作之前起草。然而,在执行审计计划的过程中,随着审计工作的深入,审计人员常常会发现被审计单位实际情况与预先计划不符,因而有可能会修正审计程序。在这种情况下,审计人员应当对这种计划中的审计程序的调整作出充分的解释并将这种解释记录于工作底稿之中。

(四)审计计划的审核

审计计划应当经会计师事务所的有关业务负责人审核和批准。

1.总体审计策略应审核的主要事项

(1)审计目的、范围及重点审计领域的确定是否恰当。

(2)时间预算是否合理。

(3)审计小组成员的选派与分工是否恰当。

(4)对被审计单位的内部控制制度的信赖程度是否恰当。

(5)对审计重要性水平的确定及审计风险的评估是否恰当。

(6)对专家、内部审计人员及其他审计人员工作的利用是否恰当。

2.具体审计计划应审核的主要事项

(1)审计程序能否达到审计目标。

(2)审计程序是否适合各审计项目的具体情况。

(3)重点审计领域中各审计项目的审计程序是否恰当。

(4)重点审计程序的制定是否恰当。

第三节 重要性水平

审计项目负责人对被审计单位的基本业务情况进行了解和执行分析程序之后,应对审计工作作出规划。在编制审计计划时,审计人员还应当对审计重要性、审计风险进行适当评估,并制定初步审计策略。

一、审计重要性

(一)重要性的定义与理解

审计重要性是审计学的一个基本概念,其运用贯穿于整个审计过程,是决定审计风险、测试范围和审计程序的直接依据之一。正确理解、全面掌握、科学运用重要性原则,对于审计人员制订审计计划、选择审计方法、提高审计效率、降低审计成本和控制审计风险都有十分重要的意义。

由于受到审计时间和审计成本等因素的影响,现代审计的一个重要特征就是大量运用抽样审计方法,在这种情形下,使得审计人员不可能就财务报表的所有方面都发表审计意见。因此,审计人员在编写审计报告时总是在"所有重大方面"这一术语的限定下,对被审计单位的财务报表的合法性和公允性发表审计意见。这就向审计报告的使用者传达了这样一个信息,即审计人员并非百分之百地加以保证,审计人员对财务报表的公允性和合法性只能提供一个合理的保证。

各国现有的审计重要性准则对重要性所作的定义大都沿用企业会计准则的定义。国际会计准则理事会(IASB)对重要性的定义是:"如果信息的错报或漏报会影响使用者根据财务报表采取的经济决策,信息就具有重要性。"美国财务会计准则委员会(FASB)对重要性的定义是:"一项会计信息的错报或漏报是重要的,是指在特定环境下,一个理性的人依据该信息所作的决策可能因为这一错报或漏报得以变化或修正。"英国会计准则委员会(ASB)对重要性的定义是:"错报或漏报可能影响财务报表使用者的决策即为重要性。重要性可能在整个财务报表范围内、单个财务报表或财务报表的单个项目中加以考虑。"由此可以看出,国际组织和各国对重要性的认识是基本一致的,即财务会计信息的错报或漏报可能影响财务报表使用者的决策就是重要性。

在我国,企业会计准则亦要求企业会计核算必须遵循重要性原则,但并未对重要性作出明确的定义,仅规定对于重要的经济业务应单独反映,对不重要的经济业务可以合并反映。

财务报告编制基础通常从编制和列报财务报表的角度阐释重要性概念。财务报告编制基础可能以不同的术语解释重要性,但通常而言,重要性概念可从以下方面进行理解。

(1)如果合理预期错报(包括漏报)单独或汇总起来可能影响财务报表使用者依据财务报表作出的经济决策,则通常认为错报是重大的。

(2)对重要性的判断是根据具体环境作出的,并受错报的金额或性质的影响,或受两者共同作用的影响。

(3)判断某事项对财务报表使用者是否重大,是在考虑财务报表使用者整体共同的财务信息需求的基础上作出的。由于不同财务报表使用者对财务信息的需求可能差异很大,因此不考虑错报对个别财务报表使用者可能产生的影响。

在制定总体审计策略时,注册会计师必须对重大错报的金额和性质作一个判断,包括确定财务报表整体的重要性水平和适用于特定类别交易、账户余额和披露的一个或多个重要性水平。当错报金额高于整体重要性水平时,就很可能被合理预期将对使用者根据财务报表作出的经济决策产生影响。

注册会计师在计划审计工作时对何种情形构成重大错报作出的判断,为下列方面提供了基础:①确定风险评估程序的性质、时间安排和范围;②识别和评估重大错报风险;③确定进一步审计程序的性质、时间安排和范围。

注册会计师还应当确定实际执行的重要性,以评估重大错报风险并确定进一步审计程序的性质、时间安排和范围。在整个业务过程中,随着审计工作的进展,注册会计师应当根据所获得的新信息更新重要性,并考虑进一步审计程序是否仍然适当。在形成审计结论阶段,要使用整体重要性水平和为了特定类别交易、账户余额和披露而确定的较低金额的重要性水平来评价已识别的错报对财务报表的影响和对审计报告中审计意见的影响。

(二)重要性的适用范围

(1)审计人员在执行财务报表审计时,包括对公司以及实行公司化管理的事业单位的年度和非年度财务报表进行的审计,应当运用重要性原则。

(2)审计人员在执行其他鉴证业务时,如盈利预测审核等,涉及重要性原则的运用时,除非其他法规准则有特定要求,应当参照重要性原则办理。

二、重要性的运用

(一)运用重要性原则的一般要求

对重要性的估计是审计人员的一种专业判断。在确定审计程序的性质、时间和范围以及评价审计结果时,审计人员对运用重要性原则的一般要求,可以从以下几个方面来理解。

(1)对重要性的评估需要运用专业判断。对重要性的判断离不开特定的环境。实际上,影响重要性的因素很多,不同公司的重要性不同,同一公司在不同时期的重要性也不同。审计人员在对某一公司进行审计时,必须根据该公司面临的环境,并考虑其他因素,才能合理确定重要性水平。但不同的审计人员在确定同一公司财务报表的重要性水平时,得出的结果可能不同,甚至相去甚远,其原因是不同审计人员对影响重要性的各种因素的判断存在差异。所以,审计人员需要运用专业判断来评估重要性。

(2)审计人员在审计过程中应当运用重要性原则。在审计过程中运用重要性原则是基于以下考虑:一是为了提高审计效率。由于社会经济环境的发展变化,公司规模的扩大,公司组织结构日趋复杂,详细审计已经不可能,在抽样审计下,审计人员为作出抽样决策,不得不涉及重要性水平。二是为了保证审计质量。在抽样审计方式下,审计人员对未审计部分是否存在错报要承担一定的风险,而风险大小与重要性的判断有关。因此,审计人员为保证审计质量,必须对重要性作出恰当的判断。

(3)审计人员应当合理运用重要性原则。如果重要性原则运用不当,则往往导致审计成本过大,从而浪费人力和时间;或审计风险过大,得出错误的审计结论,甚至令审计人员陷入法律诉讼的困境。

(4)在审计过程中,需要运用重要性原则的情形有两种:一是在确定审计程序的性质、时间和范围时,重要性被看作审计所允许的可能或潜在的未发现错报的限度,即审计人员在运用审计程序以检查财务报表的错报时所允许的误差范围。二是评价审计结果时,重要性被看作某一错报或汇总的错报是否影响财务报表使用者判断和决策的标准。

(二)金额和性质的考虑

审计人员在运用重要性原则时,应考虑错报的金额与性质,重要性具有质量与数量两个方面的特征。"重要"既可以指数额之巨大,也可以指性质之严重。数额的大小是判断重要性的一个重要因素,即同样类型的错报或漏报,数额大的显然要比数额小的更重要。但考虑数额大小的时候,还要注意多项小额错报的累计影响。

需要从性质方面考虑重要性的情形有以下方面。

(1)涉及舞弊与违法行为的错报或漏报。这种错报或漏报通常是有意的,表明被审计单位管理层或其他人员的诚信存在问题,对于会计报表使用者而言,蓄意错报或漏报比相同金额的错误更为重要。

（2）可能涉及法律责任后果的错误或漏报。例如,某项错误或漏报使得企业的营运资金增加了几百元,从数量上看可能并不重要,但它使企业的营运资金数达到了贷款合同的要求,这一错报就影响了贷款合同所规定的义务,所以是重要的。

（3）影响收益趋势的错报或漏报。如企业的某项错报使得其报告收益原本为递增 1% 的趋势变为本年收益下降 1%,或使亏损 10 万元变为盈利 10 万元,虽然金额不大,却使经营业绩发生了反向变化,因而是重要的。

（4）不期望出现的报表错报或漏报。一般情况下,如果发现现金和实收资本账户存在错报或漏报,就应当高度重视。

小金额错报或漏报的累计,可能会对会计报表产生重大影响,审计人员应予关注。会计报表中的账户或交易均可能存在错报或漏报,当所有的账户或交易的错报金额累计起来,就可能变成大金额的错报或漏报。在这种情况下,必然会对会计报表产生重大的影响。

（三）重要性水平的两个层次

重要性水平是用金额额度表示的会计信息错报与错弊的严重程度,该错报错弊未被揭露足以影响会计信息使用者的判断或者决策。审计人员应当考虑财务报表层次和相关账户、交易层次两个层次的重要性水平。

（1）财务报表层次:由于审计的目的是对财务报表的合法性、公允性发表审计意见,审计人员必须考虑财务报表整体重要性。只有这样,审计人员才能得出财务报表是否合法、公允的整体性结论。

（2）各类交易、账户余额和披露的认定层次:由于财务报表所提供的信息来源于各账户或各交易,审计人员只有通过审计各账户和各类交易或披露才能得出财务报表是否合法、公允的整体性结论,因此还必须考虑各类交易、账户余额或披露重要性。认定层次的重要性水平又称为"可容忍错报",它以报表层次重要性水平的确定作为基础,是在不导致财务报表存在重大错报的情况下,注册会计师对各类交易、账户余额、列报确定的可接受的最大错报。

（四）重要性水平的两个阶段

重要性水平分为计划阶段和完成阶段。

审计开始时,对重大错报的性质和金额作出专业判断,包括确定财务报表整体的重要性和特定交易类别、账户余额和列报的重要性水平。

审计完成时,要使用整体重要性水平和特定交易、账户和列报的重要性水平来评价已识别的错报对报表的影响和对审计报告意见的影响。

三、确定重要性水平

在计划审计工作时,注册会计师应当确定一个合理的重要性水平,以发现在金额上的重大错报。

（一）对重要性评估的总体性要求

编制审计计划时,审计人员应当对重要性水平作出初步判断,以确定所需审计证据的数量。重要性水平越低,应当获取的审计证据越多,这是对重要性评估所做的总体性要求。

（1）编制审计计划时必须对重要性水平作出初步判断,对审计重要性、审计风险进行适当评估。

（2）初步判断的目的是确定所需审计证据的数量。重要性是影响审计证据充分性的一个十分重要的因素,审计人员应当根据所确定的审计重要性水平,合理确定所需的审计证据的数量,并据以决定审计程序的性质、时间和范围。

（二）对重要性水平作出初步判断时应考虑的因素

审计人员应当综合考虑以下主要因素,并结合其审计经验,对重要性水平作出初步判断。

（1）以往的审计经验。以往审计中所运用的重要性水平,如果较为适当,可以作为本年度确定重要性水平的重要依据,审计人员可以依据这一重要性水平,考虑被审计单位经营环境和经营业务的变化,对其加以修正。

（2）有关法规对财务会计的要求。一般来说,审计人员执行年度会计报表审计时,应当谨慎判断重要性水平,因为有关法规对会计报表的编制可能存在特别的要求。如果企业存在可由管理当局自主决定处理的会计事项,审计人员应从严确定重要性水平。

（3）被审计单位的经营规模及业务性质。规模不同的企业,其重要性水平也有所不同。规模大的企业,其重要性水平的绝对值一般比规模小的企业要大,但相对值一般要比规模小的企业小。企业所处行业的性质对重要性水平也有较大影响。因为,不同行业的企业,其会计核算的工作组织以及所遵循的会计规范均存在较大的差异。

（4）内部控制与审计风险的评估结果。如果被审计单位的内部控制较为健全,可信赖程度较高,则可以将重要性水平制定得稍微高一些,以节省审计成本。由于重要性水平与审计风险之间呈反向关系,如果审计风险评价为高水平,则意味着重要性水平较低,因此需要收集较多审计证据,以降低审计风险。

（5）会计报表项目的性质及其相互关系。会计报表项目的重要程度是存在差异的,会计报表使用者对某些报表项目要比另外一些报表项目更为关心。通常,会计报表使用者比较关心流动性较高的项目,因此审计人员对于这些项目要从严控制重要性水平。由于会计报表各项之间是相互联系的,审计人员在确定重要性水平时,不得不考虑这种相互联系。

（6）会计报表各项目的金额及其波动幅度。审计人员应该深入研究会计报表各项目的金额与波动幅度,因为这些信息可能会成为报表使用者作出决策的信号。

（三）会计报表层次重要性水平的确定

1. 判断基准和计算方法

财务报表层次重要性水平的确定通常需要先选定一个基准,再确定适当的比例,相乘得出重要性的金额。在选择基准时,需要考虑的因素包括以下方面。

（1）财务报表要素（如资产、负债、所有者权益、收入和费用）。

（2）是否存在特定会计主体的财务报表使用者特别关注的项目（如为了评价财务业绩,使用者可能更关注利润、收入或净资产）。

（3）被审计单位的性质、所处的生命周期阶段以及所处行业和经济环境。

（4）被审计单位的所有权结构和融资方式（例如,如果被审计单位仅通过债务而非权益进行融资,财务报表使用者可能更关注资产及资产的索偿权,而非被审计单位的收益）。

（5）基准的相对波动性。适当的基准取决于被审计单位的具体情况,包括各类收益(如税前利润、营业收入、毛利和费用总额),以及所有者权益或净资产。对于以营利为目的的实体,通常以经常性业务的税前利润作为基准。如果经常性业务的税前利润不稳定,选用其他基准可能更加合适,如毛利或营业收入。就选定的基准而言,相关的财务数据通常包括前期财务成果和财务状况、本期最新的财务成果和财务状况、本期的预算和预测结果。当然,本期最新的财务成果和财务状况、本期的预算和预测结果需要根据被审计单位情况的重大变化(如重大的企业并购)和被审计单位所处行业和经济环境情况的相关变化等作出调整。

例如,当企业的盈利水平保持稳定时,可参考的基准为经常性业务的税前利润;当企业处于新兴行业,目前侧重于抢占市场份额、扩大企业知名度和影响力时,可以选择营业收入;致力于优化投资组合、提高基金净值、为基金持有人创造投资价值的开放式基金可以选择净资产作为基准。

注册会计师通常选择一个相对稳定可预测且能够反映被审计单位正常规模的基准,规模越大的公司,其重要性水平的绝对值越高,但占基准的比例往往越低。

重要性水平的计算方法有固定比率法和变动比率法两种。

固定比率法,即在选定判断基础后,乘以一个固定百分比,计算出财务报表层次的重要性水平。但对于这个百分比是多少,世界各国的审计准则都没有作出规定,也无法作出规定。以下是实务中用来判断重要性水平的一些参考。

(1)税前净利润的 $5\%\sim10\%$ (净利润较小时用 10% ,较大时用 5%)。

(2)资产总额的 $0.5\%\sim1\%$ (资产总额较小时用 1% ,较大时用 0.5%)。

(3)净资产的 1% 。

(4)营业收入的 $0.5\%—1\%$ (营业收入较小时用 1% ,较大时用 0.5%)。

变动比率法的基本原理是,规模越大的公司,允许错报金额的比率就越小。一般根据资产总额或营业收入两者中较大的一项确定一个变动百分比。

2.选取财务报表层次重要性水平

如果同一期间各财务报表重要性水平不同,审计人员应当取其最低者作为财务报表层次重要性水平。审计人员应当首先对每张财务报表确定一个重要性水平。例如,将利润表重要性水平确定为 100 万元,将资产负债表重要性水平确定为 200 万元。但由于财务报表相互关联,而且许多审计程序经常涉及两张以上财务报表,比如,用来确定年底赊销是否正确记录在适当期间的审计程序,不仅为资产负债表上的应收账款提供审计证据,而且为利润表上的销售收入提供审计证据,因此,在编制审计计划时,应使用被认为对任何一张财务报表都重要的最小错报总体水平。也就是说,审计人员应当选择最低的重要性水平作为财务报表层次重要性水平。

3.确定财务报表在尚未编制完成时的重要性水平

在编制审计计划时,如果被审计单位尚未完成财务报表编制,审计人员应当根据期中财务报表推算年度财务报表,或者根据被审计单位经营环境和经营情况变动对上年度财务报表作出必要修正,以确定财务报表层次重要性水平。审计人员通常在资产负债表日之前对重要性水平作出初步判断,此时尚无法取得年末财务报表数据。因此,审计人员应当根据期中财务报表或上年度财务报表,进行推算或作必要修正,得出年末财务报表数据,并据此确定财务报表层次重要性水平。

(四)特定类别交易、账户余额或披露的重要性水平

审计人员确定了财务报表层次的重要性水平之后,为便于确定针对账户余额或交易的测试范围,可以将报表层次的重要性水平分配到各账户余额或交易之上,也可以单独确定个别账户或各类交易重要性水平。

确定账户或交易层次重要性水平,既可以采用分配的方法,也可以采用不分配的方法。

1.分配的方法

在审计实务中,很多审计人员选择资产负债表账户作为分配的基础,因为资产负债表上的账户比利润表上的账户要全,而且利润表上的错报也能通过资产负债表的检查得以发现。这是由于在复式记账的方法体系下,一笔影响利润表账户的错误也同时影响资产负债表上相应各方的正确性,通过对资产负债表账户可容忍误差的控制,就可以达到对利润表账户可容忍误差控制的效果。

审计人员在对财务报表层次的重要性水平进行分配以确定账户或交易层次的重要性水平时,应考虑的主要因素有以下方面。

(1)各账户或各类交易在财务报表中的重要性程度。

(2)各账户或各类交易的性质及错报或漏报的可能性。

(3)各账户或各类交易发生差错的可能性。

(4)各账户或各类交易的审计成本。

审计人员在设计重要性水平的分配方案时,首先考虑的是各账户或各类交易在财务报表中的重要性程度,越是重要的项目越应分配相应较小的重要性水平,用以对该对象确定较大的测试范围。

如果只考虑这一个因素,按照各账户或各类交易在财务报表中的所占比例进行分配就可以了。但是,账户和交易的性质不同,发生错报或漏报的可能性也不同,被管理层利用,进行了虚假会计处理或利润调节的可操作性也不同,因此,对于预计差错率较大的项目,应该分配相对较低的重要性水平。

另外,各账户受关注的程度不同,应分配的重要性水平也应不同。某些账户对有关利益方来说比较敏感,如果这种账户在审计上出现差错就很容易受到相关方的指控。同时,审计人员对各类账户或交易进行测试所使用的具体方法也是不同的,而不同方法的审计成本也是不同的,在保证审计质量的前提下,为了降低审计成本,对于测试成本较高的账户或交易就应分配相对较高的重要性水平。例如,对于应收账款,如果要获得可靠的证据,审计人员需要前往被审计单位的往来单位查询相应资料,但这样工作难度大、成本高,所以对于应收账款,一般分配以较大的重要性水平,并以函证、验证销售等较低成本的程序进行验证。

审计人员对准备信赖的账户可能分配较低的重要性水平。因为如果某账户由于固有的性质或由于被审计单位严格有效的内部控制,出现差错的概率很小,那么审计人员对其实施审计并取得足够证据所需的成本相对来说就较少。例如,固定资产相对于存货,一般发生的业务量较少,并且变动固定资产时都有相对可靠的证据(协议、合同、资产评估报告等),其折旧方法也相对固定,因此在计量上的不确定性相对较小。相对于存货,审计人员对有关固定资产就会分配较低的重要性金额。

重要性水平的分配是审计人员职业判断的过程,审计人员需要在上述分配依据之间进

行合理的权衡,以确定既能保证对各账户或各类交易制定合适的测试范围,又能降低审计成本的分配方案。

以下举例说明分配方法下的账户或交易层次重要性水平的确定方法。采用分配方法时,一般分配的对象是资产负债表账户。假定被审计单位的总资产构成如表5-2所示,审计人员初步判断的会计报表层次的重要性水平是资产总额的1%,为31.2万元,即资产账户可容忍的错报或漏报为31.2万元。现审计人员将这一重要性水平分配给各资产账户,如表5-2所示。

表 5-2　重要性水平的分配　　　　　　　　　　　　　　单位:万元

账户名称	账户余额	重要性水平的分配	
		甲方案	乙方案
现金	60	0.6	0.2
应收账款	360	3.6	8.8
存货	700	7.0	10.2
固定资产	2000	20.0	12.0
合计	3120	31.2	31.2

在表5-2中,甲方案是按1%进行同比例分配的,没有考虑各账户出现误报的机会和预计审计成本,一般来说,这并不可行,审计人员必须对其进行修正。由于现金、固定资产项目误报的可能性不大,应收账款和存货错报或漏报的可能性较大,故应分配较高的重要性水平,以节省审计成本。

而乙方案,正是考虑了账户的性质和经济业务的类型及预期的审计成本,所以对于存在误报可能性大和审计成本高的账户,如应收账款和存货等,分配较多的重要性金额。在审计的实施阶段,审计人员可能会发现有必要对重要性水平的分配进行修正。比如,假定在对存货项目审查后,仅发现错报和漏报8万元,且审计人员认为所执行的审计程序已经足够,则可将剩下的2.2万元再分配给应收账款。

2. 不分配的方法

一种是某著名国际会计师事务所采用的方法。假设财务报表层次的重要性水平为100万元,则可根据各账户或各类交易的性质及错报的可能性,将各账户或各类交易的重要性水平确定为财务报表层该重要性水平的20%～50%。审计时,只要发现该账户或交易的错报超过这一水平,就建议被审计单位进行调整。最后,编制未调整事项汇总表,若未调整的错报超过100万元,就应建议被审计单位进行调整。

另一种是国内某会计师事务所采用的方法。该会计师事务所规定,各账户或交易的重要性水平为财务报表层次重要性水平的1/6～1/3。假设财务报表层次的重要性水平为90万元,应收账款的重要性水平为这一金额的1/3,存货为1/5,应付账款为1/5,则其重要性水平的金额分别为30万元、18万元和18万元。

在实际工作中,往往很难预测哪些账户可能会发生错报,也无法事先确定审计成本的大小,所以重要性水平的确定是一个非常困难的专业判断过程。

(五)实际执行的重要性

根据《中国注册会计师审计准则第 1221 号——计划和执行审计工作时的重要性》(2019年 2 月 20 日修订),实际执行的重要性是指注册会计师确定的低于财务报表整体的重要性的一个或多个金额,旨在将未更正和未发现错报的汇总数超过财务报表整体的重要性的可能性降低至适当的低水平。如果适用,实际执行的重要性还指注册会计师确定的低于特定类别的交易、账户余额或披露的重要性水平的一个或多个金额。

仅为发现单项重大的错报而计划审计工作将忽视这样一个事实,即单项非重大错报的汇总数可能导致财务报表出现重大错报,更不用说还没有考虑可能存在的未发现错报。

确定实际执行的重要性并非简单机械的计算,需要注册会计师运用职业判断,并考虑下列因素的影响:①对被审计单位的了解(这些了解在实施风险评估程序的过程中得到更新);②前期审计工作中识别出的错报的性质和范围;③根据前期识别出的错报对本期错报作出的预期。

通常而言,实际执行的重要性通常为财务报表重要性的 $50\%\sim75\%$。如果存在下列情况,注册会计师可能考虑选择较低的百分比来确定实际执行的重要性。

(1)首次接受委托的审计项目。

(2)连续审计项目,以前年度审计调整较多。

(3)项目总体风险较高,例如处于高风险行业、管理层能力欠缺、面临较大市场竞争压力或业绩压力等。

(4)存在或预期存在值得关注的内部控制缺陷。

如果存在下列情况,注册会计师可能考虑选择较高的百分比来确定实际执行的重要性。

(1)连续审计项目,以前年度审计调整较少。

(2)项目总体风险为低到中等,例如处于非高风险行业、管理层有足够能力、面临较低的市场竞争压力和业绩压力等。

(3)以前期间的审计经验表明内部控制运行有效。

审计准则要求注册会计师确定低于财务报表整体重要性的一个或多个金额作为实际执行的重要性,注册会计师无须通过将财务报表整体的重要性平均分配或按比例分配至各个报表项目的方法来确定实际执行的重要性,而是根据对报表项目的风险评估结果,确定一个或多个实际执行的重要性。

例如,根据以前期间的审计经验和本期审计计划阶段的风险评估结果,注册会计师认为可以将财务报表整体重要性的 75% 作为大多数报表项目的实际执行的重要性;与营业收入项目相关的内部控制存在控制缺陷,而且以前年度审计中存在审计调整,因此考虑以财务报表整体重要性的 50% 作为营业收入项目的实际执行的重要性,从而有针对性地对高风险领域执行更多的审计工作。

计划的重要性高于实际执行的重要性。

实际执行的重要性如图 5-3 所示。

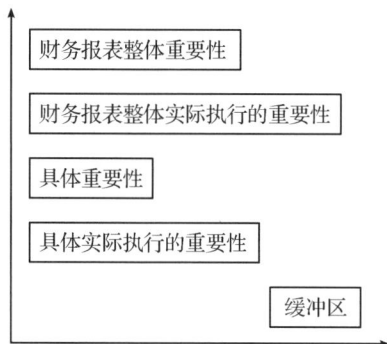

图 5-3　实际执行的重要性

四、评价审计结果时对重要性的考虑

(一)评价审计结果时所运用的重要性水平

审计人员评价审计结果时所运用的重要性水平,可能与编制审计计划时所确定的重要性水平初步判断数不同,如果前者大大低于后者,审计人员应当重新评估所执行的审计程序是否充分。

(1)评价审计结果时所运用的重要性水平可能由于环境的变化,或者审计人员对被审计单位的了解程序增加而不同于编制审计计划时所确定的重要性水平。例如,审计人员在会计期间结束前编制审计计划,只能根据预测的财务状况和经营成果来分析重要性水平。如果实际的财务状况和经营成果大不相同,则审计人员所评估的重要性水平也必须加以改变。此外,审计人员在编制审计计划时,可能有意地规定重要性水平低于将用于评价审计结果的重要性水平。这样通常可能减少未被发现的错报或漏报的可能性,且能给审计人员提供一个安全边际。

(2)如果评价审计结果时运用的重要性水平大大低于编制审计计划时确定的重要性水平,审计人员应当重新评估所执行的审计程序是否充分。因为,原来较高的重要性水平,意味着审计人员所需执行的审计程序和所收集的审计证据相对较少;而重新评估的评价审计结果所运用的重要性水平比原来有所降低的话,审计风险就会相应增加,这就要求审计人员执行更多的审计程序,获取更多的审计证据。

(二)错报或漏报的汇总

审计人员在评价审计结果时,应当汇总已发现但尚未调整的错报或漏报,以考虑其金额与性质是否会对会计报表的反映产生影响。审计人员在汇报尚未调整的错报或漏报时,应当包括已发现的和推断的错报或漏报,并考虑期后事项和或有事项是否进行了恰当处理。这就是说,在完成审计工作时,为确定被审计单位的会计报表是否合法、公允,审计人员应当汇总尚未调整的错报或漏报,并将其与会计报表层次的重要性水平比较。汇总时,应当包括以下方面。

(1)已发现的错报和漏报,是指通过账户或交易实施详细的实质性测试所确认的未调整错报或漏报。

（2）推断的错报和漏报，是指通过审计抽样或执行分析程序所估计的未调整的错报和漏报。必须指出的是，审计人员在汇总时，也可能包括前期未调整的错报或漏报。一般而言，如果前期尚未调整的错报或漏报还未消除，且导致本期会计报表严重失实，审计人员在汇总时就应将其包括进来。此外，在汇总时，审计人员还应考虑期后事项和或有事项是否已进行适当处理。

（三）汇总数超过重要性水平的处理

如果尚未调整的错报或漏报的汇总数超过重要性水平，审计人员应当考虑采取两种措施：一是扩大实质性测试范围，以进一步确认汇总数是否重要；二是提请被审计单位调整会计报表，以使汇总数低于重要性水平。

如果被审计单位拒绝调整会计报表，或审计人员扩大实质性测试的范围后，尚未调整的错报或漏报的汇总数仍超过重要性水平，审计人员应当发表保留意见或否定意见的审计报告。这意味着当被审计单位拒绝调整会计报表，或仅部分调整会计报表，而未调整的错报或漏报的汇总数并没有得到实质性的减少；或者审计人员在扩大实质性测试范围后，未调整的错报或漏报的汇总数仍然超过会计报表层次的重要性水平时，审计人员就应当考虑其发表的审计意见的类型。一般来说，如果尚未调整的错报或漏报的汇总数可能影响某个会计报表使用者的决策，但会计报表的反映就其整体而言是公允的，审计人员应当发表保留意见的审计报告。而如果尚未调整的错报或漏报的汇总数非常重要，可能影响大多数甚至全部会计报表使用者的决策时，审计人员应当发表否定意见的审计报告。

（四）汇总数接近重要性水平的处理

如果尚未调整的错报或漏报的汇总数接近重要性水平，审计人员应当考虑是否追加实质性程序，或提请被审计单位进一步调整已发现的错报或漏报，以降低审计风险。由于除审计人员已发现的错报或漏报及推断的错报或漏报外，被审计单位还可能存在其他的错报或漏报的汇总数仍有可能会超过重要性水平，此时审计人员所面临的风险就会大大增加。当汇总数接近重要性水平时，如考虑该种错报或漏报汇总数可能超过重要性水平，审计风险就会增加，为降低审计风险，审计人员应当追加审计程序，或提请被审计单位进一步调整会计报表中的错误或漏报数据。

第四节　审计风险

降低审计风险是审计人员的"灵魂"，审计工作就是为了将审计风险降低到可接受的水平。因此理解审计风险、正确评估审计风险，对整个审计过程至关重要。

一、审计风险的理解

（一）审计风险的定义

审计风险是指财务报表存在重大错报而审计人员发表不恰当审计意见的可能性。对审计风险这一概念的不明确理解应注意以下几个方面。

（1）"重大错报"四个字是审计人员针对审计风险概念的一种提示。它既包括错误，也包括舞弊。错误定义为：非故意的财务报表错报。而舞弊定义为：被审计单位的管理层、治理层、雇员或第三方使用欺骗手段获取不当或非法利益的故意行为。可见，错误是一种无意的过错，有效的内部控制可以使错误最小化。而舞弊导致的错报是故意的，并可能同时伴有侵占资产和虚假财务报表行为。

（2）审计风险与审计失误是不同的。前者是以切实遵循独立审计准则为前提的一种风险，后者则是因为审计人员没有遵循独立审计准则而造成的工作失误。

（3）审计风险是一种不可完全避免的客观存在，它不以人的意志为转移，是独立于审计人员意识之外的客观存在。人们只能在审计过程和各个阶段去认识和控制它，在有限的空间和时间内改变其存在和发生的条件，降低其发生的概率，但不可能完全消除它。

（二）审计风险的成因

1.会计师事务所审计质量监控不严

我国颁布实施的审计质量管理系列准则是注册会计师职业规范的重要组成部分，是使会计师事务所审计工作符合独立审计准则要求的基本规范，是保证审计工作质量，规范审计行为的基本准则。如果事务所未能认真贯彻质量管理相关准则，势必造成会计师事务所内部控制制度混乱，导致会计师事务所在业务承接、人员委派、业务约定书签订、审计计划编写的不当；造成审计外勤工作、审计取证、审计工作底稿编写和复核等工作严重错误和遗漏，审计风险随之发生。

2.审计人员工作经验和能力的差异或不足

审计是一个需要运用知识和经验进行判断的职业。审计人员判断力的强弱直接关系到审计人员的从业质量，审计人员采用何种审计方法，收集多少证据，提出怎样的意见，都直接依赖审计人员的经验和能力。审计经验是审计人员应拥有的一种重要技能，职业判断能力不仅需要各种专业知识，还需要有实务能力和丰富的实践经验。可是审计经验又是有限的，因为审计人员的经验是过去实践的累积，面对迅速变化的客观环境不一定能适应，因而即使经验丰富的审计人员也会有判断失误的时候。

3.审计人员职业道德水平低，在执行审计业务时缺乏职业谨慎

审计人员的责任心和职业关注对审计的结论相当重要。审计人员的工作责任心，要求审计人员成为高层次的德才兼备的人才，他们必须具有高尚的品德、正直的人格和一丝不苟的工作态度，必须具有扎实的会计、审计、法律知识和审计基本技能，具有敏锐的分析能力和准确的判断能力。但是，由于种种原因，并不是每个审计人员都能够达到上述要求，这也不可避免地会限制审计工作的开展，影响审计质量。有些审计风险的产生与审计人员执业时缺乏应有的职业谨慎有关。例如，审计人员对被审计单位外部环境和内部管理缺乏了解从而导致审计重点不明确、审计人员对审计过程中发现的疑点未进行扩大范围的审计、进行抽样审计时对样本及抽样方法的选择缺乏深思熟虑、编写审计报告时措辞不当等，这都与审计人员缺乏应有的职业谨慎有关，都将直接导致审计风险的产生。

4.审计人员对现代审计方法的掌握程度较低或应用不当

现代审计的一个显著特点就是采用抽样审计方法，即根据总体中的部分样本特征来推断总体的特征，推断是否可靠，与是否遵循"随机原则"取样本高度相关。如果审计人员破坏

随机原则或对所抽取的样本能否代表总体没有十分把握,则必然会产生抽样风险。毫无疑问,抽样风险是导致审计检查风险的原因之一。因此,审计人员对现代审计的掌握程度低或应用不当也会引发审计风险。

5.客观风险

(1)审计活动所处的不断变化的法律环境引发的审计风险。审计活动是社会经济生活的一个组成部分,要想使现代社会的经济生活井然有序,任何方面都必须接受法律调整,审计也不例外。特别是现代审计所处的市场经济环境,在没有法律的情况下不可能有效地运转。因为市场制度与法律制度是互补的,市场不能没有法律。法律在赋予审计职业专门的签证权利的同时,也让其承担相应的责任。由于审计活动最初是由于委托人要了解受托人履行责任的情况而引起的,因而审计人员对委托人就负有客观地审查、如实地报告的责任。在审计人员与受托人员之间,受托人员虽然是审计行为的作用对象,但它并不是完全被动的,因为审计活动本身也是为受托人查清事实、解脱责任的活动,因此,审计人对受托人同样负有公平评价、明确和免除经济责任的责任。如果审计人员在审计活动中发生了违约、失察等原因而提供了虚假的审计信息,损害了国家、委托人、受托人或其他第三者的利益,那么上述任何一方都可以依照法律追究法律责任。

(2)审计对象的复杂性和审计内容的广泛性引发的审计风险。审计范围也是一个逐渐增大的过程。早期的审计重点一般都放在处理现金的职员的诚实性上,而对其他事项几乎不顾及,没有对资产负债表的质量进行任何分析。后来,资产负债表审计扩大了审计范围,也扩大了审计责任。人们开始意识到审计责任的存在。随着审计范围转移到财务报表上来,审计人员的责任也由有关法律明确规定,并开始发生了针对审计责任的诉讼。此后,对内部控制进行检查通常成为审计的出发点,审计人员对内部控制的观念也扩展到企业及其经营活动的全部环节,以及管理政策的诸多问题,社会公众对审计的业务和责任的意识也急速增强。在传统的审计范围之外,社会公众要求审计人员揭示出所有重大的差错和舞弊,并对企业持续经营能力作出评价,对企业在财务方面是否健康作出报告。有关这方面的信息不确定性很大,信息的风险很高,审计人员作出正确的审计结论难度增加,风险在所难免。

(3)经济生活对审计意见的依赖程度及其影响范围的扩大而引发的审计风险。从审计发展来看,人们对审计意见的依赖程度及其影响范围亦是一个不断扩大的过程,在审计产生之初,财产所有者对财产经营管理者最关心的是诚实性,也就是说早期审计是检查受托人个人的正直性,而不是检查他们会计账簿的质量。然而当社会步入19世纪下半叶,审计人员的职责是检查管理者编制的资产负债表的实质上的正确性,而不仅仅是检查算术上的正确性,对资产负债表质量的重视,表明审计人员的影响开始扩大。到20世纪第二次世界大战前后,随着世界资本市场的迅猛发展以及证券市场的涌现,广大投资者对企业财务状况的关心,使人们更加关注已审的财务报表,而且对此感兴趣的人也越来越多,不仅政府、投资者表示了极大的关注,而且潜在投资者也表示了极大的关注,人们对财务报表提供的信息的可靠性也日益重视,依赖审计意见的人越来越多。现代审计发展到今天,审计在维护市场经济秩序方面的作用越来越突出,人们对审计的理解和认识也越来越深刻。不仅是政府,投资者也将审计人员出具的审计报告作为决策的重要依据,一些"潜在的投资者"对审计人员出具的审计意见也表现出了极大的兴趣和关注。与此同时,人们更加重视审计报告书的可靠性,一旦审计报告使用者发现审计失败,就会控告审计人员,转嫁投资损失。社会公众对审计的关注促进了审计事业的发展,也在无形之中加重了审计风险。

（4）被审计单位外部和内部环境复杂多变而引发的审计风险。现代市场经济的显著特征在于不稳定性的增强,企业为了在激烈的市场中谋生存、求发展,不断扩大经营规模,随着业务数量的增多,特别是一些经济业务已超出现有的企业会计准则、会计规范的规则范围时,会计核算中出现记录不当的可能性亦随之增加,而且这种不当很容易被大量的其他信息所掩盖,在抽样审计中不被发现的可能性较大。此外,随着市场经济的不断发展,被审计单位所处的宏观、微观经济环境,政治、法律环境,被审计单位经济活动的特点,内部控制制度的强弱,技术发展的趋势,管理人员的素质和品质等因素变化都可能导致企业出现经营风险,进而影响被审计单位的审计风险。

（三）审计风险的特征

1. 审计风险是客观存在的

审计风险存在于整个审计过程是一种客观的现实,它不会因为人的意志而转移或者消失,因而,审计人员只能采取有效的审计方法,经过有效的审计程序,去抑制、降低或控制审计风险。

2. 审计风险具有不确定性

审计风险的不确定性具体表现为:经济后果发生与否的不确定性,造成的经济损失严重程度的不确定性,审计人员承担审计责任大小的不确定性等,因而它也是一种潜在风险。

3. 审计风险造成的经济损失是严重的

审计风险一旦发生,就会造成严重的经济后果。就会计师事务所而言,审计风险的发生,必然会降低其可信度,影响注册会计师的形象,严重者还会招惹官司。就被审计单位而言,审计风险发生后,企业某些重大的经济事项信息必然会被披露,这就可能严重影响企业的形象和资信度,尤其是上市公司,其股票价格必然会产生剧烈的震荡。就社会公众、广大投资者而言,他们是审计风险最直接的受害者,他们在不恰当的审计报告的误导下,可能会作出错误的投资决策,使自己的经济利益受损。

4. 审计风险贯穿于审计过程的始终

尽管审计风险是通过最终的审计结论与预期的偏差表现出来的,但这种偏差是由多方面的因素造成的,审计程序的每一个环节都可能导致审计风险的产生。因此,不同的审计计划和审计程序会产生与之相应的审计风险,并影响最终的审计风险。

（四）重要性、审计证据与审计风险

1. 重要性与审计风险之间呈反向变动关系

如图 5-4 所示,一般而言,重要性水平越高,审计风险越低;重要性水平越低,审计风险越高。这里,重要性水平的高低指的是金额的高低。

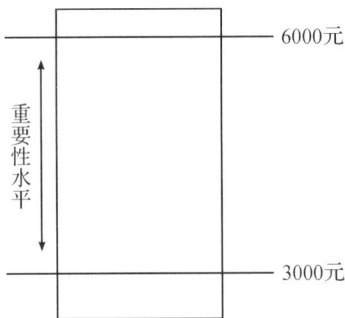

图 5-4　审计风险与重要性水平的关系

例如,如果重要性水平是 6000 元,则意味着低于 6000 元的错报或漏报不会影响会计报表使用者的判断与决策,审计人员仅仅需要通过执行有关审计程序查出高于 6000 元的错报与漏报;如果重要性水平是 3000 元,则金额在 3000～6000 元的错报或漏报仍然会影响会计报表使用者的判断与决策,审计人员需要通过执行有关审计程序查出金额在 3000～6000 元的错报或漏报。显然,重要性水平为 6000 元时的审计风险要比重要性水平为 3000 元的审计风险低。

合理确定重要性水平对于审计人员提高审计效率和效果是十分重要的。审计人员在确定重要性水平时,需要保持应有的职业谨慎。如果原来 6000 元的错报或漏报才会影响会计报表使用者的判断和决策,但审计人员将重要性水平确定为 3000 元,这时审计人员就会扩大审计程序的范围或追加审计程序,这实际上没有必要,只能是浪费时间和人力。如果原本 3000 元的错报或漏报就会影响会计报表使用者的判断或决策,但审计人员将重要性水平确定为 6000 元,这时审计人员所执行的审计程序要比原本应当执行的审计程序少、审计范围小,这会导致审计人员得出错误的审计结论。所以,重要性水平偏高或偏低均对审计人员不利,即评估得过高影响审计效果,评估得过低影响审计效率。

2.重要性与审计证据之间呈反向变动关系

因为重要性与审计风险之间呈反向变动关系,当审计人员确定的重要性水平为高水平时,即将面临的审计风险会较小,此时审计人员收集的审计证据在数量上来说不需要太多就能控制审计风险,反之,需要数量较多的审计证据来降低较高的审计风险。因此,重要性和审计证据之间也呈反向变动关系,即重要性水平越高,审计风险越低,所需要的审计证据越少;重要性水平越低,审计风险越高,所需要的审计证据越多。

二、审计风险的构成要素及相互关系

主题讨论:固有风险和控制风险合并为重大错报风险的原因

根据《中国注册会计师审计准则第 1101 号——注册会计师的总体目标和审计工作的基本要求》(2022 年 1 月 5 日修订),审计风险取决于重大错报风险和检查风险。

(一)重大错报风险

重大错报风险(risk of material misstatement)是指财务报表在审计前存在的重大错报可能性。重大错报风险与被审计单位相关,不以注册会计师的意志而转移,如公司出现重大错报风险的增大,注册会计师审计中必须执行较多的测试,获取较多的证据,以降低审计风险。

1.财务报表层次的重大错报风险

财务报表层次的重大错报风险与财务报表整体存在广泛联系,它可能影响多项认定。此类风险通常与控制环境有关,如管理层缺乏诚信、治理层形同虚设而不能对管理层进行有效监督等;但也可能与其他因素有关,如经济萧条、企业所处行业处于衰退期。此类风险难以被界定于某类交易、账户余额、列报的具体认定,相反,此类风险增大了一个或多个不同认定发生重大错报的可能性。此类风险对注册会计师考虑由舞弊引起的风险特别相关。

审计人员估计财务报表层次的重大错报风险措施包括:考虑审计项目组承担重要责任的人员的学识、技术和能力,是否需要专家介入;考虑给予业务助理人员适当程度的监督指导;考虑是否存在怀疑被审计单位持续经营假设合理性的事项或情况。

审计人员同时考虑各类交易、账户余额、列报认定层次的重大错报风险,考虑的结果直接有利于审计人员确定认定层次上实施的进一步审计程序的性质、时间和范围。审计人员在各类交易、账户余额、列报认定层次获取审计证据,以便在审计工作完成时,以可接受的低审计风险水平对财务报表整体发表意见。

2.认定层次的重大错报风险

认定层次的重大错报风险又可进一步细分为固有风险和控制风险。

固有风险(inherent risk,IR)是指在考虑相关的内部控制之前,某类交易、账户余额或披露的某一认定易于发生错报(该错报单独或连同其他错报可能是重大的)的可能性。某些类别的交易、账户余额、列报及其认定,固有风险很高。例如,复杂的计算比简单的计算更可能出错;受重大计量不确定性影响的会计估计发生错报的可能性较大。产生经营风险的外部因素也可能影响固有风险,比如,技术进步可能导致某项产品陈旧,进而导致存货易于发生高估错报(计价认定)。被审计单位及其环境中的某些因素还可能与多个甚至所有类别的交易、账户余额、列报有关,进而影响多个认定的固有风险。这些因素包括维持经营的流动资金匮乏、被审计单位处于夕阳行业等。

控制风险(control risk,CR)是指某类交易、账户余额或披露的某一认定发生错报,该错报单独或连同其他错报可能是重大的,但没有被内部控制及时防止或发现并纠正的可能性。控制风险取决于与财务报表编制有关的设计和运行的有效性。由于控制的固有局限性,某种程序的控制风险始终存在。

需要特别说明的是,由于固有风险和控制风险不可分割地交织在一起,有时无法单独进行评估,审计准则通常不再单独提到固有风险和控制风险,而只是将这两者合并称为"重大错报风险"。

(二)检查风险

检查风险(detection risk,DR)是指如果存在某一错报,该错报单独或连同其他错报可能是重大的,注册会计师为将审计风险降至可接受的低水平而实施程序后没有发现这种错报的风险。注册会计师应当合理设计审计程序的性质、时间和范围,并有效地执行审计程序,以控制(降低)检查风险。

检查风险是由现代审计方法本身的性质造成的,同时也受审计程序的性质、时间和范围的影响,取决于审计程序设计的合理性和执行的有效性。由于审计人员通常并不对所有的交易、账户余额和列报进行检查,以及其他原因,检查风险并非越低越好,审计人员必须通过审计程序的合理安排将检查风险调整到适当的水平。这包括但不限于通过适当计划、在项目组成员之间进行恰当的职责分配、保持职业怀疑态度以及监督、指导和复核助理人员所执行的审计工作等。

应当注意的是,在审计风险的要素中,审计人员能够真正控制的是检查风险,并通过检查风险控制审计风险。审计人员可以在对被审计单位的基本情况了解的基础上,估计出固有风险与控制风险的适当水平,并据此确定实质性测试的性质、时间和范围,将检查风险以及总体审计风险降至可接受的水平。重大错报风险固然与审计有关,但它们是被审计项目的客观事实,是审计工作所无法左右的。虽然重大错报风险的估计水平由审计人员决定,但这种估计不是随心所欲的,而是对客观情况进行有根据的估计。

审计风险各要素之间的关系如图 5-5 所示。

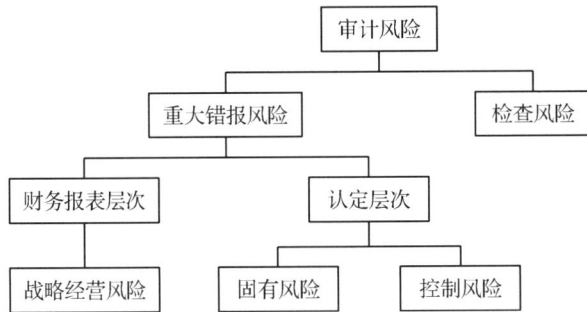

图 5-5 审计风险要素关系

在现代审计风险模型中,审计风险取决于重大错报风险和检查风险。它们之间的关系用公式表示为:

$$审计风险=重大错报风险×检查风险$$

根据上述等式,检查风险可用以下公式计算:

$$检查风险=审计风险/重大错报风险=审计风险/(固有风险×控制风险)$$

因此,在既定的(可接受的)审计风险水平下,可接受的检查风险水平与重大错报风险的评估结果呈反向变动关系。重大错报风险越高,可接受的检查风险越低,需执行的审计程序越多,需获取的审计证据越多;重大错报风险越低,可接受的检查风险越高,需执行的审计程序越少,需获取的审计证据越少。重大错报风险的水平决定了审计人员可接受的检查风险水平。

假设针对某一认定,审计人员将可接受的审计风险水平设定为 5%,实施风险评估程序后将重大错报风险评估为 25%,则根据这一模型,可接受的检查风险为 20%。当然,在实务中,审计人员不一定用绝对数量表达这些风险水平,而选用“高”“中”“低”等文字描述。

鉴于重大错报风险的评估对检查风险有直接影响,重大错报风险的水平越高,审计人员就应实施越详细的实质性程序,并着重考虑其性质。例如,针对存货和产品销售成本项目,除实施分析程序外,还应对其余额(金额)进行实质性程序,以将检查风险降至可接受的水平。

本章小结

本章主要梳理了审计流程与模式、审计业务约定书与审计计划、审计重要性及重要性水平、审计风险。

审计模式先后经历了账项基础审计、制度基础审计和风险导向审计的演进。在传统审计风险模型中,审计风险＝固有风险×控制风险×检查风险,在现代审计风险模型中,审计风险＝重大错报风险×检查风险。

审计人员在打算承接审计业务时,需要与被审计单位签订审计业务约定书。接受委托后需要制订总体审计计划和具体审计计划。在编制审计计划时,应当对审计重要性、审计风险进行适当评估。这里需要对审计重要性及重要性水平进行理解。审计人员应当考虑财务报表层次和各类交易、账户余额及披露的认定层次的重要性水平,并采用相应的确定方法。

实际执行的重要性是指注册会计师确定的低于财务报表整体的重要性的一个或多个金额,旨在将未更正和未发现错报的汇总数超过财务报表整体的重要性的可能性降低至适当的低水平。如果适用,实际执行的重要性还指注册会计师确定的低于特定类别的交易、账户余额或披露的重要性水平的一个或多个金额。计划的重要性高于实际执行的重要性。

在完成审计工作时,审计人员评价审计结果时所运用的重要性水平,可能与编制审计计划时所确定的对重要性水平的初步判断不同,应作出比较,进行相应处理。

审计风险是财务报表存在重大错报而注册会计师发表不恰当审计意见的可能性,重要性与审计风险呈反向变动关系,即重要性水平越低,审计风险越高,需要的审计证据越多,反之相反。审计风险取决于重大错报风险和检查风险。其中,重大错报风险包括两个层次:财务报表层次和认定层次,认定层次的重大错报由固有风险和控制风险构成。

在既定的审计风险水平下,可接受的检查风险水平与认定层次重大错报风险呈反向变动关系。评估的重大错报风险越高,可接受的检查风险越低,需要执行的审计程序越多,需获得的审计证据也越多。

本章思考题

1. 审计模式是如何发展演变的?
2. 编制审计计划有什么作用?
3. 如何理解审计的重要性?
4. 审计的重要性与审计风险有什么关系?
5. 现代风险导向审计模式与传统风险导向审计模式的主要区别是什么?
6. 阐述审计风险要素并解释审计风险模型。

第六章　风险评估与应对

熟悉风险导向审计的原理与思路

掌握如何了解被审计单位的内外部环境、如何确定特别风险

掌握进一步审计程序的性质、时间和范围的内涵,控制测试和实质性程序的比较

熟悉如何识别、评估及应对重大错报风险

思政元素

现代风险导向审计的内涵

了解被审计单位及其环境的重要性

风险评估与审计风险意识

风险应对与准则遵循意识

引例——*ST富控的内外部环境

　　上海富控互动娱乐股份有限公司(简称*ST富控)于2020年年报显示,公司2019年实现营业总收入9.6亿元,同比增长16.7%;实现归母净利润43.1亿元,上年同期为−55.1亿元,同比扭亏为赢;每股收益为7.49元。报告期内,公司毛利率为76.2%,同比降低1.9个百分点,净利率为449.1%,同比提高1118.7个百分点。

　　*ST富控2019年的营业成本为2.3亿元,同比增长26.9%,高于营业收入16.7%的增速,导致毛利率下降1.9%。期间费用率为150.9%,较上年升高35.4%,对公司业绩形成拖累。经营性现金流由−6亿元增加至6938万元,同比上升111.5%。公司研发投入大幅增加,相比上年同期增长71.7%,达到1.7亿元。研发投入资本化比例为24.6%,资本化比例较高。

　　从业务结构来看,"游戏业"是企业营业收入的主要来源。具体而言,"游戏业"营业收入为9.6亿元,营业收入占比为99.5%,毛利率为76.5%。

　　思考:值得注意的是,公司在报告期内被会计师事务所出具了否定意见,试从风险评估的角度分析*ST富控的内外部环境。

第一节　风险评估程序

　　根据《中国注册会计师审计准则第1211号——重大错报风险的识别和评估》的规定,注

册会计师应当设计和实施风险评估程序，以获取审计证据，为识别和评估财务报表层次及认定层次重大错报风险，设计进一步审计程序提供证据。

一、风险评估程序的定义和内容

风险评估程序，是指注册会计师为识别和评估财务报表层次及认定层次的重大错报风险而设计与实施的审计程序。注册会计师应当依据实施这些程序所获取的信息，识别和评估重大错报风险。

注册会计师应当实施下列风险评估程序，以了解被审计单位及其环境等方面的情况。

（1）询问管理层和被审计单位内部其他合适人员，包括内部审计人员。

（2）分析性程序。

（3）观察和检查。

注册会计师在财务报表审计中应当实施上述风险评估程序，但是在了解被审计单位及其环境、适用的财务报告编制基础和内部控制体系各要素的每一方面无须实施上述所有程序。

现代风险导向审计以风险评估为基础，以鉴证财务报表的合法公允和揭露重大错弊并重为主要审计目标，如图 6-1 所示。

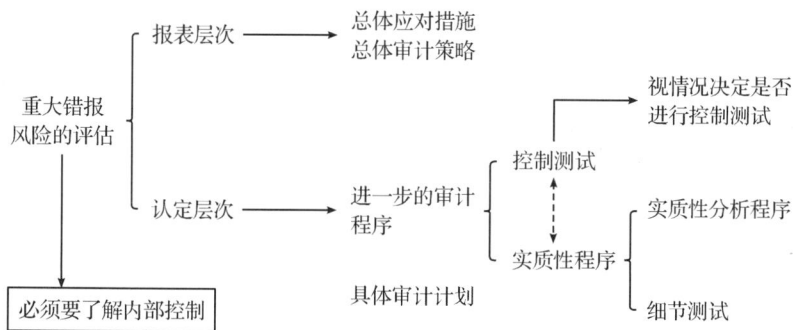

图 6-1　现代风险导向审计思路

二、询问被审计单位管理层及内部其他合适人员

询问被审计单位管理层及内部其他合适人员是注册会计师了解被审计单位及其环境等方面情况的一个重要信息来源。

（一）询问管理层和负责财务报告的人员

注册会计师可以考虑向管理层和负责财务报告的人员询问下列事项。

（1）管理层所关注的主要问题。如新的竞争对手、主要客户和供应商的流失、新的税收法规的实施以及经营目标或战略的变化等。

（2）被审计单位最近的财务状况、经营成果和现金流量。

（3）可能影响财务报告的交易和事项，或者目前发生的重大会计处理问题。如重大的购并事宜等。

（4）被审计单位发生的其他重要变化。如所有权结构、组织结构的变化以及内部控制的变化等。

（二）询问内部其他合适人员

注册会计师通过询问获取的大部分信息来自管理层和负责财务报告的人员。注册会计师也可以通过询问被审计单位内部其他不同层级和职责的适当人员获取信息，这可能为识别和评估重大错报风险提供不同的视角。例如：

（1）直接询问治理层，可能有助于注册会计师了解治理层对管理层编制财务报表的监督程度。

（2）直接询问负责生成、处理或记录复杂或异常交易的员工，可能有助于注册会计师评价被审计单位选择和运用某项会计政策的恰当性。

（3）直接询问内部法律顾问，可能有助于注册会计师了解如诉讼、遵守法律法规的情况、影响被审计单位的舞弊或舞弊嫌疑、产品保证、售后责任、与业务合作伙伴的安排（如合营企业）以及合同条款的含义等事项的有关信息。

（4）直接询问营销人员，可能有助于注册会计师了解被审计单位营销策略的变化、销售趋势或与客户的合同安排等。

（5）直接询问风险管理职能部门或人员，可能有助于注册会计师了解可能影响财务报告的经营和监管风险。

（6）直接询问信息技术人员，可能有助于注册会计师了解系统变更、系统或控制失效的情况，或与信息技术相关的其他风险。

（7）直接询问适当的内部审计人员（如有），可能有助于注册会计师在识别和评估风险时了解被审计单位及其环境以及内部控制体系。

三、分析性程序

分析性程序是指注册会计师通过研究不同财务数据之间以及财务数据与非财务数据之间的内在关系，对财务信息作出评价。分析性程序可用做风险评估程序和实质性程序，也可用来对财务报表进行总体复核。注册会计师将分析性程序用做风险评估程序，有助于识别未被注意到的情况和评估重大错报风险，为评估的风险设计和实施应对措施提供基础。注册会计师实施分析性程序有助于识别异常交易或事项，以及对财务报表和审计产生影响的金额、比率和趋势，通过识别出的这些异常或未预期到的关系可以帮助注册会计师识别重大错报风险，特别是由舞弊引起的重大错报风险。

运用分析性程序的一个基本前提是数据之间存在某种关系，并且有理由预计这些关系将继续存在。在实施分析性程序时，注册会计师应当预期可能存在的合理关系，并与被审计单位记录的金额、依据记录金额计算的比率或趋势相比较。例如，可以将公司财务报表的本期数与上期数、预算数及同行业标准之间进行比较。分析性程序可以用来确定公司财务信息之间的关系，这些财务信息通常被用来证实根据公司的历史数据所作出的预测，如毛利率。分析性程序也可以用来确定财务信息与相关非财务信息之间的关系，如工资费用与员工人数之间的关系。常用的分析性程序包括趋势分析、比例分析、统计和数据挖掘分析以及合理性测试。如果发现异常或未预期到的关系，在必要时注册会计师应当进行调查，并在识别重大错报风险时考虑这些比较结果。

如果分析性程序使用了高度汇总的数据，实施分析性程序的结果可能仅初步显示是否存在重大错报，这时注册会计师应当将分析性程序的结果与识别重大错报风险时获取的其他信息一并考虑，以充分了解和评价分析性程序的结果。为了确定重大错报风险的真正来源,注册会计师还应当针对汇总数据的每一来源实施更为详细的分析性程序。

【例 6-1】蓝田股份的业绩神话

1996 年 6 月 18 日,蓝田股票上海证券交易所挂牌交易,号称"中国农业第一股"。蓝田股份曾经创造了中国股市长盛不衰的绩优神话。这只传奇性的股票在股市创造了很多奇迹,而在这些奇迹的背后隐藏的是一个又一个的谎言。回头来看,许多财务指标即使在了解被审计单位及其环境时运用分析性程序来进行风险评估,也是经不起任何推敲的,甚至令人觉得可笑。该公司上市后一直保持着优异的经营业绩:总资产规模从上市前的 2.66 亿元发展到 28.38 亿元,增长了近 10 倍;上市后净资产收益率始终维持在极高的水平,在被揭露出"造假丑闻"的近三年更是高达 28.9%、29.3% 和 19.8%,每股收益分别为 0.82 元、1.15 元和 0.97 元,位于上市公司的最前列。

2000 年 3 月,蓝田股份总经理曾公开说:洪湖有 100 万亩[①]水面可以开发,蓝田股份现在只开发了 30 万亩,而高产值的特种养殖鱼塘面积只有 1 万亩,这种精养鱼塘每亩产值可达 3 万元,是前者(粗放经营)的 10 倍,开发潜力很大。而武昌鱼的招股说明书显示:拥有 6.5 万亩鱼塘的武昌鱼,其养殖收入每年只有五六千万元,单亩产值不足 1000 元,不到洪湖"粗放经营"的 1/3,更不用说和蓝田股份的"精养鱼塘"相比了。同在江汉平原的鱼米之乡,武昌鱼也不是很便宜的鱼,两者之间为什么会有这么大的反差?

按立体养殖的说法计算,当时从每 500 克 13 元的桂鱼到每 500 克 3~4 元(均指市场零售价)的草鱼、鲢鱼、鲫鱼等分层养殖,最后鱼的平均产值不会超过 15 元/千克,而正常来讲,给一级鱼贩子的价格至少要低到市场价的一半左右。这样算下来,各种鱼的平均批发价绝不会超过 10 元/千克(武昌鱼在预测其高密度流水养殖项目时的鱼价是 9 元/千克)。

按这种算法,"每亩 3 万元"意味着蓝田股份一亩水面最少要产 3000~4000 千克的鱼。也就是说,不算深的水塘内,每平方米水面下要有 5~6 千克鱼在游动。这么大的密度,不说别的,光是氧气供应就是个大问题。

四、观察和检查

观察和检查程序可以印证对管理层与其他相关人员的询问结果,并可提供有关被审计单位及其环境的信息。注册会计师应当实施下列观察和检查程序。

(一)观察被审计单位的生产经营活动

通过观察被审计单位人员正在从事的生产活动和内部控制活动,可以增加注册会计师对被审计单位人员如何进行生产经营活动及实施内部控制的了解。

(二)检查文件、记录和内部控制手册

检查被审计单位的章程、经营计划和战略;检查被审计单位与其他单位签订的合同、协议;检查被审计单位各业务流程操作指引和内部控制手册;检查被审计单位各种会计资料、内部凭证和单据;等等。

---

①　1 亩=0.0667 公顷。

(三)阅读管理层和治理层编制的报告

阅读被审计单位年度和中期财务报告、管理层的讨论和分析资料、对重要经营环节和外部因素的评价、被审计单位内部管理报告及其他特殊目的报告(如新投资项目的可行性分析报告)。阅读被审计单位股东大会、董事会会议、高级管理层会议的会议记录或纪要。

(四)实地察看被审计单位的生产经营场所和厂房设备

通过现场访问与实地察看被审计单位的生产经营场所和厂房设备,可以帮助注册会计师了解被审计单位的性质及其经营活动的内容。

(五)追踪交易在财务报告信息系统中的处理过程(穿行测试)

通过追踪某一笔或某几笔交易在业务流程中如何生成、记录、处理和报告,以及相关内部控制如何执行,注册会计师可以确定被审计单位的交易流程和内部控制是否与之前通过其他程序所获得的了解一致,并确定内部控制是否得到执行。

五、其他程序和信息来源

除了采用询问、分析程序、观察和检查程序从被审计单位内部获得信息以外,如果根据职业判断认为从被审计单位外部获取的信息有助于识别重大错报风险,注册会计师应当实施其他审计程序以获取这些信息。注册会计师可以查阅从外部来源获取的信息:贸易与经济方面的期刊,分析师、银行或评级机构出具的有关被审计单位及其所处行业的经济或市场环境等状况的报告,法规或金融出版物,以及政府部门或民间组织发布的行业报告和统计数据,等等。注册会计师也可以询问被审计单位聘请的外部法律顾问或评估专家、投资顾问和财务顾问等。

除上述信息来源外,注册会计师应当考虑在接受或保持客户过程中,以及为被审计单位执行其他业务过程中获取的信息是否与识别重大错报风险相关。注册会计师以往与被审计单位交往的经验以及以前审计中实施的审计程序,通常可以为注册会计师提供以下一些相关的信息。

(1)以往的错报情况以及错报是否及时得到更正;

(2)被审计单位及其环境的性质、被审计单位的内部控制(包括内部控制缺陷);

(3)自上期以来被审计单位或其经营活动可能发生的重大变化,这些变化可以帮助注册会计师对被审计单位获取充分的了解,以识别和评估重大错报风险。

如果利用以往与被审计单位交往的经验和以前审计中实施审计程序获取的信息,注册会计师需要确定被审计单位及其环境是否已发生变化,以及这些信息是否仍然相关和可靠。

六、项目组内部的讨论

项目合伙人和项目组其他关键成员应当讨论被审计单位财务报表存在重大错报的可能性,以及如何根据被审计单位的具体情况运用适用的财务报告编制基础。项目合伙人应当确定向未参与讨论的项目组成员通报哪些事项。

项目组内部进行的讨论可以达到下列目的:①可以使经验较丰富的项目组成员(包括项目合伙人)有机会分享其根据对被审计单位的了解形成的见解;②可以使项目组成员能够讨

论被审计单位面临的经营风险、财务报表容易发生错报的领域，以及发生错报的方式，特别是由舞弊或错误引起重大错报的可能性；③可以帮助项目组成员更好地了解在各自负责的领域中潜在的财务报表重大错报，并了解各自实施的审计程序的结果可能如何影响审计的其他方面，包括对确定进一步审计程序的性质、时间安排和范围的影响；④可以为项目组成员交流和分享在审计过程中获取的，以及可能影响重大错报风险评估结果或应对这些风险的审计程序的新信息提供基础。

第二节　了解被审计单位及其环境

注册会计师实施风险评估程序、识别和评估财务报表的重大错报风险是从了解被审计单位及其环境开始的。

一、了解被审计单位

注册会计师应当了解被审计单位及其环境，以充分识别和评估财务报表重大错报风险，进而设计和实施进一步审计程序。了解被审计单位及其环境是必要程序，为注册会计师作出下列职业判断提供重要基础。

(1)确定重要性水平，并随着审计工作的进展评估对重要性水平的判断是否仍然适当。

(2)考虑会计政策的选择和运用是否适当，以及财务报表的披露是否充分。

(3)识别需要特别考虑的领域，包括关联方交易、管理层运用持续经营假设的合理性，或考虑交易是否具有合理的商业目的等。

(4)确定在实施分析性程序时所使用的预期值。

(5)评估重大错报风险。

(6)应对评估的重大错报风险，设计和实施进一步审计程序以获取充分、适当的审计证据。

(7)评价所获取审计证据的充分性和适当性，如假设的适当性及管理层口头声明和书面声明的适当性。

注册会计师应当实施风险评估程序，以了解被审计单位及其环境的以下六个方面。

(1)相关行业情况、法律环境和监管环境以及其他外部因素，包括适用的财务报告编制基础。

(2)被审计单位的性质，包括经营活动、所有权和治理结构，正在实施和计划实施的投资(包括对特殊目的实体的投资)类型、组织结构和筹资方式。

(3)被审计单位对会计政策的选择和运用，包括变更会计政策的原因。注册会计师应当根据被审计单位的经营活动，评价会计政策是否适当，并与适用的财务报告编制基础、相关行业适用的会计政策保持一致。

(4)被审计单位的目标、战略，以及可能导致重大错报风险的相关经营风险。

(5)被审计单位财务业绩的衡量和评价。

(6)被审计单位的内部控制。

实施风险评估程序进行了解的性质和范围，取决于被审计单位的性质和具体情况。在首次执行某项审计业务时，风险评估程序的性质和范围可能比执行连续审计业务的情况下更为广泛;在后续期间,注册会计师可以重点关注自上一期间后发生的变化。识别被审计单位在上述各个方面与以前期间相比发生的重大变化,对于充分了解被审计单位的情况、识别和评估重大错报风险尤为重要。了解被审计单位及其环境是一个连续和动态地收集、更新与分析信息的过程,贯穿于整个审计过程,注册会计师应当运用职业判断确定需要了解被审计单位及其环境的程度。了解被审计单位及其环境的内容见图6-2。

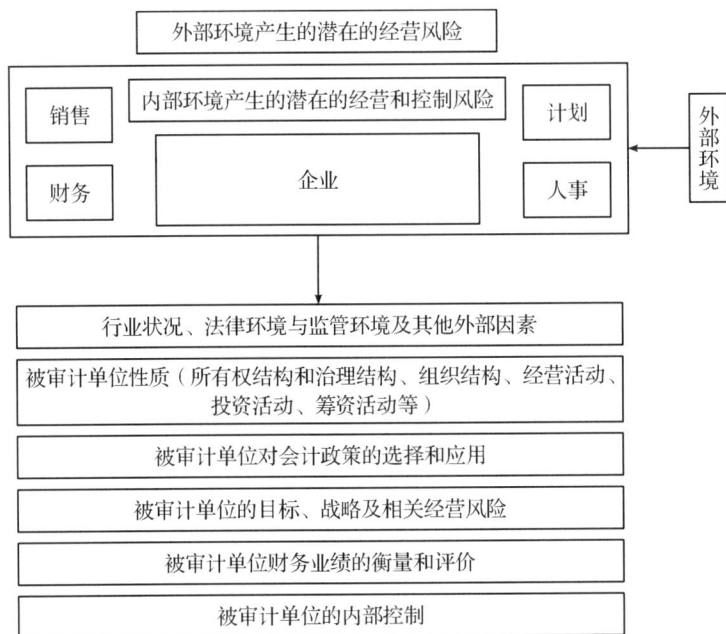

图 6-2 了解被审计单位及其环境的内容

二、了解行业状况、法律环境与监管环境及其他外部因素

被审计单位所处的行业状况、法律环境与监管环境及其他外部因素可能会对被审计单位的经营活动乃至财务报表产生影响,注册会计师应当对这些外部因素进行了解。

(一)了解的具体内容

1.行业形势

行业形势包括行业竞争环境、供应商和客户的关系及技术发展情况等。被审计单位经营所处的行业可能由于其经营性质或监管程度导致产生特定的重大错报风险。了解行业形势有助于注册会计师识别与被审计单位所处行业有关的重大错报风险。注册会计师应当了解被审计单位的行业形势,主要包括以下方面。

(1)所处行业的市场与竞争,包括市场需求、生产能力和价格竞争。

(2)生产经营的季节性和周期性。

(3)与被审计单位产品相关的生产技术发展。

(4)能源供应与成本。

2.法律环境与监管环境

法律环境与监管环境包括适用的财务报告编制基础、法律和政治环境等。相关法规或监管要求可能对被审计单位经营活动会产生重大影响,或者规定了被审计单位的责任和义务,或者决定了被审计单位需要遵循的行业惯例和核算要求,若不遵守将导致停业等严重后果,所以注册会计师应当了解被审计单位所处的法律环境与监管环境。注册会计师需要了解的被审计单位的法律环境与监管环境因素一般包括下列内容。

(1)适用的财务报告编制基础。

(2)受管制行业的法规框架,包括披露要求。

(3)对被审计单位经营活动产生重大影响的法律法规,如劳动法和相关法规。

(4)税收相关法律法规。

(5)目前对被审计单位开展经营活动产生影响的政府政策,如货币政策(包括外汇管制)、财政政策、财政刺激措施(如政府援助项目)、关税或贸易限制政策等。

(6)影响行业和被审计单位经营活动的环保要求。

3.其他外部因素

其他外部因素包括总体经济情况、利率、融资的可获得性、通货膨胀水平或币值变动等,也可能对被审计单位的财务报告产生影响。注册会计师需要了解的其他外部因素一般包括下列内容。

(1)宏观经济的景气度。

(2)利率和资金供求状况。

(3)通货膨胀水平及币值变动。

(4)国际经济环境和汇率变动。

注册会计师应当考虑被审计单位所处行业的业务性质或监管程度是否可能导致特定的重大错报风险,考虑项目组是否配备了具有相关知识和经验的成员。

(二)实施的审计程序

针对被审计单位的行业状况、法律环境与监管环境及其他外部因素,注册会计师可以考虑运用以下风险评估程序获得了解。

1.查阅以前年度的审计工作底稿

对于连续审计业务,以前年度的审计工作底稿,包括审计计划备忘录和审计总结备忘录等,有助于注册会计师了解与特定经营活动和行业相关的一些因素。注册会计师应根据本年度发生的变化,在适当时对其予以更新并用于本年度的审计工作中。

2.询问被审计单位管理层和员工

通过询问被审计单位管理层权责范围内涉及的重要外部因素及其对被审计单位产生的影响,注册会计师可以对管理层作出的重大决策及采取的行动有进一步的了解。通过询问负责市场和销售的人员所处行业的市场供求与竞争情况,可以增强或更新注册会计师对被审计单位所处环境的了解。

对于连续审计业务,注册会计师询问的重点通常是以前年度了解到的情况是否在本期发生了变化。注册会计师对最新动态的关注应当贯穿于整个审计过程中。

3.查阅内部与外部的信息资料

内部信息资料主要包括中期财务报告(包括管理层的讨论和分析)、管理报告、其他特殊目的的报告,以及股东大会、董事会会议、高级管理层会议的会议记录或纪要。外部信息资料包括外部顾问、代理机构和证券分析师等编制的关于被审计单位及其所处行业的报告,政府部门或民间行业组织发布的行业报告、宏观经济统计数据、行业统计数据,以及贸易和商业杂志等信息资料。

4. 与项目组成员或熟悉被审计单位所处行业的其他人员进行讨论

与项目组成员特别是经验较多的人员进行讨论,有助于注册会计师获知和利用他人积累的有关被审计单位经营活动,以及行业状况的经验与知识。与会计师事务所内熟悉被审计单位所处行业的其他人员讨论,也有助于注册会计师深入、快捷地了解当前行业面临的外部因素与重大事项,及其对被审计单位的影响。

5. 分析性程序

分析性程序是注册会计师在了解被审计单位及其环境时运用的重要程序之一。在许多情况下,运用分析性程序可以帮助注册会计师评价被审计单位在行业中的经营状况和竞争环境。注册会计师将被审计单位的关键业绩指标与同行业平均数据或同行业中规模相近的其他单位的数据进行比较,可以了解被审计单位在市场中的相对表现,并识别存在重大错报风险的迹象。注册会计师利用从外部获取的市场份额变化趋势信息,可以识别被审计单位竞争能力的重大变化。注册会计师根据业务分布或地区分布分类计算的销售和毛利变动趋势,可以揭示经营业绩随时间推移而发生的变化,将这一业绩与以前年度比较,可以获得对经营业绩趋势的了解。

三、了解被审计单位的性质

被审计单位的性质包括经营活动、所有权和治理结构、正在实施和计划实施的投资(包括对特殊目的实体的投资)类型、组织结构和筹资方式。了解被审计单位的性质有助于注册会计师了解预期在财务报表中反映的各类交易、账户余额和披露。

(一)了解的具体内容

1. 经营活动

了解被审计单位经营活动有助于注册会计师识别预期在财务报表中反映的主要交易类别、重要账户余额和披露。注册会计师需要了解的被审计单位的经营活动一般包括下列内容。

(1)收入来源(包括主营业务的性质)、产品或服务以及市场的性质(包括产品或服务的种类、付款条件、利润率、市场份额、竞争者、出口、定价政策、产品声誉、质量保证、营销策略和目标、电子商务如网上销售和营销活动)。

(2)业务的开展情况(如生产阶段与生产方法,易受环境风险影响的活动)。

(3)联盟、合营与外包情况。

(4)地区分布与行业细分。

(5)生产设施、仓库和办公室的地理位置,存货存放地点和数量。

(6)关键客户及货物和服务的重要供应商,劳动用工安排(包括是否存在退休金和其他退休福利、股票期权或激励性奖金安排以及与劳动用工事项相关的政府法规)。

(7)研究与开发活动及其支出。

(8)关联方交易。

2.所有权和治理结构

注册会计师应当了解所有权结构以及所有者与其他人员或实体之间的关系,包括关联方,考虑关联方关系是否已经得到识别,以及关联方交易是否得到恰当的会计处理。

良好的治理结构可以对被审计单位的经营和财务运作以及财务报告实施有效的监督,从而降低财务报表发生重大错报的风险。注册会计师应当了解被审计单位的治理结构,考虑治理层是否能够在独立于管理层的情况下对被审计单位事务(包括财务报告)作出客观判断。

3.投资活动

了解被审计单位投资活动有助于注册会计师关注被审计单位在经营策略和方向上的重大变化。注册会计师需要了解的被审计单位的投资活动一般包括下列内容。

(1)计划实施或近期已实施的并购或资产处置。

(2)证券和贷款的投资与处置。

(3)资本性投资活动。

(4)对未纳入合并范围的实体的投资,包括非控制合伙企业、合营企业和非控制特殊目的实体。

4.组织结构

复杂的组织结构通常更有可能导致某些特定的重大错报风险。注册会计师应当了解被审计单位的组织结构,考虑复杂的组织结构可能导致的重大错报风险,包括财务报表合并、商誉和长期股权投资核算等问题,以及财务报表是否已对这些问题作了充分披露。

5.筹资活动

了解被审计单位筹资活动有助于注册会计师评估被审计单位在融资方面的压力,并进一步考虑被审计单位在可预见的未来的持续经营能力。注册会计师需要了解的被审计单位的筹资活动一般包括下列内容。

(1)主要子公司和联营企业(无论是否纳入合并范围)的所有权结构。

(2)债务结构和相关条款,包括资产负债表外融资和租赁安排。

(3)实际受益方(例如,实际受益方来自国内还是国外,其商业声誉和经验可能对被审计单位产生的影响)及关联方。

(4)衍生金融工具的使用。

(二)实施的审计程序

在了解被审计单位的性质时,除查阅以前年度的审计工作底稿,与项目组成员或其他有经验的人员和行业专家讨论,以及利用业务承接和续约过程中获取的信息外,注册会计师运用的风险评估程序还包括下列内容。

1.询问被审计单位管理层和内部其他相关人员

注册会计师可以就被审计单位性质询问管理层、治理层及被审计单位担任不同职责的人员,以全面了解被审计单位的情况。

2.查阅文件和报告

注册会计师可以查阅被审计单位的组织结构图,关联方清单,公司章程,对外签订的主要销售、采购、投资、债务合同等,以及被审计单位内部的管理报告、财务报告、生产经营情况分析、会议记录或纪要等,了解被审计单位的性质。

3.实地察看被审计单位的主要生产经营场所

实地察看被审计单位的主要生产经营场所能增强注册会计师对被审计单位性质的了解程度。实地察看主要经营场所对于了解新承接的审计项目、收购了新业务的被审计单位和跨地区经营的被审计单位尤为重要。通过实地察看被审计单位的厂房和办公场所,可以使注册会计师对被审计单位的布局、生产流程,以及固定资产和存货的状况获得一定的了解。

4.分析性程序

注册会计师可以通过分析性程序对财务数据之间以及财务数据与非财务数据之间的内在关系进行研究和评价。例如,将被审计单位的财务信息与以前期间的可比数据、被审计单位的预算或注册会计师的预期数据进行比较,对重要财务比率进行分析,以了解被审计单位在经营活动、投资活动和筹资活动等各方面的情况及其重大变化。

四、了解被审计单位对会计政策的选择和运用

注册会计师应当了解被审计单位对会计政策的选择和运用是否符合适用的企业会计准则和相关会计制度,是否符合被审计单位的具体情况。

(一)了解的具体内容

在了解被审计单位对会计政策的选择和运用是否适当时,注册会计师应当关注下列事项。

(1)会计政策和行业特定惯例。

(2)收入确认惯例。

(3)公允价值会计核算。

(4)外币资产、负债与交易。

(5)被审计单位对重大和异常交易的会计处理方法。

(6)在新领域和缺乏权威性标准或共识、有争议的领域采用重要会计政策产生的影响。

(7)会计政策的变更。

(8)新颁布的财务报告准则、法律法规,以及被审计单位何时采用、如何采用这些规定。

如果被审计单位变更了重要的会计政策,注册会计师应当考虑会计政策变更的原因及其适当性,并确定下列内容。

(1)会计政策的变更是否符合法律、行政法规或者适用的企业会计准则和相关会计制度的规定。

(2)会计政策的变更能否提供更可靠、更相关的会计信息。

(3)会计政策的变更是否得到了恰当披露。

此外,注册会计师应当考虑被审计单位是否按照适用的企业会计准则和相关会计制度的规定恰当地进行了披露,并披露了重要事项。

(二)实施的审计程序

在了解被审计单位对会计政策的选择和运用时,注册会计师实施的风险评估程序包括

查阅以前年度的审计工作底稿、询问被审计单位管理层和员工以及查阅被审计单位的财务资料和内部报告(如会计手册和操作指引)等。注册会计师还可结合对被审计单位及其环境其他方面的了解,考虑被审计单位选用的会计政策是否符合其具体情况。

注册会计师应当重点关注被审计单位本期会计政策的选择和运用与前期相比发生的重大变化,包括对本期新发生的交易或事项选用的会计政策、对前期不重大而本期重大的交易或事项选用的会计政策,以及重要会计政策的变更与新的企业会计准则发布施行的影响等。

五、了解被审计单位的目标、战略及相关经营风险

注册会计师应当了解被审计单位的目标和战略,以及可能导致财务报表发生重大错报的相关经营风险。

(一)了解的具体内容

1. 目标、战略与经营风险

目标是企业经营活动的指针,企业管理层或治理层一般会根据企业经营面临的外部环境和内部各种要素,制定合理可行的经营目标。战略是企业管理层为实现经营目标而采用的总体层面的策略和方法。为了实现某一既定的经营目标,企业可能有多个可行战略。随着外部环境的变化,企业会对目标和战略作出相应的调整。经营风险是指可能对被审计单位实现目标和实施战略的能力产生不利影响的重要状况、事项、情况、作为(或不作为)所导致的风险,或由于制定不恰当的目标和战略而导致的风险。不同的企业可能面临不同的经营风险,这取决于企业经营的性质、所处行业、外部监管环境、企业的规模和复杂程度等。管理层有责任识别和应对这些风险。

导致财务报表产生重大错报风险的可能性有所增加的经营风险可能来自下列事项。

(1)目标或战略不恰当,未能有效实施战略,环境的变化或经营的复杂性。

(2)未能认识变革的必要性也可能导致经营风险。例如,开发新产品或服务可能失败;即使成功开拓了市场,也不足以支撑产品或服务;产品或服务存在瑕疵,可能导致法律责任及声誉方面的风险。

(3)对管理层的激励和压力措施可能导致有意或无意的管理层偏向,并因此影响重大假设以及管理层或治理层预期的合理性。

由于多数经营风险最终都会产生财务后果,从而影响财务报表,所以了解被审计单位面临的经营风险可以提高识别出重大错报风险的可能性。注册会计师在了解被审计单位可能导致财务报表重大错报风险的目标、战略及相关经营风险时,可以考虑以下事项。

(1)行业发展。例如,潜在的相关经营风险可能是被审计单位不具备足以应对行业变化的人力资源和业务专长。

(2)开发新产品或提供新服务。例如,潜在的相关经营风险可能是被审计单位售后责任增加。

(3)业务扩张。例如,潜在的相关经营风险可能是被审计单位对市场需求的估计不准确。

(4)新的会计法规。例如,潜在的相关经营风险可能是被审计单位执行法规不当或不完整,或会计处理成本增加。

(5)监管要求。例如,潜在的相关经营风险可能是被审计单位法律责任增加。

（6）本期及未来的融资条件。例如，潜在的相关经营风险可能是被审计单位由于无法满足融资条件而失去融资机会。

（7）信息技术的运用。例如，潜在的相关经营风险可能是被审计单位信息系统与业务流程难以融合。

（8）实施战略的影响，特别是由此产生的需要运用新的会计要求的影响。例如，潜在的相关经营风险可能是被审计单位执行新要求不当或不完整。

经营风险可能对某类交易、账户余额和披露的认定层次重大错报风险或财务报表层次重大错报风险产生直接影响。注册会计师应当根据被审计单位的具体情况，考虑经营风险是否可能导致财务报表发生重大错报。

2.被审计单位的风险评估过程

管理层通常会制定识别和应对经营风险的策略，注册会计师应当了解被审计单位的风险评估过程，这类风险评估过程是被审计单位内部控制的组成部分。

此外，小型被审计单位通常没有正式的计划和程序来确定其目标、战略与管理经营风险。注册会计师应当询问管理层或观察小型被审计单位如何应对这些事项，以获取了解，并评估重大错报风险。

（二）实施的审计程序

注册会计师可以通过与管理层沟通以及查阅其经营规划和其他文件，获取对被审计单位目标和战略的了解。注册会计师还可以考虑通过询问不同的管理层成员，以进一步了解被审计单位的目标和战略、政策和程序，以及管理层的需求、期望和关注的事项。注册会计师还可以利用对被审计单位所处外部环境、行业状况及被审计单位性质的了解，考虑被审计单位的战略是否与目标相适应，即考虑战略是否可以实现该目标以及它们之间的差距或不一致之处。注册会计师还应当考虑被审计单位的目标和战略是否与其各项内部和外部因素相适应。

六、了解被审计单位财务业绩的衡量和评价

对财务业绩的衡量和评价，针对的是被审计单位的业绩是否达到管理层（或第三方）设定的目标。被审计单位内部或外部对财务业绩的衡量和评价可能对被审计单位管理层产生压力，调动其积极性促使其采取行动改善财务业绩或歪曲财务报表。因此，注册会计师应当针对被审计单位财务业绩的衡量和评价情况，考虑这种压力是否可能导致管理层采取行动，以至于增加财务报表发生重大错报的风险。

（一）了解的具体内容

在了解被审计单位财务业绩衡量和评价情况时，注册会计师应当关注下列信息。

（1）关键业绩指标（财务或非财务的）、关键比率、趋势和经营统计数据。

（2）同期财务业绩比较分析。

（3）预测、预算和差异分析。

（4）管理层和员工业绩考核与激励性报酬政策。

（5）分部信息与不同层次部门的业绩报告。

（6）被审计单位与竞争对手的业绩比较。

（7）外部机构提出的报告。

在了解的这些信息中，注册会计师应当关注被审计单位内部财务业绩衡量所显示的未预期到的结果或趋势、管理层的调查结果和纠正措施，以及相关信息是否显示财务报表可能存在重大错报。如果拟利用被审计单位内部信息系统生成的财务业绩衡量指标，注册会计师应当考虑相关信息是否可靠，以及利用这些信息是否足以实现审计目标。

对于小型被审计单位来说，由于通常没有建立正式的财务业绩衡量和评价程序，管理层往往依据某些关键指标作为评价财务业绩和采取适当行动的基础，注册会计师应当了解管理层使用的这些关键指标。

（二）实施的审计程序

注册会计师通过询问被审计单位管理层，查阅被审计单位的内部报告和外部报告以及实施分析性程序，获得对被审计单位财务业绩衡量和评价的了解。注册会计师还可以从管理层那里了解哪些业绩指标是其他关键利益相关者关注的重点，以及管理层的内部业绩衡量标准如何受这些外部因素的影响。

七、了解被审计单位的内部控制

注册会计师应当了解被审计单位与审计相关的内部控制，并结合对被审计单位及其环境其他方面的了解识别可能的潜在错报，考虑导致重大错报的外在因素和内在因素，评估重大错报风险，从而确定进一步审计程序的性质、时间安排和范围。

（一）内部控制的内涵与构成要素

1.内部控制的内涵与目标

内部控制是被审计单位为了合理保证财务报告的可靠性、经营的效率和效果以及对法律法规的遵守，由治理层、管理层和其他人员设计和执行的政策和程序。

内部控制的目标是合理保证企业经营管理合法合规、资产安全、财务报告及相关信息真实完整，提高经营效率和效果，促进企业实现发展战略。

2.内部控制的构成要素

（1）内部环境：企业实施内部控制的基础，主要包括公司治理结构、董事会、审计委员会、机构设置及权责分配、内部审计、人力资源政策、职业道德和企业文化等内容。

（2）风险评估：企业及时识别、系统分析经营活动中与实现内部控制目标相关的风险，合理确定风险应对策略。风险评估主要包括信息收集、风险承受度、风险识别、风险分析和排序、风险应对策略等内容。

（3）控制活动：企业根据风险评估结果，采用相应的控制措施，将风险控制在可承受度之内。控制措施一般包括不相容职务分离控制、授权审批控制、会计系统控制、财产保护控制、预算控制、运营分析控制和绩效考评控制等。

（4）信息与沟通：信息与沟通是企业及时、准确地收集和传递内部控制相关信息，确保信息在企业内部、企业与外部之间进行有效沟通。企业应当建立信息与沟通机制，明确内部控制相关信息的收集、处理和传递程序，确保信息及时沟通，促进内部控制有效运行。

（5）内部监督是企业对内部控制建立与实施情况进行监督检查，评价内部控制的有效性,发现内部控制的缺陷,并及时加以改进。企业应当制定内部控制监督制度,明确内部审计机构(或经授权的其他监督机构)和其他内部机构在内部监督中的职责权限,规范内部监督的程序、方法和要求。

3. 内部控制方法

内部控制方法包括预算控制、组织控制、程序控制、授权控制、措施控制、检查控制。

(1)预算控制要求企业加强预算编制、执行、分析、考核等环节的管理,明确预算项目,建立预算标准,规范预算的编制、审定、下达和执行程序,及时分析和控制预算差异,采取改进措施,确保预算的执行。

(2)组织控制是指企业建立一个进行计划、协调和控制活动的整体组织框架,使企业在这个组织框架内进行有效授权和职责分工,开展各种经营活动。企业在确定职责分工过程中,应当充分考虑不相容职务相互分离的制衡要求。不相容职务包括授权批准、业务经办、会计记录、财务保管、稽核检查等。

(3)程序控制是指通过制定标准程序和规范手续对经营活动与管理活动进行的控制。程序控制的关键是实行牵制控制。

(4)授权控制要求企业根据职责分工,明确各部门、各岗位办理经济业务与事项的权限范围、审批程序和相应责任等内容。企业内部各级管理人员必须在授权范围内行使职权和承担责任,业务经办人员必须在授权范围内办理业务。

(5)措施控制包括合法合规控制、凭证记录控制、资产安全控制和员工素质控制。

(6)检查控制是指企业在业务运作过程中采取的措施,以确保业务活动符合规定和标准。检查控制通常包括内部审计、抽样检查、监督管理、审批制度和强制执行。

内部控制方法见图 6-3。

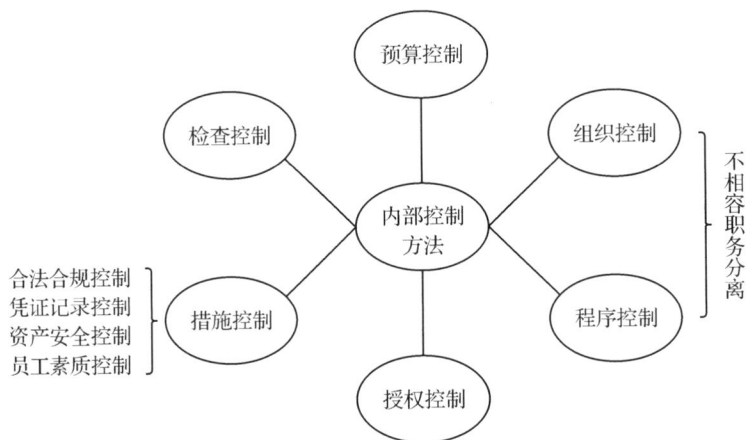

图 6-3　内部控制方法

(二)了解内部控制的有效性

了解被审计单位的内部控制通常主要关注与审计相关的内部控制,了解与审计相关的控制设计的有效性。

1. 内部控制系统中的人工控制与自动化控制

内部控制系统通常既包含人工控制，也包含自动化控制。人工系统的控制可能包括对交易的批准和复核、编制调节表并对调节项目进行跟进。被审计单位也可能采用自动化程序生成、记录、处理和报告交易，从而以电子文档取代纸质文件。信息系统中的控制通常是自动化控制（如嵌入计算机程序的控制）和人工控制的组合。

一般情况下，人工控制更适用于下列情况：①存在大额、异常或偶发的交易；②存在难以界定、预计或预测的错误的情况；③针对变化的情况，需要对现有的自动化控制进行人工干预；④监督自动化控制的有效性。而信息技术对被审计单位内部控制的作用在于使被审计单位能够满足下列情况：①在处理大量的交易或数据时，一贯运用事先确定的业务规则，并进行复杂运算；②提高信息的及时性、可获得性及准确性；③促进对信息的深入分析；④提高对被审计单位的经营业绩及其政策和程序执行情况进行监督的能力；⑤降低控制被规避的风险；⑥通过对应用程序系统、数据库系统和操作系统执行安全控制，提高不兼容职务分离的有效性。

内部控制中的人工成分可能比自动化成分的可靠性低，这是因为人工成分可能更容易被规避、忽视或凌驾，更容易产生简单的错误和失误。因此，不能假定人工控制能够一贯运用。如果存在大量或重复发生的交易，或者可预计或预测的错误能够通过自动化控制参数得以防止或发现并纠正，或者用特定方法实施控制的控制活动可得到适当设计和自动化处理，那么这种情形下采用人工控制就是不适当的。当然，信息技术也可能对被审计单位的内部控制产生特定的风险：所依赖的系统或程序不能正确处理数据，或处理了不正确的数据，或两种情况并存；未经授权访问数据，可能导致数据的毁损或对数据不恰当的修改，包括记录未经授权或不存在的交易，或不正确地记录了交易。多个用户同时访问同一数据库可能会造成特定风险：信息技术人员可能获得超越其职责范围的数据访问权限，因此破坏了系统应有的职责分工；未经授权改变主文档的数据；未经授权改变系统或程序；未能对系统或程序作出必要的修改；不恰当的人为干预；可能丢失数据或不能访问所需的数据。

2. 与审计相关的内部控制

与审计相关的控制，是指被审计单位为实现财务报告可靠性目标而设计和实施的控制。内部控制的目标既包括财务报告的可靠性，也包括经营的效率和效果以及对法律法规的遵守，但注册会计师审计的目标是对财务报表是否存在重大错报发表审计意见，所以，注册会计师考虑的并非被审计单位整体的内部控制，而只是与审计相关的内部控制。虽然大部分都与审计相关，但并非所有与财务报告相关的控制都与审计相关。

注册会计师需要运用职业判断确定一项控制单独或连同其他控制是否与审计相关。注册会计师在运用职业判断时应考虑下列因素。

（1）注册会计师确定的重要性水平。

（2）相关风险的重要程度。

（3）被审计单位的规模。

（4）被审计单位的性质，包括组织结构和所有权特征。

（5）被审计单位经营的多样性和复杂性。

（6）适用的法律法规和监管要求。

（7）内部控制的情况和适用的要素。

（8）作为内部控制组成部分的系统（包括使用服务机构）的性质和复杂性。

（9）一项特定控制（单独或连同其他控制）是否以及如何防止或发现并纠正重大错报。

如果在设计和实施进一步审计程序时拟利用被审计单位内部生成的信息，针对该信息完整性和准确性的控制可能与审计相关。如果经营和合规目标相关的控制与注册会计师实施审计程序时评价或使用的数据相关，则这些控制也可能与审计相关。用以防止未经授权购买、使用或处置资产的内部控制，可能包括与财务报告和经营目标相关的控制。注册会计师对这些控制的考虑，通常仅限于与财务报告可靠性相关的控制。

3. 直接控制和间接控制

直接控制是指足以精准防止、发现或纠正认定层次错报的内部控制，间接控制是指不足以精准防止、发现或纠正认定层次错报的内部控制。

信息与沟通以及控制活动要素中的控制主要为直接控制。因此，注册会计师对这些要素的了解和评价更有可能影响其对认定层次重大错报风险的识别和评估。实务中，注册会计师需要投入充足的资源对这些要素中的控制进行了解和评价。

内部环境、风险评估和内部监督中的控制主要是间接控制，该类控制虽不足以精准地防止、发现或纠正认定层次的错报，但可以支持其他控制，因此，该类控制可能间接影响及时发现或防止错报发生的可能性。值得说明的是，这些要素中的某些控制也可能是直接控制。

内部环境为内部控制体系其他要素的运行奠定了总体基础。内部环境不能直接防止、发现并纠正错报，但其可能影响内部控制体系其他要素中控制的有效性。同样，风险评估和内部监督也旨在支持整个内部控制体系。

4. 了解与审计相关的内部控制

注册会计师应当综合运用询问及其他审计程序了解与审计相关的内部控制，评价这些控制的设计并确定其是否得到执行。对内部控制了解的程度，是指注册会计师在实施风险评估程序时，了解被审计单位内部控制的范围及深度，包括评价控制设计的有效性，并确定其是否得到执行，但不包括对控制是否得到一贯执行的测试。

（1）评价内部控制的设计

注册会计师了解与审计相关的内部控制，旨在评价内部控制的设计，并确定其是否得到执行。评价控制设计的有效性，涉及考虑该控制单独或连同其他控制是否能够有效防止或发现并纠正重大错报。控制得到执行是指某项控制存在且被审计单位正在使用。设计不当的控制可能表明内部控制存在重大缺陷，注册会计师在考虑控制是否得到执行时，应当首先考虑控制的设计有效性。

（2）评价控制设计的审计程序

注册会计师为获取有关控制设计和执行的审计证据，通常可以实施下列审计程序。

（1）询问被审计单位的人员。

（2）观察特定控制的运用。

（3）检查文件和报告。

（4）追踪交易在财务报告信息系统中的处理过程（穿行测试）。

这些程序是风险评估程序在了解被审计单位内部控制方面的具体运用。

询问本身并不足以评价控制设计的有效性以及确定其是否得到执行，注册会计师应当将询问与其他风险评估程序结合使用。

5.了解内部控制与测试控制运行有效性的关系

评价设计有效的控制是否得到执行,与测试控制运行的有效性是有区别的。前者是了解内部控制的目的,后者是控制测试的目的。

在风险评估阶段,对内部控制的了解主要是评价内部控制设计的有效性,除非存在某些可以使控制得到一贯运行的自动化控制,否则,注册会计师对控制的了解并不足以测试控制运行的有效性,也不能代替进一步审计程序的控制测试。

注册会计师需要了解和评价的内部控制只是与财务报表审计相关的内部控制。在了解被审计单位内部控制环节之后,注册会计师对控制的评价结论可能是如下方面。

(1)所设计的控制单独或连同其他控制能够防止或发现并纠正重大错报,并得到执行。

(2)控制本身的设计是合理的,但没有得到执行。

(3)控制本身的设计就是无效的或缺乏必要的控制。

第三节　识别和评估重大错报风险

识别和评估重大错报风险是风险评估阶段的最后步骤。获取关于风险因素和控制对相关风险的抵消作用,识别和评估财务报表层次以及各类交易、账户余额和披露认定层次的重大错报风险,从而根据风险评估结果确定实施进一步审计程序的性质、时间安排和范围。注册会计师应当识别重大错报风险是与财务报表整体相关,进而影响多项认定,还是与特定的各类交易、账户余额和披露的认定相关。

一、审计程序与事项识别

了解被审计单位及其环境就是为了识别和评估重大错报风险。

(一)识别和评估重大错报风险的审计程序

根据中国注册会计师执业准则,在识别和评估重大错报风险时,注册会计师应当实施下列审计程序。

(1)了解被审计单位及其环境(包括与风险相关的控制),并结合对财务报表中各类交易、账户余额和披露的考虑,识别风险。注册会计师应当在了解被审计单位及其环境的整个过程中识别风险,并将识别的风险与各类交易、账户余额和披露相联系。例如,被审计单位因相关环境法规的实施需要更新设备,将导致对原有设备提取减值准备;宏观经济的低迷可能预示应收账款的回收存在问题;竞争者开发的新产品上市,可能导致被审计单位的主要产品在短期内过时,预示将出现存货跌价和长期资产(如固定资产等)的减值。

(2)评估识别出的风险,并评价其是否更广泛地与财务报表整体相关,进而潜在地影响多项认定。

(3)结合对拟测试的相关控制的考虑,将识别的风险与认定层次可能发生错报的领域相联系。在考虑拟测试的相关控制时,注册会计师应当将识别出的风险与认定层次可能发生错报的领域相联系。例如,销售困难使产品的市场价格下降,可能导致年末存货成本高于其可变现净值而需要计提存货跌价准备,这显示存货的计价认定可能发生错报。

(4)考虑错报发生的可能性(包括发生多项错报的可能性),以及潜在错报的重大程度是否足以导致重大错报。

注册会计师应当考虑错报发生的可能性,以及潜在错报导致财务报表发生重大错报的可能性。在某些情况下,尽管识别的风险重大,但仍不至于导致财务报表发生重大错报风险。例如,期末财务报表中存货的余额较低,尽管识别的风险重大,但不至于导致存货的计价认定发生重大错报风险。

注册会计师应当利用实施风险评估程序获取的信息,包括在评价控制设计和确定其是否得到执行时获取的审计证据,作为支持风险评估结果的审计证据。

(二)可能表明被审计单位存在重大错报风险的事项和情况

注册会计师应当关注下列可能表明被审计单位存在重大错报风险的事项和情况:①在经济不稳定的国家或地区开展业务;②在高度波动的市场开展业务;③在高度复杂的监管环境中开展业务;④持续经营和资产流动性出现问题,包括重要客户流失;⑤融资能力受到限制;⑥所处行业环境发生变化;⑦供应链发生变化;⑧开发新产品或提供新服务,或进入新的业务领域;⑨开辟新的经营场所;⑩发生重大收购、重组或其他非经常性事项;⑪拟出售分支机构或业务分部;⑫存在复杂的联营或合资企业;⑬运用表外融资、特殊目的实体及其他复杂的融资安排;⑭重大的关联方交易;⑮缺乏具备会计和财务报告胜任能力的会计人员;⑯关键人员变动;⑰内部控制存在缺陷;⑱信息技术战略与经营战略不协调;⑲信息技术环境发生变化;⑳安装新的与财务报告有关的重大信息技术系统;㉑经营活动或财务业绩受到监管机构或政府部门的调查;㉒以往发生过重大错报,或本期期末出现重大会计调整;㉓发生重大的非常规或非系统性交易;㉔按照管理层特定意图记录的交易;㉕采用新的企业会计准则或会计制度;㉖会计计量过程复杂;㉗计量时存在重大不确定性的事项或交易;㉘存在未决诉讼和或有负债。

注册会计师应当充分关注可能表明被审计单位存在重大错报风险的上述事项和情况,并考虑由上述事项和情况引起的风险是否重大,以及该风险导致财务报表发生重大错报的可能性。

二、确定和考虑两个层次的重大错报风险

在对重大错报风险进行识别和评估后,注册会计师应当确定,识别的重大错报风险是与财务报表整体广泛相关,进而影响多项认定,还是与特定的某类交易、账户余额和披露的认定相关,即注册会计师要确定财务报表与交易、账户余额和披露的认定两个层次的重大错报风险。

(一)财务报表层次的重大错报风险

财务报表层次的重大错报风险是指与财务报表整体广泛相关,并潜在影响多项认定的风险,它一般不能明确地指向特定交易、账户余额和披露的认定,而是对整个认定层次或者财务报表整体的可靠性产生影响。财务报表层次的重大错报风险可能源于薄弱的控制环境,如管理层凌驾于内部控制之上,或者管理层缺乏胜任能力,或者管理层缺乏诚信,或者管理层承受异常的压力等,往往对财务报表整体产生广泛影响。财务报表层次的重大错报风险也可能源于其他原因,如在经济不稳定的国家和地区开展业务、资产的流动性出现问题、重要客户流失、融资能力受到限制、被审计单位的持续经营能力存在重大不确定性,等等。

（二）交易、账户余额和披露的认定层次的重大错报风险

交易、账户余额和披露的认定层次的重大错报风险是指与特定的各类交易、账户余额和披露的认定相关的重大错报风险。如果判断某固有风险因素可能导致某项认定发生重大错报，但与财务报表整体不存在广泛联系，注册会计师应当将其识别为认定层次的重大错报风险。例如，被审计单位存在复杂的联营或合资关系，这一事项表明长期股权投资账户的认定可能存在重大错报风险；被审计单位存在重大的关联方交易，该事项表明关联方及关联方交易的披露认定可能存在重大错报风险。

审计准则规定，注册会计师应当识别确定哪些认定是"相关认定"，进而确定哪些交易类别、账户余额和披露是"相关交易类别、账户余额和披露"。注册会计师识别确定某项认定是否属于相关认定，应当依据其固有风险而不考虑相关控制的影响。对于识别出的认定层次重大错报风险，注册会计师应当分别评估固有风险和控制风险。在评估固有风险时，注册会计师应当通过评估错报发生的可能性和重要程度来评估固有风险。在评估时，注册会计师应当考虑以下方面。

（1）固有风险因素如何以及在何种程度上影响相关认定易于发生错报的可能性。

（2）财务报表层次重大错报风险如何以及在何种程度上影响认定层次重大错报风险中固有风险的评估。注册会计师在拟测试控制运行有效性的情况下，应当评估控制风险。如果拟不测试控制运行的有效性，则应当将固有风险的评估结果作为重大错报风险的评估结果。

确定与考虑各类交易、账户余额和披露的认定层次的重大错报风险，将直接有助于确定用于获取充分、适当的审计证据而在认定层次实施的进一步审计程序的性质、时间安排和范围。在确定和考虑认定层次的重大错报风险时，注册会计师也可能发现这些风险与财务报表整体广泛相关，进而潜在地影响多项认定。

（三）将控制与认定相联系

注册会计师应当将识别出的风险、所了解的控制与认定层次可能发生错报的领域相联系。在被审计单位的内部控制系统中，可能存在可以防止或发现并纠正特定认定的重大错报的控制，注册会计师在进行风险评估时应当了解这些控制并在这些控制所在的流程和系统中将这些控制与认定相联系以确定认定层次的重大错报风险。在识别和评估错报风险时，除了考虑可能的风险外，还要考虑控制对风险的抵消和遏制作用，有效的控制会减少错报的风险，而控制不当或缺乏控制，则起不到类似的作用。单个控制活动本身往往不足以应对风险，通常只有多个控制活动连同内部控制的其他要素才能有效应对风险。某项控制可能与某一认定直接相关，也可能与某一认定间接相关，关系越间接，该项控制在防止或发现并纠正认定错报方面的有效性就越差。

（四）交易、账户余额和披露的认定层次重大错报风险的汇总

注册会计师应当考虑错报发生的可能性，以及潜在错报的重大程度是否足以导致重大错报，并对识别的各类交易、账户余额和披露的认定层次的重大错报风险予以汇总与评估，以确定进一步审计程序的性质、时间安排和范围。评估认定层次的重大错报风险汇总表示例见表 6-1。

表 6-1　评估认定层次的重大错报风险汇总表

相关账户	相关认定	识别出的重大错报风险	风险评估结果
列示相关账户，例如，应收账款	列示相关认定。例如，存在、完整性，准确性、计价和分摊等	汇总实施审计程序识别出的与该相关账户的某项认定相关的重大错报风险	评估该项认定的重大错报风险水平（应考虑控制设计是否有效、是否得到执行）
…	…	…	…

注：注册会计师也可以在该表中记录针对评估的认定层次重大错报风险而相应制订的审计方案。

三、评估固有风险等级

在评估与特定认定层次重大错报风险相关的固有风险等级时，注册会计师应当运用职业判断，确定错报发生的可能性和重要程度综合起来的影响程度。固有风险等级是指注册会计师对固有风险水平在一个范围内作出的从低到高的判断。作出该判断应当考虑被审计单位的性质和具体情况，并考虑评估的错报发生的可能性和重要程度以及固有风险因素。

注册会计师应使用错报发生的可能性和重要程度综合起来的影响程度，确定固有风险等级。综合起来的影响程度越高，评估的固有风险等级越高，反之亦然。

评估的固有风险等级越高，并不意味着评估的错报发生的可能性和重要程度都较高。错报发生的可能性和重要程度在固有风险等级上的交集确定了评估的固有风险在固有风险等级中是较高还是较低。评估的固有风险等级较高也可能是错报发生的可能性和重要程度的不同组合导致的，例如，较低的错报发生的可能性和极高的重要程度可能导致评估的固有风险等级较高。

四、特别风险

在进行风险评估时，注册会计师应当根据职业判断确定识别出的风险是否为特别风险。所谓特别风险，是指注册会计师识别和评估的，根据判断认为需要特别考虑的重大错报风险。

（一）特别风险的概念

特别风险是指注册会计师识别出的符合下列特征之一的重大错报风险。

（1）根据固有风险因素对错报发生的可能性和错报的严重程度的影响，注册会计师将固有风险评估为达到或接近固有风险等级的最高级（上限）。

（2）根据审计准则的规定，注册会计师应当将其作为特别风险。

（二）确定特别风险时考虑的事项

确定特别风险时应考虑的事项，是指注册会计师识别和评估的、根据判断认为需要特别考虑的重大错报风险。注册会计师在评估固有风险等级时，应当考虑固有风险因素的相对影响，固有风险因素的影响越低，评估的风险等级可能也越低。以下事项可能导致注册会计师评估认为重大错报风险具有较高的固有风险等级，进而将其确定为特别风险。

（1）风险是否属于舞弊风险。

（2）风险是否与近期经济环境、会计处理方法和其他方面的重大变化有关。

（3）交易的复杂程度。

（4）风险是否涉及重大的关联方交易。

（5）财务信息计量的主观程度。

（6）风险是否涉及异常或超出正常经营过程的重大交易。

在判断重大错报风险是不是特别风险时，注册会计师基于固有风险的角度，不考虑识别出的控制对相关风险的抵消效果。注册会计师要根据风险的性质、潜在错报的重要程度（该风险是否可能导致多项错报）和发生的可能性来判断风险是否属于特别风险。

（三）非常规交易和判断事项导致的特别风险

经过系统处理的日常、简单的交易不太可能产生特别风险，特别风险通常与重大的非常规交易和判断事项有关。非常规交易是指由于金额或性质异常而不经常发生的交易，判断事项通常包括作出的会计估计（具有计量的重大不确定性）。涉及以下事项的重大非常规交易，其重大错报风险可能更高：①管理层更多地干预会计处理；②对数据的收集和处理进行了更多的人工干预；③复杂的计算或会计处理方法；④非常规交易的性质可能使被审计单位难以对由此产生的风险实施有效控制。

判断事项通常包括作出的会计估计（具有计量的重大不确定性）。涉及以下事项的重大判断事项，其重大错报风险可能更高：①对涉及会计估计、收入确认等方面的会计原则存在不同的理解；②所要求的判断可能是主观和复杂的，或需要对未来事项作出假设，如对公允价值的判断。

（四）特别风险的应对

虽然与重大非常规交易或判断事项相关的风险通常很少受到日常控制的约束，但管理层通常会采取其他措施来应对此类风险，所以，如果认为存在特别风险，注册会计师应当了解被审计单位与该风险相关的控制（包括控制活动），这有助于注册会计师制订有效的审计方案予以应对。注册会计师在了解被审计单位是否设计和执行了针对非常规交易或判断事项导致的特别风险的控制时，通常需要了解管理层是否以及如何应对这些风险，应当评价相关控制的设计和执行情况。如果管理层未能通过实施针对特别风险的控制以恰当应对特别风险，注册会计师应当认为内部控制存在值得关注的缺陷，并考虑其对风险评估的影响。在此情况下，注册会计师应当就此类事项与治理层沟通。

【例6-2】X股份有限公司的重大错报风险评估

X股份有限公司是一家专业生产、加工绿色有机农产品的企业。A注册会计师作为X公司2019年度财务报表审计项目的合伙人，通过了解X公司及其环境，发现当年X公司所处行业由于一些新竞争者的加入，不仅分割了一部分市场，还导致产品价格下降了10%。X公司2018年末制定的2019年度的经营目标是：以稳定发展为前提，力争收入、利润等主要指标在2018年度的基础上保持稳定或略有提高。X公司提供的财务报表显示（见表6-2），2019年度销售收入为112655260元，比上一年增长约15%（董事会制定的当年预算目标是增长14%）。2019年12月31日应收账款余额为39560810元，组成情况如下：共有226个客户，其中9个客户（均为省级经销商）的余额在100万元以上，占应收账款总额的38%，其余客户的余额均小于30万元。此外，余额为10万元以上且账龄超过一年的应收账款有15个。

表 6-2　X 公司的财务报表数据

项目	2019 年(未审数)	2018 年(已审数)
应收账款/元	39560810	27765338
坏账准备/元	(1879830)	(1707400)
销售收入/元	112655260	93103520
应收账款周转天数/天	108	92

2019 年 12 月 31 日,X 公司的坏账准备余额为 1879830 元。公司采用账龄分析法和个别认定法相结合的方式计提坏账准备,其中账龄分析法为:账龄六个月以上一年以下 10%;一年以上两年以下 50%;两年以上 100%。

要求:运用分析性程序开展风险评估,分析哪些账户的相关认定可能存在需要关注的重大错报风险,形成初步结论。

案例解析:

X 公司在 2019 年的应收账款余额大幅上升,但坏账准备余额与上一年基本持平。因此,应收账款的准确性、计价和分摊认定可能存在特别风险,即年末坏账准备的计提很可能不够。

此外,X 公司所处行业有新的竞争者加入,被分割了一部分市场,在新竞争者的冲击下,X 公司仍然完成了其经营目标,一方面可能存在管理层为完成目标而虚增销售业务,导致其 2019 年的销售收入仍大幅增加,注册会计师认为销售收入的"发生"认定、应收账款的"存在"认定可能存在重大错报风险;另一方面,由于产品价格下跌,存货的期末计价与分摊也可能存在错报。

运用分析程序识别评估和应对重大错报风险的结果见表 6-3。

表 6-3　X 股份有效公司的重大错报风险识别、评估和应对结果

描述识别的风险	识别出的重大错报风险		认定	是否属于特别风险	内部控制抵消作用	重大错报风险水平
	交易	账户				
在新竞争者的冲击下,X 公司仍然完成了其经营目标,一方面可能存在管理层为完成目标而虚增销售业务的情况;另一方面,由于产品价格下跌,存货的期末计价与分摊也可能存在错报	销售	主营业务收入	发生、准确性、截止	是	弱	高
		应收账款	存在、权利和义务、计价、分摊和准确性	是	弱	高
	生产	存货		否	强	中

五、对风险评估的修正

注册会计师对认定层次重大错报风险的评估结果,可能会随着审计过程中不断获取更多的审计证据而作出相应的修正。

如果通过实施进一步审计程序获取的审计证据或获取的新信息与注册会计师之前作出评估所依据的审计证据不一致,注册会计师应当修正风险评估结果,并相应修改原计划实施

的进一步审计程序。例如,注册会计师对重大错报风险的评估是基于相关内部控制设计有效并预期运行有效而作出的,即相关控制可以防止或发现并纠正认定层次的重大错报,但注册会计师在测试控制运行有效性时获取的证据可能表明相关控制在被审计期间并未有效运行。

在实施实质性程序后,注册会计师也可能发现错报的金额和频率比在风险评估时预计的金额和频率要高。在这些情况下,注册会计师都需要修正风险评估的结果,并进而调整进一步审计程序的性质、时间安排和范围。重大错报风险的评估是一个连续和动态地收集、更新与分析信息的过程,贯穿于审计过程的始终。

第四节 应对重大错报风险

完成风险评估工作后,注册会计师根据识别和评估的重大错报风险设计与实施恰当的应对措施,以获取充分、适当的审计证据。针对评估的财务报表层次重大错报风险确定总体应对措施,并针对评估的认定层次重大错报风险设计和实施进一步审计程序,以将审计风险降至可接受的低水平。

一、针对财务报表层次重大错报风险的总体应对措施

注册会计师应当针对评估的财务报表层次重大错报风险,设计和实施总体应对措施。

(一)财务报表层次重大错报风险的总体应对

针对评估的财务报表层次重大错报风险,注册会计师可以考虑采取以下总体应对措施。

(1)向项目组强调保持职业怀疑的必要性。

(2)指派更有经验或具有特殊技能的审计人员,或利用专家的工作。

(3)提供更多的督导。

(4)在选择拟实施的进一步审计程序时融入更多的不可预见因素,使某些程序不被预见到或事先了解,包括:对某些未测试过的低于设定的重要性水平或风险较小的账户余额和认定实施实质性程序;调整实施审计程序的时间,使被审计单位不可预期;采取不同的审计抽样方法,使当期抽取的测试样本与以前有所不同;选取不同的地点实施审计程序,或预先不告知被审计单位所选定的测试地点。

(5)对拟实施审计程序的性质、时间安排和范围作出总体修改,包括:期末而非期中实施更多的审计程序、通过实施实质性程序获取更广泛的审计证据、增加纳入审计范围的经营地点的数量。

注册会计师评估的财务报表层次重大错报风险以及采取的总体应对措施,也会对拟实施的进一步审计程序的总体审计方案产生重大影响,直接影响注册会计师在进一步审计程序中采用的实质性程序与控制测试的性质、时间安排和范围以及实质性程序与控制测试两者的比重。

主题讨论:境外业务审计风险识别与应对——以立讯精密为例

(二)控制环境薄弱导致的财务报表层次重大错报风险的应对

注册会计师对控制环境的了解影响其对财务报表层次重大错报风险的评估,从而影响所采取的总体应对措施。薄弱的控制环境对财务报表的影响通常不会限于某类交易、账户余额和披露,而是会产生广泛的影响,从而会导致财务报表层次的重大错报风险。有效的控制环境可以使注册会计师增强对内部控制的信心和对被审计单位内生成的审计证据的信赖程度。反之,如果控制环境存在缺陷,注册会计师应当考虑采取以下措施对拟实施审计程序的性质、时间安排和范围作出总体修改。

(1)在期末而不是期中实施更多的审计程序。控制环境的缺陷通常会影响内部控制的有效性,削弱期中获得的审计证据的可信赖程度,因此,为了获得充分适当的审计证据,更多选择在期末实施审计程序。

(2)主要依赖实质性程序获取审计证据。良好的控制环境是其他控制要素发挥作用的基础,而控制环境存在缺陷通常会削弱其他控制要素发挥作用,导致注册会计师可能无法信赖内部控制,从而主要依赖实施实质性程序获取审计证据。

(3)修改审计程序的性质,获取更具说服力的审计证据。不同类型审计程序所能获取的审计证据的质量是不同的,修改审计程序的性质是指调整审计程序的类别及组合来获取更充分适当的审计证据。

(4)扩大审计程序的范围。扩大审计程序的范围一方面可以增加审计证据的数量,另一方面可以增强审计证据的可靠性,如增加纳入审计范围的经营场所的数量,扩大样本规模,或采用更详细的数据实施分析程序。

(三)增加审计程序不可预见性的方法

表 6-4 举例说明了一些具有不可预见性的审计程序。

表 6-4 增加审计程序不可预见性的示例

审计领域	一些可能适用的具有不可预见性的审计程序
存货	(1)向以前审计过程中接触不多的被审计单位员工询问,例如采购、销售、生产人员等 (2)在不事先通知被审计单位的情况下,选择一些以前未曾到过的盘点地点进行存货监盘
销售和应收账款	(1)向以前审计过程中接触不多或未曾接触过的被审计单位员工询问,例如负责处理大客户账户的销售部人员 (2)改变实施实质性分析程序的对象,例如对收入按细类进行分析 (3)针对销售和销售退回延长截止测试期间 (4)实施以前未曾考虑过的审计程序
采购和应付账款	(1)如果以前未曾对应付账款余额普遍进行函证,可考虑直接向供应商函证确认余额。如果经常采用函证方式,可考虑改变函证的范围或者时间 (2)对以前由于低于设定的重要性水平而未曾测试过的采购项目进行细节测试 (3)使用计算机辅助审计技术审阅采购和付款账户,以发现一些特殊项目,例如是否有不同的供应商使用相同的银行账户
现金和银行存款	(1)多选几个月的银行存款余额调节表进行测试 (2)对有大量银行账户的,考虑改变抽样方法

二、针对认定层次重大错报风险的进一步审计程序

针对评估的认定层次的重大错报风险,注册会计师应当设计和实施进一步审计程序,包括审计程序的性质、时间安排和范围。

(一)进一步审计程序

进一步审计程序是相对于前一阶段的风险评估程序而言的,是指注册会计师针对评估的各类交易、账户余额和披露的认定层次的重大错报风险实施的审计程序,主要包括控制测试和实质性程序。

审计程序的性质是指审计程序的目的和类型。审计程序的目的主要包括两个方面:一是评价内部控制的有效性,即实施控制测试以评价内部控制在防止或发现并纠正认定层次重大错报方面运行的有效性;二是发现重大错报,即实施实质性程序以发现认定层次的重大错报。审计程序的类型包括检查、观察、询问、函证、重新计算、重新执行和分析程序。

审计程序的时间安排是指注册会计师何时实施审计程序,或审计证据适用的期间或时点。进一步审计程序的时间安排,在一些情况下是指审计程序的实施时间,在另一些情况下是指需要获取的审计证据适用的期间或时点。

审计程序的范围是指实施审计程序的数量,如抽取的样本量或对某项控制活动的观察次数。

(二)进一步审计程序的影响因素

注册会计师设计与实施的进一步审计程序的性质、时间安排和范围,应当与评估的认定层次的重大错报风险具有对应关系,从而可以有的放矢地配置审计资源,使注册会计师实施的审计程序具有明确的目的性和针对性,以提高审计效率和效果。

注册会计师在设计拟实施的进一步审计程序时,应当考虑形成某类交易、账户余额和披露的认定层次重大错报风险评估结果的依据,而且,评估的风险越高,需要获取越有说服力的审计证据。形成某类交易、账户余额和披露的认定层次重大错报风险评估结果的依据包括以下内容。

(1)相关交易类别、账户余额或披露的具体特征而导致重大错报的可能性(即固有风险)。

(2)风险评估是否考虑了相关控制(即控制风险),从而要求注册会计师获取审计证据以确定控制是否有效运行(即注册会计师在确定实质性程序的性质、时间安排和范围时,拟信赖控制运行的有效性)。

在设计进一步审计程序时,注册会计师应当考虑下列因素。

(1)风险的重要性。风险的重要性是指风险造成的后果的严重程度。风险造成的后果越严重,就越需要注册会计师关注和重视,越需要精心设计有针对性的进一步审计程序。

(2)重大错报发生的可能性。重大错报发生的可能性越大,同样越需要注册会计师精心设计进一步审计程序。

(3)涉及的各类交易、账户余额和披露的特征。不同的交易、账户余额和披露,产生的认定层次的重大错报风险也会存在差异,适用的审计程序也有差别,需要注册会计师区别对待,并设计有针对性的进一步审计程序予以应对。

(4)被审计单位采用的特定控制的性质。不同性质的控制(尤其是人工控制或自动控

制)对注册会计师设计进一步审计程序具有重要影响。

(5)注册会计师是否拟获取审计证据,以确定内部控制在防止或发现并纠正重大错报方面的有效性(比如,针对某项控制管理层串通舞弊,表明相关内部控制已经失效,无须实施控制测试)。

当由于评估的重大错报风险较高而需要获取更具说服力的审计证据时,注册会计师可能需要增加所需审计证据的数量,或获取更具相关性或可靠性的证据。例如,更多地从第三方获取证据或从多个独立渠道获取互相印证的证据。

(三)进一步审计程序的总体方案

拓展资源:仅通过实质性程序无法应对的重大错报风险

注册会计师要根据并针对识别和评估的认定层次的重大错报风险设计与实施进一步审计程序(包括审计程序的性质、时间安排和范围),从而形成不同的总体审计方案,总体上主要分为实质性方案和综合性方案。实质性方案是指注册会计师实施的进一步审计程序以实质性程序为主;综合性方案是指注册会计师在实施进一步审计程序时,将控制测试与实质性程序结合使用。注册会计师应当根据认定层次重大错报风险的评估结果,恰当设计和选用实质性方案或综合性方案。设计进一步审计程序方案的选择如下。

(1)通常情况下,注册会计师出于成本效益的考虑可以采用综合性方案设计进一步审计程序,即将测试控制运行的有效性与实质性程序结合使用。

(2)如仅通过实质性程序无法应对重大错报风险时,注册会计师必须通过实施控制测试,才可能有效应对评估出的某一认定的重大错报风险。

(3)如果注册会计师的风险评估程序未能识别出与认定相关的任何控制,或注册会计师认为控制测试很可能不符合成本效益原则,注册会计师可能认为仅实施实质性程序就是适当的。

(4)小型被审计单位可能不存在能够被注册会计师识别的控制活动,注册会计师实施的进一步审计程序可能主要是实质性程序。

(5)无论选择何种方案,注册会计师都应当对所有重大的各类交易、账户余额和披露设计和实施实质性程序。

注册会计师对重大错报风险的评估毕竟是一种主观判断,可能无法充分识别所有的重大错报风险,同时内部控制存在固有局限性(特别是存在管理层凌驾于内部控制之上的可能性),因此,无论选择何种方案,注册会计师都应当对所有重大类别的交易、账户余额和披露设计和实施实质性程序。

(四)控制测试与实质性程序的关系

控制测试,是否按某项制度去做。如果目的是测试控制的运行有效性,则属于控制测试,比如:检查销售发票或发运凭证上相关人员的授权签字,就是控制测试。实质性程序,有没有重大错报。如果目的是直接检查认定层次的重大错报,则就属于实质性程序,比如:检查销售发票上金额记录的准确性,与合同、记账凭证核对(涉及应收账款或是其他相关项目的准确性认定,看其是否有重大错报),则为实质性程序。控制测试和实质性程序的区别如表 6-5 所示。

表 6-5　控制测试和实质性程序的区别

区别	控制测试	实质性程序
1.测试对象	内部控制	会计数据（余额、交易）
2.测试目的	确定内控的设计和执行是否有效	确定报表项目认定的公允性
3.测试时间	期中、期末为主	期末、期后为主
4.程序性质	询问、观察、检查、重新执行	观察、查询及函证、检查、分析程序、计算等
5.实施要求	必要时或决定测试时	必须执行
6.证据类型	间接证据	直接证据
7.程序种类	双重目的测试	细节测试、分析性程序
8.计量性质	偏差率	错报金额
9.测试风险	控制风险	检查风险
10.抽样类型	属性抽样	变量抽样

三、进一步审计程序的设计

设计进一步审计程序就是选择和确定进一步审计程序的性质、时间安排及范围。

（一）确定进一步审计程序的性质

确定进一步审计程序的性质就是根据评估的重大错报风险确定和选择审计程序的目的与类型。其中，进一步审计程序的目的包括通过实施控制测试以确定内部控制运行的有效性，通过实施实质性程序以发现认定层次的重大错报；进一步审计程序的类型包括检查、观察、询问、函证、重新计算、重新执行和分析程序。不同类型和目的的审计程序收集的审计证据不同，应对特定认定层次错报风险的效力不同。例如，对于与收入完整性认定相关的重大错报风险，控制测试通常比实质性程序更能有效应对；对于与收入发生认定相关的重大错报风险，实质性程序通常比控制测试更能有效应对。所以，在应对评估的错报风险时，应当合理确定审计程序的性质。

注册会计师应当根据认定层次重大错报风险的评估结果选择审计程序。评估的认定层次的重大错报风险越高，对获取的审计证据的相关性和可靠性就要求越高，从而影响进一步审计程序的类型及其综合运用。例如，如果注册会计师判断认为某类交易协议的完整性存在更高的重大错报风险时，除了检查文件以外，注册会计师可能还需要向第三方询问或函证协议条款的完整性。

注册会计师还应当考虑评估的认定层次的重大错报风险产生的原因，包括考虑各类交易、账户余额和披露的具体特征及内部控制。例如，如果注册会计师判断认为某特定类别的交易即使在不存在相关控制的情况下发生重大错报的风险仍较低，那么，注册会计师可能认为仅实施实质性程序就可以获取充分、适当的审计证据。

如果在实施进一步审计程序时拟利用被审计单位信息系统生成的信息，注册会计师应当就信息的准确性和完整性获取审计证据。例如，注册会计师在执行实质性分析程序时，使用了被审计单位生成的非财务信息或预算数据，注册会计师应当获取关于这些信息的准确性和完整性的审计证据。

(二)确定进一步审计程序的时间安排

确定进一步审计程序的时间安排,就是根据评估的重大错报风险确定审计程序的实施时间。从理论上讲,虽然注册会计师可以选择在期中或期末实施控制测试或实质性程序,但当重大错报风险较高时,注册会计师应当考虑在期末或接近期末实施实质性程序,采用不事先通知的方式或在管理层不能预见的时间实施审计程序。

虽然在期末实施审计程序在很多情况下非常必要,但注册会计师在期中实施审计程序也可以发挥积极的作用。在期中实施进一步审计程序,通常有助于注册会计师在审计工作初期识别重大事项,并在管理层的协助下及时解决这些事项或针对这些事项制订有效的实质性方案或综合性方案。但是,注册会计师在期中实施进一步审计程序往往难以获取有关期中以前的充分、适当的审计证据,从期中到期末这段期间还往往会发生对所审计期间的财务报表认定产生重大影响的交易或事项,被审计单位管理层也有可能在注册会计师实施了进一步审计程序之后对期中以前的相关会计记录作出调整甚至篡改,这些都会导致注册会计师在期中实施进一步审计程序所获取的审计证据不够充分和适当。因此,即使注册会计师在期中实施了进一步审计程序,也要针对剩余期间实施审计程序,以获取充分适当的审计证据。

在确定何时实施审计程序时,注册会计师应当考虑下列因素。

(1)控制环境。有效的控制环境表明被审计单位企业层面的控制是有效的,相对于低效或无效的控制环境来说,注册会计师选择在期中实施进一步审计程序的风险会小得多。

(2)何时能得到相关信息。某些控制活动可能仅在期中(或期中以前)发生,而之后可能难以再被观察到,注册会计师如果希望获取相关信息,则需要考虑能够获取相关信息的时间。

(3)错报风险的性质。如果注册会计师认为被审计单位为了保证盈利目标的实现可能会在会计期末以后伪造销售合同以虚增收入。注册会计师就需要考虑在期末(即资产负债表日)获取被审计单位截至期末所能提供的所有销售合同及相关资料,以防范被审计单位在资产负债表日后伪造销售合同虚增收入的做法。

(4)审计证据适用的期间或时点。注册会计师还应当根据需要获取审计证据的适用期间或时点确定何时实施进一步审计程序。

(5)编制财务报表的时间,尤其是编制某些披露的时间,这些披露为资产负债表、利润表、所有者权益变动表或现金流量表中记录的金额提供了进一步解释。

注册会计师通常可以根据具体情况选择实施进一步审计程序的时间,但也存在一些客观限制,某些审计程序只能在期末或期末以后实施,如将财务报表与会计记录相核对、检查财务报表编制过程中所做的会计调整等。此外,如果被审计单位在期末或接近期末发生了重大交易或重大交易在期末尚未完成,注册会计师应当考虑交易的发生或截止等认定可能存在的重大错报风险,并在期末或期末以后检查此类交易。

(三)确定进一步审计程序的范围

确定进一步审计程序的范围,就是确定实施进一步审计程序的数量,包括抽取的样本量以及对某项控制活动的观察次数等。

在确定审计程序的范围时,注册会计师应当考虑下列因素。

（1）确定的重要性水平。确定的重要性水平越低，注册会计师需要实施的进一步审计程序的范围就越大。

（2）评估的重大错报风险。评估的重大错报风险越高，对拟获取审计证据的相关性、可靠性的要求就越高，注册会计师需要实施的进一步审计程序的范围也就越大。随着重大错报风险的增加，注册会计师应当考虑扩大进一步审计程序的范围，但只有当审计程序本身与特定风险相关时，扩大审计程序的范围才是有效的。

（3）计划获取的保证程度。计划获取的保证程度越高，对测试结果的可靠性要求就越高，注册会计师需要实施的进一步审计程序的范围就越大。

为了提高效率，注册会计师在确定进一步审计程序的范围时可以使用计算机辅助审计技术对电子化的交易和账户文档进行更广泛的测试，包括从主要电子文档中选取交易样本，或按照某一特征对交易进行分类，或对总体而非样本进行测试等。

注册会计师使用恰当的抽样方法通常可以得出有效的结论，但在下列情形下注册会计师依据样本得出的结论可能与对总体实施同样的审计程序得出的结论不同。

（1）从总体中选择的样本量过小。

（2）选择的抽样方法对实现特定目标不适合。

（3）未对发现的例外事项进行恰当的追查。

因此，注册会计师要考虑审计抽样过程对审计范围的影响，合理控制抽样风险。注册会计师在综合运用不同审计程序时，除了面临各类审计程序的性质选择问题，还面临如何权衡各类程序的范围问题。因此，注册会计师在综合运用不同审计程序时不仅要考虑各类审计程序的性质，还要考虑测试的范围是否适当。

四、控制测试

注册会计师在风险评估阶段了解和评价了内部控制的设计有效性；在风险应对阶段，为了确定拟信赖的内部控制是否有效运行，还要对控制运行的有效性进行测试。

（一）控制测试的内涵和前提条件

1.控制测试的内涵

控制测试，是指用于评价内部控制在防止或发现并纠正认定层次重大错报方面的运行有效性的审计程序，这一概念需要与"了解内部控制"进行区分。"了解内部控制"包含两层含义：一是评价控制的设计；二是确定控制是否得到执行。测试控制运行的有效性与风险评估阶段确定控制是否得到执行所需获取的审计证据是不同的。在实施风险评估程序以获取控制是否得到执行的审计证据时，注册会计师应当确定某项控制是否存在，被审计单位是否正在使用。

在测试控制运行的有效性时，注册会计师应当从下列方面获取关于控制是否有效运行的审计证据。

（1）控制在所审计期间的相关时点是如何运行的。

（2）控制是否得到一贯执行。

（3）控制由谁或以何种方式执行。

从这三个方面来看，控制运行有效性强调的是控制能够在各个不同时点按照既定设计得以一贯执行。因此，在了解控制是否执行时，注册会计师只需抽取少量的交易进行检查或观察某几个时点。但在测试控制运行的有效性时,注册会计师需要抽取足够数量的交易进行检查或对多个不同时点进行观察。

测试控制运行的有效性与确定控制是否得到执行所需获取的审计证据虽然存在差异,但两者也有联系。为评价控制设计和确定控制是否得到执行而实施的某些风险评估程序尽管并非专为控制测试而设计,但也可能会提供有关控制运行有效性的审计证据,注册会计师可以考虑在评价控制设计和获取其得到执行的审计证据的同时测试控制运行的有效性,以提高审计效率。注册会计师还应当考虑这些审计证据是否足以实现控制测试的目的。

如果被审计单位在审计期间内的不同时期使用了不同的控制,注册会计师应当考虑不同时期控制运行的有效性。

2.控制测试的前提条件

控制测试并非在任何情况下都需要实施,当存在下列情形之一时,注册会计师应当设计和实施控制测试,针对相关控制运行的有效性,获取充分、适当的审计证据。

(1)在评估认定层次重大错报风险时,预期控制的运行是有效的

如果在评估认定层次重大错报风险时预期控制的运行是有效的,即在确定实质性程序的性质、时间安排和范围时,注册会计师拟信赖控制运行的有效性,就应当实施控制测试,并就控制在相关期间或时点的运行有效性获取充分、适当的审计证据。

注册会计师通过实施风险评估程序,可能发现某项控制的设计是合理的并得到了执行。如果相关控制在不同时点都得到了一贯执行,那么与该项控制有关的财务报表认定发生重大错报的可能性就会较小,注册会计师就可以减少实施实质性程序,从而提高审计效率。为此,注册会计师就需要实施控制测试,判断相关控制在不同时点是否得到了一贯执行。这种测试主要是出于成本效益的考虑,注册会计师通过了解内部控制后认为某项控制设计合理、能够防止或发现和纠正认定层次的重大错报,存在被信赖和利用的可能,注册会计师据此可以减少的实质性程序工作量会大大超过增加的控制测试的工作量,才有必要对控制运行的有效性进行测试。

(2)仅实施实质性程序并不能提供认定层次充分、适当的审计证据

如果认为仅实施实质性程序获取的审计证据无法将认定层次重大错报风险降至可接受的低水平,注册会计师就应当对相关控制实施控制测试,以获取控制运行有效性的审计证据。

(二)控制测试的性质

1.控制测试的性质的含义

控制测试的性质是指控制测试所使用的审计程序的类型及其组合。

计划从控制测试中获取的保证水平是决定控制测试性质的主要因素之一。注册会计师应当选择适当类型的审计程序以获取有关控制运行有效性的证据。在设计和实施控制测试时,对控制有效性的信赖程度越高,注册会计师就越应当获取有说服力的审计证据。如果拟实施的进一步审计程序主要以控制测试为主,尤其是仅通过实质性程序无法或不能获取充分、适当的审计证据时,注册会计师可能需要获取有关控制运行有效性的更高水平的保证。

控制测试采用的审计程序有询问、观察、检查和重新执行。

在设计和实施控制测试时,注册会计师应当注意以下两点。

(1)将询问与其他审计程序结合使用,以获取有关控制运行有效性的审计证据

询问本身并不足以测试控制运行的有效性。注册会计师应当将询问与其他审计程序结合使用,以获取有关控制运行有效性的审计证据。观察提供的证据仅限于观察发生的时点,本身也不足以测试控制运行的有效性,所以,将询问与检查或重新执行结合使用,通常能够比仅实施询问和观察获取更高水平的保证。例如,被审计单位针对处理收到的邮政汇款单设计和执行了相关的内部控制,注册会计师通过询问和观察程序往往不足以测试此类控制的运行有效性,还需要检查能够证明此类控制在所审计期间的其他时段有效运行的文件和凭证,以获取充分、适当的审计证据。

(2)确定拟测试的控制是否依赖其他控制

在设计控制测试时,注册会计师不仅应当考虑与认定直接相关的控制,还应当考虑这些控制所依赖的与认定间接相关的控制,以获取支持控制运行有效性的审计证据。例如,被审计单位可能针对超出信用额度的例外赊销交易设置报告和审核制度(与认定直接相关的控制);在测试该项制度的运行有效性时,注册会计师不仅应当考虑审核的有效性,还应当考虑与例外赊销报告中信息准确性有关的控制(与认定间接相关的控制)是否有效运行。

在测试控制运行的有效性时,注册会计师应当获取的有关控制是否有效运行的审计证据如下:控制在所审计期间的相关时点是如何运行的;控制是否得到一贯执行;控制由谁或以何种方式执行。

2.考虑特定控制的性质

注册会计师应当根据特定控制的性质选择所需实施审计程序的类型。某些控制可能存在反映控制运行有效性的文件记录,在这种情况下,注册会计师应当考虑检查这些文件记录以获取控制运行有效性的审计证据。某些控制可能不存在文件记录或文件记录与控制运行是否有效不相关,在这种情况下,注册会计师可能需要询问并结合其他审计程序,或借助计算机辅助审计技术获取有关控制运行有效性的审计证据。

3.实施控制测试时对双重目的的实现

控制测试的目的是评价控制是否有效运行,细节测试的目的是发现认定层次的重大错报。尽管两者目的不同,但注册会计师可以考虑针对同一交易同时实施控制测试和细节测试,以实现双重目的,这种做法称为双重目的测试。例如,注册会计师通过检查某笔交易的发票可以同时实现两个目的;一是确定其是否经过适当的授权;二是获取关于该交易的发生、准确性等认定的审计证据。

4.实施实质性程序的结果对控制测试结果的影响

(1)如果通过实施实质性程序未发现某项认定存在错报,这本身并不能说明与该项认定有关的控制是有效运行的。

(2)如果通过实施实质性程序发现某项认定存在错报,注册会计师应当在评价相关控制的运行有效性时予以考虑,例如降低对相关控制的信赖程度、调整实质性程序的性质、扩大实质性程序的范围等。

(3)如果实施实质性程序发现被审计单位没有识别出的重大错报,通常表明内部控制存在值得关注的缺陷,注册会计师应当就这些缺陷与管理层和治理层进行沟通。

【例 6-3】华兴公司新增客户信用审批的内部控制测试

注册会计师开展控制测试的程序包括：

1. 询问风险控制岗是否了解新增客户信用风险审查的内容；

2. 检查有无客户信用的描述；

3. 检查有无 CFO 的授权审批痕迹；

4. 重新执行新增客户信用风险审查，审查内容包括客户财务指标是否正常以及历史交易记录付款的及时性。

(三)控制测试的时间安排

注册会计师应当测试其拟信赖的特定时点或整个期间的控制，为预期信赖程度提供恰当的依据。

1. 控制测试时间安排的含义

控制测试的时间安排关系到控制测试获取的审计证据的时间问题：一个是什么时候获得审计证据以及可用于审计期间的是哪一部分；另一个是本审计期间对以前期间获得的控制设计和运行有效性证据的信赖程度。

注册会计师应当根据控制测试的目的确定控制测试的时间安排，并确定拟信赖的相关控制的时点或期间。如果仅需要测试控制在特定时点运行的有效性，如对被审计单位期末存货盘点进行控制测试，注册会计师只需要获取该时点的审计证据。如果拟信赖控制在某一期间运行的有效性，仅获取相关控制在该时点运行有效的审计证据是不够的，注册会计师还应当实施其他测试以获取相关控制在该期间内的有关时点运行有效的审计证据，如测试被审计单位对控制的监督。

2. 利用期中获取的审计证据

出于客观因素的限制或成本效益的考虑，注册会计师可能会在期中实施控制测试，但即使注册会计师已获取相关控制在期中运行有效性的审计证据，仍然需要考虑获取相关控制在期中到期末这段时间内运行有效性的证据。如果已获取有关控制在期中运行有效性的审计证据，并拟利用该证据，注册会计师应当注意以下两点内容。

(1)获取这些控制在剩余期间发生重大变化的审计证据

针对已在期中获取审计证据的相关控制，考察这些控制在剩余期间的变化情况。如果这些控制在剩余期间没有发生变化，注册会计师可以决定信赖期中获取的审计证据；如果这些控制在剩余期间发生了变化，注册会计师需要了解并测试控制的变化对期中审计证据的影响。

(2)确定针对剩余期间还需获取的补充审计证据

在确定需要获取哪些补充审计证据以证明控制在期中之后的剩余期间仍然有效运行时，注册会计师需要考虑下列相关因素。

①评估的认定层次重大错报风险的重大程度。评估的认定层次重大错报风险对财务报表的影响越大，注册会计师需要获取的剩余期间的补充证据越多。

②期中测试的特定控制以及自期中测试后发生的重大变动，包括在信息系统、流程和人员方面发生的变动。例如，对自动化运行的控制，注册会计师更可能测试信息系统一般控制

的运行有效性,以获取控制在剩余期间运行有效性的审计证据。

③在期中对相关控制运行的有效性获取的审计证据的程度。如果注册会计师在期中对相关控制运行的有效性获取的审计证据比较充分,可以考虑适当减少剩余期间需要获取的补充证据。

④剩余期间的长度。剩余期间越长,注册会计师需要获取的剩余期间的补充证据越少,反之亦然。

⑤在信赖控制的基础上拟减少的实质性程序的范围。在信赖控制的基础上拟减少的实质性程序的范围越大,注册会计师对相关控制的信赖程度就越高,注册会计师需要获取的剩余期间的补充证据也越多。

⑥控制环境。控制环境越有效,注册会计师需要获取的剩余期间的补充证据越少,反之亦然。

被审计单位对控制的监督通常会起到检验相关控制在所有相关时点是否都有效运行的作用,因此,注册会计师除了可以延伸测试相关控制在剩余期间运行的有效性外,还可以通过测试被审计单位对控制的监督的有效性来获取补充审计证据。

(四)控制测试的范围

控制测试的范围主要是指某项控制活动的测试次数,如果要对控制运行的有效性获取更具说服力的审计证据时,可能需要扩大控制测试的范围。注册会计师在确定某项控制测试的范围时通常需要考虑下列因素。

(1)在风险评估时对控制拟信赖的程度。注册会计师在风险评估时对控制运行有效性的拟信赖程度越高,需要实施控制测试的范围越大。

(2)在拟信赖期间,被审计单位执行控制的频率。控制执行的频率越高,控制测试的范围越大。

(3)在审计期间,注册会计师拟信赖控制运行的时间长度。拟信赖控制运行的时间越长,在该时间内发生的控制活动次数就越多,所以,拟信赖控制运行的时间越长,控制测试的范围就越大。

(4)控制的预期偏差率。控制的预期偏差率可以用控制未得到执行的预期次数占控制应当得到执行次数的比率加以衡量。在评估测试结果时,通常不可能只要出现任何控制执行偏差就认定控制运行无效,所以需要确定一个合理水平的预期偏差率。为了确保控制测试结果的可靠性,控制的预期偏差率越高,需要实施控制测试的范围就越大。当然,如果控制的预期偏差率过高,注册会计师应当考虑控制可能不足以将认定层次的重大错报风险降至可接受的低水平,从而针对某一认定实施的控制测试可能是无效的。

(5)拟获取的有关认定层次控制运行有效性的审计证据的相关性和可靠性。对审计证据的相关性和可靠性要求越高,控制测试的范围越大。

(6)通过测试与认定相关的其他控制获取的审计证据的范围。针对同一认定,可能存在其他相关控制,如果针对其他控制获取审计证据的充分性和适当性较高时,可适当缩小该控制的测试范围。

对于自动化的应用控制,鉴于信息技术处理具有内在一贯性,注册会计师可以利用该项控制设计和得以执行的审计证据,以及信息技术一般控制(特别是对系统变动的控制)运行有效性的审计证据,作为支持该项控制在相关期间运行有效性的重要审计证据,除非系统发生变动,一项自动化信息处理控制应当一贯运行。对于一项自动化信息处理控制,一旦确定被审计单位正在执行该控制,注册会计师通常无须扩大控制测试的范围,但需要考虑执行下列测试以确定该控制持续有效运行。

(1)测试与该信息处理控制有关的信息技术一般控制的运行有效性。

(2)确定系统是否发生变动,如果发生变动,是否存在适当的系统变动控制。

(3)确定对交易的处理是否使用授权批准的软件版本。

(五)评价控制运行的有效性

如果发现拟信赖的控制出现偏差,注册会计师应当进行专门询问以了解这些偏差及其潜在后果,并确定下列内容。

(1)已实施的控制测试是否为信赖这些控制提供了适当的基础。

(2)是否有必要实施追加的控制测试。

(3)是否需要针对潜在的错报风险实施实质性程序。

在评价相关控制运行的有效性时,注册会计师应当评价通过实质性程序发现的错报是否表明控制未得到有效运行。虽然通过实质性程序未发现错报并不能证明与所测试认定相关的控制是有效的,但如果发现错报,注册会计师应当考虑实施实质性程序发现的错报对评价相关控制运行有效性的影响,如降低对相关控制的信赖程度、调整实质性程序的性质、扩大实质性程序的范围等。如果实施实质性程序发现了被审计单位没有识别出的重大错报,通常表明内部控制存在重大缺陷,注册会计师应当就这些缺陷与管理层和治理层进行沟通。

五、实质性程序

注册会计师应当针对评估的重大错报风险设计和实施实质性程序,以发现认定层次的重大错报。

(一)实质性程序的内涵

实质性程序,是指用于发现认定层次重大错报的审计程序,主要包括下列两类程序。

1.对各类交易、账户余额和披露的细节进行测试

细节测试是对各类交易、账户余额和披露的具体细节进行测试,目的在于直接识别财务报表认定是否存在错报。

2.实质性分析程序

实质性分析程序从技术特征上仍然是分析程序,主要是通过研究数据间的关系来评价信息,将该技术方法用作实质性程序以识别各类交易、账户余额和披露的相关认定是否存在错报。

由于注册会计师对重大错报风险的评估是一种判断,可能无法充分识别所有的重大错报风险,而且内部控制存在固有局限性,所以,无论重大错报风险的评估结果如何,注册会计师都应当针对所有重大类别的交易、账户余额和披露,设计和实施实质性程序。

(二)实质性程序的性质

实质性程序的性质,是指实质性程序的类型及其组合。实质性程序的两种基本类型是

细节测试和实质性分析程序,根据评估的重大错报风险,可能仅实施实质性分析程序就足以将审计风险降至可接受的低水平(例如,实施控制测试获取的审计证据可以支持风险评估结果),也可能仅实施细节测试是适当的,也可能需要将细节测试与实质性分析程序结合使用才可以最恰当地应对评估的风险。

(三)实质性程序的选择

注册会计师应当根据各类交易、账户余额、披露的性质选择实质性程序的类型。细节测试和实质性分析程序的目的和技术手段存在一定差异,细节测试适用于对各类交易账户余额、披露认定的测试,尤其是对存在或发生、计价认定的测试;实质性分析程序适用于在一段时期内存在可预期关系的大量交易。

注册会计师需要根据认定层次重大错报风险和认定的性质设计有针对性的细节测试。在针对存在或发生认定设计细节测试时,注册会计师应当选择已经包含在财务报表金额中的项目,并获取相关审计证据。在针对完整性认定设计细节测试时,注册会计师应当选择包含在财务报表金额中的项目,并调查这些项目是否确实包括在内。

在设计实质性分析程序时,注册会计师应当考虑下列因素:①对特定认定使用实质性分析程序的适当性;②对已记录的金额或比率作出预期时,所依据的内部或外部数据的可靠性;③作出预期的准确程度是否足以在计划的保证水平上识别重大错报;④已记录金额与预期值之间可接受的差异额。

此外,当实施实质性分析程序时,如果使用被审计单位编制的信息,注册会计师应当考虑测试与信息编制相关的控制,以及这些信息是否在本期或前期经过审计。

(四)实质性程序的时间安排

1.以前审计获取的审计证据的考虑

在以前审计中实施实质性程序获取的审计证据,通常对本期只有很弱的证据效力或没有证据效力,不足以应对本期的重大错报风险。只有当以前获取的审计证据及其相关事项未发生重大变动时(例如,以前审计通过实质性程序测试过的某项诉讼在本期没有任何实质性进展),以前获取的审计证据才可能用作本期的有效审计证据。但是,如果拟利用以前审计中实施实质性程序获取的审计证据,注册会计师应当在本期实施审计程序,以确定这些审计证据是否具有持续相关性。

2.期中实施实质性程序的考虑

如果在期中实施了实质性程序。注册会计师应当针对剩余期间实施进一步的实质性程序,或将实质性程序和控制测试结合使用,以将期中测试得出的结论合理延伸至期末。

在期中实施实质性程序,一方面消耗了审计资源,另一方面期中实施实质性程序获取的审计证据又不能直接作为期末财务报表认定的审计证据,注册会计师仍然需要消耗进一步的审计资源使期中审计证据能够合理延伸至期末。因此,注册会计师需要权衡这两部分审计资源的总和是否能够显著小于完全在期末实施实质性程序所需消耗的审计资源。

在既定审计资源的情况下,注册会计师在期中实施实质性程序,减少了期末实施实质性程序的数量,但增加了期末存在错报而未被发现的风险,并且该风险随着剩余期间的延长而增加。所以,在考虑是否在期中实施实质性程序时,注册会计师应当考虑下列因素。

(1)控制环境和其他相关的控制。控制环境和其他相关的控制越薄弱,注册会计师越不宜依赖期中实施的实质性程序。

(2)实施审计程序所需信息在期中之后的可获得性。如果实施实质性程序所需信息在期中之后可能难以获取,注册会计师应考虑在期中实施实质性程序,但如果实施实质性程序所需信息在期中之后的可获得性并不存在明显困难,该因素不应成为注册会计师在期中实施实质性程序的重要影响因素。

(3)实质性程序的目的。如果针对某项认定实施实质性程序的目标包括获取该认定的期中审计证据,注册会计师应在期中实施实质性程序。

(4)评估的重大错报风险。注册会计师评估的某项认定的重大错报风险越高,针对该认定所需获取的审计证据的相关性和可靠性要求也就越高,注册会计师越应当考虑将实质性程序集中于期末(或接近期末)实施。

(5)各类交易或账户余额以及相关认定的性质。例如,某些交易或账户余额及相关认定的特殊性质(如收入截止认定未决诉讼)决定了注册会计师必须在期末(或接近期末)实施实质性程序。

(6)针对剩余期间,能否通过实施实质性程序或将实质性程序与控制测试相结合,降低期末存在错报而未被发现的风险。如果针对剩余期间注册会计师可以通过实施实质性程序或将实质性程序与控制测试相结合,较有把握地降低期末存在错报而未被发现的风险,注册会计师可以考虑在期中实施实质性程序;但如果针对剩余期间注册会计师认为还需要消耗大量审计资源才有可能降低期末存在错报而未被发现的风险,甚至没有把握通过适当的进一步审计程序降低期末存在错报而未被发现的风险,注册会计师就不宜在期中实施实质性程序。

如果期中检查出注册会计师在评估重大错报风险时未预期到的错报,注册会计师应当评价是否需要修改相关的风险评估,以及针对剩余期间拟实施的实质性程序的性质、时间安排或范围。

3.对期中审计证据的考虑

如果在期中实施了实质性程序,注册会计师拟将期中测试得出的结论合理延伸至期末,注册会计师应当考虑针对剩余期间实施下列程序之一。

(1)将实质性程序和控制测试结合使用。

(2)如果认为对剩余期间拟实施的实质性程序是充分的,仅实施实质性程序。

对于舞弊导致的重大错报风险(作为一类重要的特别风险),被审计单位存在故意错报或操纵的可能性,那么注册会计师更应慎重考虑能否将期中测试得出的结论延伸至期末。因此,如果已识别出由舞弊引起的重大错报风险,为将期中得出的结论延伸至期末而实施的审计程序通常是无效的,注册会计师应当考虑在期末或者接近期末实施实质性程序。

如果已在期中实施了实质性程序,或将控制测试与实质性程序相结合,并拟信赖期中测试得出的结论,注册会计师应当将期末信息和期中的可比信息进行比较、调节,识别和调查出现的异常金额,并针对剩余期间实施实质性分析程序或细节测试。

①在确定针对剩余期间拟实施的实质性程序时,注册会计师应当考虑是否已在期中实施控制测试,并考虑与财务报告相关的信息系统能否充分提供与期末账户余额及剩余期间交易有关的信息。

②在针对剩余期间实施实质性程序时,注册会计师应当重点关注并调查重大的异常交

易或分录、重大波动,以及各类交易或账户余额在构成上的重大或异常变动。

③如果拟针对剩余期间实施实质性分析程序,注册会计师应当考虑某类交易的期末累计发生额或账户期末余额在金额、相对重要性及构成方面能否被合理预期。

(五)实质性程序的范围

在确定实质性程序的范围时,注册会计师应当考虑评估的认定层次重大错报风险和实施控制测试的结果。注册会计师评估的认定层次的重大错报风险越高,需要实施实质性程序的范围越广。由于注册会计师在评估重大错报风险时考虑了内部控制,如果对控制测试结果不满意,注册会计师可能需要扩大实质性程序的范围。

在设计细节测试时,注册会计师除了从样本量的角度考虑测试范围外,还要考虑选样方法的有效性等因素。例如,从总体中选取大额或异常项目,而不是进行代表性抽样或分层抽样。

在设计实质性分析程序时,注册会计师应当确定已记录金额与预期值之间可接受的差异额。在确定该差异额时,注册会计师应当主要考虑各类交易、账户余额、披露及相关认定的重要性和计划的保证水平。实施分析程序可能发现偏差,但并非所有的偏差都值得展开进一步调查。如果可容忍或可接受的偏差(即预期偏差)越大,作为实质性分析程序一部分的进一步调查的范围就越小。

【例6-4】华兴公司的实质性程序

华兴公司年报中有905笔应收账款账户,借方余额共计4250000元。这些账户余额为10～1040000元,其中有5个金额超过50000元的账户,共计500000元;另有40个贷方余额账户,共计5000元。审计人员根据风险评估的结果,将与应收账款的存在性和计价认定有关的重大错报风险评估为高水平;确定的可容忍错报为125000元。审计人员不打算对内部控制进行测评。

问题:结合案例,如何理解进一步审计程序的性质、时间和范围?

案例解析:

1.实质性程序的性质

(1)选取合适比例对应收账款的账户余额进行函证;

(2)审计人员将应收账款贷方余额作为应付账款单独测试。

2.实质性程序的时间

第二年1月6日至1月21日(期末)。

3.实质性程序的范围

(1)对超过50000元的5个账户进行百分之百的检查,并将其排除在准备抽样的总体之外。

(2)将900个其余的借方余额,共计3750000元,分为三组:第一组由250个余额大于或等于5000元的账户组成(账面金额总计2500000元),抽取样本量较多;第二组由余额小于5000元而大于500元的账户组成(账面金额总计1200000元),抽取样本相对较少;第三组为单笔余额小于500元的应收账款,抽取样本比例为零。

(3)发现事实错报12000元,推断应收账款的总体错报为35000元。华兴公司已对事实错报进行了调整。

(六)根据审计风险模型确定财务报表实质性程序的性质、范围和时间安排

在经营风险导向审计时代,审计风险取决于重大错报风险和检查风险。它们之间的关系也可用下列公式表示:

$$可接受的检查风险＝可接受的审计风险÷重大错报风险$$

审计人员应当评估认定层次的重大错报风险,并根据既定的审计风险水平和评估的认定层次重大错报风险确定可接受的检查风险水平。在既定的审计风险水平下,可接受的检查风险水平与认定层次重大错报风险的评估结果呈反向关系。评估的重大错报风险越高,可接受的检查风险越低;评估的重大错报风险越低,可接受的检查风险越高。审计人员应当获取认定层次充分、适当的审计证据,以便在完成审计工作时,能够以可接受的审计风险对财务报表整体发表审计意见。

检查风险取决于审计程序设计的合理性以及执行的有效性。审计人员应当合理设计审计程序的性质、时间和范围,并有效执行审计程序,以控制检查风险,详见表 6-6。

表 6-6　可接受的检查风险与实质性程序的性质、范围和时间安排

可接受的检查风险	实质性程序性质	实质性程序时间	实质性程序范围
高	分析程序和交易测试为主	期中审计为主	较少样本,较少证据
中	分析程序、交易与余额测试相结合	期中、期末和期后审计相结合	适中样本,适量证据
低	余额测试为主	期末和期后审计为主	较大样本,较多数据

本章小结

注册会计师实施审计的目的是对财务报表整体是否不存在由于舞弊或错误导致的重大错报风险获取合理保证。风险导向审计要求注册会计师实施风险评估程序,了解被审计单位及其环境、适用的财务报告编制基础和内部控制体系各要素,并识别和评估财务报表层次及认定层次的重大错报风险,为设计和实施总体应对措施和进一步审计程序,应对评估的重大错报风险提供依据。

风险识别和评估是审计风险控制流程的起点。风险识别和评估,是指注册会计师通过实施风险评估程序,识别和评估财务报表层次和认定层次的重大错报风险。其中,风险识别是找出财务报表层次和认定层次的重大错报风险;风险评估是指对重大错报发生的可能性和后果严重程度进行评估。注册会计师应当了解被审计单位及其环境,以充分识别和评估财务报表重大错报风险,针对评估的财务报表层次重大错报风险确定总体应对措施,而针对评估的认定层次重大错报风险设计和实施进一步审计程序,以将审计风险降至可接受的低水平。总体应对措施包括实质性方案和综合性方案,实质性方案以实质性程序为主,综合性方案将控制测试和实质性程序结合使用,而实质性程序分为实质性分析程序和细节测试。注册会计师无论是选用实质性方案还是综合性方案,都应当对所有重大类别的交易、账户余额和披露设计与实施实质性程序。

本章思考题

1. 什么是风险评估程序? 实施风险评估程序的目的是什么?
2. 了解被审计单位及环境通常可以从哪些方面着手?
3. 如何了解内部控制? 注册会计师需要了解内部控制的哪些内容?
4. 如何识别与评估财务报表层次和认定层次的重大错报风险?
5. 何为特别风险? 如何应对?
6. 针对财务报表层次重大错报风险的总体应对措施包括哪些内容?
7. 什么是进一步审计程序? 进一步审计程序的总体方案有几种?
8. 什么是控制测试和实质性程序? 如何确定两者的性质、时间和范围?
9. 在风险评估与风险应对中,了解内部控制与测试控制运行有效性之间有什么关系?

第七章　销售与收款循环审计

掌握主营业务收入和应收账款的审计以及函证程序的具体应用

熟悉销售与收款循环内部控制目标、内部控制与控制测试的关系

了解销售与收款业务循环的特点以及销售与收款业务循环其他账户的审计

销售与收款循环的重大错报风险

销售与收款循环的内部控制

主要审计方法运用与审计风险意识

典型案例反思与审计责任意识

引例——B公司销售与收款循环审计案例

B公司的主营业务是销售碳酸饮料、果汁和其他一系列饮料,销售业务遍布全国,营业所是公司的主要直接销售单位,每个营业所都有明确的功能。有关B公司销售与收款循环中的相关内部控制情况如下。

(1)应收账款管理方面。营业所为加快资金流动,保障资产的安全性,提高资产周转率,采取了一系列的管理措施,以保证客户的款项可以及时收回。这些措施主要有严格审查客户资信状况、分析应收账款的账龄、加强与客户的对账等。但实施效果并未达到预期,仍存在应收账款周转缓慢、应收账款账实不符等问题。

①应收账款控制的问题。在客户销售信用管理方面不够严格,一般情况下,营业所的主任都会批准同意客户信用额度。业务员为了美化自己的销售业绩,常常在超出客户信用额度的情况下对其进行赊销,而客户经常以各种各样的借口延迟支付账款。除此之外,市场竞争十分激烈,销售额降低会导致收款额的减少,甚至会影响后续经营活动。在此情况下,营业所为了稳住市场份额,保持销售额,往往会选择批准与客户信用不匹配的赊销,以吸引客户购买产品,但长此以往极易导致应收账款形成呆账。

②客户对账问题。当会计完成了每月的账户结算工作后,计算机系统就会生成一份应收账款账龄分析报告,业务员依据这份账龄分析报告与客户进行对账。由于业务员的频繁更换,导致业务员之间的客户交接工作不清楚,再加上客户退货款是直接从应收账款中扣除的,这造成了应收账款的混乱。

(2)销售价格管理方面。部分业务员为了自身的利益,会利用销售价格间的价格差获得更高的提成,谋取私利,而销售价格间的较大差异很可能扰乱市场秩序。

（3）销售收入确认方面。果汁等饮料各月的销售量存在不小差异。公司以销售额和回款率两个指标对业务员进行业绩考核。当业务员实现不了销售目标时，往往会采用虚构销售的方法完成目标，虽然虚开的部分在系统中减少了账面库存，但并没有真实向客户发货，这导致无法从计算机系统中的相关记录中观察到真实的仓库库存，极易造成账实不符。此外，为了完成销售业绩，销售人员会在账务处理中做手脚，违背及时性原则，在销售淡季时并没有把收到的退货款及时记入账，而是等到销售旺季时才将退货款入账，导致应收账款出现混乱。

思考：B公司销售与收款循环中的内部控制通常会在哪些方面存在问题？

第一节 销售与收款循环业务概述

一、销售与收款循环涉及的主要业务活动

销售与收款循环是企业向客户提供商品、服务或劳务，直至收回相关价款、货款的有关业务活动组成的业务循环。销售与收款循环的特性主要包括两部分内容：一是本循环涉及的主要业务活动；二是本循环涉及的主要凭证和会计记录。

（一）接受客户订单

客户向企业提出订货要求是整个销售与收款循环的起点。一般情况下，企业只能接受获得了管理层授权批准的订单。例如，企业管理层通常会列出批准销售的客户名单，销售部门在决定是否接受客户订单时，需要检查客户是否在上述名单内。若客户未被列入名单，通常需要由销售主管决定是否同意销售。在批准客户订单后，企业与客户签订销售合同，并编制一式多联的销售单。该销售单是证明销售交易"发生"认定的重要凭据，也是销售交易的起点。

（二）批准赊销信用

赊销批准是由信用管理部门根据管理层批准的赊销政策和对每个客户已授权的信用额度来决定的。信用管理部门的员工在收到销售单后，应当将销售单中记载的金额与该客户已被授权的赊销信用额度扣减截至目前尚欠款项的差额进行比较，以决定是否继续给予赊销。在执行人工赊销信用检查时，应合理划分工作职责（如销售部门与信用管理部门职责分离），以避免销售人员为扩大销售而使企业承受不适当的信用风险。

对于新承接的客户，企业通常需要对其进行信用调查，包括获取评级机构对客户信用等级的评定报告。无论是否批准赊销，都要求被授权的信用管理部门人员在销售单上签署意见，然后将该销售单传递至销售部门。设计信用批准控制的目的是降低坏账风险，这些控制与应收账款账面余额的"准确性、计价和分摊"认定相关。

（三）按销售单编制出库单并发货

仓库管理人员只有根据经过批准的销售单，才能编制出库单并安排发货。设计该控制活动的目的是防止仓库在未经授权的情况下擅自发货。因此，通常应将已批准销售单的副联送至仓库，作为仓库发货的授权依据。

(四)按出库单装运货物

产品配送人员在发货时清点货物,确认与出库单一致后在出库单上签字确认并进行货物运输。在装运商品时,编制一式多联的装运单,连续编号,并由装运部门做好装运单的保管工作。装运单表明商品已装运,是证明销售交易"发生"认定的重要凭证。

(五)向客户开具发票

开具发票指的是向客户开具并寄送事先连续编号的销售发票。这一程序主要有如下问题。

(1)是否对所有装运的货物都开具了发票(即"完整性"认定)。

(2)是否只对实际装运的货物开具发票,有无重复开具发票或虚开发票的情况(即"发生"认定)。

(3)是否依据已授权批准的商品价目表所列价格计价开具发票(即"准确性"认定)。

为了降低开具发票过程中出现遗漏、重复、错误计价或其他差错的风险,企业通常设立以下控制。

(1)负责开票的员工在开票之前,需要独立检查是否存在经批准的销售单和出库单。

(2)负责开票的员工依据已授权批准的商品价目表开具销售发票。

(3)核对出库单上的发货数量与销售发票上的产品数量。

(六)记录销售

在人工会计系统中,记录销售的过程包括区分赊销、现销,并根据销售发票编制记账凭证,据以登记营业收入明细账、应收账款明细账或现金、银行存款日记账。为了正确记录销售发票,保证销售交易归属于恰当的会计期间,企业记录销售的控制包括但不限于以下方面。

(1)根据有效、充分的出库单和销售单记录销售。这些出库单和销售单应能证明销售交易已真实发生。

(2)使用事先连续编号的销售发票并监控发票的使用情况。

(3)独立检查销售发票所记载的销售金额与会计记录金额的一致性。

(4)记录销售的职责应与处理销售交易的其他功能相分离。

(5)限制记录过程中所涉及的有关记录的接触,以减少未经授权批准的记录的发生。

(6)定期独立检查应收账款明细账与总账的一致性。

(7)由不负责现金出纳和销售及应收账款记账人员定期向客户寄送对账单,并要求客户将任何例外情况直接向所指定的、不涉及执行或记录销售与收款循环业务的会计主管报告。

(七)办理和记录现金、银行存款收入

这项功能涉及的是有关货款收回,会导致现金、银行存款增加及应收账款减少的活动。在办理和记录现金、银行存款收入时,最应当关注的是货币资金的安全性。货币资金的失窃无论是在货币资金收入登记入账之前还是在登记入账之后均可能发生。处理货币资金收入时要保证全部货币资金如数、及时地记入现金、银行存款日记账或应收账款明细账。企业可以通过出纳与现金记账的职责分离、现金盘点、编制银行存款余额调节表等来保证货币资金安全。

(八)办理和记录销售退回、销售折扣和折让

如果客户不满意企业提供的商品,销售企业一般会同意客户退货,或给予一定的销售折让;如果客户提前支付货款,销售企业可能给予客户一定的销售折扣。只有得到授权批准,上述事项才能发生,应确保相关的部门和职员各司其职,分别控制实物流和会计处理。贷项通知单的使用在这方面可以发挥控制作用。

(九)计提坏账准备

企业应定期评估应收账款的预期信用损失,根据估计结果确认信用减值损失并计提坏账准备,由管理层负责复核和批准相关估计。坏账准备提取的数额必须能够抵补企业以后无法收回的本期销货款,但不得提取秘密准备。

(十)注销坏账

不管赊销部门工作的主动性和积极性有多高,客户因经营不善、宣告破产、死亡等原因而不支付货款的事件时有发生。若企业能够获取确凿证据表明某项货款确实无法收回,应根据既定程序注销该笔货款。

销售与收款循环涉及的主要业务活动如图 7-1 所示。

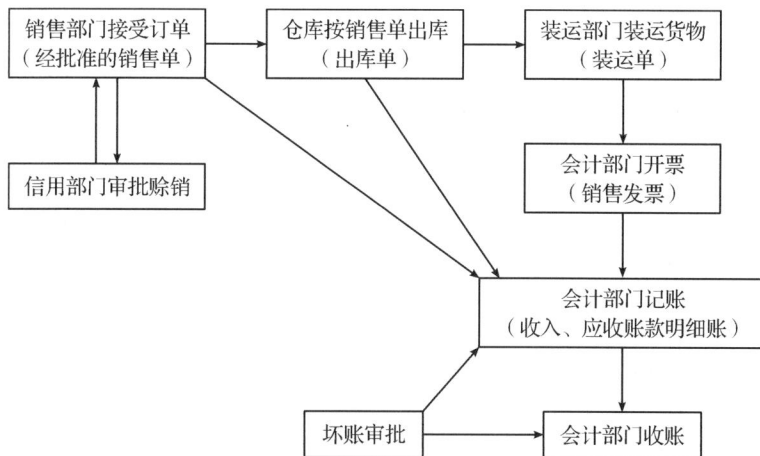

图 7-1　销售与收款循环涉及的主要业务活动

二、销售与收款循环涉及的主要凭证与会计记录

销售与收款循环涉及的主要凭证和会计记录包括下列内容。

(一)客户订购单

客户订购单即客户提出的书面购货要求,这是销售与收款循环的起点。企业可以通过销售人员或其他途径(如采用电话、信函、邮件等方式)从现有及潜在客户处取得订购单。

(二)销售单

销售单是列示客户所订商品的名称、规格、数量以及其他与客户订购单有关信息的凭

证,是销售企业内部处理客户订购单的凭据。

(三)出库单

出库单是仓库确认商品已出库发运的凭证,用以反映发出商品的名称、规格、数量和其他有关内容的凭据。出库单的一联交给客户,其余联由企业保留。该凭证用作企业确认收入以及向客户开票收款的依据。

(四)销售发票

销售发票通常包含已销售商品的名称、数量、销售金额等内容,其也是在会计账簿中记录销售交易的基本凭证。

(五)商品价目表

商品价目表是列示已经授权批准的、可供销售的各种商品的价格清单。

(六)贷项通知单

贷项通知单是用于表示因销售退回或经批准的折让而引起的应收账款减少的凭证,其格式通常与销售发票的格式相同,但其只反映应收账款的减少,并不反映应收账款的增加。

(七)坏账审批表

坏账审批表是经股东大会或董事会等权力执行机构批准注销为坏账的应收账款明细表。审批表中应注明应收账款的金额、账龄、债务人、注销为坏账的原因等内容。

(八)客户对账单

客户对账单是定期寄送给客户用于购销双方核对账目。客户对账单上通常注明应收账款的期初余额、本期销售交易的金额、本期已收到的货款、贷项通知单的金额以及期末余额等。

(九)现金日记账和银行存款日记账

现金日记账和银行存款日记账是用来记录应收账款的收回、现销收入及其他各种现金、银行存款收入和支出的日记账。

(十)主营业务收入明细账

主营业务收入明细账是用于记录销售交易的明细账,一般记载和反映不同类别商品或服务的营业收入的明细发生情况和总额。

(十一)应收账款账龄分析表

应收账款账龄分析表通常应按月编制,反映月末尚未收回的应收账款的账龄,并详细反映各个客户月末尚未偿还的应收账款数额和账龄。

(十二)应收账款明细账

应收账款明细账是用来记录每个客户各项赊销、款项收回、销售退回和销售折让情况的明细账。各应收账款明细账的余额合计数应与应收账款总账的余额相等。

(十三)折扣与折让明细账

折扣与折让明细账用来核算遵循合同规定,为了鼓励客户尽早付款,尽快收回销售款项而给予客户一定的销售折扣以及因商品质量、品种等原因给予客户的销售折让的明细账。

(十四)汇款通知书

汇款通知书是一种与销售发票一起寄给客户,由客户在付款时再寄回销货单位的凭证。这种凭证注明了客户名称、销售发票号码、销货单位开户银行账号以及金额等内容。

销售与收款循环涉及的主要凭证与会计记录如图7-2所示。

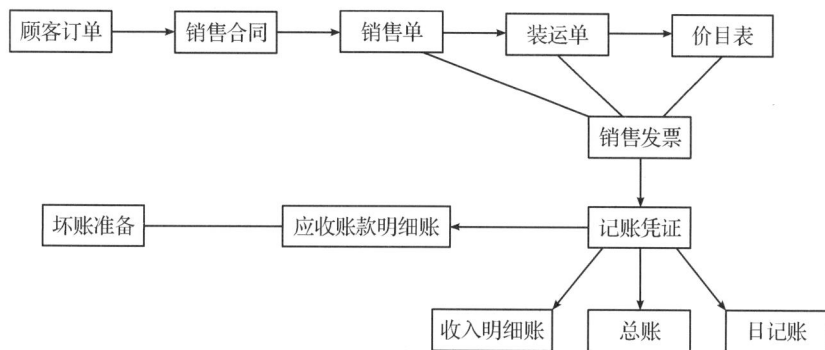

图 7-2 销售与收款循环涉及的主要凭证与会计记录

第二节 销售与收款循环的内部控制和控制测试

一、销售与收款循环的主要内部控制措施

为识别、防止企业销售与收款循环相关控制风险,企业应从以下方面设计和执行内部控制措施。

(一)适当的职责分离

适当的职责分离可以有效地预防舞弊,防止各种错误发生。例如,主营业务收入明细账由记录应收账款之外的职员独立登记,并由另一位不负责账簿记录的职员定期调节总账和明细账,双方互相牵制;负责主营业务收入和应收账款的职员不得经手货币资金,以预防舞弊。

为了使销售与收款业务的不相容岗位相互分离,达到制约和监督的目的,企业销售与收款业务中适当的职责分离的基本要求包括:办理销售、发货和收款业务的部门(岗位)相互独立;在订立销售合同前,应派遣专业人员与客户就信用政策、销售价格、发货时间等事项进行谈判;销售合同谈判人员至少应有两人,且不同于合同订立人员。

（二）适当的授权审批

对于授权审批问题，企业需要关注以下四个方面。

（1）在销售业务开始前，赊销已经正确审批。

（2）非经正当审批，不得发出货物。

（3）销售价格、条件、运费、折扣等必须经过审批。

（4）审批人员应当根据销售与收款授权批准制度的规定，在授权范围内进行审批，不得超越审批权限。

（三）充分的凭证和记录

企业在收到客户订单后，立即编制一份预先编号的一式多联的销售单，分别用于批准赊销、批准发货、记录发货数量以及向客户开具账单和销售发票。在这种制度下，只要定期清点销售单和销售发票，漏开发票或漏记销售的情况几乎不会发生。

（四）凭证的预先编号

对销售发票进行连续编号并清点凭证的编号，不仅可以防止企业漏开发票或漏入账，还可以防止重复开票和重复记账的问题。实施这项控制的关键之处是要定期检查全部凭证的编号，并调查凭证缺号或重号的原因。如果出现缺号的情况，可能表明存在"完整性"问题；如果有关凭证出现重号，可能表明真实的业务被重复入账了，与"发生"认定有关。

（五）按月寄出对账单

由不负责现金出纳和销售以及应收账款记账的人员，按月向客户寄发对账单，能够促使客户在发现应付账款余额不正确后及时反馈有关信息。为了加强该项控制的有效性，可以指定一位不掌管货币资金且不记载主营业务收入和应收账款账目的主管人员，去处理账户余额中出现的所有核对不符的账项。对于测试被审计单位是否按月向顾客寄出对账单，注册会计师观察指定人员寄送对账单和检查顾客复函档案，是一项有效的控制测试。

（六）内部核查程序

由内部审计人员或其他独立人员核查销售与收款交易的处理和记录，是实现内部控制目标所不可缺少的一项控制措施。

对销售与收款内部控制进行检查的主要内容通常包括以下方面。

（1）销售与收款交易相关岗位及人员的设置情况。重点检查是否存在销售与收款交易不相容、职务不分离的现象。

（2）销售与收款交易授权批准制度的执行情况。重点检查授权批准手续是否健全，是否存在越权审批行为。

（3）销售的管理情况。重点检查是否按照规定执行信用政策、销售政策。

（4）收款的管理情况。重点检查销售收入是否已及时入账，应收账款的催收程序是否有效，是否按照规定对坏账核销和应收票据进行管理。

（5）销售退回的管理情况。重点检查销售退回手续是否齐全，退回货物是否及时入库。

二、评估重大错报风险

(一)相关交易类别和账户余额存在的重大错报风险

1. 常用的收入确认舞弊手段

(1)为了粉饰财务报表而虚增收入或提前确认收入

①虚构销售交易

a. 与多方恶意串通,签订虚假购销合同,通过存货实物流转、真实的交易单据凭证和资金流转配合,虚构收入。

b. 在无存货实物流转的情况下,与其他方签订虚假购销合同,伪造出库单、验收单等单据,虚开销售发票以虚增收入。

c. 根据自身所处行业的特点,虚构销售交易以虚增收入。

②实施显失公允的交易

a. 与未披露的关联方或真实的非关联方进行显失公允的交易。例如,以明显高于向其他客户销售的价格向未披露的关联方销售商品。与真实的非关联方进行显失公允的交易,往往由实际控制人及其关联方通过其他途径弥补客户损失。

b. 出售关联方股权,使其不构成关联方,但仍与之进行显失公允的交易。

c. 与同一客户或受同一方控制的客户频繁进行交易,通过调节各次交易中的销售价格,调节各期销售收入金额。

③在客户取得相关商品控制权前确认销售收入。

④隐瞒客户的实际退货情况,在发货时全额确认收入。

⑤对于属于在某一时段内履行的销售交易,通过高估履约进度来虚增当期收入。

⑥通过调整与可变对价、单独售价等相关会计估计,以实现多计或提前确认收入的目的。

(2)为降低税负或转移利润而少计收入或推迟确认收入

①被审计单位在满足收入确认条件后,不确认收入,而将收到的价款作为负债挂账。

②对于属于在某一时段内履行的销售交易,被审计单位没有按照履约进度确认收入,而是根据时点法确认收入。

③对于属于在某一时点履行的销售交易,被审计单位没有在客户取得控制权时确认收入,推迟收入确认时点。

④通过调整与可变对价、单独售价等相关的会计估计,以少计或推迟确认收入。

2. 表明被审计单位在收入确认方面可能存在舞弊风险的迹象

存在舞弊风险迹象并不必然表明实际发生了舞弊,但了解舞弊风险迹象,有助于注册会计师对审计过程中的异常情况保持警觉,进而采取针对性的措施。注册会计师保持职业怀疑,充分了解被审计单位的业务模式,有助于识别舞弊风险迹象。通常表明被审计单位在收入确认方面可能存在舞弊风险的迹象主要有以下方面。

(1)销售客户方面的异常情况

①销售情况与客户所处的行业状况不符。例如,客户所处行业整体不景气,但是对该客户的销售量却呈现增长趋势。

②与同一客户同时进行采购交易和销售交易。

③直接或通过关联方为客户提供融资担保。

④与关联方进行大量、大额交易。

⑤对应收账款账龄长、缺乏还款能力的客户,仍采用宽松的信用政策。

(2)销售交易方面的异常情况

①在期末或临近期末进行大量、大额交易。

②销售价格明显低于或高于被审计单位与其他客户间的交易价格。

③实际销售情况与订单载明的情况不符。

④被审计单位的销售记录表明商品已经发运,但未载明客户。

⑤已销售的商品在期后存在大量退回的情况。

(3)销售回款方面的异常情况

①收回应收账款时,付款方与购买方不一致,存在不少代付款的情况。

②从同一付款方收回不同客户的应收账款。

③以债权债务抵消的方式对应收账款进行抵消。

(4)资金方面的异常情况

①发生异常大量的现金交易,或与被审计单位存在非正常的资金往来。

②在货币资金充足的情况下,仍然进行大额举债。

③虚构销售交易套取资金。

(5)其他方面的异常情况

①采用的收入确认方法特殊,不同于行业惯例。

②被审计单位的账簿记录与询证函回函提供的信息之间存在重大差异。

③销售与收款循环中的业务流程发生重大变化,内部控制发生异常变化。

④被审计单位不允许注册会计师接触可以提供审计证据的特定员工、客户、供应商等相关人员。

(二)评估固有风险和控制风险

拓展资源:金亚科技销售与收款循环的内部控制测试

1.评估固有风险

针对识别出的销售与收款循环相关交易类别和账户余额存在的重大错报风险,注册会计师应当通过评估错报发生的可能性和重要程度来评估固有风险。在评估时,注册会计师需要运用职业判断来确定错报发生的可能性和重要程度综合起来的影响程度。

2.评估控制风险

若计划测试销售与收款循环中相关控制的运行有效性,注册会计师应当评估控制风险。例如,被审计单位的仓库管理人员在没有收到经批准的销售单的情况下,不能编制出库单,不可以安排发货。在测试该项控制的运行有效性时,该控制属于常规性控制,其执行不涉及重大判断,因此,可以将其控制风险评估为低水平。

三、销售与收款循环的控制测试

按照风险导向审计的要求,注册会计师需要了解企业的内外部环境和基本业务特征,评估重大错报风险;如果被审计单位具有健全并且运行良好的相关内部控制,注册会计师把审计重点放在控制测试和交易的实质性程序上,则既可以降低审计风险,又可以大大减少报表项目实质性程序的工作量,提高审计效率。销售与收款循环审计的基本逻辑如图 7-3 所示。

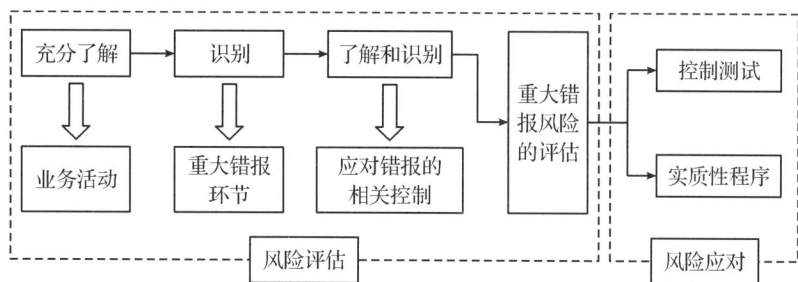

图 7-3 销售与收款循环审计的基本逻辑

对每一项内部控制目标,也就是注册会计师实施相应控制测试和交易实质性程序所要达到的审计目标,审计时都需按风险导向审计的原则处理。注册会计师必须了解被审计单位的内部控制,确定其存在哪些关键的内部控制。一旦注册会计师确认了每一目标的有效控制和薄弱环节,就要对每一目标的控制风险作出初步评估,通过制订计划确定对哪些控制实施控制测试。而对与这些目标有关的、旨在发现金额错误的交易实质性程序,则应根据对控制风险的初步评估和计划实施的控制测试加以确定。当注册会计师对每一项目标均制定了审计测试程序后,把这些审计测试程序综合起来即可构成一个能够有效执行的审计方案。

控制测试所使用的审计程序的类型主要包括询问、观察、检查和重新执行,这些审计程序提供的保证程度依次递增。注册会计师根据所测试的内部控制的特征及预期获取的保证程度来选择合适的审计程序。销售与收款业务内部控制目标、关键内部控制和常用的控制测试见表 7-1。

表 7-1 销售与收款业务内部控制目标、关键内部控制和常用的控制测试

内部控制目标	关键内部控制	常用的控制测试
登记入账的销售交易确系已经发货给真实的顾客(发生)	1. 销售交易是以经审核的发运凭证及经批准的顾客订货单为依据登记入账的 2. 在发货前,顾客的赊购已被授权批准 3. 销售发票均经事先编号,并已恰当地登记入账 4. 每月向顾客寄送对账单,对顾客提出的意见进行专门追查	1. 检查销售发票副联是否附有发运凭证(或提货单)及顾客订货单 2. 检查顾客的赊购是否经授权批准 3. 检查销售发票连续编号的完整性 4. 观察是否寄发对账单,并检查顾客的回函档案
所有销售交易均已登记入账(完整性)	1. 发运凭证(或提货单)均经事先编号并已登记入账 2. 销售发票均经事先编号,并已登记入账	1. 检查发运凭证连续编号的完整性 2. 检查销售发票连续编号的完整性
登记入账的销售数量确系已发货的数量,已正确开具账单并登记入账(准确性、计价和分摊)	1. 销售价格、付款条件、运费和销售折扣的确定已经适当的授权批准 2. 由独立人员对销售发票的编制进行内部核查	1. 检查销售发票是否经适当的授权批准 2. 检查有关凭证上的内部核查标记

续 表

内部控制目标	关键内部控制	常用的控制测试
销售交易的记录及时(截止)	1.采用尽可能在销售发生时开具收款账单和登记入账的控制方法 2.内部核查	1.检查尚未开具收款账单的发货和尚未登记入账的销售交易 2.检查有关凭证上内部核查的标记
销售交易已经正确地记入明细账并经正确汇总(准确性、计价和分摊)	1.每月定期给顾客寄送对账单 2.由独立人员对应收账款明细账作内部核查 3.将应收账款明细账余额合计数与其总账余额进行比较	1.观察对账单是否已经寄出 2.检查内部核查标记 3.检查将应收账款明细账余额合计数与其总账余额进行比较的标记
登记入账的现金收入确实为企业已经实际收到的现金(存在或发生)	1.现金折扣必须经过适当的审批手续 2.定期盘点现金并与账面余额核对	1.观察 2.检查是否定期盘点,检查盘点记录 3.检查现金折扣是否经过恰当的审批
收到的现金收入已全部登记入账(完整性)	1.现金出纳与现金记账的职务分离 2.每日及时记录现金收入 3.定期向客户寄送对账单 4.现金收入记录的内部复核	1.观察 2.检查是否存在未入账的现金收入 3.检查是否定期盘点,检查盘点记录 4.检查是否向客户寄送对账单,了解是否定期进行 5.检查复核标记
存入银行并记录的现金收入确系实际收到的金额(准确性、计价和分摊)	1.定期取得银行对账单 2.编制银行存款余额调节表 3.定期与客户对账	1.检查银行对账单 2.检查银行存款余额调节表 3.观察是否每月寄送对账单
现金收入在资债表中的披露正确(列报)	现金日记账与总账的登记工作职责分离	观察

【例 7-1】销售与收款循环内部控制缺陷

注册会计师 A 和 B 于 2020 年 12 月 1—7 日对甲公司销售和收款循环的内部控制进行了解和测试,并在相关审计工作底稿中记录了了解和测试的事项,摘录如下。

(1)甲公司发出产成品时,由销售部填制一式四联的出库单。仓库发出产成品后,将第一联留存登记产成品卡片,第二联交销售部留存,第三、四联交会计部会计人员乙登记产成品总账和明细账。

(2)会计人员戊负责开具销售发票。在开具销售发票之前,先取得仓库的发货记录和销售商品价目表,然后填写销售发票的数量、单价和金额。

要求:根据上述摘录,请代注册会计师 A 和 B 指出甲公司在销售与收款循环内部控制方面的缺陷。

案例解析:

(1)会计人员乙同时登记产成品总账和明细账,不相容职务未进行分离。甲公司应由不同的会计人员登记产成品总账和明细账。

(2)会计人员戊开销售发票不能只依据发货记录和价目表,因为实际销售的数量和结算价格可能会与发货记录上的数量以及价目表上的价格不一致。甲公司会计人员戊应先核对装运凭证和相应的经批准的销售单,并根据已授权批准的商品价格填写销售发票的价格,根据装运凭证上的数量填写销售发票的数量,再根据数量和价格计算出金额。

第三节　销售与收款循环的实质性程序

一、营业收入的实质性程序

(一)营业收入的审计目标

营业收入项目核算企业在销售商品、提供劳务及让渡资产使用权等日常活动中所产生的收入。如果营业收入对财务报表是重要的,则注册会计师应当实施审计程序,以对营业收入的状况获取充分、适当的审计证据。其审计目标一般包括如下方面。

(1)确定主营业务收入是否已发生,且与被审计单位有关。

(2)确定所有应当记录的主营业务收入均已记录。

(3)确定与主营业务收入有关的金额及其他数据已恰当记录,包括销售退回、销售折扣与折让是否得到适当处理。

(4)确定主营业务收入已记录于正确的会计期间。

(5)确定主营业务收入按照企业会计准则的规定在财务报表中恰当列报。

具体如表 7-2 所示。

表 7-2　主营业务收入的审计目标与认定对应关系

审计目标	财务报表认定				
	存在	完整性	准确性	截止	列报
确定主营业务收入是否已发生,且与被审计单位有关	√				
确定所有应当记录的主营业务收入均已记录		√			
确定与主营业务收入有关的金额及其他数据已恰当记录,包括销售退回、销售折扣与折让得到适当处理			√		
确定主营业务收入已记录于正确的会计期间				√	
确定主营业务收入按照企业会计准则的规定在财务报表中恰当列报					√

(二)主营业务收入的常规实质性程序

1.获取或编制主营业务收入明细表

(1)取得或编制主营业务收入明细表,复核加计是否正确,与报表数、总账数和明细账合计数核对是否相符。

(2)检查以非记账本位币结算的主营业务收入使用的折算汇率是否正确。

2.查明主营业务收入的确认原则、方法是否符合企业会计准则和会计制度的规定

当企业销售商品并同时满足下列条件的,应确认收入的实现。

(1)商品所有权上的主要风险和报酬已经转移

一是实物交付,所有权上的主要风险和报酬已经转移(如大多数零售交易)。

二是实物交付,所有权上的主要风险和报酬并没有转移的以下情形。

①发出商品与合同不符,又未根据条款弥补。

②代销的,取决于受托方的收入是否取得。

③尚未完成安装或检验。

④合同中规定了退货条款,又不能确定退货的可能性。

(2)仅保留次要风险的,如满足以下条件,应确认为收入

①既没有保留与所有权相联系的继续管理权,也没有对已售出的商品实施控制。

②与交易相关的经济利益能够流入企业。

③相关的收入和成本能够可靠地计量。

(3)被审计单位采取的销售方式不同,确认销售的时点也不同

第一,采用委托其他单位代销方式销售,应在代销商品已经销售并收到代销清单时确认收入的实现。注册会计师应查明有无编制虚假代销清单、虚增收入的情况。

第二,采用分期收款方式销售,应按合同约定的收款日期分期确认收入。注册会计师应检查本期是否收到货款,查明合同约定的收款日期的真实性,是否存在已实现的收入不入账、少入账或延缓入账的情况。

第三,采用交款提货方式销售,通常在实际收到货款或取得收款权利,同时已将发票账单和提货单交给购货单位时确认收入的实现。注册会计师应检查被审计单位是否收到货款或取得收款的权利,发票账单和提货单是否已交付购货单位。应注意有无相关结算凭证,将当期收入转入下期入账的现象;或者虚假记录收入、虚假记载购货单位,将当期未实现的收入虚转为收入记账,在下期予以冲销的现象。

第四,采用委托外贸代理出口方式销售的,应在收到外贸企业代办的发运凭证和银行交款凭证时确认收入。注册会计师应检查代办发运凭证和银行交款单是否真实,注意是否存在串通舞弊、出具虚假发运凭证和虚假银行交款凭证的情况。

第五,采用预收账款方式销售的,通常应于商品已经发出时确认收入的实现。对此,注册会计师应重点检查被审计单位是否真实收到了货款,商品是否已经发出。应注意是否存在已收货款并已将商品发出的交易不入账、转为下期收入,或开具虚假出库单、虚增收入等现象。

第六,采用托收承付结算方式,通常应于商品已经发出、劳务已经提供,并已将发票账单提交银行、办妥收款手续时确认收入的实现。对此,注册会计师应重点检查被审计单位是否发货,托收手续是否办妥,货物发运凭证是否真实,托收承付结算回单是否正确。

3.运用实质性分析程序

(1)针对已识别需要运用分析程序的有关项目,基于对被审计单位及其环境等方面的了

解,通过进行以下比较,同时考虑有关数据间关系的影响,以建立有关数据的期望值。

①将本期的主营业务收入金额与以前可比期间的主营业务收入金额或预算数进行比较,分析主营业务收入及其构成变动是否异常,如有异常,分析异常变动的原因。

②计算本期重要产品的销售毛利率,并与以前可比期间数据、预算数进行比较,检查是否存在异常变动,如不同期间存在重大、异常变动,应查明原因。

③比较本期各月各类主营业务收入的变动情况,分析变动趋势是否存在异常,是否符合被审计单位季节性、周期性的经营规律,如出现异常、重大波动,应查明原因。

④将本期重要产品的毛利率与同行业企业比较,检查是否存在异常。

⑤根据普通发票或增值税发票申报表,估算全年收入,与实际入账的收入金额核对比较,并检查是否存在虚开发票或已销售但未开发票的情况。

(2)确定可接受的差异额。

(3)将实际金额与期望值相比较,计算、识别需要调查的差异。

(4)如果差异额超过确定的可接受差异额,调查并获取充分的解释和佐证性质的审计证据(如通过检查相关的凭证等)。若差异额超过可接受差异额,注册会计师需要对差异额的全额进行调查证实。

(5)评价实质性分析程序的测试结果。

4.检查商品售价

注册会计师应当获取产品价格目录,抽查售价是否符合价格政策,并注意销售给关联方或关系密切的重要客户的产品价格是否合理,有无低价或高价结算以转移收入的现象。

5.检查与收入和交易相关的原始凭证及会计分录

抽取企业被审计期间内一定数量的记账凭证,审查入账日期、品名、数量、单价、金额等是否与销售发票、发运凭证、销售合同等一致。

6.实施销售的截止测试

对销售实施截止测试,其目的主要在于确定被审计单位主营业务收入业务的会计记录归属期是否正确,应计入本期或下期的主营业务收入是否被推迟至下期或提前至本期。

对销售交易实施的截止测试可能包括以下程序。

(1)选取资产负债表日前后若干天的出库单,与应收账款和收入明细账进行核对;同时,从应收账款和收入明细账中选取在资产负债表日前后若干天的凭证,与出库单核对,以确定销售是否存在跨期现象。

(2)复核资产负债表日前后的销售、发货情况,确定业务活动是否存在异常现象,并考虑是否有必要追加实施截止测试。

(3)取得资产负债表日后的销售退回记录,检查是否存在提前确认收入的情况。

(4)结合对资产负债表日应收账款的函证程序,检查销售是否获得客户认可。

与主营业务收入确认有密切关系的三个日期:一是发票开具日期/收款(现销)日期;二是记账日期;三是发货日期(服务业则是提供劳务的日期)。按照收入确认原则,检查三者是否合理归属于同一适当会计期间是营业收入截止测试的关键所在。在实务中,注册会计师可以考虑选择三条路径实施主营业务收入的截止测试(见表7-3)。

表7-4列示了注册会计师执行销售收入截止性测试的情况,其中客户D公司和Q公司的出库单是2020年1月,与发票记录、记账凭证的日期不一致,需要调整为2020年的销售收入。

表 7-3　销售截止性测试的三条审计路线对比

起点	路线	目的
账簿记录	从报表日前后若干天的账簿记录查至记账凭证,检查发票存根与发运凭证	以证实已入账收入是否在同一期间已开具发票并发货,有无多计收入
销售发票	从报表前后若干天的发票存根查至发运凭证与账簿记录	确定已开具发票的货物是否已发货并于同一会计期间确认收入,有无少计收入
发运凭证	从报表前后若干天的发运凭证查至发票开具情况与账簿记录	确定营业收入是否已计入恰当的会计期间,有无少计收入

表 7-4　销售收入截止性测试情况

被审计单位名称:大为股份有限公司　　　　编制:刘欣　　　　　　　日期:2020 年 2 月 8 日
会计期间或截止日:2019 年 1—12 月　　　　复核:李明　　　　　　　日期:2020 年 3 月 1 日

客户名称	发票记录				记账凭证			备注
	编号	日期	数量/台	金额/元	日期	编号	日期	
D 公司	1542	2019.12.20	35	23400	2019.12.22	转字125	2020.1.20	H,需调整
J 公司	1543	2019.12.25	28	18900	2019.12.26	转字56	2019.12.25	H,√
Q 公司	1544	2019.12.28	90	72540	2019.12.29	转字140	2020.1.14	H,需调整
W 公司	1545	2019.12.31	68	48300	2020.1.5	转字18	2020.1.1	H,√
K 公司	1546	2020.1.5	35	24000	2020.1.7	转字23	2020.1.5	发票和出库单均为红字,系退货
...	...	...	...	...	...	...	...	

　　审计说明:对 D 公司和 Q 公司的销售,经与销售合同核对,具体供货日期为 2020 年 1 月,但大为股份有限公司将这两笔业务均记入了 2019 年度,入账期间提前,应调入 2020 年,调整销售收入的分录为:
　　　　借:主营业务收入　　　　　　　　　　　　　　　　　　　　82000
　　　　　　应交税金——应交增值税　　　　　　　　　　　　　　　13940
　　　　　　　贷:应收账款——Q 公司　　　　　　　　　　　　　　　　　　72540
　　　　　　　　　　　　——D 公司　　　　　　　　　　　　　　　　　　23400
　　对 K 公司的退货在 1 月份的记录中冲销了 2019 年的销售收入,账务处理正确。
　　√ 表示与发货核对相符;H 表示过入明细账和总账。

7. 观察有无未经认可的巨额销售

结合对应收账款的函证程序,观察有无未经认可的巨额销售。

8. 检查销售折扣与折让

销售折扣与折让虽然表现形式不同,但其都是对收入的抵减,将影响收入的确认和计量。因此,需要重视销售折扣与折让的审计,其实质性程序可能包括:

(1)获取销售折扣与折让明细表,复核加计正确,并与明细账合计数核对相符。

(2)获取与被审计单位销售折扣和折让相关的规定及文件资料,对于大额销售折扣、销售折让执行抽查,与实际执行情况进行核对,检查其是否经授权批准,评价其合法性和真实性。

(3)检查销售折扣与折让是否足额提交对方,是否存在私设"小金库"、转移收入等。

(4)检查销售折扣与折让的会计处理是否正确。

9.调查集团内部销售的情况

调查集团内部销售的情况,记录其交易价格、数量和金额,并追查在编制合并会计报表时是否已予以抵消。

10.检查关联方的销售情况

检查关联方的销售情况,记录其交易品种、数量、价格、金额以及占营业收入总额的比例。

11.检查有无特殊的销售行为

检查有无特殊的销售行为,如委托代销、分期收款销售、售后回购、以旧换新、出口销售、售后租回等,确定恰当的审计程序并进行审核。

12.检查主营业务收入情况

检查主营业务收入在利润表上的列报和披露是否恰当。

二、应收账款的实质性程序

应收账款是企业无条件收取合同对价的权利。应收账款是指企业因销售商品、提供劳务而形成的现时收款权利,即由于企业销售商品、提供劳务等原因,应向客户收取的款项。

企业应当以预期信用损失为基础,合理预计各项应收款项可能发生的坏账,对应收账款进行减值会计处理并确认损失准备。

(一)应收账款的审计目标

(1)确定应收账款是否存在。

(2)确定应收账款是否由被审计单位拥有或控制。

(3)确定应当记录的应收账款是否均已记录。

(4)确定应收账款、坏账准备期末余额是否正确。

(5)确定应收账款和坏账准备是否按照企业会计准则的规定在财务报表中恰当列报。

具体如表 7-5 所示。

表 7-5　应收账款的审计目标与认定对应关系

审计目标	财务报表认定				
	存在	完整性	权利和义务	准确性、计价和分摊	列报
确定应收账款是否存在	√				
确定应当记录的应收账款是否均已记录		√			
确定应收账款是否归被审计单位拥有或控制			√		

续 表

审计目标	财务报表认定				
	存在	完整性	权利和义务	准确性、计价和分摊	列报
确定应收账款、坏账准备期末余额是否正确				√	
确定应收账款和坏账准备是否按照企业会计准则的规定在财务报表中恰当列报					√

(二)应收账款的常规实质性程序

1.获取或编制应收账款明细表(见表 7-6)

表 7-6 应收账款明细表

客户:
日期: 索引号: 编制人:
会计期间:
日期: 页次: 复核人:

序号	户名	业务内容摘要	年初余额	年末余额	未审数及账龄分析				期后收回数	备注
					1 年内	1～2 年	2～3 年	3 年及以上		
1										
2										
3										
4										
…										
	合计									

审计结论:

注:"1～2 年"含 1 年,"2～3 年"含 2 年。下同。

(1)复核加计正确,并与总账数和明细账合计数核对是否相符;核对坏账准备科目与报表数是否相符。应当注意,应收账款报表数反映企业因销售商品、提供劳务等应向购买单位收取的款项,减去已计提的相应的坏账准备后的净额。

(2)检查非记账本位币应收账款的折算汇率及折算是否正确。

(3)分析有贷方余额的项目,查明原因,必要时作重分类调整。

(4)结合其他应收款、预收账款等往来项目的明细余额,调查有无同一客户多处挂账、异常余额或与销售无关的其他款项。如有,必要时提出调整建议。

(5)标识重要的欠款单位,计算其欠款合计数占应收账款余额的比例。

2.检查涉及应收账款的相关财务指标

(1)复核应收账款借方累计发生额与主营业务收入是否配比,并将当期应收账款借方发生额占销售收入净额的百分比与管理层考核指标比较,如存在差异应查明原因。

（2）计算应收账款周转率、应收账款周转天数等指标，并与被审计单位以前年度指标、同行业同期相关指标对比分析，检查是否存在重大异常。

3.检查应收账款账龄分析是否正确

（1）测试计算的准确性。

（2）将加总数与应收账款总分类账余额相比较。

（3）检查原始凭证，如销售发票、运输记录等，测试账龄核算的准确性。

（4）请被审计单位协助，在应收账款明细表上标出至审计时已收回的应收账款金额，对已收回金额较大的款项进行常规性检查，如核对收款凭证、银行对账单、销货发票等，并注意凭证发生日期的合理性，分析收款时间是否与合同相关要素一致。

4.对应收账款进行函证

函证是指注册会计师直接从第三方获取书面答复作为审计证据的过程。

（1）函证的范围和对象

应收账款的重要性及与之相关的重大错报风险、被审计单位内部控制的有效性、以前期间的函证结果等因素，均会影响函证范围。

注册会计师应当函证应收账款，除非存在下列情况：①应收账款对财务报表不重要；②预计使用函证程序很可能无效。通常注册会计师根据以前年度或类似委托的审计经验，预计回函不可依赖或回函率比较低时，可能认为使用函证无效。如果认为函证很可能无效，注册会计师应当实施替代审计程序，以获取充分、适当的审计证据。如果不对应收账款实施函证，注册会计师应当在审计工作底稿中说明理由。

（2）函证的方式

注册会计师可以采用积极的或消极的函证方式实施函证，也可将这两种方式结合使用。应收账款通常存在高估风险，且与之相关的收入确认存在舞弊风险假定，因此，通常采用积极的函证方式。

①积极的函证方式。若采用积极的函证方式，注册会计师应当要求被询证者在所有情况下必须回函，确认询证函所列示信息是否正确，或填列询证函要求的信息。在采用积极的函证方式时，只有注册会计师收到回函，才能为财务报表认定提供审计证据。注册会计师没有收到回函，可能是被询证者根本不存在，也可能是被询证者没有收到询证函或没有理会询证函。因此，无法证明所函证信息的正确性。

一般情况下，注册会计师应选择以下项目作为积极式函证的对象：大额或账龄较长的项目；与债务人发生纠纷的项目；重大关联方项目；主要客户（包括关系密切的客户）项目；交易频繁但期末余额较小甚至余额为零的项目；可能产生重大错报或舞弊的非正常项目。

②消极的函证方式。若采用消极的函证方式，注册会计师只要求被询证者仅在不同意函证列示的信息的情况下才予以回函。在采用消极的函证方式时，如果收到回函，能够为财务报表认定提供有力的审计证据。未收到回函可能是因为被询证者没有收到询证函，也可能是被询证者收到询证函且核对无误。因此，消极的函证方式提供的审计证据的可靠性低于积极的函证方式提供的审计证据。

积极式询证函参考格式

企业询证函

编号:

××(公司):

　　本公司聘请的××会计师事务所正在对本公司××年度财务报表进行审计,按照中国注册会计师审计准则的要求,应当询证本公司与贵公司的往来账项等事项。下列数据出自本公司账簿记录,如与贵公司记录相符,请在本函下端"信息证明无误"处签章证明;如有不符,请在"信息不符"处列明不符金额。回函请直接寄至××会计师事务所。

　　回函地址:

　　邮编:　　　　　　　　　电话:　　　　　　　　　传真:

　　联系人:

　　1.本公司与贵公司的往来账项列示如下:

单位:元

截止日期	贵公司欠	欠贵公司	备注

　　2.其他事项。

　　本函仅为复核账目之用,并非催款结算。若款项在上述日期之后已经付清,仍请及时函复为盼。

(被审计单位公司盖章)
年　　　月　　　日

　　结论:1.信息证明无误。

(函证对象公司盖章)
年　　　月　　　日
经办人:

　　2.信息不符,请列明不符的详细情况:

(函证对象公司盖章)
年　　　月　　　日
经办人:

消极式询证函参考格式

企业询证函

编号:

××(公司):

　　本公司聘请的××会计师事务所正在对本公司××年度财务报表进行审计,按照中国注册会计师审计准则的要求,应当询证本公司与贵公司的往来账项等事项。下列数据出自本公司账簿记录,如与贵公司记录相符,则无须回复;如有不符,请直接通知会计师事务所,并请在空白处列明贵公司认为是正确的信息。回函请直接寄至××会计师事务所。

回函地址：

邮编：　　　　　　　　电话：　　　　　　　　　传真：

联系人：

1.本公司与贵公司的往来账项列示如下：

单位:元

截止日期	贵公司欠	欠贵公司	备注

2.其他事项。

本函仅为复核账目之用,并非催款结算。若款项在上述日期之后已经付清,仍请及时函复为盼。

（被审计单位公司盖章）
年　　　月　　　日

××会计师事务所

上面的信息不正确,差异如下：

（函证对象公司盖章）
年　　　月　　　日
经办人：

（3）函证时间的选择

为了充分发挥函证效果,注册会计师通常以资产负债表日为截止日,在资产负债表日后适当时间内实施函证。若重大错报风险评估为低水平,注册会计师可以选择资产负债表日前适当日期为截止日实施函证,并对所函证项目自截止日至资产负债表日间发生的变动实施其他实质性程序。

（4）函证的控制

在实施函证程序时,注册会计师应当对函证全过程保持控制。具体包括:①确定需要确认或填列的信息;②选择适当的被询证者;③设计询证函,包括正确填列被询证者的姓名和地址,及被询证者直接向注册会计师回函的地址;④发出和跟进询证函,必要时再次向被询证者寄发询证函;⑤编制函证结果汇总表(见表7-7)。

表 7-7　应收账款函证结果汇总表

询证函编号	客户名称	地址及联系方式	账面金额	函证方式	函证日期		回函日期	替代程序	差异金额及说明	备注
					第一次	第二次				
合计										

(5)对不相符事项的处理

不相符事项,是指被询证者提供的信息与询证函要求确认的信息不一致,或与被审计单位记录的信息不一致。若询证函回函中出现不符事项,可能显示财务报表存在错报或潜在错报,因此,注册会计师应当调查原因,并作进一步分析和核实,确定其是否构成错报。有多种原因导致不符事项的产生,如双方登记入账时间不同、记账错误或被审计单位存在舞弊。

(6)对函证结果的总结和评价

①回函可靠性的考虑。所有回函都存在被拦截、更改或其他舞弊风险。如果存在对询证函回函的可靠性产生疑虑的因素,注册会计师应当进一步获取审计证据以消除疑虑。例如,当被询证者通过电子邮件回函时,注册会计师可以电话联系被询证者,确定被询证者是否发送了回函。如果回函间接寄送给注册会计师,注册会计师可以要求被询证者直接书面回复。

②回函未收到的处理。在未收到回函的情况下,注册会计师应当实施替代程序以获取相关、可靠的审计证据。对应收账款,注册会计师可以实施替代审计程序,包括检查期后收款、货运单据等。

在某些情况下,取得积极式询证函回函是获取充分、适当审计证据的必要程序。例如,可获取的佐证管理层认定的信息只能从被审计单位外部获得,被审计单位存在特定的舞弊风险因素(如管理层凌驾于内部控制之上)等。此时,取得积极式询证函是获取充分、适当的审计证据的必要程序。在此情况下,实施替代程序获取的审计证据不能满足注册会计师的需要。

【例 7-2】销售与收款循环的审计

甲公司主要从事汽车玻璃的生产和销售,其销售收入主要来源于国内销售和出口销售。ABC 会计师事务所负责甲公司 2018 年度财务报表审计,并委派注册会计师张某担任审计项目合伙人。

资料一

(1)公司的收入确认政策为:对于国内销售,将产品交付客户并取得客户签字的收货确认单(邮寄)时确认收入;对于出口销售,在相关产品装船并取得装船单时确认收入。

(2)在甲公司的会计信息系统中,国内客户和国外客户的编号分别以 D 和 E 开头。

(3)2018 年 12 月 31 日,中国人民银行公布的人民币兑美元汇率为 1 美元=6.8 元人民币。

资料二

甲公司编制的应收账款账龄分析表摘录如表 7-8、表 7-9 所示。

表 7-8　2018 年 12 月 31 日账龄分析表

客户类别	外币	人民币/元	其中			
			1 年以内	1～2 年	2～3 年	3 年及以上
国内客户		41158	18183	7434	4341	1200
国外客户	美元 2046	15345	10981	2164	2200	0
合计		56503	29164	9598	6541	1200

表7-9　2017年12月31日账龄分析表

客户类别	外币	人民币/元	其中			
			1年以内	1～2年	2～3年	3年及以上
国内客户		31982	23953	4169	3860	0
国外客户	美元2006	14046	11337	2539	170	0
合计		46028	35290	6708	4030	0

资料三

注册会计师2019年1月2日对截至2018年12月31日的应收账款余额实施函证,并根据回函结果编制应收账款函证结果汇总表。其中,4个应收账款明细账户,有关内容摘录如表7-10所示。

表7-10　应收账款函证结果汇总表

客户编号	客户名称	甲公司账面金额(原币)	回函金额(原币)	差异金额	回函方式	审计说明
D1	A公司	人民币7616万元	5000万元	2616万元	原件	(1)
D2	B公司	人民币9054万元	6054万元	3000万元	原件	(2)
D3	C公司	人民币7618万元	7618万元	0	传真件	(3)
E1	E公司	美元1448	未回函	不适用	未回函	(4)

审计说明:

(1)回函直接寄回本所。经询问甲公司财务经理得知,回函差异是由于A公司的回函金额已扣除其在2018年12月31日以电汇的方式向甲公司支付的一笔2616万元的货款。甲公司于2019年1月4日实际收到该笔款项,并记入2019年应收账款明细账中。该回函差异不构成错报,无须实施进一步的审计程序。

(2)回函直接寄回本所。经询问甲公司财务经理得知,回函差异是由于甲公司在2018年12月31日向B公司发出一批产品(合同价款3000万元),同时确认了应收账款3000万元,以及相应的销售收入。B公司于2019年1月5日收到这批产品。其回函未将该3000万元款项包括在回函金额中。经检查相关的销售合同、销售发票、出库单以及相关记账凭证,没有发现异常。该回函差异不构成错报,无须实施进一步的审计程序。

(3)回函由C公司直接传真至本所。回函没有差异,无须实施进一步的审计程序。

(4)未收到回函。执行替代测试程序:从应收账款借方发生额选取样本,检查相关的销售合同、销售发票、出库单以及相关记账凭证,并确认这些文件中的记录是一致的。没有发现异常,无须实施进一步的审计程序。

要求:

(1)针对资料二,结合资料一,假定不考虑其他条件,运用分析性程序指出资料二中应收账款账龄分析表是否存在不合理之处,并简单说明理由。

(2)针对资料三中的审计说明(1)至(4)项,结合资料一,假定不考虑其他条件,逐项指出注册会计师张某实施的审计程序及其结论是否存在不当之处。如果存在,简要说明理由并提出改进建议。

案例解析：

(1)①国外客户应收账款 2018 年 12 月 31 日 2046 美元，未按 12 月 31 日的汇率 6.8 元人民币进行折算，正确的数额应为：2046×6.8＝13912.8(元)。

②2017 年 12 月 31 日账龄分析表中 1～2 年列的国内客户余额比 2018 年 12 月 31 日账龄分析表中 2～3 年列的相应栏次的余额小，存在不合理之处(见表 7-11)。

表 7-11　账龄分析表不合理之处

年度	1～2 年	2～3 年
2018		4341
2017	4169	

(2)注册会计师实施审计程序的不当之处及改进建议如表 7-12 所示。

表 7-12　改进建议

序号	正确	理由	改进建议
(1)	否	注册会计师只取得甲公司财务经理的口头解释，未对被审计单位资产负债表日后是否真实收到 2616 万元货款进行追查	结合货币资金审计，检查 2019 年 1 月 4 日实际收到该笔 2616 万元货款的银行入账单，确认被审计单位在资产负债表日后是否实际收到客户 A 公司的 2616 万元货款
(2)	否	由于甲公司的国内销售应在将产品交付客户并取得客户签字的收货确认单时确认收入，而 B 公司于 2019 年 1 月才收到这批产品，因此甲公司于 2018 年不应确认该笔 3000 万元应收款及相应的销售收入	进一步检查 B 公司对该批产品的签收记录。如果 B 公司收货时间确系 2019 年，注册会计师应提出审计调整意见，建议甲公司冲回该笔应收账款和销售收入
(3)	否	对于以传真方式收到的函证回复，未向 C 公司获取询证函回函原件	要求 C 公司将原件寄回到会计师事务所。如果无法收到询证函原件，应考虑执行包括检查销售合同、客户签字的收货确认单以及相关的会计记录在内的替代程序
(4)	否	甲公司对于出口销售收入的确认时点为相关产品装船并取得装船单时，而执行的替代审计程序没有检查装船单	还应进一步检查装船单。如果装船单时间确系 2019 年，注册会计师应提出审计调整，建议甲公司冲回相关应收账款和销售收入

5. 检查未函证应收账款

注册会计师无法对所有应收账款实施函证，因此对于未纳入函证范围的应收账款，注册会计师应抽取相关的原始凭证，以验证应收账款的真实性。

6. 抽查有无不属于结算业务的债权

应收账款中核算的应是属于结算业务的债权。因此，注册会计师应抽查应收账款明细账，追查至有关原始凭证，查证被审计单位有无不属于结算业务的债权。若存在，则应建议被审计单位进行适当的调整。

7. 检查贴现、质押或出售

检查应收账款是否已经用于贴现、判定应收账款贴现业务属于质押还是出售，其会计处理是否正确。

8.对应收账款实施关联方及其交易审计程序

标明应收关联方〔包括持股5%以上(含5%)股东〕的款项,实施关联方及其交易审计程序,并注明合并财务报表时应予以抵消的金额;对关联企业、有密切关系的主要客户的交易事项作专门检查。

9.审查坏账的确认和处理,尤其是对审批文件的检查

注册会计师需要检查有无债务人死亡、破产后,其遗产或破产财产清偿后仍无法收回的应收账款;还要检查被审计单位对坏账的会计处理是否经授权审批,会计处理是否正确。

10.检查应收账款的列报是否恰当

如果被审计单位为上市公司,则其在财务报表附注中通常应披露期初、期末余额的账龄分析,期末欠款金额较大的单位账款,以及持有5%以上(含5%)股份的股东单位账款等情况。

三、坏账准备的实质性程序

对于应收账款,企业应当以预期信用损失为基础,对其进行减值会计处理并确认坏账准备。坏账准备的实质性程序一般包括以下方面。

(1)取得或编制坏账准备明细表,复核加计是否正确,与坏账准备总账数、明细账合计数核对是否相符。

(2)核对应收账款坏账准备本期计提数与信用减值损失相应明细项目发生额是否相符。

(3)检查应收账款坏账准备计提。注册会计师应评价计提坏账准备的资料、假设及方法是否符合企业会计准则的规定,计提数额是否恰当,会计处理是否正确。企业应合理预计信用损失并计提坏账准备,不得多提或少提,否则应视为滥用会计估计,按照前期差错更正的方法进行会计处理。

(4)审查坏账损失。实际发生坏账损失的,检查转销依据是否符合有关规定,会计处理是否正确。对于被审计单位在审计期间内发生的坏账损失,注册会计师应检查其原因是否清楚,是否符合有关规定,有无授权批准,有无已作坏账处理后又重新收回的应收账款,相应的会计处理是否正确。

(5)执行分析程序。计算坏账准备余额占应收款项余额的比例,并与以前期间的相关比例核对,若存在重大差异,分析差异产生的原因,以发现存在重要问题的审计领域。

(6)确定应收账款坏账准备的披露是否恰当。财务报表附注中应清晰地说明坏账的确认标准、坏账准备的计提方法和计提比例等内容。

四、应收票据的实质性程序

企业在实现销售时,没有收到现款而是收到了客户的商业汇票,由此产生了应收票据。应收票据是一种书面形式的债权资产,灵活性较强,经持有人背书后可以提交银行贴现。应收票据的实质性程序主要有以下方面。

(1)获取或编制应收票据明细表,复核加计正确,并核对其期末余额与报表数、总账数和明细账合计数是否相符。

(2)监盘库存票据。注册会计师监盘库存票据时,应注意票据的种类、号数、签收日期、

到期日、票面金额、付款人、承兑人、背书人姓名或单位姓名,以及利率、贴现率、收回金额等是否与应收票据登记簿中的记录相符,是否存在已抵押或银行退回的票据。

（3）函证应收票据。必要时,抽取部分应收票据向出票人进行函证,以证实应收票据的存在性和可收回性,并根据函证结果编制汇总表。

（4）审查应收票据的利息收入。若注册会计师计算的应计利息金额与账面列示的金额不符,应分析产生差异的原因。

（5）审查已贴现的应收票据。注册会计师应审查其贴现额和贴现息的计算是否正确,会计处理方法是否恰当。

（6）确定应收票据的披露是否恰当。检查被审计单位资产负债表中应收票据项目的金额是否与审定数一致;是否已在财务报表附注中进行充分披露。

五、预收账款的实质性程序

预收账款是在企业销售业务实际发生前,预先收取部分款项。预收账款的实质性程序一般包括以下方面。

（1）获取或编制预收账款明细表,复核加计正确,并核对其期末余额合计数与报表数、总账数和明细账合计数是否相符。

（2）请求被审计单位协助,提供所需资料,检查预收账款明细表中已转销金额较大的预收账款,核对销售发票、记账凭证等,评价这些凭证发生日期是否合理。

（3）抽查与预收账款有关的销售合同、收款凭证、发运凭证,检查已经实现的销售收入是否已转销预收账款,保证预收账款期末余额的正确性。

（4）函证预收账款的重大项目,并根据函证结果编制函证汇总表。

（5）检查预收账款是否已在资产负债表中进行恰当披露。

本章小结

业务循环审计可以将按业务循环开展的内部控制测试联系起来,帮助注册会计师加深对被审计单位各项业务的了解,进而合理分工审计资源,提高审计效率,改善审计效果。本章详细介绍了销售与收款循环审计,对销售与收款循环审计的主要业务活动和涉及的主要凭证与会计记录进行了阐述。同时,介绍了销售与收款循环的主要内部控制措施,包括适当的职责分离、适当的授权审批、充分的凭证和记录、凭证的预先编号、按月寄出对账单、内部核查程序。

本章从相关交易类别和账户余额存在的重大错报风险、固有风险和控制风险角度评估销售与收款循环中的重大错报风险。本章以销售与收款业务内部控制目标为基础,讨论了被审计单位的关键内部控制和常用的控制测试。同时,本章介绍了销售与收款循环所涉及账户的一些实质性测试,包括营业收入常用的实质性程序、应收账款常用的实质性程序、坏账准备常用的实质性程序、应收票据常用的实质性程序和预收账款常用的实质性程序。

本章思考题

1. 简述销售与收款循环的主要业务活动。

2. 简述销售与收款循环的主要控制措施。

3. 简述营业收入常用的实质性程序。

4. 简述坏账准备常用的实质性程序。

5. 简述应收账款常用的实质性程序。

6. 简述注册会计师选择函证方式的要求。

7. 某注册会计师事务所的注册会计师吴妮接受委托,对 BWM 销售公司 20×1 年度会计报表进行审计。吴妮了解并记录了 BWM 销售公司与应收账款相关的内部控制,并在最高水平上估计了与应收账款相关的控制风险。吴妮向 BWM 销售公司取得了应收账款账龄分析表,该表列示了 20×1 年 12 月 31 日每一位客户所欠账款总额,吴妮据此发出积极式询证函。吴妮要求这项业务的助理审计师王鹏负责追查出现异议的八封询证函的回函。假设,每一个潜在的错报一旦被证实都将被认为是重要的。有几封回函下面出现"附注"字样,注明与确认有关的附加信息。回函中存在的异议或附注如下。

(1)询证函♯5 回函

异议:是的。我们确实从 BWM 销售公司订购了 20000 元的商品,但是,我们已经于 20×1 年 12 月 18 日寄给了 BWM 销售公司一张 20000 元的支票。

附注:BWM 销售公司会计人员表示支票已经收到,并于 20×1 年 12 月 18 日存入银行,但记错了客户账户。

(2)询证函♯22 回函

异议:我们拒绝付款。BWM 销售公司在 12 月 2 日承诺我们将在 10 天之内收到这些货物,而我们未能如期收到,我们已于 12 月 2 日取消订购。

(3)询证函♯45 回函

异议:我们的资料处理系统无法核实贵公司的对账单,但 BWM 销售公司是我们公司的常规供应商之一。我们很可能存在这笔应付款项。

(4)询证函♯62 回函

附注:这封询证函被邮局退回,并盖有"退回发信人,地址不详"的邮戳。

(5)询证函♯71 回函

异议:我们直到 20×1 年 12 月 23 日才收到商品,我们已于 20×2 年 1 月 3 日寄出一张全额付款的支票。

(6)询证函♯72 回函

异议:是的,我想我们存在这笔应付款,但 BWM 销售公司已经清楚地向我们表明我们可以退回任何我们无法售出的商品。但是,销售情况很好,我们已经售出了大部分商品。

(7)询证函♯77 回函

异议:我们于 20×1 年 12 月 10 日收到了 BWM 销售公司价值 24000 元的寄销商品,但我们还没有售出。

（8）询证函＃80回函

异议：是的，我们于10月15日订购了价值42000元的商品，但BWM销售公司缺货至今。它们好像总是缺货，我们最终于20×2年1月4日收到了货物。

请针对上述八种情况，说明助理审计师王鹏应采取哪些审计程序来处理审计异议？

第八章　采购与付款循环审计

学习目标

掌握应付账款和固定资产的审计以及检查文件记录的具体应用

熟悉采购循环内部控制目标、内部控制与控制测试的关系

了解采购与付款业务循环的特点以及采购与付款业务循环其他账户的审计

思政元素

采购与付款循环的重大错报风险

采购与付款循环的内部控制

主要审计方法运用与审计风险意识

典型案例反思与审计责任意识

引例——美国巨人零售公司审计案

美国巨人零售公司是一家大型零售折扣商店,但 1971 年,巨人公司的管理部门面临着历史上第一次重大经营损失。为掩盖这一真相,它们决定篡改公司的会计记录,把 1971 年发生的 250 万美元的经营损失篡改为 150 万美元收益,并且提高与之相关的流动比率和周转率。罗斯会计师事务所担任巨人零售公司的年报审计工作,并在 1972 年签发了无保留意见的审计报告后,又于 1973 年初撤回。1973 年 8 月,巨人零售公司向波士顿法院提交破产申请,两年后法院宣告公司破产。根据法庭查证事实,巨人零售公司蓄意调整减少应付账款余额。

巨人零售公司舞弊行为与罗斯会计师事务所审计行为列示如下。

(1)巨人零售公司的财务副总裁伪造了 28 张虚假的贷方通知单(红字发票),以此来抵减外发的应付给米尔布鲁克公司的账款 25.7 万美元。审计师要求找公司高级行政人员求证此事。为了满足这个要求,巨人零售公司的财务副总裁当着审计师的面,打电话给一个听起来像是米尔布鲁克公司总裁的人,短暂交谈后,巨人零售公司的财务副总裁把电话递给了审计师,电话另一头的那个人口头上证实了这一事项,并同意递交罗斯会计师事务所一份书面证明。

(2)巨人零售公司通过发出 35 份假造的贷项通知单蓄意减少了 13 万美元应付给另一个供应商罗斯盖尔公司的账款。审计师在审阅这些通知单的复印件时,发现有种特殊标志被隐藏在单据中,当把这些通知单高举在光线下观察时,他发现了单据中被隐藏起来的句子:"只有在收到货物时才可以记账。"

思考:针对巨人零售公司的舞弊行为,罗斯会计师事务所如何处理才能避免审计失败?

第一节　采购与付款循环业务概述

一、采购与付款循环涉及的主要业务活动

在一个企业,若可能的话,应将各项职能活动指派给不同的部门或职员来完成。这样,每个部门或职员都可以独立检查其他部门和职员工作的正确性。下面以采购商品为例,阐述采购与付款循环所涉及的主要业务活动。

(一)请购商品和劳务

仓库负责对需要购买的已列入存货清单的项目填写请购单,其他部门也可以对所需要购买的未列入存货清单的项目编制请购单。大多数企业对正常经营所需物资的购买均作一般授权。例如,仓库在现有库存达到再订购点时就可直接提出采购申请,其他部门也可为正常的维修工作和类似工作直接申请采购有关物品。但对资本支出和租赁合同,企业则通常要求做特别授权,只允许指定人员提出请购。请购单可由手工或计算机编制。由于企业内不少部门都可以填列请购单,可能不便事先编号,为加强控制,每张请购单必须经过对这类支出预算负责的主管人员签字批准。请购单是证明有关采购交易的发生认定的凭据之一,也是采购交易轨迹的起点。

(二)编制订购单

采购部门在收到请购单后,只能对经过批准的请购单发出订购单。对每张订购单,采购部门应确定最佳的供应来源。对一些大额、重要的采购项目,应采取竞价方式来确定供应商,以保证供货的质量、及时性和成本的低廉。

订购单应正确填写所需要的商品品名、数量、价格、厂商名称和地址等,预先予以顺序编号并经过被授权的采购人员签名。其正联应送交供应商,副联则送至企业内部的验收部门、应付凭单部门和编制请购单的部门。随后,工作人员应独立检查订购单的处理,以确定是否确实收到商品并正确入账。这项检查与采购交易的"完整性"认定有关。

(三)验收商品

有效的订购单代表企业已授权验收部门接收供应商发运来的商品。验收部门首先应比较所收商品与订购单上的要求是否相符,如商品的品名、摘要、数量和到货时间等,然后盘点商品并检查商品有无损坏。

验收后,验收部门应对已收货的每张订购单编制一式多联、预先按顺序编号的验收单,作为验收和检验商品的依据。验收人员将商品送交仓库或其他请购部门时,应取得经过签字的收据,或要求其在验收单的副联上签收,以确立他们对所采购的资产应负的保管责任。验收人员还应将其中的一联验收单送交应付凭单部门。

验收单是支持资产或费用以及与采购有关的负债的"存在或发生"认定的重要凭证。定期独立检查验收单顺序以确定每笔采购交易都已编制凭单,则与采购交易的"完整性"认定有关。

(四)储存已验收的商品

将已验收商品的保管与采购的其他职责相分离,可减少未经授权的采购和盗用商品的风险。存放商品的仓储区应相对独立,限制无关人员接近。这些控制与商品的"存在"认定有关。

(五)编制付款凭单

记录采购交易之前,应付凭单部门应编制付款凭单。这项功能的控制包括下列内容:

(1)确定供应商发票的内容与相关的验收单、订购单的一致性。

(2)确定供应商发票计算的正确性。

(3)编制有预先顺序编号的付款凭单,并附上支持性凭证(如订购单、验收单和供应商发票等)。这些支持性凭证的种类因交易对象的不同而不同。

(4)独立检查付款凭单计算的正确性。

(5)在付款凭单上填入应借记的资产或费用账户名称。

(6)由被授权人员在凭单上签字,以示批准照此凭单要求付款。所有未付凭单的副联应保存在未付凭单档案中,以待日后付款。经适当批准和有预先编号的凭单为记录采购交易提供了依据,因此,这些控制与"存在""发生""完整性""权利和义务""计价和分摊"等认定有关。

(六)确认与记录负债

正确确认已验收货物和已接受劳务的债务,要求准确、及时地记录负债。该记录对企业财务报表和实际现金支出具有重大影响。与应付账款确认和记录相关的部门一般有责任核查购置的财产,并在应付凭单登记簿或应付账款明细账中加以记录。在收到供应商发票时,应付账款部门应将发票上所记载的品名、规格、价格、数量、条件及运费与订购单上的有关资料核对,如有可能,还应与验收单上的资料进行比较。

应付账款确认与记录的一项重要控制是要求记录现金支出的人员不得经手现金、有价证券和其他资产。恰当的凭证、记录与记账手续,对业绩的独立考核和应付账款职能而言是必不可少的控制。

在手工系统下,应将已批准的未付款凭单送达会计部门,据以编制有关记账凭证和登记有关账簿。会计主管应监督为采购交易而编制的记账凭证中账户分类的适当性;通过定期核对编制记账凭证的日期与凭单副联的日期,监督入账的及时性。而独立检查会计人员则应核对所记录的凭单总数与应付凭单部门送来的每日凭单汇总表是否一致,并定期独立检查应付账款总账余额与应付凭单部门未付款凭单档案中的总金额是否一致。

(七)付款

通常是由应付凭单部门负责确定未付凭单在到期日付款。企业有多种款项结算方式,以支票结算方式为例,编制和签署支票的有关控制包括下列内容。

(1)独立检查已签发支票的总额与所处理的付款凭单的总额的一致性。

(2)应由被授权的财务部门的人员负责签署支票。

(3)被授权签署支票的人员应确定每张支票都附有一张已经适当批准的未付款凭单,并确定支票收款人姓名和金额与凭单内容一致。

（4）支票一经签署就应在其凭单和支持性凭证上用加盖印戳或打洞等方式将其注销，以免重复付款。

（5）支票签署人不应签发无记名甚至空白的支票。

（6）支票应预先顺序编号，保证支出支票存根的完整性和作废支票处理的恰当性。

（7）应确保只有被授权的人员才能接近未经使用的空白支票。

（8）记录现金、银行存款支出。

仍以支票结算方式为例，在手工系统下，会计部门应根据已签发的支票编制付款记账凭证，并据以登记银行存款日记账及其他相关账簿。以记录银行存款支出为例，有关控制包括下列内容。

（1）会计主管应独立检查记入银行存款日记账和应付账款明细账金额的一致性，以及与支票汇总记录的一致性。

（2）通过定期比较银行存款日记账记录的日期与支票副本的日期，独立检查入账的及时性。

（3）独立编制银行存款余额调节表。

二、采购与付款循环涉及的主要凭证与会计记录

采购与付款交易通常要经过请购—订货—验收—付款这样的程序，同销售与收款交易一样，在内部控制比较健全的企业，处理采购与付款交易通常也需要使用很多凭证和会计记录。典型的采购与付款循环所涉及的主要凭证和会计记录有以下几种。

（一）请购单

请购单是由产品制造、资产使用等部门的有关人员填写，送交采购部门，申请购买商品、劳务或其他资产的书面凭证。

（二）订购单

订购单是由采购部门填写，向另一企业购买订购单上所指定的商品、劳务或其他资产的书面凭证。

（三）验收单

验收单是收到商品、资产时所编制的凭证，列示从供应商处收到的商品、资产的种类和数量等内容。

（四）购货发票

购货发票（供应商发票）是供应商开具的，交给买方以载明发运的货物或提供的劳务、应付款金额和付款条件等事项的凭证。

（五）付款凭单

付款凭单是采购方企业的应付凭单部门编制的，载明已收到的商品、资产或接受的劳务，应付款金额和付款日期的凭证。付款凭单是采购方企业内部记录和支付负债的授权证明文件。

（六）转账凭证

转账凭证是指记录转账交易的记账凭证，它是根据有关转账交易（即不涉及库存现金、银行存款收付的各项交易）的原始凭证编制的。

（七）付款凭证

付款凭证包括现金付款凭证和银行存款付款凭证，是指用来记录库存现金和银行存款支出交易的记账凭证。

（八）供应商对账单

供应商对账单是由供应商按月编制的，标明期初余额、本期购买、本期支付给供应商的款项和期末余额的凭证。供应商对账单是供应商对有关交易的陈述，如果不考虑买卖双方在收发货物上可能存在的时间差等因素，其期末余额通常应与采购方相应的应付账款期末余额一致。

此外，采购与付款循环包括的凭证和记录还涉及应付账款明细账、库存现金和银行存款日记账、总账、存货日记账等。

总的来说，采购与付款循环涉及的主要单据与会计记录是和主要业务活动的展开密切相关的，其逻辑关系如图 8-1 所示。

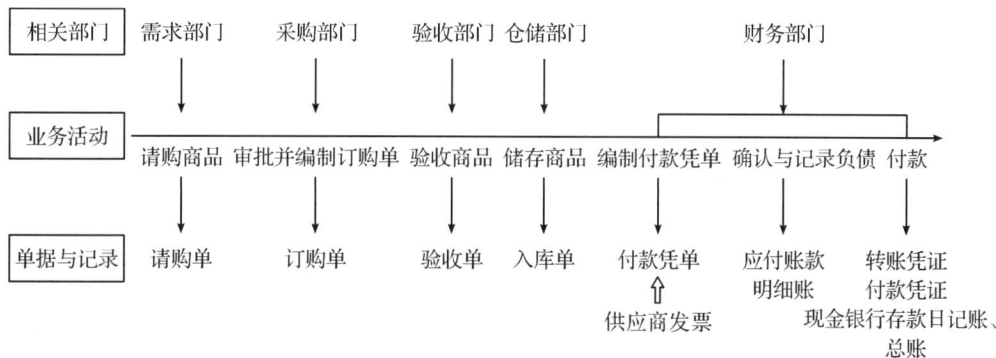

图 8-1 单据记录与业务活动的关系

第二节 采购与付款循环的内部控制与控制测试

一、采购交易的关键内部控制

采购与付款循环的控制测试包括采购交易测试和付款交易测试两个部分。采购交易测试与本章前面讨论的八项主要业务活动中的前六项有关，即：请购商品、劳务，编制订购单，验收商品，储存已验收的商品，编制付款凭证，确认与记录债务。付款交易测试则关系到第七、第八两项业务活动即支付负债、记录现金、银行存款支出。采购交易所涉及的内部控制包括以下几个方面。

拓展资源：施工企业常见的内部控制缺陷

(一)适当的职责分离

适当的职责分离有助于防止各种有意或无意的错误。单位应当建立采购与付款业务的岗位责任制,明确相关部门和岗位的职责、权限,确保办理采购与付款业务的不相容岗位相互分离、制约和监督。采购与付款业务不相容岗位至少包括:请购与审批;询价与确定供应商;采购合同的订立与审批;货物的采购与货物的验收;采购、验收与相关会计记录;付款审批与付款执行;应付账款的记录与付款执行。

(二)内部核查程序

内部核查程序包括人员设置、制度执行以及文件保管等,公司执行内部核查程序起码要做到以下四点:

(1)检查负责采购与付款交易的岗位设置情况,特别注意不相容岗位是否分离。

(2)检查采购与付款交易授权批准制度执行是否顺利,特别是检查大额的采购与付款交易,看看其授权批准手续是不是健全,人员执行的过程中是否越权审批。

(3)管理应付账款和预付账款。检查在支付应付账款和预付账款的过程中,是否存在不正确、不合法和超过期限的行为。

(4)检查相关财务文件的保管情况和使用情况。注意是否妥善保管相关单据、凭证和文件,使用的过程中是否依照程序,特别是检查凭证从登记到注销的过程中是否做到手续齐全。

(三)凭证的预先编号及对例外报告的跟进处理

(1)通过对入库单的预先编号以及对例外情况的汇总处理,被审计单位可以应对存货和负债记录方面的完整性风险。

(2)如果该控制是人工执行的,被审计单位可以安排入库单编制人员以外的独立复核人员定期检查已经进行会计处理的入库单记录,确认是否存在遗漏或重复记录的入库单,并对例外情况予以跟进。

(3)如果在 IT 环境下,则系统可以定期生成列明跳号或重号的入库单统计例外报告,由经授权的人员对例外报告进行复核和跟进,可以确认所有入库单都进行了处理,且没有重复处理。

(四)请购控制

购货环节的起点是相关部门或人员提出对商品和劳务的需求。企业可以针对不同的需求制定不同的请购制度。对于正常生产经营所需的物资或经常性服务项目的需求,企业通常作一般授权,使用部门提出请购单后,由负责资金预算的部门进行审批。对于临时性物品的购进,通常由使用者在请购单上注明采购的目的和用途,由使用者的部门负责人审批同意,并经资金预算的负责人同意签字后,采购部门才能办理采购手续。对于特殊服务项目的请购,如保险、法律和审计服务等,一般由企业最高负责人审批。

(五)订货控制

采购部门在收到请购单后,应当明确订购数量和确定供应商的问题。在订购数量方面,采购部门应先审查每一份请购单上的请购数量,确定其是否在控制限额的范围内;然后检查使用物品和获得劳务的部门主管是否在请购单上签字同意,只有经过批准的请购单才能发出订购单。在确定供应商方面,采购部门在正式填制订购单之前必须向不同的供应商(通常要求两家以上)索取供应物品的价格、质量指标、付款条件及交货时间等资料,比较不同供应商所提供的资料,选择最有利于企业生产和成本最低的供应商。

在上述两方面的决定作出后,采购部门应填制预先连续编号的订货单;在订货单发出前,必须由专人检查该订单是否得到授权人的签字;订货单的副本应递交给请购、保管和会计部门等。

(六)验收控制

货物的验收应当由独立于请购、采购和会计部门的人员来承担,其控制责任是验收货物的数量和质量。在数量方面,验收部门应通过计数、称量或测量等方法来证明货运单上所列数量与订购单上核对是否相符,并要求至少两个收货人在收货报告单上签字;在质量方面,验收部门应检验有无因运输而导致的损失或缺陷。每一项收到的货物都必须在检验后填制一式多联、预先编号的验收单,并及时报告请购、采购和会计部门。

【例 8-1】采购与付款循环相关内部控制

注册会计师 A 和 B 于 2020 年 12 月 1—7 日对甲公司采购与付款循环的内部控制进行了了解和测试,并在相关审计工作底稿中记录了解和测试事项,摘录如下。

(1)公司的材料采购需要经授权批准后方可进行。采购部根据经批准的请购单发出订购单(连续编号)。货物运达后,验收部门根据订购单的要求验收货物,并编制一式多联的验收单,因验收时间分散在全年内进行,故验收单未连续编号。仓库根据验收单验收货物,在验收单上签字后,将货物移入仓库加以保管。

(2)验收单上有数量、品名、单价等要素。验收单一联交采购部登记采购明细账和编制付款凭单,付款凭单经批准后,月末交会计部门;一联交会计部登记材料明细账;一联由仓库保留并登记材料明细账。会计部门根据附验收单的付款凭单登记有关账簿。

要求:根据上述摘录,指出甲公司采购与付款循环内部控制存在的缺陷。

案例解析:

存在的内部控制缺陷主要有三个方面:①验收单未连续编号;②付款凭单未附订购单及供应商的发票;③会计部门月末审核付款凭单后付款,不利于及时付款。

二、付款交易的关键内部控制

虽然由于性质、所处行业、规模及内部控制健全程度等的不同,企业付款交易相关的内部控制的内容有所不同,但以下与付款交易相关的内部控制内容通常是应当共同遵循的。

(1)企业应当按照《现金管理暂行条例》《支付结算办法》等有关货币资金内部会计控制的规定办理采购付款交易。

(2)企业财会部门在办理付款交易时,应当对采购发票、结算凭证和验收证明等相关凭证的真实性、完整性、合法性及合规性进行严格审核。

(3)企业应当建立预付账款和定金的授权批准制度,加强预付账款和定金的管理。

(4)企业应当加强应付账款和应付票据的管理,由专人按照约定的付款日期、折扣条件等管理应付款项。已到期的应付款项需经有关授权人员审批后方可办理结算与支付。

（5）企业应当建立退货管理制度，对退货条件、退货手续、货物出库和退货货款回收等作出明确规定，及时收回退货款。

（6）企业应当定期与供应商核对应付账款、应付票据和预付款项等往来款项。如有不符，应查明原因，及时处理。

三、固定资产的关键内部控制

就许多从事制造业的被审计单位而言，固定资产在其资产总额中占有很大的比重，固定资产的购建会影响其现金流量，而固定资产的折旧、维修等费用则是影响其损益的重要因素。固定资产管理一旦失控，所造成的损失将远远超过一般的商品存货等流动资产。所以，为了确保固定资产的真实、完整、安全和有效利用，被审计单位应当建立和健全固定资产的内部控制。

（一）固定资产的预算制度

预算制度是固定资产内部控制中最重要的部分。通常大中型企业应编制旨在预测与控制固定资产增减和合理运用资金的年度预算；小规模企业即使没有正规的预算，对固定资产的购建也要事先加以计划。

（二）授权批准制度

完善的授权批准制度包括以下内容：企业的资本性预算只有经过董事会等高层管理机构批准方可生效；所有固定资产的取得和处置均需经企业管理层书面认可。

（三）账簿记录制度

除固定资产总账外，被审计单位还需设置固定资产明细分类账和固定资产登记卡，按固定资产类别、使用部门和每项固定资产进行明细分类核算。固定资产的增减变化均应有充分的原始凭证。

（四）职责分工制度

对固定资产的取得、记录、保管、使用、维修和处置等，均应明确划分责任，由专门部门和专人负责。

（五）资本性支出和收益性支出的区分制度

企业应制定区分资本性支出和收益性支出的书面标准。通常需明确资本性支出的范围和最低金额，凡不属于资本性支出范围、金额低于下限的任何支出，均应费用化计入当期损益。

（六）固定资产的处置制度

固定资产的处置，包括投资转出、报废和出售等，均要有一定的申请报批程序。

(七)固定资产的定期盘点制度

对固定资产的定期盘点,是验证账面各项固定资产是否真实存在、了解固定资产放置地点和使用状况,以及发现是否存在未入账固定资产的必要手段。

(八)固定资产的维护保养制度

固定资产应有严密的维护保养制度,以防止其因各种自然和人为的因素而遭受损失,并应建立日常维护和定期检修制度,以延长其使用寿命。

严格地讲,固定资产的保险不属于企业固定资产的内部控制范围,但它作为一项针对企业重要资产的特别保障,往往对企业非常重要。

(九)在建工程的内部控制

作为与固定资产密切相关的一个项目,在建工程项目有其特殊性。在建工程的内部控制通常包括以下内容。

1. 岗位分工与授权批准

(1)企业应当建立工程项目业务的岗位责任制,明确相关部门和岗位的职责、权限,确保办理工程项目业务的不相容岗位相互分离、制约和监督。工程项目业务不相容岗位一般包括下列内容:项目建议、可行性研究与项目决策;概预算编制与审核;项目实施与价款支付;竣工决算与竣工审计。

(2)企业应当对工程项目相关业务建立严格的授权批准制度,明确审批人的授权批准方式、权限、程序、责任及相关控制措施,规定经办人的职责范围和工作要求。审批人应当根据工程项目相关业务授权批准制度的规定,在授权范围内进行审批,不得超越审批权限。经办人应当在职责范围内,按照审批人的批准意见办理工程项目业务。对于审批人超越授权范围审批的工程项目业务,经办人有权拒绝办理,并及时向审批人的上级授权部门报告。

(3)企业应当制定工程项目业务流程,明确项目决策、概预算编制、价款支付和竣工决算等环节的控制要求,并设置相应的记录或凭证,如实记载各环节业务的开展情况,确保工程项目全过程得到有效控制。

2. 项目决策控制

企业应当建立工程项目决策环节的控制制度,对项目建议书和可行性研究报告的编制、项目决策程序等作出明确规定,确保项目决策科学、合理。

3. 概预算控制

企业应当建立工程项目概预算环节的控制制度,对概预算的编制、审核等作出明确规定,确保概预算编制科学、合理。

4. 价款支付控制

企业应当建立工程进度价款支付环节的控制制度,对价款支付的条件、方式及会计核算程序作出明确规定,确保价款支付及时、正确。

5. 竣工决算控制

企业应当建立竣工决算环节的控制制度,对竣工清理、竣工决算、竣工审计和竣工验收等作出明确规定,确保竣工决算真实、完整和及时。

6.监督检查

企业应当建立对工程项目内部控制的监督检查制度,明确监督检查机构或人员的职责权限,定期或不定期地进行检查。检查的内容主要如下。

(1)工程项目业务相关岗位及人员的设置情况。

(2)工程项目业务授权批准制度的执行情况。

(3)工程项目决策责任制的建立及执行情况。

(4)概预算控制制度的执行情况。

(5)各类款项支付制度的执行情况。

(6)竣工决算制度的执行情况。

四、评估重大错报风险

在实施控制测试和实质性程序之前,注册会计师需要了解被审计单位采购与付款交易和相关余额的内部控制的设计、执行情况,评估认定层次的财务报表重大错报风险,并对被审计单位特殊的交易活动和可能影响财务报表真实反映的事项保持职业怀疑态度,这将影响注册会计师决定采取何种适当的审计方法。

影响采购与付款交易和余额的重大错报风险可能包括下列内容。

(一)相关交易类别和账户余额存在的重大错报风险

1.存货的采购成本没有按照适当的计量属性确认

存货的采购成本没有按照适当的计量属性确认结果可能导致存货成本和销售成本的核算不正确。

2.采用不正确的费用支出截止期

将本期采购并收到的商品计入下一会计期间;或者将下一会计期间采购的商品提前计入本期;未及时计提尚未付款的已经购买的服务支出;等等。

3.多计或少计费用支出

被审计单位管理层可能为了完成预算,满足业绩考核要求,从银行获得额外的资金,吸引潜在投资者,误导股东,影响公司股价,或通过把私人费用计入公司进行个人盈利而错报支出。常见的方法可能如下所述:

(1)把通常应当及时计入损益的费用资本化,然后通过资产的逐步摊销予以消化。这对增加当年的利润和留存收益都将产生影响。

(2)平滑利润。通过多计准备或少计负债和准备,把损益控制在被审计单位管理层希望的程度。

(3)利用特别目的实体把负债从资产负债表中剥离,或利用与关联方之间的费用定价优势制造虚假的收益增长趋势。

(4)通过复杂的税务安排推延或隐瞒所得税和增值税。

(5)被审计单位管理层把私人费用计入企业费用,把企业资金当作私人资金运作。

4.存在未记录的权利和义务

这可能导致资产负债表分类错误以及财务报表附注不正确或披露不充分。在计算机环境下,注册会计师既应当考虑常用的控制活动的有效性,也应当考虑特殊的控制活动对于采购与付款交易的适用性。其中,最为重要的控制应着眼于计算机程序的更改和供应商主文档中重要数据的变动,因为这不仅会对采购与付款、应付账款带来影响,而且也会影响对差错和例外事项的处理过程与结果。概言之,针对采购与付款的控制,需要关注以下方面。

(1)遗失连续编号的验收单,这表明采购交易可能未予入账。

(2)出现重复的验收单或发票。

(3)供应商发票与订购单或验收单不符。

(4)供应商名称及代码与供应商主文档信息中的名称及代码不符。

(5)在处理供应商发票时出现计算错误。

(6)采购或验收的商品的存货代码无效。

(7)处理采购或付款的会计期间出现差错。

(8)通过电子货币转账系统把货款转入供应商的银行账户,但该账户并非供应商支付文档指定的银行账户。

5.不正确地记录外币交易

当被审计单位进口用于出售的商品时,可能由于采用不恰当的外币汇率而导致该项采购的记录出现差错。此外,还存在未能将诸如运费、保险费和关税等与存货相关的进口费用进行正确分摊的风险。

(二)固有风险和控制风险

1.费用支出确认的复杂性

如果被审计单位经营大型零售业务,由于所采购商品和固定资产的数量及支付的款项庞大,交易复杂,容易造成商品发运错误,员工和客户发生舞弊的风险较高。又比如,被审计单位以复杂的交易安排购买一定期间的多种服务,管理层对于涉及的服务受益期与付款安排所涉及的复杂性缺乏足够的了解,这可能导致费用支出分配或计提的错误。

2.相关控制风险

如果注册会计师计划测试采购与付款循环中相关控制的运行有效性,应当评估相关控制的控制风险。例如,如果那些负责付款的会计人员有权接触应付账款主文档,并能够通过在应付账款主文档中擅自添加新的账户来虚构采购交易,风险也会增加。

总之,当被审计单位管理层具有高估利润的动机时,注册会计师应当主要关注费用支出和应付账款的低计。重大错报风险集中体现在遗漏交易、采用不正确的费用支出截止期以及错误划分资本性支出和费用性支出等。这些将对完整性、截止、发生、存在、准确性和分类认定产生影响。

如前所述,为评估重大错报风险,注册会计师应详细了解有关交易或付款的内部控制,这些控制主要是为预防、检查和纠正前面所认定的重大错报的固有风险而设置的。注册会计师可以通过审阅以前年度审计工作底稿、观察内部控制执行情况、询问管理层和员工、检查相关的文件和资料等方法加以了解。对相关文件和资料的检查可以提供审计证据,比如通过检查供应商对账表和银行对账单,能够发现差错并加以纠正。

在评估重大错报风险时,注册会计师之所以需要充分了解被审计单位对采购与付款交易的控制活动,目的在于使得计划实施的审计程序更加有效。也就是说,注册会计师必须对被审计单位的重大错报风险有一定认识,在此基础上设计并实施进一步审计程序,才能有效应对重大错报风险。

五、控制测试

进一步审计程序主要包括控制测试和实质性程序。一旦注册会计师确认了每一目标的有效控制和薄弱环节,就要对每一目标的控制风险作出初步评估,通过制订计划确定对哪些控制实施控制测试。而对于与这些目标有关的、旨在发现金额错误的交易实质性程序,则应根据对控制风险的初步评估和计划实施的控制测试加以确定。当注册会计师对每一项目标均制定了审计测试程序后,把这些审计测试程序综合起来即可构成一个能够有效执行的审计方案。表 8-1 列示了采购交易的内部控制目标、关键内部控制以及常用的控制测试和实质性程序。

表 8-1　采购交易的内部控制目标、关键内部控制和控制测试一览表

内部控制目标 （相关认定）	关键内部控制	常用的控制测试	常用的实质性程序
所记录的采购都确已收到商品或已接受劳务（发生）	请购单、订购单、验收单和卖方发票一应俱全,并附在付款凭单后 采购经适当级别批准 注销凭证以防止重复使用 对卖方发票、验收单、订购单和请购单作内部核查	查验付款凭单后是否附有完整的相关单据 检查批准采购的标记 检查注销凭证的标记 检查内部核查的标记	复核采购明细账、总账及应付账款明细账,注意是否有大额或不正常的金额 检查卖方发票、验收单、订购单和请购单的合理性和真实性 追查存货的采购至存货永续盘存记录 检查取得的固定资产
已发生的采购交易均已记录（完整性）	订购单均经事先连续编号并将已完成的采购登记入账 验收单均经事先连续编号并已登记入账 应付凭单经事先连续编号并已登记入账	检查订购单连续编号的完整性 检查验收单连续编号的完整性 检查应付凭单连续编号的完整性	从验收单追查至采购明细账 从卖方发票追查至采购明细账
所记录的采购交易估价正确（准确性、计价和分摊）	对计算准确性进行内部核查 采购价格和折扣的批准	检查内部核查的标记 检查批准采购价格和折扣的标记	将采购明细账中记录的交易卖方发票、验收单和其他证明文件比较 复算包括折扣和运费在内的卖方发票填写金额的准确性
采购交易的分类的正确（分类）	采用适当的会计科目表 分类的内部核查	检查工作手册和会计科目表 检查有关凭证上内部核查的标记	参照卖方发票,比较会计科目表上的分类

续　表

内部控制目标 （相关认定）	关键内部控制	常用的控制测试	常用的交易实质性程序
采购交易按正确的日期记录（截止）	要求收到商品或接受劳务后及时记录采购交易 内部核查	检查工作手册并观察有无未记录的卖方发票存在 检查内部核查的标记	将验收单和卖方发票上的日期与采购明细账中的日期进行比较
采购交易被正确记入应付账款和存货等明细账中，并正确汇总（准确性、计价和分摊）	应付账款明细账内容的内部核查	检查内部核查的标记	通过加计采购明细账，追查过入采购总账和应付账款、存货明细账的数额是否正确，用以测试过账和汇总的正确性

付款交易、固定资产的控制测试同样需要和相关内部控制目标、关键内部控制相互结合。

第三节　采购与付款循环的实质性程序

鉴于前面内容中，已经对一般情况下的实质性程序进行了详细介绍，本节仅针对采购与付款循环中涉及的特定科目的实质性程序进行介绍。

一、应付账款的实质性程序

应付账款是企业在正常经营过程中，因购买材料、商品和接受劳务供应等经营活动而应付给供应商的款项。注册会计师应结合赊账交易进行应付账款的审计。

（一）应付账款的审计目标

应付账款的审计目标一般包括：确定资产负债表中记录的应付账款是否存在；确定所有应当记录的应付账款是否均已记录；确定资产负债表中记录的应付账款是否为被审计单位应当履行的现时义务；确定应付账款是否以恰当的金额包括在财务报表中，与之相关的计价调整是否已恰当记录；确定应付账款是否已按照企业会计准则的规定在财务报表中作出恰当的列报。

（二）应付账款的实质性程序

（1）获取或编制应付账款明细表。
①复核加计是否正确，并与报表数、总账数和明细账合计数核对是否相符；
②检查非记账本位币应付账款的折算汇率及折算是否正确；
③分析出现借方余额的项目，查明原因，必要时，建议作重分类调整；
④结合预付账款、其他应付款等往来项目的明细余额，调查有无同挂的项目、异常余额或与购货无关的其他款项（如关联方账户或雇员账户），如有，应作出记录，必要时建议作调整。

（2）根据被审计单位实际情况,选择以下方法对应付账款执行实质性分析程序。

①将期末应付账款余额与期初余额进行比较,分析波动原因。

②分析长期挂账的应付账款,要求被审计单位作出解释,判断被审计单位是否缺乏偿债能力或利用应付账款隐瞒利润,并注意其是否可能无需支付。对确实无须支付的应付账款的会计处理是否正确,依据是否充分;关注账龄超过3年的大额应付账款在资产负债表日后是否偿付,检查偿付记录、单据及披露情况。

③计算应付账款与存货的比率,应付账款与流动负债的比率,并与以前年度相关比率对比分析,评价应付账款整体的合理性。

④分析存货和营业成本等项目的增减变动,判断应付账款增减变动的合理性。

（3）函证应付账款。一般情况下,并非必须函证应付账款,这是因为函证不能保证查出未记录的应付账款,况且注册会计师能够取得采购发票等外部凭证来证实应付账款的余额。但如果控制风险较高,某应付账款明细账户金额较大,则应考虑进行应付账款的函证。

进行函证时,注册会计师应选择较大金额的债权人,以及那些在资产负债表日金额不大,甚至为零,但为被审计单位重要供应商的债权人,作为函证对象。函证最好采用积极函证方式,并具体说明应付金额。与应收账款的函证一样,注册会计师必须对函证的过程进行控制,要求债权人直接回函,并根据回函情况编制与分析函证结果汇总表,对未回函的,应考虑是否再次函证。

如果存在未回函的重大项目,注册会计师应采用替代审计程序。比如,可以检查决算日后应付账款明细账及库存现金和银行存款日记账,核实其是否已支付,同时检查该笔债务的相关凭证资料,如合同、发票、验收单,核实应付账款的真实性。

（4）检查应付账款是否计入了正确的会计期间,是否存在未入账的应付账款。

主题讨论:如何审查未入账的债务

①检查债务形成的相关原始凭证,如供应商发票、验收报告或入库单等,查找有无未及时入账的应付账款,确认应付账款期末余额的完整性。

②检查资产负债表日后应付账款明细账贷方发生额的相应凭证,关注其购货发票的日期,确认其入账时间是否合理。

③获取被审计单位与其供应商之间的对账单,并将对账单和被审计单位财务记录之间的差异进行调节(如在途款项、在途商品、付款折扣、未记录的负债等),查找有无未入账的应付账款,确定应付账款金额的准确性。

④针对资产负债表日后付款项目,检查银行对账单及有关付款凭证(如银行汇款通知、供应商收据等),询问被审计单位内部或外部的知情人员,查找有无未及时入账的应付账款。

⑤结合存货监盘程序,检查被审计单位在资产负债日前后的存货入库资料(验收报告或入库单),检查是否有大额货到单未到的情况,确认相关负债是否计入了正确的会计期间。

如果注册会计师通过这些审计程序发现某些未入账的应付账款,应将有关情况详细记入审计工作底稿,并根据其重要性确定是否需要建议被审计单位进行相应的调整。

（5）针对已偿付的应付账款,追查至银行对账单、银行付款单据和其他原始凭证,检查其是否在资产负债表日前真实偿付。

（6）针对异常或大额交易及重大调整事项(如大额的购货折扣或退回,会计处理异常的交易,未经授权的交易,或缺乏支持性凭证的交易等),检查相关原始凭证和会计记录,以分析交易的真实性、合理性。

(7)检查带有现金折扣的应付账款是否按发票上记载的全部应付金额入账,在实际获得现金折扣时再冲减财务费用。

(8)被审计单位与债权人进行债务重组的,检查不同债务重组方式下的会计处理是否正确。

(9)标明应付关联方[包括持5%以上(含5%)表决权股份的股东]的款项,执行关联方及其交易审计程序,并注明合并报表时应予抵消的金额。

(10)检查应付账款是否已按照企业会计准则的规定在财务报表中作出恰当列报。一般来说,"应付账款"项目应根据"应付账款"和"预付账款"科目所属明细科目的期末贷方余额的合计数填列。

如果被审计单位为上市公司,则通常在其财务报表附注中应说明有无欠持有5%以上(含5%)表决权股份的股东账款;说明账龄超过3年的大额应付账款未偿还的原因,并在期后事项中反映资产负债表日后是否偿还。

二、固定资产的实质性程序

固定资产是指同时具有下列两个特征的有形资产:①为生产商品、提供劳务、出租或经营管理而持有的。②使用寿命超过一个会计年度。这里的使用寿命是指企业使用固定资产的预计期间,或者该固定资产所能生产产品或提供劳务的数量。固定资产只有同时满足下列两个条件才能予以确认:①与该固定资产有关的经济利益很可能流入企业。②该固定资产的成本能够可靠地计量。

固定资产折旧则是指在固定资产的使用寿命内,按照确定的方法对应计折旧额进行系统分摊。

由于固定资产在企业资产总额中一般都占有较大的比例,固定资产的安全、完整对企业的生产经营影响极大,注册会计师应对固定资产的审计给予高度重视。

(一)固定资产的审计目标

固定资产的审计目标一般包括:确定资产负债表中记录的固定资产是否存在;确定所有应记录的固定资产是否均已记录;确定记录的固定资产是否由被审计单位拥有或控制;确定固定资产是否以恰当的金额包括在财务报表中,与之相关的计价或分摊是否已恰当记录;确定固定资产原价、累计折旧和固定资产减值准备是否已按照企业会计准则的规定在财务报表中作出恰当列报。

(二)固定资产——账面余额的实质性程序

1.获取或编制固定资产和累计折旧分类汇总表

获取或编制固定资产和累计折旧分类汇总表,检查固定资产的分类是否正确并与总账数和明细账合计数核对是否相符,结合累计折旧、减值准备科目与报表数核对是否相符。

固定资产和累计折旧分类汇总表又称一览表或综合分析表,是审计固定资产和累计折旧的重要工作底稿,其参考格式如表8-2所示。

表 8-2 固定资产和累计折旧分类汇总表

年 　　月 　　日 　　　　　　　　　　　编制人： 　　　　　　　　　　　日期：

固定资产类别	固定资产				累计折旧					
	期初余额	本期增加	本期减少	期末余额	折旧方法	折旧率	期初余额	本期增加	本期减少	期末余额
合计										

被审计单位：_____ 　　　　　　　　复核人： 　　　　　　　　　　　日期：

　　汇总表包括固定资产与累计折旧两部分,应按照固定资产类别分别填列。需要解释的是期初余额栏,注册会计师对其审计应分三种情况:一是在连续审计情况下,应注意与上期审计工作底稿中的固定资产和累计折旧的期末余额审定数核对相符;二是在变更会计师事务所时,后任注册会计师应查阅前任注册会计师有关工作底稿;三是如果被审计单位以往未经注册会计师审计,即在首次接受审计情况下,注册会计师应对期初余额进行较全面的审计。尤其是当被审计单位的固定资产数量多、价值高、占资产总额比重大时,最理想的方法是全面审计被审计单位设立以来"固定资产"和"累计折旧"账户中的所有重要的借贷记录。这既可核实期初余额的真实性,又可从中加深对被审计单位固定资产管理和会计核算工作的了解。

　　2.对固定资产实施实质性分析程序

　　(1)基于对被审计单位及其环境的了解,通过进行以下比较,并考虑有关数据间关系的影响,建立有关数据的期望值。

　　①分类计算本期计提折旧额与固定资产原值的比率,并与上期比较;

　　②计算固定资产修理及维护费用占固定资产原值的比例,并进行本期各月、本期与以前各期的比较。

　　(2)确定可接受的差异额。

　　(3)将实际情况与期望值相比较,识别需要进一步调查的差异。

　　(4)如果其差额超过可接受的差异额,调查并获取充分的解释和恰当的佐证审计证据,如检查相关的凭证。

　　(5)评估实质性分析程序的测试结果。

　　3.实地检查重要固定资产

　　实地检查重要固定资产(如为首次接受审计,应适当扩大检查范围),确定其是否存在。

　　(1)实施实地检查审计程序时,注册会计师可以以固定资产明细分类账为起点,进行实地追查,以证明会计记录中所列固定资产确实存在,并了解其目前的使用状况;也可以以实地为起点,追查至固定资产明细分类账,以获取实际存在的固定资产均已入账(完整性)的证据。

　　(2)注册会计师实地检查的重点是本期新增加的重要固定资产,观察范围也会扩展到以前期间增加的重要固定资产。观察范围的确定需要依据被审计单位内部控制的强弱、固定资产的重要性和注册会计师的经验来判断。

4.检查固定资产的所有权或控制权

对各类固定资产,注册会计师应获取、收集不同的证据以确定其是否确归被审计单位所有。

(1)对外购的机器设备等固定资产,通常经审核采购发票、采购合同等予以确定。

(2)对于房地产类固定资产,需查阅有关的交易合同、产权证明、财产税单、抵押借款的还款凭据、保险单等书面文件。

(3)对融资租入的固定资产,应验证有关融资租赁合同,证实其并非经营租赁。

(4)对汽车等运输设备,应验证有关运营证件等。

(5)对受留置权限制的固定资产,通常还应审核被审计单位有关负债项目等予以证实。

5.检查固定资产的增加

(1)审计不同途径增加的固定资产,尤其是因债务人抵债获得固定资产和以非货币性资产交换换入的固定资产。

(2)询问管理层当年固定资产增加的情况,并与获取或编制的固定资产明细表核对。

(3)检查本年度增加的固定资产计价是否正确,手续是否齐备,会计处理是否正确。

6.检查固定资产的减少

审计固定资产减少的主要目的在于查明业已减少的固定资产是否已作适当的会计处理;检查是否存在未作会计记录的固定资产减少业务。

7.检查固定资产的后续支出

确定与固定资产有关的后续支出是否满足资产确认条件;如不满足,该支出是否在该后续支出发生时计入当期损益。

8.检查固定资产的租赁情况

企业在生产经营过程中,有时可能有闲置的固定资产供其他单位租用;有时由于生产经营的需要,又需租用固定资产。租赁一般分为经营租赁和融资租赁两种。

(1)经营租赁

在经营租赁中,租入固定资产的企业按合同规定的时间,交付一定的租金,享有固定资产的使用权,而固定资产的所有权仍属出租单位。因此,租入固定资产的企业的固定资产价值并未因此而增加,企业对以经营性租赁方式租入的固定资产,不在"固定资产"账户内核算,只是另设备查簿进行登记。而租出固定资产的企业,仍继续提取折旧,同时取得租金收入。检查经营性租赁时,应查明以下方面。

①固定资产的租赁是否签订了合同、租约,手续是否完备,合同内容是否符合国家规定,是否经相关管理部门审批。

②租入的固定资产是否确属企业必需,或出租的固定资产是否确属企业多余、闲置不用的,双方是否认真履行合同,是否存在不正当交易。

③租金收取是否签有合同,有无多收、少收现象。

④租入固定资产有无久占不用、浪费损坏的现象;租出的固定资产有无长期不收租金、无人过问,是否有变相馈送、转让等情况。

⑤租入固定资产是否已登入备查簿。

⑥必要时,向出租人函证租赁合同及执行情况。

⑦租入固定资产改良支出的核算是否符合规定。

（2）融资租赁

在融资租赁中，租入企业在租赁期间，对融资租入的固定资产应按照企业自有固定资产进行管理，并计提折旧、进行维修。如果被审计单位的固定资产中融资租赁占有相当大的比例，应当复核租赁协议，确定租赁是否符合融资租赁的条件，结合长期应付款、未确认融资费用等科目检查相关的会计处理是否正确（资产的入账价值、折旧、相关负债）。在审计融资租赁固定资产时，除可参照经营租赁固定资产检查要点以外，还应补充实施以下审计程序。

①复核租赁的折现率是否合理。

②检查租赁相关税费、保险费、维修费等费用的会计处理是否符合企业会计准则的规定。

③检查融资租入固定资产的折旧方法是否合理。

④检查租赁付款情况。

⑤检查租入固定资产的成新程度。

⑥检查融资租入固定资产发生的固定资产后续支出，其会计处理是否遵循自有固定资产发生的后续支出的处理原则。

9.获取暂时闲置固定资产的相关证明文件

获取暂时闲置固定资产的相关证明文件，并观察其实际状况，检查是否已按规定计提折旧，相关的会计处理是否正确。

10.获取已提足折旧仍继续使用固定资产的相关证明文件

获取已提足折旧仍继续使用固定资产的相关证明文件，并作相应记录。

11.获取持有待售固定资产的相关证明文件

获取持有待售固定资产的相关证明文件，并作相应记录。检查对其预计净残值调整是否正确、会计处理是否正确。

12.检查固定资产保险情况

检查固定资产保险情况，复核保险范围是否足够。

13.检查有无与关联方的固定资产购售活动

检查有无与关联方的固定资产购售活动，是否经适当授权，交易价格是否公允。对于合并范围内的购售活动，记录应予合并抵消的金额。

14.检查应计入固定资产的借款费用

对应计入固定资产的借款费用，应根据企业会计准则的规定，结合长短期借款、应付债券或长期应付款的审计，检查借款费用（借款利息、折溢价摊销、汇兑差额、辅助费用）资本化的计算方法和资本化金额，以及会计处理是否正确。

15.了解固定资产抵押情况

结合对银行借款等的检查，了解固定资产是否存在重大的抵押、担保情况。如存在，应取证，并作相应的记录，同时提请被审计单位作恰当披露。

16.检查固定资产列报情况

检查固定资产是否已按照企业会计准则的规定在财务报表中作出恰当列报。

(三)固定资产——累计折旧的实质性程序

固定资产可以长期参加生产经营而仍保持其原有实物形态,但其价值将随着固定资产的使用而逐渐转移到生产的产品中,或构成经营成本或费用。这部分在固定资产使用寿命内,按照确定的方法对应计折旧额进行的系统分摊就是固定资产的折旧。

在不考虑固定资产减值准备的前提下,影响折旧的因素有折旧的基数(一般指固定资产的账面原价)、固定资产的残余价值和使用寿命三个方面。在考虑固定资产减值准备的前提下,影响折旧的因素则包括折旧的基数、累计折旧、固定资产减值准备、固定资产预计净残值和固定资产尚可使用年限五个方面。在计算折旧时,对固定资产的残余价值和清理费用只能人为估计;对固定资产的使用寿命,由于固定资产的有形和无形损耗难以准确计算,因而也只能估计;同样,对固定资产减值准备的计提也带有估计的成分。因此,固定资产折旧主要取决于企业根据其固定资产特点制定的折旧政策,在一定程度上具有主观性。

累计折旧的实质性程序通常包括以下方面。

1.获取或编制累计折旧分类汇总表

获取或编制累计折旧分类汇总表,复核加计是否正确,并与总账数和明细账合计数核对是否相符。

2.检查被审计单位制定的折旧政策和方法是否符合相关企业会计准则的规定

检查被审计单位制定的折旧政策和方法是否符合相关企业会计准则的规定,确定其所采用的折旧方法能否在固定资产预计使用寿命内合理分摊其成本,前后期是否一致,预计使用寿命和预计净残值是否合理。

3.复核本期折旧费用的计提和分配

(1)了解被审计单位的折旧政策是否符合规定,计提折旧的范围是否正确,确定的使用寿命、预计净残值和折旧方法是否合理;如采用加速折旧法,是否取得批准文件。

(2)检查被审计单位折旧政策前后期是否一致。如果折旧政策或者相关会计估计(例如使用寿命、预计净残值)有变更,变更理由是否合理;如果没有变更,是否存在需要提请被审计单位关注的对折旧政策或者会计估计产生重大影响的事项(例如重大技术更新或者设备使用环境的恶化等)。

(3)复核本期折旧费用的计提是否正确。

①已计提部分减值准备的固定资产,计提的折旧是否正确。按照《企业会计准则第4号——固定资产》的规定,已计提减值准备的固定资产的应计折旧额应当扣除已计提的固定资产减值准备累计金额,按照该固定资产的账面价值以及尚可使用寿命重新计算确定折旧率和折旧额。

②已全额计提减值准备的固定资产,是否已停止计提折旧。

③因更新改造而停止使用的固定资产是否已停止计提折旧,因大修理而停止使用的固定资产是否照提折旧。

④对按规定予以资本化的固定资产装修费用是否在两次装修期间与固定资产尚可使用年限两者中较短的期间内,采用合理的方法单独计提折旧,并在下次装修时将该项固定资产装修余额一次全部计入当期营业外支出。

⑤对融资租入固定资产发生的、按规定可予以资本化的固定资产装修费用,是否在两次

装修期间、剩余租赁期间与固定资产尚可使用年限三者中较短的期间内,采用合理的方法单独计提折旧。

⑥对采用经营租赁方式租入的固定资产发生的改良支出,是否在剩余租赁期与租赁资产尚可使用年限两者中较短的期间内,采用合理的方法单独计提折旧。

⑦未使用、不需用和暂时闲置的固定资产是否按规定计提折旧。

⑧持有待售的固定资产折旧计提是否符合规定。

(4)检查折旧费用的分配方法是否合理,是否与上期一致;分配计入各项目的金额占本期全部折旧计提额的比例与上期比较是否有重大差异。

(5)注意固定资产增减变动时,有关折旧的会计处理是否符合规定,查明通过更新改造、接受捐赠或融资租入而增加的固定资产的折旧费用计算是否正确。

4.查明所计提折旧金额是否已全部摊入本期产品成本或费用

将"累计折旧"账户贷方的本期计提折旧额与相应的成本费用中的折旧费用明细账户的借方相比较,以查明所计提折旧金额是否已全部摊入本期产品成本或费用。若存在差异,应追查原因,并考虑是否应建议作适当调整。

5.检查累计折旧的减少

检查累计折旧的减少是否合理、会计处理是否正确。

6.确定累计折旧的披露是否恰当

如果被审计单位是上市公司,通常应在其财务报表附注中按固定资产类别分项列示累计折旧期初余额、本期计提额、本期减少额及期末余额。

(四)固定资产——固定资产减值准备的实质性程序

固定资产的可收回金额低于其账面价值称为固定资产减值。这里的可收回金额应当根据固定资产的公允价值减去处置费用后的净额与资产预计未来现金流量的现值两者之间的较高者确定。这里的处置费用包括与固定资产处置有关的法律费用、相关税费、搬运费以及为使固定资产达到可销售状态所发生的直接费用等。

1.判断固定是否存在可能发生减值的迹象

企业应当在资产负债表日判断固定资产是否存在可能发生减值的迹象。根据《企业会计准则第8号——资产减值》的规定,如存在下列迹象,表明固定资产可能发生了减值。

(1)固定资产的市价当期大幅度下跌,其跌幅明显高于因时间的推移或正常使用而预计的下跌。

(2)企业经营所处的经济技术或者法律等环境以及固定资产所处的市场在当期或者将在近期发生重大变化,从而对企业产生不利影响。

(3)市场利率或者其他市场投资回报率在当期已经提高,从而影响企业计算固定资产预计未来现金流量现值的折现率,导致固定资产可收回金额大幅度降低。

(4)有证据表明固定资产陈旧过时或者其实体已经损坏。

(5)固定资产已经或者将被闲置、终止使用或者计划提前处置。

(6)企业内部报告的证据表明固定资产的经济绩效已经低于或者将低于预期,如固定资产所创造的净现金流量或者实现的营业利润(或者损失)远远低于(或者高于)预计金额等。

(7)其他表明固定资产可能已经发生减值的迹象。

如果由于该固定资产存在上述迹象,导致其可收回金额低于账面价值的,应当将固定资产的账面金额减记至可收回金额,将减记的金额确认为固定资产减值损失,计入当期损益,同时计提相应的固定资产减值准备。

2.固定资产减值准备的实质性程序

(1)获取或编制固定资产减值准备明细表,复核加计是否正确,并与总账数和明细账合计数核对是否相符。

(2)检查被审计单位计提固定资产减值准备的依据是否充分,会计处理是否正确。

(3)计算本期末固定资产减值准备占期末固定资产原值的比率,并与期初该比率比较,分析固定资产的质量状况;

(4)检查被审计单位处置固定资产时原计提的减值准备是否同时结转,会计处理是否正确;

(5)检查是否存在转回固定资产减值准备的情况。按照企业会计准则的规定,固定资产减值损失一经确认,在以后会计期间不得转回。

(6)确定固定资产减值准备的披露是否恰当。

(7)如果企业计提了固定资产减值准备,根据《企业会计准则第8号——资产减值》的规定,企业应当在财务报表附注中披露:①当期确认的固定资产减值损失金额;②企业计提的固定资产减值准备累计金额。如果发生重大固定资产减值损失,还应当说明导致重大固定资产减值损失的原因,固定资产可收回金额的确定方法,以及当期确认的重大固定资产减值损失的金额。如果被审计单位是上市公司,其财务报表附注中通常还应分项列示计提的固定资产减值准备金额、增减变动情况以及计提的原因。

【例8-2】固定资产项目审计

ABC会计师事务所注册会计师张良审计成全股份有限公司2022年度固定资产和累计折旧项目时发现下列情况。

(1)"未使用固定资产"中固定资产Y设备已于本年度5月份投入使用,该公司未按规定转入"使用固定资产"和计提折旧。

(2)对所有的空调器,按其实际使用的时间(5—9月)计提折旧。

(3)公司有融资租入的设备4台,租赁期为5年,尚可使用时间为6年,该公司确定的折旧期为6年。

(4)对已提足折旧继续使用的甲设备,仍计提折旧。

(5)8月初购入吊车2辆,价值650万元,当月已投入使用并开始计提折旧。

(6)该公司采用平均年限法计提折旧,但于本年度9月改为工作量法,这一改变已经董事会批准,未在财务报表附注中予以说明。

要求:请代注册会计师张良指出上述各项中存在的问题,并提出改进建议。

案例解析:

(1)根据企业会计准则的规定,房屋、建筑物以外的未使用、不需用的固定资产不计提折旧,但如根据生产经营的需要重新投入使用,则应自投入使用的次月开始计提折旧。该公司应把Y设备及时转入"使用固定资产",并自6月开始计提折旧。

(2)固定资产使用年限是指固定资产的实际使用寿命,作为一种具有特殊性质的空调器,其性质属于"季节性使用的固定资产"。按照制度规定,停用期间应照常计提折旧;如果停用期间不提折旧,则使用期间所计提的折旧应当是折旧年限,应提折旧金额。因此,该公司计提折旧的方法应是或按月份平均计提年折旧额的 1/12,或按实际使用月份平均分摊计提年折旧额。

(3)融资租入固定资产的折旧年限应根据不同情况确定。若能合理确定租赁期届满时将取得租赁资产的所有权,则应在租赁资产尚可使用年限内计提折旧;若无法合理确定租赁期届满时能否取得租赁资产的所有权,则应在租赁期与租赁资产尚可使用年限两者中较短的期间内计提折旧。该公司应区别不同情况,确定融资租赁固定资产的折旧期,而不应不分情况一律在租赁资产尚可使用年限内计提折旧。

(4)根据企业会计准则的规定,已提足折旧继续使用的固定资产,不再计提折旧。该公司对其继续计提,造成多提折旧,应对多提的折旧进行冲回。

(5)根据企业会计准则的规定,当月增加的固定资产从下月开始计提折旧。该公司价值 650 万元的吊车应从 9 月份开始计提折旧,而不是 8 月份。

(6)根据企业会计准则的规定,固定资产折旧方法一经确定,不得随意变更;如需要变更,应经董事会批准,并应在财务报表附注中予以披露。该公司变更折旧方法后,未按规定程序披露,应加以纠正。

三、预付账款的实质性程序

预付账款是企业按购货合同的规定,预先支付给供货单位的货款,会计上通过"预付账款"或"应付账款"科目(借方)进行核算。预付账款是企业的一种流动资产,但它是企业在购货环节中产生的,因此,预付账款的审计应结合购货与付款循环的审计进行。

注册会计师对预付账款的实质性测试程序主要有以下方面。

(1)获取或编制预付账款明细表,复核加计正确,并与报表数、总账数和明细账合计数核对相符;同时请被审计单位协助,在预付账款明细表上标出截至审计日已收到货物并冲销预付账款的项目。

(2)选择大额或异常的预付账款重要项目(包括零账户),函证其余额是否正确,并根据回函情况编制函证结果汇总表。对回函金额不相符的,要查明原因,作出记录或建议进行适当调整;对未回函的,可再次复函,也可采用替代方法进行检查,如检查该笔债权的相关凭证资料,或抽查报表日后预付账款明细账及存货明细账,核实是否已收到货物并转销,并根据替代程序检查结果判断其债权的真实性或出现坏账的可能性。对未发询证函的预付账款,应抽查有关原始凭证。

(3)抽查入库记录,审核有无重复付款或将同一笔已付清的账款在预付账款和应付账款这两个账户同时挂账的情况。

(4)分析预付账款明细账余额,对于出现贷方余额的项目,应查明原因,必要时建议作重分类调整。

(5)确定预付账款是否已在资产负债表上恰当披露。

四、工程物资的实质性程序

工程物资是企业为核算基建工程、更新改造工程和大修理工程准备的各种物资,注册会计师应实施以下实质性测试程序。

(1)获取或编制工程物资明细表,对有关数字进行复核,并将其与报表数、总账数和明细账合计数进行核对,若不相符,应查明原因并进行调整。

(2)对工程物资实施监盘,确定其是否存在,账实是否相符,并观察有无呆滞、积压的工程物资。

(3)抽查工程物资采购合同、发票、货物验收单等原始凭证,检查其内容是否齐全、有无得到授权批准、会计处理是否正确。

(4)检查工程物资领用手续是否齐全、使用是否合理、会计处理是否正确。

(5)检查被审计单位对工程物资有无定期盘点制度,对盘盈、盘亏、报废、毁损的,是否将减去保险公司和过失人的赔偿部分后的净额,正确地冲减了在建工程成本或计入营业外支出。

(6)检查工程完工后剩余工程物资的处理如将剩余工程物资转入存货的,是否将其所含增值税进项税额进行了正确的分离;对外销售的,是否先结转其进项税额,待出售时再结转相应成本。

五、除折旧/摊销、人工费用以外的一般费用的实质性程序

此处提及的一般费用包括差旅费、广告费等。

(一)一般费用的审计目标

一般费用的审计目标一般包括:确定利润表中记录的一般费用是否确实发生("发生"认定);确定所有应当记录的费用是否均已记录("完整性"认定);确定一般费用是否以恰当的金额包括在财务报表中("准确性"认定);确定费用是否已计入恰当的会计期间("截止"认定)。

(二)一般费用的实质性程序

(1)获取一般费用明细表,复核其加计数是否正确,并与总账和明细账合计数核对是否正确。

(2)实质性分析程序。

①考虑可获取信息的来源可比性、性质和相关性以及与信息编制相关的控制,评价在对记录的金额或比率作出预期时使用数据的可靠性。

②预算费用类别与销售数量、职工人数的变化之间的关系等设定预期值,评价预期值是否足够精确,以识别重大错报。

③确定已记录金额与预期值之间,无须作进一步调查的可接受的差异额。

④将已记录金额与期望值进行比较,识别需要进一步调查的差异。

⑤调查差异,询问管理层,针对管理层的答复获取适当的审计证据;根据具体情况在必要时实施其他审计程序。

(3)从资产负债表日后的银行对账单或付款凭证中选取项目进行测试,检查支持性文件(如合同或发票),关注发票日期和支付日期,追踪已选取项目至相关费用明细表,检查费用所计入的会计期间,评价费用是否被记录于正确的会计期间。

(4)对本期发生的费用选取样本,检查其支持性文件,确定原始凭证是否齐全,记账凭证与原始凭证是否相符以及账务处理是否正确。

(5)抽取资产负债表日前后的凭证,实施截止测试,评价费用是否被记录于正确的会计期间。

（6）检查一般费用是否已按照企业会计准则及其他相关规定在财务报表中作出恰当的列报和披露。

本章小结

采购与付款循环审计侧重于深入审查特定领域的交易和控制，它需要审计师对这个特定领域的法规、流程和风险有深入了解，并执行特定的审计程序。特定的审计程序包括验证采购交易的完整性、确认供应商发票的准确性、审查财务支付的控制程序等。

本章对采购与付款循环的特点、涉及的内部控制、控制测试与多个主要科目的实质性测试程序进行了阐述。首先，采购与付款循环涉及请购单、付款凭证等多个凭证和会计记录，这些凭证和会计记录用于记录采购与付款交易的各个业务活动，如请购商品和劳务、编制付款凭单等。其次，采购与付款循环的内部控制和控制测试，包括适当的职责分离、内部核查程序、凭证的预先编号和对例外报告的跟进处理、请购控制、订货控制、验收控制等。最后，采购与付款循环的实质性程序，包括针对应付账款、固定资产、预付账款、工程物资以及其他一般费用进行审计的实质性程序。

本章思考题

1. 采购交易的关键内部控制包括哪些？

2. 有助于证实应付账款完整性的审计程序包括哪些？

3. 影响采购与付款业务循环的重大错报风险包括哪些？

4. 为了验证固定资产的所有权，审计人员应当采取的审计程序包括哪些？

5. 应付账款的审计目标是什么？如何实施应付账款的实质性审计程序？

6. 固定资产的审计目标是什么？如何实施固定资产的实质性审计程序？

7. 审计人员在审阅盛兴公司固定资产增加业务时发现，该企业 2019 年 10 月份建成的办公楼价值偏低，因为审计人员进驻该企业时，对其办公楼较高的内部装修档次留下了深刻的印象。通过审阅有关记账凭证，核查固定资产原值构成计算表发现，其中室内装修费用总额较少，为此，审计人员怀疑该企业是否将部分装修费用计入期间费用。

其跟踪查证的过程如下。

为了弄清这一问题，审计人员首先审阅了该企业 10 月份所有的支出情况，没有发现有关装修费用支出内容。接着，审计人员又翻阅了该企业 8 月份"产品销售费用""制造费用"的明细账及有关会计凭证，因为办公楼内部装修业务主要发生在 8 月份。经审查发现有两笔业务极不正常。第一笔为 8 月 20♯凭证，会计分录如下。

借：销售费用 1500000
　　贷：银行存款 300000
　　　　应付账款——某装饰工程公司 1200000

此凭证的摘要栏内注明"结算某销售门市部装修费用"，而所附原始单据仅有一张该装饰工程公司开具的发票，并未附有关工程结算明细资料。

第二笔为 8 月 43♯凭证,会计分录如下。

借:制造费用　　　　　　　　　　　　　　　　　　　　　　　600000

　　贷:银行存款　　　　　　　　　　　　　　　　　　　　　　　600000

此凭证摘要栏内容为"核报车间地面重整及粉刷工程支出",所附单据均为上述装饰工程公司开具的发票,同样未附具体明细单据,审计人员首先向该企业财会人员索要与装饰工程公司签订的工程合同,因为按规定,如此大额的装修工程必须签订工程合同,财会人员推说合同管理人员出差,拿不出合同。审计人员又让财会人员提供有关工程的明细单据并做思想工作,讲明利害关系,还提出要到装饰工程公司调查。最后,财会人员不得不拿出工程合同,并主动解释真相。

讨论:你认为盛兴公司将装修费用计入期间费用的原因是什么? 审计人员应当如何督促企业及时修正?

第九章　生产与存货循环审计

学习目标

掌握存货的审计以及监盘程序的具体应用

熟悉生产与存货循环内部控制目标、内部控制与控制测试的关系

了解生产与存货业务循环的特点以及生产与存货业务循环其他账户的审计

思政元素

生产与存货循环的重大错报风险

生产与存货循环的内部控制

主要审计方法运用与审计风险意识

典型案例反思与审计责任意识

引例——獐子岛财务造假案件

位于辽宁省大连市的獐子岛集团股份有限公司(简称"獐子岛")成立于1958年,是一家以水产养殖为主,集育苗、养殖、加工、销售于一体的大型渔业企业,于2006年在深圳证券交易所挂牌上市,并成为中国农业行业第一个百元股。

獐子岛的第一大资产是存货,也就是播撒在海底的虾夷扇贝,它们占獐子岛资产的30%。獐子岛利用存货难以肉眼观测和事后追索困难的特点,把"扇贝去哪儿了"拍成了连续剧。獐子岛事件从2014年到2019年跨度六年,其间共发生三次虾夷扇贝大规模受灾情况,虽然每次扇贝受灾死亡、减产的原因并不相同,但无一例外的是獐子岛每次都核销了大量存货,计提了大量存货跌价准备。

农林渔牧业一直都是审计的痛点,地下的存货和海底的存货都一样不好审计。事实就是除非给每个扇贝都装上摄像头,要不然谁也不知道獐子岛的扇贝会去哪了,獐子岛估计也觉得我自己的扇贝,我想怎么说就怎么说,难不成你们还潜到海底去数扇贝不成?

獐子岛"扇贝事件"能够最终落下帷幕,关键在于证监会在对獐子岛的调查过程中使用了科技执法手段,利用了最新的北斗卫星导航系统进行审计测算。证监会借助北斗卫星定位数据,对27条采捕船只数百余万条海上航行数据进行分析,同时委托两家第三方专业机构运用计算机技术还原了采捕船只的真实航行轨迹,复原了公司最近两年真实的采捕海域,进而确定实际采捕面积,证监会据此认定獐子岛公司成本、营业外支出、利润等存在虚假,揭露了獐子岛扇贝六年受灾三次的谎言。并据此对獐子岛公司处以60万元罚款,对15名责任人员处以3万元至30万元不等的罚款,对4名主要责任人采取5年至终身市场禁入。

思考:导致存货审计复杂困难的原因是什么? 存货的虚假记录将影响哪些财务报表项目?

第一节　生产与存货循环业务概述

生产与存货循环是企业处理有关生产成本计算和存货管理等业务的过程,它和销售与收款循环、采购与付款循环等业务循环均密切关联,涉及材料采购、产品生产、货物储存、商品销售以及薪酬支付等诸多业务。原材料经过采购与付款循环进入生产与存货循环,生产与存货循环又随着销售与收款循环中产成品的销售环节而结束,故其中的采购业务、销售业务分别在采购与付款循环、销售与收款循环中阐述。根据财务报表项目与业务循环的相关程度,该循环所涉及的资产负债表项目主要是存货、应付职工薪酬等,所涉及的利润表项目主要是营业成本等。

生产与存货循环的特点是环节多、流程长、管理难度大,涉及的存货种类和数量繁多,存货计价方法各异,且生产成本与存货计价直接影响当期损益,所涉及的部门多、相关账户多,因而审计风险较高。为此,注册会计师应给予高度重视,安排较多的时间了解该业务循环的特点及内部控制,评估审计风险,拟定审计方案,实施控制测试,进行余额和交易额的实质性程序。

本节内容包括三个部分:一是不同行业的存货性质;二是生产与存货循环涉及的主要业务活动;三是生产与存货循环涉及的主要凭证和会计记录。

一、不同行业的存货性质

存货是企业的重要资产。通常情况下,存货对企业经营特点的反映能力强于其他资产项目,代表了不同企业的类型和交易或生产流程。从表9-1中可见,不同行业类型经营主体的存货性质有很大差别。

表 9-1　不同行业类型经营主体的存货性质差异

行业类型	存货性质
一般制造业	采购的原材料、低值易耗品和配件等、委托加工材料、生产的半成品和产成品
贸易业	从厂商、批发商或者其他零售商处采购的商品
餐饮业	用于加工食品的食材、饮料等
建筑业	建筑材料、周转材料、在建项目成本(一般包括建造活动发生的直接材料、直接人工成本和间接费用,以及支付给分包商的建造成本等)
广告、金融服务业	一般只有消耗品存货,如文具、器材、行政计算机设备等
医药服务业	包括满足病人需求的必需品,如药品和其他医疗用品、医疗设施,包括病床、膳食设备以及供应给病人的食品等

存货的采购、生产和销售与企业的经营活动紧密相关,对企业的财务状况、经营成果和现金流量都有重大影响,审计过程中许多复杂和重大的问题都与存货有关,资本市场上很多舞弊案例也都涉及存货的虚假记录。对此,注册会计师应当确认在财务报表中列示的存货金额是否正确("存在""完整性""准确性、计价和分摊"认定),是否归被审计单位所有("权利和义务"认定),期末计价是否准确("准确性、计价和分摊"认定),存货的购入和发出交易是

否计入正确的会计期间（截止认定）等。存货期末库存价值的高估会虚增税前利润,若低估则反之。期末存货单位成本核算不准确,很可能导致销售价格低于实际成本,长此以往,企业将很难持续经营。

二、生产与存货循环涉及的主要业务活动

原材料的采购入库在采购与付款循环中涉及,产成品的出库销售在销售与收款循环中涉及,本章的生产与存货循环侧重于原材料入库之后至产成品发出之间的业务活动,即从领料开始到加工出产成品结束,又称制造交易循环或存货与仓储循环。该循环主要涉及的业务活动如下。

(一)计划和安排生产

生产计划和控制部门的职责是根据顾客订购单或者销售部门对销售预测和产品需求的分析,编写月度生产计划书,并根据生产计划书签发事先连续编号的生产通知单。生产通知单代表生产得到授权,与生产成本真实性相关。生产计划和控制部门应将发出的所有生产通知单预先连续编号并加以记录控制。另外,还需要编制一份材料需求报告,列示所需要的材料和零件及其库存量。

如果生产计划和控制部门还承担了对生产过程进行控制的职能,就需要负责监督材料和人工的耗用,并跟踪控制生产通知单的加工速度,直到完工转入产成品库。在履行这些职责时,生产计划和控制部门必须复核每日生产活动报告和已完工生产报告。

(二)发出原材料

生产部门在收到生产通知单后,根据生产通知单编制领料单等发料凭证,并提交仓库部门以领用材料。发料凭证通常一式三联,每张发料凭证上必须列示生产通知单的号码、所需的材料数量和种类,以及领料部门的名称。尽管可以在一张发料凭证中登记所需领用的多种材料,即多料一单,但通常是一料一单。为分清企业内部各部门的用料情况,企业必须一个部门一张发料凭证。每张发料凭证必须经主管人员或者经授权的生产人员签字,他们所编制的每日材料耗用汇总表是计划和控制生产所使用的每日生产活动报告的组成部分。

根据从生产部门收到的发料凭证发出原材料是仓库部门的职责。仓库管理人员发料并签署后,将其中的一联连同材料交给领料部门(生产部门存根联),一联留在仓库以登记材料明细账(仓库联),一联交给财会部门作为材料收发核算和成本核算的依据(财务联)。

(三)生产产品

生产部门在领取原材料后组织生产,将生产任务分解到每个生产班组或生产工人,并将所领取的原材料交给生产工人,据以执行生产任务。在加工过程中,生产部门统计人员应使用计工单来记录完成特定生产通知单任务所耗用的人工。计工单必须由主管人员批准,并与每位员工的计时卡资料相衔接。这一计时功能也可由员工在开始和结束工作时,将计时卡插入电脑终端机,并输入生产通知单号码来实现。无论采取哪种计时方式,被审计单位都应根据计时资料来编制每日人工耗用汇总表。

生产工人在完成生产任务后,应将完成的产品交给生产部门统计人员查点,然后转交检验员验收并办理入库手续,或是将所完成的半成品按照转移单的授权移交给下一个部门,做

进一步加工,其中,转移单必须由接收部门签字。

(四)核算产品成本

核算产品成本的工作包括:将直接材料和直接人工计入生产成本;归集制造费用并分配到生产成本;结转各生产部门之间的成本;转出完工产品成本。其中,分配制造费用可采用实际成本法或标准成本法。如使用标准成本法,则需经过管理层批准,另外,还需直接向适当层次管理人员及时报告差异,以便调查和跟踪控制。

为了正确核算并有效控制产品成本,需将生产控制与成本控制有机结合起来。首先,财会部门应当设置相应的会计账户,会同有关部门控制材料的流动及成本形成;其次,生产过程中的各种记录,包括生产通知单、领料单、计工单、工资汇总表、产量统计记录表、入库单等文件资料都要汇集到财会部门,由成本核算人员进行检查和核对,并详细登记、汇总料工费及核算产品成本。完善的成本会计制度将提供原材料转为在产品,在产品转为产成品,以及按成本中心、分批次生产任务通知单或生产周期所消耗的材料、人工和间接费用的分配与归集的详细资料,如提供人工费用分配表、材料费用分配表、制造费用分配汇总表、成本计算单等资料。

(五)储存产成品

生产部门在全部完成生产通知单上的工作以后,且其产品通过了最后检验时,应当编制一份已完工生产报告,并经由生产计划和控制部门复核后,将产成品送往仓库。产成品入库时,须由仓库部门先行点验和检查,然后签收。签收后,仓库部门再将实际入库数量通知财会部门。据此,仓库部门确立了本身应承担的责任,并对验收部门的工作进行验证。此外,仓库部门还应根据产成品的品质特征分类存放,并填制标签。

(六)发出产成品

产成品的发出须由独立的装运部门进行。装运产成品时必须持有经有关部门核准的装运通知单,并据此编制出库单。出库单一般为一式四联:一联交仓库部门,一联由装运部门留存,一联送交顾客,一联作为给顾客开发票的依据。

(七)存货盘点

管理人员编制盘点指令,安排适当人员对存货实物(包括原材料、在产品和产成品等所有存货类别)进行定期盘点,将盘点结果与存货账面数量进行核对,调查差异并进行适当调整。

(八)计提存货跌价准备

财会部门根据存货货龄分析表信息或者相关部门提供的有关存货状况的其他信息,结合存货盘点过程中对存货状况的检查结果,对出现毁损、滞销、跌价等降低存货价值的情况进行分析计算,计提存货跌价准备。

三、生产与存货循环涉及的主要凭证与会计记录

在内部控制比较健全的企业,处理生产与存货业务通常需要使用很多凭证和会计记录。

典型的生产与存货循环所涉及的主要凭证与会计记录包括以下内容（不同审计单位的单据名称可能不同）。

(一)生产指令

生产指令又称"生产任务通知单"或"生产通知单"，是企业下达制造产品等生产任务的书面文件，用以通知供应部门组织材料发放，生产车间组织产品制造，财会部门组织成本计算。广义的生产指令也包括用于指导产品加工的工艺规程，如机械加工企业的"路线图"等。

(二)领发料凭证

领发料凭证是企业为控制材料发出所采用的各种凭证，如材料发出汇总表、领料单、限额领料单、领料登记簿、退料单等。

(三)产量和工时记录

产量和工时记录是登记工人或生产班组在出勤时间内完成产品数量、质量和生产这些产品所耗费工时数量的原始记录。产量和工时记录的内容与格式是多种多样的，在不同的生产企业中，甚至在同一企业的不同生产车间中，由于生产类型不同而采用不同格式的产量和工时记录。常见的产量和工时记录主要有工作通知单、工序进程单、工作班产量报告、生产通知单、产量明细表、废品通知单等。

(四)工薪汇总表及工薪费用分配表

工薪汇总表是为了反映企业全部工薪的结算情况，并据以进行工薪总分类核算和汇总整个企业工薪费用而编制的，它是企业进行工薪费用分配的依据。工薪费用分配表反映了各生产车间各产品应负担的生产工人工薪及福利费。

(五)材料费用分配表

材料费用分配表是用来汇总反映各生产车间各产品所耗费的材料费用的原始记录。

(六)制造费用分配汇总表

制造费用分配汇总表用来汇总反映各生产车间各产品所应负担的制造费用的原始记录。

(七)成本计算单

成本计算单是用来归集某一成本计算对象所应承担的生产费用，计算该成本计算对象的总成本和单位成本的记录。

(八)产成品入库单和出库单

产成品入库单是产成品生产完成并经检验合格后从生产部门转入仓库的凭证。产成品出库单是根据批准的销售单发出产成品的凭证。

(九)存货明细账

生产与存货循环涉及的明细账主要是存货明细账。它是分别为原材料、在产品和产成品所保持的记录,包括各个存货账户数量和成本增减变动情况,以及期末存货库存数量和相关成本等信息。

(十)存货盘点指令、盘点表及盘点标签

企业通常需要定期对存货实物进行盘点,将实物盘点数量与账面数量进行核对,对差异进行分析调查,必要时作账务调整,以确保账实相符。管理人员通常在盘点之前编制存货盘点指令,对存货盘点的时间、人员、流程及后续处理等方面作出安排。在盘点过程中,应使用盘点表记录盘点结果,使用盘点标签对已盘点存货及数量做出标识。

(十一)存货账龄分析表

企业通过编制存货货龄分析表,识别流动较慢或滞销的存货,并根据市场情况和经营预测,确定是否需要计提存货跌价准备。这对管理具有保质期的存货(如食品、药品、化妆品等)尤为重要。

(十二)总账

涉及总账类账户包括"原材料""应付工资""生产成本""制造费用""库存商品"等。

表9-2以一般制造业企业为例,针对生产与存货循环中的两个主要方面,即生产和成本核算以及存货管理两个方面,分别简要列示了它们通常涉及的财务报表项目、主要业务活动及主要部门的凭证和会计记录。

表 9-2　生产与存货循环涉及的财务报表项目、主要业务活动及主要部门的凭证和会计记录汇总表

交易类别	财务报表项目	主要业务活动	主要部门	凭证和会计记录
生产	存货	计划和安排生产	生产计划和控制部门	生产计划书、生产通知单(顺序编号)
		发出原材料	仓库部门	领料单等发料凭证(顺序编号,一式多联)
		生产产品	生产部门	生产通知单、产量和工时记录、生产统计报告
		核算产品成本	财会部门	生产通知单、领料单、计工单、工薪汇总表及工薪费用分配表、材料费用分配表、制造费用分配表、成本计算单、存货明细账
存货管理	存货营业成本资产减值损失管理费用营业外支出	产成品入库及储存	验收部门、仓库部门	验收单、入库单
		发出产成品	仓库部门、装运部门	出库单(一式多联)、装运通知单
		存货盘点	仓库部门、财会部门	盘点计划、盘点表单、盘点明细表
		提取存货跌价准备	财会部门	存货货龄分析表、可变现净值计算单

图 9-1 描述了生产与存货循环的完整业务流程。

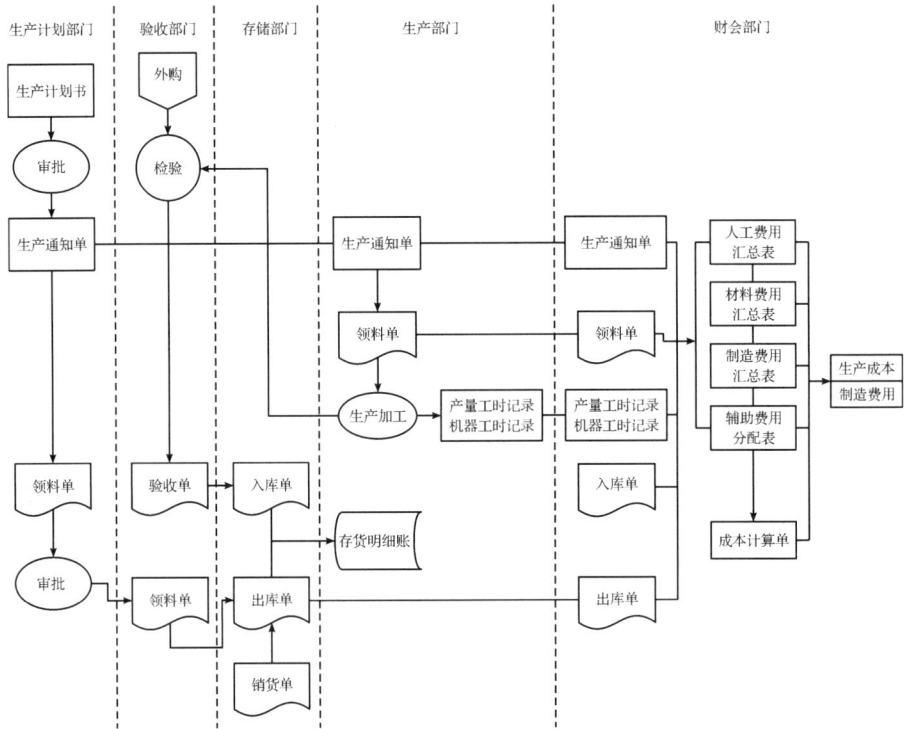

图 9-1　生产与存货循环的完整业务流程

【例 9-1】电脑生产线业务活动

接到客户订单生产 100 台电脑,生产计划和控制部门下达生产指令,一号车间(生产部门)根据生产指令,到仓库领取所需要的各类原材料 900 件(以此为基数计算材料费用分配表),然后开始生产,在生产过程中要记录产量和工时(以此为基础来记录工资汇总表),月底还要将车间应分摊的其他费用(水电费、燃料费等)计入制造费用中。财会部门根据人工、原材料、制造费用三项计算出的每台电脑的成本是 1500 元。电脑完成后要经过统一的质检后存入仓库,仓库记录台账,同时所有相关资料传递到财会部门,会计人员在存货明细账中记录 150000 元存货。每月月底时,仓库应进行一次存货盘点,年底由财会部门、仓库共同盘点。应做到账实相符,如有差异,相关部门协同调查原因,并填写差异表。

要求:简述上述企业电脑产品生产线业务活动中可能涉及的业务活动及相关凭证及会计记录。

案例解析:

涉及的业务活动及相关凭证及会计记录可能包括生产计划与控制(相关凭证及会计记录:生产指令如生产任务通知单),发出原材料(相关凭证及会计记录:领料单),生产产品(相关凭证及会计记录:产量和工时记录、生产统计报告),核算产品成本(相关凭证及会计记录:工薪汇总表、工薪费用分配表、材料费用分配表、制造费用分配表、成本计算单),产成品入库及储存(相关凭证及会计记录:入库单、存货明细账),存货盘点(相关凭证及会计记录:盘点计划、盘点明细表)。

第二节 生产与存货循环的内部控制和控制测试

生产和存货循环通常是重大的业务循环,注册会计师需要在审计计划阶段充分了解和记录该循环涉及的业务活动,通过分析业务流程中可能发生重大错报的环节,进而识别和了解被审计单位为应对这些可能的错报而设计的相关控制,并通过诸如穿行测试等方法对这些流程和相关控制加以证实。最终,识别出被审计单位认定层次重大错报风险。注册会计师基于生产与存货循环的重大错报分析评估结果,设计和实施进一步审计程序应对识别出的认定层次重大错报风险,使得计划实施的审计程序更加有效。

一、生产与存货循环的内部控制

在实务中,为控制企业生产与存货循环的风险,企业设计和执行的生产与存货循环的关键控制包括以下内容。

(一)不相容岗位分离的控制

适当的职责分离有利于防止、发现并纠正各种错误与舞弊,因此,企业应当明确内部相关部门和岗位的职责与权限,切实做到不相容岗位相互分离、制约和监督。生产与存货循环的不相容岗位及职责分离主要包括:①生产计划的制订与审批相分离,防止生产计划不合理;②存货的采购与验收、付款相分离,防止购入不合格材料;③存货的储存与生产(或使用)相分离,防止多领材料或存货被盗;④存货的保管、盘点与相关会计记录相分离,防止篡改会计记录和存货流失;⑤产品的生产与检验相分离,防止不合格产品入库和售出;⑥存货发出的申请与审批、申请与会计记录相分离;⑦存货处置的申请与审批、申请与会计记录相分离。

(二)计划与安排生产的控制

计划和安排生产的控制包括:定期编制月度生产计划书,并根据订单或市场动态和存货分析及时调整;由生产计划经理根据经批准的生产计划书签发预先按顺序编号的生产通知单;生产通知单经过控制部门批准;使用和控制预先编号的生产通知单,企业应当对存货业务建立严格的授权批准制度,明确审批人对存货业务的授权批准方式、权限、程序、责任和相关控制措施,规定经办人办理存货业务的职责范围和工作要求。

(三)发出材料的控制

发出材料的控制包括:领料单应当经生产主管批准;仓库管理员发出材料要求有经过审批的领料单,同时仓库管理员应把领料单编号、领用数量、规格等信息输入计算机系统,经仓库经理复核并以电子签名方式确认后,系统自动更新材料明细账;领料单一式三联,分别作为生产部门存根联、仓库联和财务联;采用限额领料单、超限额领料需办理审批手续;材料耗用汇总表包括在生产活动报告中。

(四)生产产品的控制

生产产品的控制主要包括:第一,确保生产业务是经过管理层的一般或者特别的授权进行的。例如,应对生产指令的授权、领料单的授权、工薪的授权履行恰当手续,经过特别审批或一般审批。第二,确保所有耗费和物化劳动都经过正确计量并反映在产品成本中。例如:①生产成本记账员应编制产量和工时记录、机器工时记录,记录生产各环节所耗用工时数,包括人工工时数和机器工时数,并将工时信息计入生产记录日报表;②生产成本记账员应根据原材料领料单财务联,编制原材料领用日报表,与计算机系统自动生成的生产记录日报表核对材料耗用和流转信息;由会计主管审核无误后,生成记账凭证并过账至生产成本及原材料明细账和总分类账。第三,产成品验收及入库经过恰当的记录。例如,应确保已完工产品经过本工序相关人员审批后转移,同时每月末,由生产车间与仓库核对原材料和产成品的转出转入记录,如有差异,仓库管理人员应当编制差异分析报告,经仓库经理和生产经理签字确认后交财会部门进行调整。

(五)产品成本核算的控制

产品成本核算的控制程序如表 9-3 所示。

表 9-3　产品成本核算控制程序

程序	具体措施
生产过程中文件资料由财会部门统一汇集	(1) 生产过程中的文件资料经审核后向财会部门报送 (2) 相关文件资料经财会部门的审核 (3) 财会部门依据经审核的文件资料进行成本核算 (4) 基础文件资料由专门部门负责保管
成本的归集准确完整	(1) 材料耗用根据审核后的材料消耗月报表金额入账 (2) 人工成本耗用经审核无误的工资费用分配表正确入账 (3) 制造费用的归集严格按规定办理,前后期一致
成本的分配合理、准确	(1) 材料成本差异按规定的方法分配,前后期一致 (2) 材料成本差异及时向有关管理人员报告,以便调查和跟踪控制 (3) 直接人工成本按规定的方法分配,前后期一致 (4) 制造费用按规定的方法分配,前后期一致 (5) 生产成本按规定的方法在产成品与在产品之间进行分配,前后期一致 (6) 将完工产品成本在不同产品类别之间分配,并由此形成产品成本计算表和生产成本分配表
会计记录完整、准确,并计入适当会计期间	(1) 编制分配制造成本到在产品的分录所使用的资料与生产报告的资料相一致 (2) 编制结转已完工产成品成本到产成品的分录所用的资料与生产报告资料相一致 (3) 定期独立检查存货明细账与总账余额的一致性 (4) 定期独立盘点在产品、产成品,并将实际盘点数量与账面数量相比较
存货的计价方法合理,并保持一贯性制度	(1) 存货的计价方法恰当,前后期一致 (2) 期末对未到存货暂估入账 (3) 产品销售成本计算符合制度规定,与相关收入配比 (4) 存货计价方法的确定与变更已经审批

(六)产成品入库及储存的控制

产成品入库及储存的控制程序如表 9-4 所示。

表 9-4 产成品入库及储存的控制程序

程序	具体措施
严格的存货保管管理	(1) 所有存货集中管理 (2) 按仓储物资所要求的储存条件储存 (3) 建立和健全防火、防潮、防盗和防变质等措施,确保存放在安全的环境 (4) 设有专职的存货保管人员 (5) 仓库存货分类编目,按种类性质集中堆放并标记 (6) 寄存品、受托加工商品独立管理、堆放 (7) 废弃、损坏和滞销存货独立管理并定期报告 (8) 时效性存货独立管理并定期报告 (9) 委托加工的存货,其收、发、存情况由专人登记和控制,由委托单位核对 (10) 贵重物品、关键备件、精密仪器和危险品的仓储,应当实行严格审批制度
存货的验收及入库管理	(1) 自制产成品入库由验收部门点验和检查并签发预先编号的产成品验收单 (2) 仓库管理员检查产品验收单,对名称、规格、型号、数量、质量和价格等逐项核对,并填写预先顺序编号的产成品入库单 (3) 经质检经理、生产经理、仓库经理签字确认后,由仓库管理人员根据经审核的产成品入库单将存货登记入账 (4) 外购存货入库管理,应检查订货合同等原始单据与待检验货物之间是否相符 (5) 确定外购货物的实际交货期与订购单中的交货期是否一致 (6) 对外购存货进行数量复核和质量检验,必要时可聘请外部专家协助进行 (7) 因业务需要分设仓库的情形,应当对不同仓库的存货流动办理出入库手续 (8) 入库存货应及时记入收发登记簿或存货卡片,并详细标明存放地点 (9) 入库记录不得随意修改。如确需修改入库记录,应当经有效授权批准 (10) 对于已售商品退货的入库,根据产品退货凭证办理入库手续,经批准后,对拟入库的商品进行验收 (11) 因产品质量问题发生的退货,应分清责任,妥善处理 (12) 对于已售退货的劣质产品,可以选择修复、报废等措施
及时、准确记录存货	(1) 仓库建立存货收、发、存台账制度并及时登记 (2) 原材料、产成品的收、发、存月报表根据当月的入库单、领料单等分别汇总编制 (3) 存货管理部门对入库的存货应当建立存货明细账(详细登记存货类别、编号、名称、规格型号、数量、计量单位等内容),并定期与财会部门核对 (4) 财务与仓库定期对账,并及时分析,根据审批调整相关差异 (5) 存货的数量由负责存货记录之外的独立人员核证
建立永续盘存制度并严格执行	(1) 所有存货均设有永续盘存记录 (2) 建立定期盘点制度,并核对账面数与实存数差异 (3) 存货的盘盈和盘亏经适当的批准后及时调账
存货管理有相关保护性制度	(1) 限制只有经过授权的人员才能接近原材料和产成品存货 (2) 存货的保险制度适当

(七)发出产品的控制

对于发出产成品这项业务活动,在销售与收款流程循环中涉及了产成品出库这一环节,此外还有后续的结转销售成本环节。发出产品的控制程序可能包括下列内容。

(1)产成品必须由独立的装运部门发出。装运产成品时必须持有经有关部门核准的装运通知单。

(2)产成品出库时,仓库管理员根据装运通知单填写预先编号的出库单,并将产成品出库单信息输入计算机系统,经仓库经理复核并以电子签名方式确认后,计算机系统自动更新产成品明细台账并与装运通知单编号核对。

(3)产成品装运发出前,由运输经理独立检查出库单、销售订购单和装运通知单,确定从仓库提取的商品附有经批准的销售订购单,并且所提取商品的内容与销售订购单一致。

(4)每月末,生产成本记账员根据计算机系统内状态为"已处理"的订购单数量,编制销售成本结转凭证,结转相应销售成本,经会计主管人员审批后进行账务处理。

(八)存货盘点的控制

(1)生产部门和仓库部门在盘点日前对所有存货进行清理和归整,便于盘点顺利进行。

(2)每一组盘点人员中应包括仓库部门以外的其他部门人员,即不能由负责保管存货的人员单独负责盘点存货;安排不同的工作人员分别负责初盘和复盘。

(3)盘点表和盘点标签事先连续编号,发放给盘点人员时登记领用人员;盘点结束后收回并清点所有已使用和未使用的盘点表和盘点标签。

(4)为防止存货被遗漏或者重复盘点,所有盘点过的存货贴盘点标签,注明存货品名、数量和盘点人员,完成盘点前检查现场确认所有存货均已贴上盘点标签。

(5)将不属于本单位的代其他方保管的存货单独堆放并标识;将盘点期间需要领用的原材料或出库的产成品分开堆放并作标识。

(6)汇总盘点结果,与存货账面数量进行比较,调查分析差异原因,并对认定的盘盈和盘亏提出账务调整建议,经仓库经理、生产经理、财务经理和总经理复核批准后入账。

(九)计提存货跌价准备的控制

(1)定期编制存货货龄分析表,管理人员复核该分析表,确定是否有必要对滞销存货计提存货跌价准备,并计算存货可变现净值,据此计提存货跌价准备。

(2)生产部门和仓库部门每月上报残次存货明细,采购部门和销售部门每月上报原材料和产成品最新价格信息,财会部门据此分析存货跌价风险并计提跌价准备,由财务经理和总经理复核批准并入账。

主题讨论:存货审计中的重大错报风险

二、评估生产与存货循环的重大错报风险

在实施控制测试和实质性程序之前,注册会计师需要了解被审计单位生产与存货循环及相关账户余额的内部控制的设计、执行情况,评估生产与存货循环中的重大错报风险,以便实施更有效的审计程序。影响生产与存货循环和相关账户余额的重大错报风险因素可能包括以下方面。

(一)影响生产与存货循环和相关账户余额的重大错报风险因素

(1)管理层错报生产成本的偏好。

(2)交易的数量和复杂性。这增加了错误和舞弊的风险。

(3)成本核算的复杂性。通常原材料和直接人工等直接成本的归集和分配比较简单,但间接费用的分配可能较为复杂,并且不同企业也可能采用不同的认定和计量基础。

(4)产品的多元化风险。一是可能需要聘请专家来验证其质量、状况或价值。二是测算库存存货数量的方法不尽相同。例如,计量油漆等桶装存货、黄金或贵重宝石、农林牧渔存货的存储量的方法都可能不一样。

（5）某些存货项目的可变现净值难以确定。例如，价格技术更新迭代快，容易过时的存货，由于其可变现净值难以确定，将影响注册会计师对与存货准确性、计价和分摊认定有关的风险进行的评估。

（6）将存货存放在很多地点。大型企业可能将存货存放在很多地点，并且在不同的储存地点之间转移存货，这将增加商品在转移途中毁损灭失的风险；增加存货在两个地点被重复记录的风险；也可能产生转移定价的错误或舞弊。

（7）寄存的存货。存放在企业的存货实际不归属于企业，反之企业的存货也可能被寄存在其他企业。

（8）与存货性质有关的风险。不同行业的存货性质不同，因此注册会计师还应当考虑与存货性质相关的重大错报风险，影响重大错报风险的因素具体包括：存货的数量和种类、成本归集的难易程度、陈旧过时的速度或者易损坏的程度、遭受失窃的难易程度。具体如表9-5所示。

表 9-5　存货性质及风险因素

存货类别	导致审计复杂性和风险增加的原因
具有漫长制造过程的存货	制造过程漫长的企业（如飞机制造和酒类产品酿造企业）的审计重点包括递延成本、预期发生成本以及未来市场波动可能对当期损益的影响等事项
具有固定价格合约的存货	预期发生成本的不确定性是其重大审计问题
与时装相关的服装行业	由于服装产品的消费者对服装风格或颜色的偏好容易发生变化，因此，存货是否过时是重要的审计事项
鲜活、易腐商品存货	因为物质特性和保质质期短暂，此类存货变质的风险很高
具有高科技含量的存货	由于技术进步，此类存货容易过时
单位价值高昂、容易被盗窃的存货	珠宝存货的错报风险通常高于铁制纽扣之类存货的错报风险

（二）企业存货的重大错报风险

总体而言，企业存货的重大错报风险通常包括以下方面。

（1）存货实物可能不存在（"存在"认定）。

（2）属于被审计单位的存货可能未在账面反映（"完整性"认定）。

（3）存货可能不属于被审计单位（"权利与义务"认定）。

（4）存货的单位成本可能存在计算错误（"准确性、计价和分摊"认定）。

（5）存货的账面价值可能无法实现，即存货跌价准备的计提可能不充分（"准确性、计价和分摊"认定）。

由于存货与企业各项经营活动的紧密联系，存货的重大错报风险往往与财务报表其他项目的重大错报风险紧密相关。例如，收入确认的错报风险往往与存货的错报风险共存；存货成本核算的错报风险与营业成本的错报风险共存等。此外，实务中，被审计单位管理层通过虚构存货，以及转移资产形成账外存货等方式实施舞弊的案例也屡见不鲜。注册会计师在实施风险评估程序时，也应考虑相关舞弊风险因素，识别和评估被审计单位是否存在与存货相关的舞弊风险。

三、生产与存货循环的控制测试

风险评估和风险应对是整个审计过程的核心。在审计实务中,注册会计师通常以识别的重大错报风险为起点,选取拟测试的控制并实施控制测试。表9-6列举了通常情况下,生产与存货循环相关的风险、关键控制与控制测试程序。

表 9-6　生产与存货循环的风险、关键控制和控制测试

可能发生错报的环节(风险)	主要控制	控制测试
计划和控制生产		
生产规模可能不适当,可能因生产过剩导致存货滞销,或者因产量不足导致存货脱销	计划和生产进度由生产计划和控制部门监控,并取得生产计划经理批准	检查授权生产的证据
发出原材料		
原材料的发出可能未经授权或者发出的原材料可能未正确计入相应产品的生产成本中	(1)按已批准生产通知单和签字的发料凭证发出原材料 (2)生产主管每月末将其生产任务单及相关领料单存根联与材料成本明细表进行核对,调查差异并处理	(1)审查发料凭证,并将其与生产通知单进行比较 (2)检查生产主管核对材料成本明细表的记录,并询问其核对过程及结果
加工生产产品		
生产工人的人工成本可能未得到准确反映;发生的制造费用没有完整归集	(1)使用计工单记录完成生产通知单耗用的直接人工小时、机器工时 (2)人事部每月编制工薪费用分配表,按员工所属部门将工薪费用分配至生产成本、制造费用,并由财务经理审核 (3)成本会计每月复核制造费用明细表并调查异常波动,必要时由财务经理批准进行调整	(1)观察计工单的使用和计时程序 (2)检查员工部门代码是否与实际职责相符,所记录的工薪是否真实发生 (3)询问并检查财务经理复核工资费用分配表的过程和记录 (4)询问并检查成本会计复核制造费用明细表的过程和记录
产品成本核算		
生产成本和制造费用在不同产品之间、在产品和产成品之间分配可能不准确	(1)管理层批准制造费用分配率和标准成本;及时报告并调节差异 (2)成本会计负责产品成本日常核算,财务经理每月末审核产品成本计算表及相关资料(原材料成本核算表、工薪费用分配表、制造费用分配表等)并调查异常项目	(1)询问有关确定和批准分配率与标准,以及报告和调查差异的程序 (2)询问财务经理如何执行复核及调查 (3)选取产品成本计算表及相关资料,检查财务经理的复核记录
产成品入库及储存		
(1)仓库保管人员可能声称未从生产部门收到产品 (2)存货可能在仓库中被盗 (3)已完工产品的生产成本可能没有转移到产成品中	(1)产成品仓库保管人员收到产品时在最后一张转移单上签字 (2)仓库加锁并限制只有经授权的人才能接近 (3)使用签字的转移单控制生产部门之间产品的移动 (4)成本会计将产成品收、发、存报表中的产品入库数量与当月成本计算表中结转的产成品成本对应的数量进行核对	(1)审查最后一张转移单上的授权签名 (2)询问和观察存货的保管程序,观察是否只有经过授权的批准人员才能接近原材料和产成品等存货 (3)观察部门之间产品移动程序,审查转移单 (4)询问和检查成本会计将产成品收、发、存报表与成本计算表进行核对的过程和记录

续　表

可能发生错报的环节(风险)	主要控制	控制测试
发出产成品		
销售发出的产成品的成本可能没有准确转入营业成本	(1)根据确认的营业收入所对应的售出产品自动结转营业成本 (2)财务经理和总经理每月对毛利率进行比较分析,对异常波动进行调查和处理	(1)检查成本结转方式是否符合公司成本核算政策 (2)询问和检查财务经理和总经理进行毛利率分析的过程和记录,并对异常波动的调查和处理结果进行核实
存货盘点		
存货可能被盗或因材料领用/产品销售未入账而出现账实不符	(1)定期盘点存货,与仓库台账核对并调节一致 (2)成本会计监督盘点与核对,并抽查部分存货进行复盘。每年末盘点所有存货,并根据盘点结果分析盘盈盘亏并进行账面调整	检查存货盘点和记录中的存货余额
计提存货跌价准备		
可能存在残冷背次的存货,影响存货的价值	财务部根据存货货龄分析表,结合生产和仓库部门上报的存货损毁情况及存货盘点中对存货状况的检查结果,计提存货减值准备,报总经理审核批准后入账	(1)询问财务经理识别减值风险并确定减值准备的过程 (2)检查总经理的复核批准记录

　　总体上看,生产与存货循环的内部控制主要包括存货数量的内部控制和存货单价的内部控制两方面。由于生产与存货循环和其他业务循环的紧密联系,生产与存货循环中某些审计程序,特别是对存货余额的审计程序,与其他相关业务循环的审计程序同时进行将更为有效。因此,在对生产与存货循环的内部控制实施测试时,要考虑其他业务循环的控制测试是否与本循环相关,避免重复测试。

　　在上述控制测试中,如果人工控制在执行时依赖于信息技术系统生成的报告,注册会计师还应当针对系统生成报告的准确性执行测试。若被审计单位采用信息技术系统执行全自动化成本核算,注册会计师通常需要对信息技术系统中的成本核算流程和参数设置进行了解和测试(可能需要利用信息技术专家的工作),并测试相关信息技术一般控制的运行有效性。

　　此外,上述表9-6只是列示了生产与存货循环一些常见的内部控制及对应的控制测试程序,目的在于帮助注册会计师厘清生产与存货循环中风险(内部控制目标)、关键控制、控制测试程序的关系。但是在审计实务中,注册会计师还应当根据具体情况设计能够实现审计目标的控制测试程序。如果被审计单位生产与存货循环的内部控制不存在或尽管存在但未得到遵循,或者控制测试的工作量可能大于实施控制测试所减少的实质性程序工作量,则审计师可能无须继续实施控制测试,而直接实施实质性程序。

【例9-2】存货审计中的控制测试和实质性程序

　　ABC会计师事务所的A注册会计师负责审计多家被审计单位2022年度的财务报表,与存货审计相关的部分事项如下。

(1)甲公司为制造型企业,采用信息系统进行成本核算。A注册会计师对信息系统一般控制和相关的自动化应用控制进行测试后结果满意,不再对成本核算实施实质性程序。

(2)因乙公司存货不存在特别风险,且以前年度与存货相关的控制运行有效,A注册会计师因此减少了本年度存货细节测试的样本量。

(3)丙公司的存货存在特别风险。A注册会计师在了解相关内部控制后,未测试控制运行的有效性,直接实施了细节测试。

要求:针对上述第(1)至(3)项,指出A注册会计师的做法是否恰当。如不恰当,简要说明理由。

案例解析:

(1)不恰当;制造业的成本核算涉及重大类别交易或账户余额,应当实施实质性程序。

(2)不恰当;以前年度与存货相关的控制运行有效,不构成减少本年度细节测试样本规模的充分理由,注册会计师还应当了解相关控制在本期是否发生变化。

(3)恰当;当存货存在特别风险时,如果不打算信赖内部控制,可以直接开展细节测试。

第三节 生产与存货循环的实质性程序

在完成控制测试之后,注册会计师基于控制测试的结果(即控制运行是否有效),确定从控制测试中已获得的审计证据及其保证程度,确定是否需要对具体审计计划中设计的实质性程序的性质、时间安排和范围作出适当调整。

本节将从风险对应的具体审计目标和相关认定的角度出发,对实务中较为常见的针对存货、应付职工薪酬和营业成本等其他相关账户余额的实质性程序进行阐述。这些程序可以从一个或多个认定方面应对识别的重大错报风险。

一、存货的实质性程序

(一)存货审计的特点

存货审计,尤其是对年末存货余额的测试,通常是审计中最复杂也最费时的部分。对存货存在和存货价值的评估常常十分困难。导致存货审计复杂的主要原因包括:①存货通常是资产负债表中的一个主要项目,而且通常是构成营运资本的最大项目。②存货存放于不同的地点。企业须将存货置放于便于产品生产和销售的地方,这使得对它的实物控制和盘点都很困难,也增加了审计的难度。③存货项目的多样性也给审计工作带来了困难。④存货本身的状况以及存货成本的分配也使得存货的估价存在困难。⑤不同企业采用的存货计价方法存在多样性。考虑到存货对于企业的重要性、存货问题的复杂性以及存货与其他项目密切的关联度,注册会计师应当对存货项目的审计予以特别关注。相应地,实施存货项目审计的注册会计师应具备较高的专业素质和相关业务知识,分配较多的审计工时,运用多种有针对性的审计程序。

(二)存货审计的审计目标

存货审计涉及数量和单价两个方面。针对存货数量的实质性程序主要是存货监盘;针对存货单价的实质性程序包括对购买和生产成本的审计程序及对存货可变现净值的审计程序。其中,对原材料成本的计量主要通过对采购成本的审计进行测试,而对在产品和产成品成本的计量较为复杂,需要对原材料成本、人工成本、制造费用的归集和分摊进行测试。存货的审计目标是认定,表 9-7 列示了存货审计目标与相关认定的对应关系。

表 9-7　存货的审计目标与认定对应关系表

审计目标	财务报表认定					
	存在	完整性	权利和义务	准确性、计价和分摊	分类	列报
A 资产负债表中记录的存货是否真实存在	√					
B 属于被审计单位的存货是否均已被记录		√				
C 记录的存货是否由被审计单位拥有或者控制			√			
D 存货单位成本的计量是否准确/存货的账面价值是否可以实现				√		
E 存货是否被记录于恰当的账户					√	
F 存货已按照企业会计准则的规定在财务报表中作出恰当的列报						√

(三)存货审计可供选择的实质性程序

如果存货对财务报表是重要的,审计师应当实施审计程序,以对存货的存在和状况获取充分、适当的审计证据。本节从审计目标与审计程序出发简要介绍几种与存货有关的常见的实质性程序,如表 9-8 所示。

表 9-8　可供选择的实质性程序

审计目标	可供选择的实质性程序
ADB	实施存货监盘程序
AB	实施实质性分析程序
D	实施存货计价测试
D	实施生产成本计算测试
D	实施存货减值测试
BA	实施存货截止测试

二、存货监盘

(一)存货监盘的定义和目标

1. 存货监盘的定义

定期盘点存货、合理确定存货的数量和状况是被审计单位管理层的责任。实施存货监盘,获取有关存货数量和状况的充分、适当的审计证据,是注册会计师的责任。存货监盘是指审计人员现场监督被审计单位存货的盘点,并对已盘点的存货进行适当的抽查。如果存货对财务报表是重要的,注册会计师应当实施下列审计程序,对存货的存在和状况获取充分、适当的审计证据。

(1)在存货盘点现场实施监盘(除不可行)。

(2)对期末存货记录实施审计程序,以确定其是否准确反映实际的存货盘点结果。

2.存货监盘的目标

存货监盘针对的主要是存货的存在认定、完整性认定以及权利和义务的认定。注册会计师监盘存货的目的在于获取有关存货数量和状况的审计证据,检查存货的数量是否真实完整,是否归属被审计单位,存货有无毁损、陈旧、残次和短缺等状况。对此,监盘最主要目的是获取存货是否存在的证据,而在测试存货的权利和义务认定时,由于存货监盘本身并不足以供注册会计师确定存货的所有权,注册会计师可能需要执行其他实质性审计程序以应对所有权认定的相关风险。

需要说明的是,尽管实施存货监盘获取有关期末存货数量和状况的充分适当的审计证据是注册会计师的责任,但这并不能取代被审计单位管理层定期盘点存货、合理确定存货的数量和状况的责任。事实上,管理层通常制定程序对存货每年至少进行一次实物盘点,以作为编制财务报表的基础,并用以确定被审计单位永续盘存制的可靠性。在实务中,注册会计师也需要恰当区分被审计单位对存货盘点的责任和注册会计师对存货监盘的责任,在执行存货监盘过程中不应协助被审计单位的存货盘点工作。

(二)存货监盘计划

1.制订存货监盘计划应考虑的相关事项

有效的存货监盘需要制订周密、细致的计划。注册会计师应当根据被审计单位存货的特点、盘存制度和存货内部控制的有效性等情况,并考虑获取、审阅被审计单位制定的盘点程序,在评价被审计单位管理层制定的存货盘点程序的基础上,编制存货监盘计划,对存货监盘作出合理安排。

在编制存货监盘计划时,注册会计师需要考虑如表9-9所列示的事项。

表9-9 制订存货监盘计划的考虑因素

考虑因素	要点
了解与存货相关的重大错报风险	存货通常具有较高水平的重大错报风险,影响重大错报风险的因素具体包括:存货的数量和种类、成本归集的难易程度、陈旧过时的速度或易损坏程度、遭受失窃的难易程度。此外,外部因素也会对重大错报风险产生影响。例如,技术进步可能导致某些产品过时,从而导致存货价值更容易发生高估
了解与存货相关的内部控制的性质	在制订存货监盘计划时,注册会计师应当了解审计单位与存货相关的内部控制,并根据内部控制的完善程度确定进一步审计程序的性质、时间安排和范围
对存货盘点是否制定了适当的程序,并下达了正确的指令	(1)注册会计师一般需要复核或与管理层讨论其存货盘点程序 (2)如果认为被审计单位的存货盘点程序存在缺陷,注册会计师应当提请被审计单位调整

考虑因素	要点	
存货盘点的时间安排	如果存货盘点在资产负债表日以外的其他日期进行,注册会计师除实施存货监盘相关审计程序外,还应当实施其他审计程序,以获取审计证据,确定存货盘点日与资产负债表日之间的存货变动是否已得到恰当的记录	
被审计单位是否一贯采用永续盘存制	永续盘存制	注册会计师应在年度中一次或多次参加盘点
	实地盘存制	注册会计师要参加此种盘点
存货的存放地点(包括不同存货地点的存货的重要性和重大错报风险),以确定适当的监盘地点	提供清单	如果被审计单位的存货存放在多个地点,注册会计师可以要求被审计单位提供一份完整的存货存放地点清单(包括期末库存量为零的仓库、租赁的仓库,以及第三方代被审计单位保管存货的仓库等),并考虑其完整性
	选择地点	在获取完整的存货存放地点清单的基础上,注册会计师可以根据不同地点所存放存货的重要性以及对各个地点与存货相关的重大错报风险的评估结果(例如,注册会计师在以往审计中可能注意到某些地点存在存货相关的错报,因此,在本期审计时对其予以特别关注),选择适当的地点进行监盘,并记录选择这些地点的原因
	舞弊风险	如果识别出由于舞弊导致的影响存货数量的重大错报风险,注册会计师在检查被审计单位存货记录的基础上,可能决定在不预先通知的情况下对特定存放地点的存货实施监盘,或在同一天对所有存放地点的存货实施监盘
是否需要专家协助	注册会计师可能不具备其他专业领域专长或者技能 (1)确定资产数量或者资产实物状况(如矿石堆); (2)收集特殊类别存货(如艺术品、稀有玉石、房地产、电子器件、工程设计等)的审计证据; (3)评估在产品完工程度	

2.存货监盘计划的主要内容

(1)存货监盘的目标、范围及时间安排。

存货监盘的目标、范围及时间安排如表 9-10 所示。

表 9-10　存货监盘的目标、范围及时间安排

要点	内容
目标	获取资产负债表日有关存货数量和状况以及有关管理层存货盘点程序可靠性的审计证据,检查存货的数量是否真实完整,是否归属被审计单位,存货有无毁损、陈旧、过时、残次和短缺等状况
范围	取决于存货的内容、性质以及与存货相关的内部控制的完善程度和重大错报风险的评估结果
时间安排	包括实地察看盘点现场的时间、观察存货盘点的时间和对已盘点存货实施检查的时间等,应当与被审计单位实施存货盘点的时间相协调

(2)存货监盘的要点及关注事项。

(3)参与存货监盘人员的分工。

注册会计师应当根据被审计单位参加存货盘点的人员分工情况、人员素质情况以及存

货监盘工作量的大小,安排参与存货监盘的人员及具体分工。

(4)抽盘存货的范围。

注册会计师应当根据对被审计单位存货盘点及相关内部控制的评价结果确定抽盘存货的范围。若被审计单位内部控制设计良好且得到有效实施,存货盘点组织良好,可以相应缩小实施抽盘的范围。

(三)存货监盘程序

1.存货监盘程序——"监盘开始前"

在被审计单位盘点存货前,注册会计师应当观察盘点现场。确定应纳入盘点范围的存货是否已经适当整理和排列,并附有盘点标识,防止遗漏或重复盘点;对未纳入盘点范围的存货,注册会计师应当查明未纳入的原因。

2.存货监盘程序——"监盘进行时"

注册会计师在存货盘点现场实施监盘时,应当实施下列程序。

(1)评价管理层用以记录和控制存货盘点结果的指令和程序

注册会计师需要考虑这些指令和程序是否包括:适当控制活动的运用;准确认定在产品的完工程度,流动缓慢(呆滞)、过时或毁损的存货项目,以及第三方拥有的存货(如寄存货物);在适用的情况下用于估计存货数量的方法;对存货在不同存放地点之间的移动以及截止日前后期间出入库的控制。

(2)观察管理层制定的盘点程序的执行情况

在被审计单位盘点人员盘点时进行观察:确定被审计单位盘点人员是否遵守盘点计划;确定被审计单位盘点人员是否准确地记录存货的数量和状况;关注存货发送和验收场所,确定这里的存货应包括在盘点范围之内还是排除在外;关注存货所有权的证据,如货运单据以及商标等;关注所有应盘点的存货是否均已盘点。

(3)检查存货

在存货监盘过程中检查存货,虽然不一定能确定存货的所有权,但有助于确定存货的存在,以及识别过时、毁损或陈旧的存货。注册会计师应当把所有过时、毁损或陈旧存货的详细情况记录下来,这既便于进一步追查这些存货的处置情况,也能为测试被审计单位存货跌价准备计提的准确性提供证据。

(4)执行抽盘

注册会计师在对存货盘点结果进行测试时,可以从存货盘点记录中选取项目追查至存货实物,从存货实物中选取项目追查至存货盘点记录,以获取有关盘点记录准确性和完整性的审计证据。注册会计师应当避免被审计单位知晓将抽盘的存货项目,确保存货抽盘的不可预见性。对抽盘发现的差异,注册会计师进行适当处理。一方面应当查明差异原因,及时提请被审计单位更正。另一方面,注册会计师应当考虑错误的潜在范围和重大程度,如果差异较大,应当考虑扩大检查范围或提请被审计单位重新盘点。重新盘点的范围可限于某一特殊领域的存货或者特定的盘点小组。

(5)需要特别关注的情况

需要特别关注的是存货盘点的范围。在被审计单位盘点存货前,注册会计师应当观察盘点现场,确定应纳入盘点范围的存货是否已经适当整理和排列并附有盘点标识防止遗漏或重复盘点。对未纳入盘点范围的存货注册会计师应当查明未纳入的原因。对所有权不属于被审计单位的存货,注册会计师应当取得其规格、数量等有关资料,确定是否已单独存放、标明,且未被纳入盘点范围。

在存货监盘过程中,注册会计师应当根据取得的所有权不属于被审计单位的存货的有关资料,观察这些存货的实际存放情况,确保其未被纳入盘点范围。即使在被审计单位声明不存在受托代存存货的情形下,注册会计师在存货监盘时也应当关注是否存在某些存货不属于被审计单位的迹象,以避免盘点范围不当。此外,对于盘点期间收到的存货,应当根据入账时间,确定是否纳入存货盘点范围。

需要特别关注之二是对特殊类型存货的监盘。对某些特殊类型的存货而言,被审计单位通常使用的盘点方法和控制程序并不完全适用。在这些情况下,注册会计师需要运用职业判断,根据存货的实际情况,设计恰当的审计程序对存货的数量和状况获取审计证据。表9-11列示了可供注册会计师实施的针对被审计单位特殊类型存货的监盘程序。

表9-11　关于特殊类型存货监盘的具体审计程序

存货类型	盘点方法的潜在问题	可供实施的审计程序
木材、钢筋盘条、管子	通常无标签;难以确定存货质量和等级	(1)检查标记或标识 (2)利用专家或被审计单位内部有经验人员的工作
堆积型存货,如糖、煤、钢等废料	通常无标签;难以确定存货数量	运用工程估测、几何计算、高空勘测,并依赖详细的存货记录
使用磅秤测量的存货	估计存货数量存在困难	在监盘前和监盘过程中均应检验磅秤的精准度,并留意磅秤的位置移动与重新调校程序 将检查和重新称量程序相结合,检查称量尺度换算问题
桶装型存货,如贮窖存货、使用桶、箱、罐、槽等容器储存的液体、气体、谷类粮食、流体存货等	在盘点时难以识别和确定;难以确定存货数量和质量	使用容器进行监盘或通过预先编号的清单列表来确定 使用浸蘸、测量棒、工程报告以及依赖永续存货记录选择样品进行化验与分析,或利用专家的工作
贵金属、石器艺术品与收藏品	难以辨别存货质量	选择样品进行化验与分析,或利用专家的工作
生产纸浆用木材、牲畜	在存货辨认和数量确定方面存在困难;无法对存货的移动实施控制	通过高空摄影以确定其存在,对不同时点的数量进行比较,并依赖永续存货记录
玻璃制品等包箱型存货	在盘点时难以识别和确定;难以确定存货数量和质量	检查包装箱的数量,以核实每箱的标准容量 进行必要的开箱检查

3.存货监盘程序——"监盘结束时"

监盘后完成存货监盘报告的步骤:①在被审计单位存货盘点结束前,再次观察盘点现场,以确定所有应纳入盘点范围的存货是否均已盘点。②取得并检查已填用、作废及未使用盘点表单的号码记录,确定其是否连续编号,查明已发放的表单是否均已收回,并与存货盘点的汇总记录进行核对。③注册会计师应当根据自己在存货监盘过程中获取的信息对被审计单位最终的存货盘点结果汇总记录进行复核,并评估其是否正确地反映了实际盘点结果。

④如果存货盘点日不是资产负债表日,应当实施适当的审计程序,确定盘点日与资产负债表日之间存货的变动是否已作出正确的记录;编制存货抽盘核对表,将盘点日的存货调整为资产负债表日的存货,并分析差异。

4.特殊情况的处理

(1)在存货盘点现场实施存货监盘不可行

在某些情况下,实施存货监盘可能是不可行的,这可能是由存货性质和存放地点等因素造成的。如存货存放在对注册会计师的安全有威胁的地点。但是,对注册会计师带来不便的一般因素不足以支持注册会计师作出实施存货监盘不可行的决定。审计中的困难、时间或成本等事项本身,不能作为注册会计师省略不可替代的审计程序或满足于说服力不足的审计证据的正当理由。

如果在存货盘点现场实施存货监盘不可行,注册会计师应当实施替代审计程序(如检查盘点日后出售盘点日之前取得或购买的特定存货的文件记录),以获取有关存货的存在和状况的充分、适当的审计证据。

(2)因不可预见的情况导致无法实施现场监盘

由于不可预见情况而可能导致无法在预定日期实施存货监盘,两种比较典型的情况包括:一是注册会计师无法亲临现场,即由于不可抗力导致其无法到达存货存放地实施存货监盘;二是气候因素,即由于恶劣的天气导致注册会计师无法实施存货监盘程序,或由于恶劣的天气无法观察存货,如木材被积雪覆盖。

如果由于不可预见的情况无法在存货盘点现场实施监盘,注册会计师应当另择日期实施监盘,并对间隔期内发生的交易实施审计程序。

(3)由第三方保管的存货

如果由第三方保管或控制的存货对财务报表是重要的,注册会计师应当实施下列一项或两项审计程序,以获取有关该存货存在和状况的充分、适当的审计证据:第一,向持有被审计单位存货的第三方函证存货的数量和状况;第二,实施检查或其他适合具体情况的审计程序。例如,实施或安排其他审计师实施对第三方的存货监盘(如可行);获取其他审计师或服务机构审计师针对用以保证存货得到恰当盘点和保管的内部控制的适当性而出具的报告;检查与第三方持有的存货相关的文件记录,如仓储单;当存货作为抵押品时,要求其他机构或人员进行确认。根据具体情况(如果信息使注册会计师对第三方的诚信和客观性产生疑虑),注册会计师可能认为实施其他审计程序是适当的。其他审计程序可以作为函证的替代程序,也可以作为追加的审计程序。

(4)在盘点过程中无法停止移动的存货

一般而言,被审计单位在盘点过程中停止生产并关闭存货存放地点以确保停止存货的移动,有利于保证盘点的准确性。但在特定情况下,被审计单位可能由于实际原因无法停止生产或收发货物,在这种情况下,注册会计师可以根据被审计单位的具体情况考虑其无法停止存货移动的原因及其合理性。

同时,注册会计师可以通过询问管理层以及阅读被审计单位的盘点计划等方式,了解被审计单位对存货移动所采取的控制程序和对存货收发截止影响的考虑。例如,如果被审计单位在盘点过程中无法停止生产,可以考虑在仓库内划分出独立的过渡区域,将预计在盘点期间领用的存货移至过渡区域、对盘点期间办理入库手续的存货暂时存放在过渡区域,以此确保相关存货只被盘点一次。在实施存货监盘程序时,注册会计师需要观察被审计单位有关存货移动的控制程序是否得到执行。同时,注册会计师可以向管理层索取盘点期间与存货移动相关的书面记录以及出、入库资料作为执行截止测试的资料,为监盘结束的后续工作提供证据。

(5)被审计单位的存货盘点在资产负债表日以外的其他日期进行

如果被审计单位存货盘点在资产负债表日以外的其他日期进行,注册会计师还应当实施其他审计程序,以获取审计证据,确定存货盘点日与资产负债表日之间的存货变动是否已得到恰当的记录。例如,可以设计并执行如下实质性程序:比较盘点日和资产负债表日之间的存货信息以识别异常项目,并对其执行适当的审计程序(例如实地查看等);对存货周转率或存货销售周转天数等实施实质性分析程序;对盘点日至资产负债表日之间的存货采购和存货销售分别实施双向检查(例如,对存货采购从入库单查至其相应的永续盘存记录及从永续盘存记录查至其相应的入库单等支持性文件,对存货销售从货运单据查至其相应的永续盘存记录及从永续盘存记录查至其相应的货运单据等支持性文件);测试存货销售和采购在盘点日和资产负债表日的截止是否正确。

【例 9-3】存货监盘计划

A 注册会计师接受委托对常年审计客户甲公司 2022 年度的财务报表进行审计。甲公司为玻璃制造企业,存货主要有玻璃、煤炭和烧碱,其中少量玻璃存放于外地公用仓库。另有丁公司部分水泥存放于甲公司的仓库。甲公司拟于 2022 年 12 月 29 日至 12 月 31 日盘点存货,以下是 A 注册会计师撰写的存货监盘计划的部分内容。

一、存货监盘的目标

检查甲公司 2022 年 12 月 31 日的存货数量是否真实完整。

二、存货监盘范围

2022 年 12 月 31 日库存的所有存货,包括玻璃、煤、烧碱和水泥。

三、监盘时间

存货的观察与检查时间均为 2022 年 12 月 31 日。

四、存货监盘的主要程序

1.与管理层讨论存货监盘计划。

2.观察甲公司盘点人员是否按照盘点计划进行盘点。

3.检查相关凭证及会计记录以证实盘点截止日前所有已确认为销售但尚未装运出库的存货均已纳入盘点范围。

4.对于存放在外地公用仓库的玻璃,主要实施检查发运文件出库记录等替代程序。

要求:

(1)指出存货监盘计划中的目标、范围和时间安排是否存在错误,并简要说明理由。

(2)判断存货监盘计划中列示的主要程序是否恰当,若不恰当请予以修改。

案例解析:

(1)存货监盘的目标不正确,应该是获取甲公司 2022 年 12 月 31 日有关存货数量和状况的审计证据,检查存货的数量是否真实完整,是否归属被审计单位,存货有无毁损、陈旧、残次和短缺等状况。

存货监盘的范围不正确,应该是 2022 年 12 月 31 日库存的玻璃、煤炭和烧碱,而不应该包括其他公司存放在本公司的水泥。

存货监盘的时间不正确,应当与被审计单位实施存货盘点的时间相协调,所以应为 2022 年 12 月 29 日至 12 月 31 日。

(2)程序 1 不恰当,应该是与被审计单位管理层复核或讨论其存货盘点计划。

程序 2 恰当。

程序 3 不恰当,应该是检查所有在截止日前已确认销售但尚未装运出库的存货均未纳入盘点范围。

程序 4 不恰当,应该主要通过函证或利用其他注册会计师的工作等替代程序来进行查验;委托检查第三方的存储单等文件记录。

三、存货实质性分析程序

注册会计师可从以下方面执行实质性分析程序。

(1)基于对被审计单位及其环境的了解,通过进行以下比较,同时考虑有关数据间关系的影响,以建立用于分析程序的期望值。

①按品种分析重要存货项目各月单位成本的变动趋势;

②分析重要存货项目各月份材料成本差异率的变动趋势;

③根据被审计单位现有的生产能力,分析本期产量与生产能力匹配关系;

④计算本期主要产品的直接材料、直接人工、制造费用占生产成本的比例,分析本期及较上年同期的变化趋势。

(2)确定可接受的差异额。

(3)将实际的情况与期望值相比较,识别需要进一步调查的差异。

(4)如果其差额超过可接受的差异额,调查并获取充分的解释和恰当的佐证审计证据(如通过检查相关的凭证)。

(5)评估分析程序的测试结果。

四、存货计价测试

监盘程序只能对存货的结存数量予以确认。为验证财务报表上存货余额的真实性,必须对存货的计价进行审计。

(一)样本的选择

存货计价审计的样本,应从存货数量已经盘点、单价和总金额已经计入存货汇总表的结存存货中选择。选择样本时应着重选择结存余额较大且价格变化比较频繁的项目,同时考虑所选样本的代表性。抽样方法一般采用分层抽样法,抽样规模应足以推断总体的情况。

(二)计价方法的确认

存货的计价方法多种多样,被审计单位应结合企业会计准则的基本要求选择符合自身特点的方法。注册会计师除应掌握被审计单位的存货计价方法外,还应审查被审计单位选择的计价方法是否适合,结合国家法规的要求和企业实际情况,以确认存货计价方法的合理性、一贯性。没有足够理由,计价方法在同一会计年度内不得变动。注册会计师可以通过复核永续存货记录和询问被审计单位来确定存货成本计算的依据和方法。计价的一致性可借助于上一年度的工作底稿或以前年度的财务报表来确定。

（三）计价测试

进行计价测试时,注册会计师首先应对存货价格的组成内容予以审核,然后按照所了解的计价方法对所选择的存货样本进行计价测试。测试时,应尽量排除被审计单位已有计算程序和结果的影响,进行独立测试。测试结果出来后,注册会计师应将审计结果与被审计单位账面记录进行对比,编制对比分析表,分析形成差异的原因。如果差异过大,应扩大样本范围进行继续审计,并根据审计结果考虑是否应提出审计调整建议。

拓展资源:存货计价测试在审计中的具体应用

五、存货生产成本计算测试

注册会计师可从以下方面执行生产成本计算测试。

（一）直接材料成本的审计

直接材料成本的实质性测试一般应从审阅材料和生产成本明细账入手,抽查有关的费用凭证,验证企业产品直接耗用材料的数量、计价和材料费用分配是否真实、合理。

（1）抽查产品成本计算单,检查直接材料成本的计算是否正确,材料费用的分配标准与计算方法是否合理和适当,是否与材料费用分配汇总表中该产品分摊的直接材料费用相符。

（2）检查直接材料耗用数量的真实性,有无将非生产用材料计入直接材料费用。

（3）分析比较同一产品前后各年度的直接材料成本,如有重大波动应查明原因。

（4）抽查材料发出及领用的原始凭证,检查领料单的签发是否经过授权,材料发出汇总表是否经过适当的人员复核,材料单位成本的计价方法是否适当,是否正确及时入账。

（5）对采用定额成本或标准成本的企业,应检查直接材料成本差异的计算分配与会计处理是否正确,并查明直接材料的定额成本、标准成本在本年度内有无重大变更。

（二）直接人工成本的审计

直接人工成本实质性测试的内容主要包括以下方面。

（1）抽查产品成本计算单,检查直接人工成本计算是否正确,人工费用的分配标准与计算方法是否合理和适当,是否与人工费用分配汇总表中该产品分摊的直接人工费用相符。

（2）将本年度的直接人工成本与前期进行比较,查明异常波动的原因。

（3）分析比较本年度各个月份的人工费用发生额,如有异常波动,应查明原因。

（4）结合应付工资的检查,抽查人工费用会计记录及会计处理是否正确。

（5）对采用标准成本法的企业,应抽查直接人工成本差异的计算、分配与会计处理是否正确,并查明直接人工的标准成本在本年度内有无重大变更。

（三）制造费用的审计

制造费用实质性测试的基本要点包括以下方面。

（1）获取或编制制造费用汇总表,并与明细账、总账核对相符,抽查制造费用中的重大数额项目及例外项目是否合理。

（2）审阅制造费用明细账,检查其核算内容及范围是否正确,并注意是否有异常会计事项。

（3）必要时对制造费用实施截止测试，即检查资产负债表日前后若干天的制造费用明细账及其凭证，确定有无跨期入账的情况。

（4）检查制造费用的分配是否合理。

（5）对于采用标准成本法的被审计单位，应抽查标准制造费用的确定是否合理，计入成本计算单的数额是否正确，制造费用的计算、分配与会计处理是否正确，并查明标准制造费用在本年度内有无重大变动。

六、存货跌价准备测试

在存货计价审计中，由于被审计单位对期末存货采用成本与可变现净值孰低的方法计价，所以注册会计师应充分关注其对存货可变现净值的确定及存货跌价准备的计提。注册会计师可从以下方面执行存货跌价准备测试。

（一）识别要计提存货跌价准备的存货项目

（1）注册会计师可以通过询问管理层和相关部门（生产、仓储、财务、销售等）员工了解被审计单位如何收集有关滞销、过时、陈旧、毁损、残次存货的信息，并为之计提必要的存货跌价准备。

（2）如被审计单位编制存货货龄分析表，则可以通过审阅分析表识别滞销或陈旧的存货。此外，注册会计师还要结合存货监盘过程中检查存货状况而获取的信息，以判断被审计单位的存货跌价准备计算表是否有遗漏。

（二）检查可变现净值的计量是否合理

（1）获取或编制存货跌价准备明细表，复核加计正确，并与总账数和明细账合计数核对。

（2）检查存货跌价准备计提和存货损失转销的批准程序，取得书面报告销售合同或劳务合同等证明文件，确定被审计单位是否有确凿证据为基础计算确定存货的可变现净值。

（3）评价存货跌价准备的计提依据和计提方法是否合理，是否充分考虑了持有存货的目的及资产负债表日后事项的影响等因素。

（4）若被审计单位为建造承包商，对其执行中的建造合同，应检查预计总成本是否超过合同总收入，如果超过，跌价准备计提是否合理，会计处理是否正确。

（5）比较本期实际损失发生数与前期存货跌价准备的余额，以评价上期存货跌价准备计提的合理性。

（6）如果被审计单位出售或核销已经计提跌价准备的存货，应检查相应的跌价准备的会计处理是否正确。

（7）注意已计提跌价准备的存货价值又得以恢复的，是否在原已计提的跌价准备的范围内转回，依据是否充分，并记录转回。

（8）检查被审计单位是否于期末对存货进行了检查分析，存货跌价准备的计算和会计处理是否正确。

（三）检查存货跌价准备的披露是否正确

检查存货跌价准备在财务报表及附注中是否作出恰当披露。

七、实施存货截止测试

存货截止测试就是检查截止到 12 月 31 日所购并已包括在 12 月 31 日存盘货点范围内的存货。注册会计师应当获取盘点日前后存货收发及移动截止等凭证及信息,以检查库存记录与会计记录期末截止是否正确。截止测试获得的证据与存货的存在、完整性认定有关。

对期末存货进行截止测试时,注册会计师通常应关注:在截止日以前入库的存货项目是否均已包括在盘点范围内,并已反映在截止日以前的会计记录中,而在截止日以后入库的存货项目是否均未包括在盘点范围内,也未反映在截止日以前的会计记录中;在截止日以前装运出库的存货项目是否均未包括在盘点范围内,且未包括在截止日的存货账面余额中,而在截止日以后装运出库的存货项目是否均已包括在盘点范围内,并已包括在截止日的存货账面余额中;已确认为销售但尚未装运出库的商品是否均未包括在盘点范围内,且未包括在截止日的存货账面余额中;所有已记录为购货但尚未入库的存货是否均已包括在盘点范围内,并已反映在会计记录中;在途存货和被审计单位直接向顾客发运的存货是否均已进行适当的账务处理。

八、生产与存货循环涉及的其他账户审计

本节前述内容以存货账户为例说明了生产与存货循环的控制测试和实质性测试,接下来的内容将简要介绍针对生产与存货循环涉及的其他账户(如应付职工薪酬、营业成本等)的审计程序。

(一)应付职工薪酬审计

应付职工薪酬是企业支付给职工的劳动报酬,属于企业成本费用中的重要项目,尤其是计入制造费用的人工成本,因此,有效地审计应付职工薪酬,对于生产与存货循环至关重要。

一般地,应付职工薪酬的审计目标主要有:确定期末应付职工薪酬是否存在;确定期末应付职工薪酬是否为被审计单位应履行的支付义务;确定应付职工薪酬计提和支出的记录是否完整,计提依据是否合理;应付职工薪酬的期末余额是否正确;确定应付职工薪酬的披露是否恰当。

应付职工薪酬的实质性程序通常包括以下方面。

(1)获取或编制应付职工薪酬明细账,检查原始凭证中职工薪酬的计算是否准确,并将其与总账数、财务报表数核对相符。

(2)对本期职工薪酬的发生情况执行分析程序。例如,审计人员应分析被审计单位各部门各月工资总额是否发生大的变动,检查其变动是否在合理的范围内;比较本期与上期的工资总额变动数,检查其变动是否合理;检查本期应付职工薪酬余额与上期余额是否有较大变动。

(3)审查工资、奖金及津贴、非货币性福利、辞退福利以及职工股份的发放情况。

(4)检查应付职工薪酬的核算内容是否完整。

(5)检查各项职工薪酬(包括社会保险费、住房公积金、工会经费、职工教育经费等)的计提是否准确,账务处理是否合理,计提依据是否充分。

(6)审查资产负债表日后事项中应付职工薪酬是否需要调整。

（7）检查应付职工薪酬（如各种工资、奖金、津贴、职工医疗保险等）在资产负债表中的披露是否恰当。

（二）营业成本审计

营业成本的实质性测试程序包括以下方面。

（1）获取或编制营业成本明细表，与明细账和总账核对相符。

（2）编制生产成本及销售成本倒轧表，与总账核对相符。

（3）分析比较本年度与上年度营业成本总额，以及本年度各月份的营业成本金额，如有重大波动和异常情况，应查明原因。

（4）结合生产成本审计，抽查销售成本结转数额的正确性，并检查其是否与销售收入配比。

（5）检查营业成本账户中的重大调整事项（如销售退回等）是否有其充分理由。

（6）确定营业成本在利润表中是否已恰当披露。

（三）管理费用审计

注册会计师对管理费用的实质性程序主要有以下方面。

（1）取得或编制管理费用明细表、复核加计正确，与报表数、总账数及明细账合计数核对是否相符。

（2）检查管理费用项目的核算内容与范围是否符合规定。

（3）将本期、上期管理费用各明细项目作比较分析，必要时比较各月份的管理费用，对有重大波动和异常情况的项目应查明原因，考虑是否提请被审计单位调整。

（4）将在管理费用中列支的职工薪酬、研究费用、折旧费以及无形资产、长期待摊费用、其他长期资产的摊销额等项目与相关科目进行交叉勾稽，并作出相应记录。

（5）选择管理费用中数额较大，以及本期与上期相比变化异常的项目追查至原始凭证，查明相关问题。

（6）抽取资产负债表日前后一定数量的凭证，实施截止测试，对于重大跨期项目，应建议作必要调整。

（7）检查管理费用的披露是否恰当。

本章小结

生产与存货循环随着原材料经过采购与付款循环开始进入企业，又随着销售与收款循环中商品的销售环节而结束。该循环涉及的内容主要是存货的管理及生产成本的计算等。生产与存货循环的审计对象就是该业务循环涉及的主要业务活动，以及主要的会计凭证和会计记录。在此基础上，本章对生产与存货循环中涉及的内部控制进行了介绍，包括了解该循环涉及的业务活动以及内部控制可以实施的相关程序；识别生产与存货循环中潜在的重大错报风险；注册会计师对生产与存货循环实施的控制测试。本章对实务中较为常见的针对存货审计的实质性程序进行了讲解，包括监盘、实质性分析程序、生成成本计算测试、跌价准备测试、截止测试等。此外，本章还对应付职工薪酬、营业成本、管理费用的实质性程序进行了介绍。

本章思考题

1. 简述生产与存货循环涉及的业务活动、相关凭证及会计记录。
2. 通常情况下存在哪些影响生产与存货交易和余额的重大错报风险因素？
3. 简述生产与存货循环中关键内部控制及其控制测试程序。
4. 简述存货监盘的定义和目标，以及注册会计师在存货监盘中的责任。
5. 简述存货监盘计划应考虑的相关事项以及存货监盘计划的基本内容。
6. 简述存货监盘的流程。
7. 注册会计师应如何监盘特殊类型的存货？
8. 上市公司甲公司是 ABC 会计师事务所的常年审计客户，主要从事医疗器械的生产和销售。A 注册会计师负责审计公司 2022 年度的财务报表，确定财务报表整体重要性为 1000 万元。

资料一：

A 注册会计师在审计工作底稿中记录了所了解的甲公司情况及其环境，部分内容摘录如下。

(1)为占领市场，公司 2022 年对 a 设备采取新的销售模式：将设备售价减半为每台 50 万元，设备销售合同约定客户必须向甲公司购买 a 设备使用的试剂，试剂采购合同根据客户需求另行签订。甲公司预期试剂销售的利润可以弥补设备降价的损失。2022 年，a 设备销量增长了 20%。

(2)2022 年 6 月，甲公司受乙公司委托为其生产 1000 台专用设备 b，每台售价 6 万元。乙公司指定了 b 设备主要部件的供应商，并与该供应商确定了主要部件的规格和价格。

(3)甲公司采用经销模式销售 2022 年 10 月推出的新产品 c 设备，每台售价 50 万元。合同约定：经销商在实现终端销售后向甲公司支付设备款，在采购设备半年内未实现终端销售的可以退货。截至 2022 年末，甲公司累计销售 c 设备 100 台，与经销商对账显示，这些设备均未实现终端销售。

(4)2022 年 5 月，甲公司与丁大学合作研发一项新技术，预付研发经费 3000 万元。2022 年末，该研发项目进入开发阶段。

(5)2022 年 7 月，甲公司收到当地政府支付的新冠疫情停工损失补助 2000 万元。

资料二：

A 注册会计师在审计工作底稿中记录了甲公司的财务数据，部分内容摘录如下。

单位：万元

项目	2022 年	2021 年
	未审数	已审数
营业收入——a 设备	30000	50000
营业成本——a 设备	36500	30000
营业收入——b 设备	6000	0

续 表

项目	2022 年	2021 年
	未审数	已审数
营业成本——b 设备	5500	0
营业收入——c 设备	5000	0
营业成本——c 设备	2800	0
其他收益——停工损失补助	2000	0
预付款项——丁大学	3000	0
存货——a 设备	10000	8000
存货——a 设备存货跌价准备	100	100
合同资产——c 设备经销商	5000	0

要求：

针对资料第(1)至(5)项,结合资料二,假定不考虑其他条件,逐项指出资料一所列事项是否可能表明存在重大错报风险。如果认为可能表明存在重大错报风险,请简要说明理由,并说明该风险主要与哪些财务报表项目的哪些认定相关(不考虑税务影响),将答案直接填入答题区的相应表格内。

事项序号	是否存在重大错报风险(是/否)	理由	财务报表项目名称及认定
(1)			
(2)			
(3)			
(4)			
(5)			

第十章 投资与融资循环审计

学习目标

掌握长期借款和长期股权投资的审计

熟悉投资与融资循环内部控制目标、内部控制与控制测试的关系

了解投资与融资业务循环的特点以及投资与融资业务循环其他账户的审计

思政元素

投资与融资循环的重大错报风险

投资与融资循环的内部控制

主要审计方法运用与审计风险意识

典型案例反思与审计责任意识

引例——亚太实业公司审计案

甘肃亚太实业发展股份有限公司(股票代码000691,简称"亚太实业")原系中国寰岛(集团)公司、中国银行海口信托咨询公司交通银行海南分行等单位共同发起,以定向募集方式设立的股份有限公司,主营业务为房地产开发与经营。2016 年 1 月 26 日,证监会发布对亚太实业的《行政处罚决定书》,公告显示,亚太实业在 2010—2014 年期间利用长期股权投资存在财务舞弊行为。例如:

2013 年 12 月 31 日,亚太实业董事会决议通过《关于转让济南固锝电子器件有限公司21%股权的议案》,披露的股权转让价格为 875.00 万元,定价依据为截至 2012 年 12 月 31 日亚太实业所持济南固锝股权的账面价值20017561.21 元。2014 年 1 月 20 日,亚太实业临时股东大会决议通过《关于转让济南固锝电子器件有限公司 21%股权的议案》。

2013 年,亚太实业未根据前述定价依据对所持济南固锝48%的股权对应的长期股权投资计提减值准备2377904.37 元。2014 年底,亚太实业根据前述定价依据对仍持有的 27%济南固锝股权计提 1027064.92 元长期股权投资减值准备,并于 2015 年 1 月以同一定价依据确定交易价格,转让了济南固锝9.36%的股权。

亚太实业未对所持济南固锝48%的股权对应的长期股权投资计提减值准备的行为导致其 2013 年虚增净利润 2377904.37 元(未考虑所得税因素)。

思考:投资与融资循环审计中通常存在哪些方面的问题?如何有效识别存在的问题?

第一节　投资与融资循环业务概述

一、投资与融资循环涉及的主要业务活动

投资与融资循环是企业重要的经营与理财活动。投资活动是指企业为享有被投资单位分配的利润，或谋求其他利益，将资产让渡给其他单位而获得另一项资产的活动。融资活动是指企业为满足生存和发展的需要，通过改变企业资本及债务规模和构成而筹集资金的活动。融资按其来源可分为负债融资和权益融资，在账务上主要涉及负债类账户和权益类账户。投资与融资循环的特性主要包括两部分内容：一是投资与融资循环涉及的主要业务活动；二是投资与融资循环涉及的主要凭证和会计记录。

（一）投资循环涉及的主要业务活动

企业对外投资按其目的不同可分为长期股权投资、交易性金融资产、持有至到期的投资、可供出售金融资产和投资性房地产等，从外在表现形式上看主要是股权、股票、债券等金融工具和房产。其主要业务活动如图 10-1 所示，具体包括如下方面。

| 授权与批准 | → | 取得投资 | → | 入账 | → | 取得投资收益 | → | 转让证券或收回其他投资项目 |

图 10-1　投资涉及的主要业务活动

（1）通过投资的授权批准。按照章程规定，投资业务应按照其规模不同、风险大小须经不同级别的部门或人员批准，签发投资决议或授权文件。

（2）取得投资。投资经办人员按照指令进行投资，取得股权、股票、债券或房产等投资项目，办理相关交割和过户手续。

（3）入账。取得投资后，相关合同、过户手续和资金支出凭据传递到财务部门，据以登记入账，入账时应按照取得该项投资所支出的资产（或承担债务）的公允价值入账。

（4）取得投资收益。按照投资协议的规定，定期或到期收到投资收益，并按持有目的不同、持有股份不同选择相应的账务处理方法登记入账。

（5）转让证券或收回其他投资项目。根据授权或批准文件，经办人员签订合同处置投资项目，收回投资。企业可以通过转让证券实现投资的收回；其他投资一经投出，除联营合同期满，或由于其他特殊原因联营企业解散外，一般不得抽回投资。

拓展资源：众筹融资

（二）融资循环涉及的主要业务活动

企业融资循环涉及的主要业务活动如图 10-2 所示。

| 审批授权 | → | 签订合同或协议 | → | 取得资金 | → | 计算利息或股利 | → | 偿还本息或发放股利 |

图 10-2　融资循环涉及的主要业务活动

1. 负债融资

负债融资是指通过负债来筹集资金,负债是企业一项重要的资金来源。按照所筹集资金可使用时间的长短,负债融资可以分为短期负债融资和长期负债融资两类。本章着重阐述长期负债融资,其主要的方式是长期借款和发行债券。

(1)长期借款

长期借款是指企业向银行或其他非金融机构借入的使用期限超过一年的借款,主要用于购建固定资产以满足企业长期资金占用需要,长期借款的业务活动主要包括以下方面。

①通过授权或审批。企业通过长期借款融入资金一般用于固定资产的投资等资本预算,金额较大且多附有抵押物,所以必须通过相应的控制程序批准,举借方式、数额、用途等按照公司的规定必须经过股东会或董事会的授权或批准。

②签订借款合同。经过授权与批准后,企业向银行提出借款申请,陈述借款的原因、借款金额、用款时间与计划、还款期限与计划,经银行审查批准后签订借款合同,明确贷款的数额、利率、期限和一些限制性条款,明确借贷双方的权利和义务。

③长期借款的担保与抵押。银行为降低贷款的风险,在借款合同中规定保护性条款,要求企业提供担保人、质押物或抵押物。此时,应按照协议规定办理担保手续或抵押手续。

④取得贷款。借款合同签订后,在核定的贷款指标范围内,企业可以根据用款计划和实际需要,一次或多次将贷款资金转入企业的存款账户。

⑤长期借款入账。取得长期借款后,财务部门应及时按实际发生额登记入账,反映企业长期负债的增加,并按规定的计息方法和时间登记利息支出。

⑥长期借款的偿还。企业应按借款合同的规定按期付息还本。

⑦债务展期。借款企业如因暂时财务困难,需延期偿还贷款时,应向银行提交延期还贷计划,经银行审查核实后,续签合同,但通常要加收利息。

(2)发行债券

债券是债务人为融通资金而发行的、约定在一定期限内向债权人还本付息的有价证券。发行债券的业务活动主要包括以下方面。

①债券发行的批准。公司在实际发行债券之前,必须作出发行债券的决议,具体决定公司债券发行总额、票面金额、发行价格、募集办法、债券利率、偿还日期及方式等内容。股份有限公司、有限责任公司发行公司债券,应由董事会制订方案,股东会作出决议。国有独资公司发行公司债券,应由国家授权的机构或者国家授权的部门作出决定。公司发行债券,应提出发行债券申请,提交公司登记证明、公司章程、公司债券募集办法、资产评估报告和验资报告,由国务院证券管理部门批准。

②债券的签发。已核准债券在发行之前,必须经过两位指定人员共同签发,通常由董事会授权一位董事或者高级职员会同财务经理共同签发。

③债券的承销。根据我国有关法规规定,公司发行债券应与证券经营机构签订承销合同,由其承销。承销方式有代销和包销两种。代销是由承销机构代为推销债券,在约定期限内未售出的余额将退还发行公司,承销机构不承担发行风险;包销是由承销机构先购入发行公司发行的全部债券,然后再售给社会上的投资者,如果在约定期限内未能全部售出,余额由承销机构负责认购。

④债券的保管。公司为保证债券的安全、完整,通常指定专人保管库存债券,或者委托银行或信托公司等独立机构代为保管。

⑤债券的计价。发行公司应根据市场供求关系、银行储蓄利率等综合因素确定债券的发行价格,即按面值发行或折价、溢价发行。债券的折价或者溢价,应在债券存续期间内按实际利率法摊销。

⑥债券利息的支付。债券利息的支付时间有三种形式:一是分期付息,通常每年支付两次;二是于债券到期日和本金一并支付;三是债券没有规定的券面利率,它是低于面值的价格发行,期满时偿还面值,面值与发行价格之间的差额就是债券的利息。

⑦债券的购回或偿还。企业发行债券时,一般都规定了如何偿还债务的条款。因此,公司应根据发行债券时订立的有关条款偿还本金,债券的偿还一般有一次偿还、分期偿还、提前偿还等形式。

⑧债券的转换。公司在发行可转换债券时,通常在债券募集办法中规定,债券持有人,可将其持有的债券转换为发行公司的股票。因此,债券持有人如选择将其所持债券转换为股票时,发行公司应规定转换办法向其换发股票。

2.权益融资

企业权益融资有两种基本方式:一种是非股份制企业以吸收直接投资筹措资本;另一种是股份制企业以发行普通股股票筹措自有资本。本节以股份制企业为例,介绍普通股股票融资的主要业务活动。

(1)授权与批准。股份制企业在首次公开上市或增资发行新股时,必须由股东大会作出决议,包括新股种类及数额,新股发行条件,新股发行的起止日期,向原有股东发行新股的种类及数额等事项,授权董事会作出增资决策。

(2)提出发行股票申请并经核准。公司作出发行新股的决议后,董事会必须向国务院授权的部门或省级人民政府申请批准,属于向社会公开募集新股,需经国务院证券管理部门批准。

(3)公告招股说明书,制作认股书、签订承销协议。募股申请获得批准后,需在规定期限内向社会公告招股说明书,发行新股还需公告财务会计报表及附表,并制作认股书,与证券承销机构签订证券承销协议。

(4)招认股份,缴纳股款,召开创立大会,选举董事会、监事会、办理公司设立登记,交割股票,增发新股的,应改组董事会、监事会,办理变更登记。

(5)股票的记录。股份制企业发行股票后,应如实作出账务记录,应设立"股本"总账账户,核算企业按公司章程和投资协议的规定,股东投入的资本,即企业的注册资本,企业应将核定的股本总额、股份总数、每股面值,在股本账户中作备查记录。另外,为提供股份的构成情况,还应在"股本"科目下设股东明细账,按股东姓名登记某一时间发行在外的股票。除此之外,还应登记股票簿记录企业在存续期间内发行和收回股票的情况。

(6)股票的上市。满足股票上市条件后,经批准股票可以在证券交易所公开交易。

(7)股利分配。根据可供分配利润额,按照企业的性质和组织形式或合同章程的约定,经公司股东大会商定分配方案,并形成决议后进行分配。

二、投资与融资循环涉及的主要凭证与会计记录

(一)投资循环涉及的主要凭证与会计记录

投资循环涉及的主要凭证和会计记录如图 10-3 所示,包括下列内容。

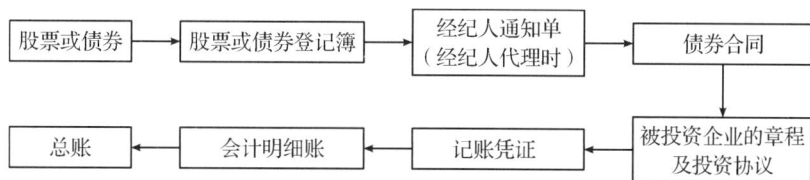

图 10-3 投资涉及的主要凭证和会计记录

（1）股票。股票是公司签发的证明股东所持股份的凭证，目前绝大多数采取电子凭证的形式。

（2）债券。债券是公司依照法定程序发行、约定在一定期限内还本付息的有价证券。

（3）债券契约。债券契约是一张明确债券持有人与发行企业双方所拥有的权利与义务的法律性文件。

（4）经纪人通知书。经纪人通知书是用来明确与投资有关事宜的书面文件。当企业的投资活动委托经纪人来执行时，对经纪人通知书的审查可以证实企业投资业务的合理性、投资账务处理的正确性。

（5）被投资企业的章程及投资协议。

（6）与投资相关的记账凭证、明细账与总账。

（二）融资循环涉及的主要凭证与会计记录

融资循环涉及的主要凭证和会计记录如图 10-4 所示。

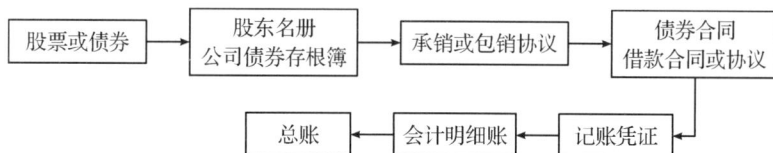

图 10-4 融资涉及的主要凭证和会计记录

除股票、债券和债券契约外，还包括以下凭证与会计记录。

（1）股东名册。它是用来记录公司股东详细情况的书面文件。股东名册对记名和不记名股票记载的内容不同。发行记名股票的公司股东名册中应记载的内容一般包括：股东姓名或者名称及住所、各股东所持股份数、各股东所持股票的编号、各股东取得股份的日期；不记名股票的公司股东名册中通常记载股票数量、编号及发行日期。

（2）公司债券存根簿。它是用来记录公司发行债券情况的书面文件。公司债券存根簿对记名和不记名债券记载的内容也不同。发行记名债券的公司债券存根簿中应记载的内容一般包括：债券持有人的姓名或者名称及住所、债券持有人取得债券的日期及债券的编号、债券总额、债券的票面金额、债券利率、债券还本付息的期限和方式、债券发行日期。发行不记名债券的公司债券存根簿中通常记载债券总额、利率、偿还期限和方式、发行日期和债券编号。

（3）承销或包销协议。它是指公司向社会公开发行股票或债券时，应由依法设立的证券公司承销或包销，公司应与证券公司签订承销或包销协议。

（4）借款合同或协议。它是指公司向银行或其他金融机构借入款项时与其签订的合同或协议。

(5)与融资相关的记账凭证、明细账与总账。

第二节　投资与融资循环的内部控制和控制测试

一、投资业务的内部控制

一般来讲,投资循环内部控制的主要内容包括以下几个方面。

(一)合理的责任分工

为确保投资交易合法,投资业务的授权、执行和记录应有严格的职责分工。一般来说,投资业务必须经过企业的董事会、管理当局等高层管理机构的核准,并由指定的高层管理人员签批。证券、房产等投资项目的购进和售出业务,应由财务经理以及不参与会计记录的指定职员办理,而会计部门则负责投资交易的账务处理。这种规则明确了分工与牵制行为,可以避免或减少投资交易中的错误和舞弊。

(二)健全的资产保管制度

企业对外投资资产,尤其是其中的证券资产,很容易变现,企业应对购入的资产采取限制接触的实物控制以及职务分离的纪律控制措施予以保护。一般来说,证券由独立的专门机构,如银行、证券公司、信托投资公司等代为保管。这些专门机构与企业没有直接利益关系,拥有专门的保存和防护措施,可以防止各种证券及单据的失窃或毁损,并且由于它与投资业务的会计记录工作完全分离,可大大降低舞弊的可能性。房产等购入后由资产管理部门进行经管。

(三)详尽的会计核算制度

企业对本身拥有或代他人持有的各种投资证券,不论其规模大小,都应为每项投资建立一个账户,进行完整的会计记录,并对其增减变动及投资收益进行相关会计核算。比如应对每一种证券分别设立明细分类账户,注明投资证券的全称、面值、证书编号、取得日期、经纪人(证券商)名称、购入成本、收取的股息或利息等。对联营投资类的其他投资,也应设置明细分类账,对投资的形式、投向、投资的计价以及投资收益等业务作详细的记录。

(四)严格的记名登记制度

由于证券具有流动性强、交易频率高的特点,企业拥有的各种证券投资必须在购入之日立即以企业的名义登记(除非不记名证券),而不能以经办职员的名义登记,这是如数持有、记录所拥有证券的前提,也是防止冒领转移或未经授权利用证券获取投资收益等舞弊行为发生的保证。

(五)定期盘点制度

企业所拥有的投资资产,应由内部审计人员或不参与投资业务的其他人员进行定期盘点,检查其实在性和所有权,核对证券编号,比较证券的数量、面值、购入日期、成本资料是否与账面记录相一致。如果不符,应对发生的差额进行调节和及时调查。

如果企业委托专门机构代为保管证券,则对证券的盘点应由拥有证券的企业与专业机构的保管人员配合共同完成。持有证券的企业应定期与保管机构的保管记录相核对,以保持两者相符,防止保管人员在未接到持有人的书面指令时擅自接受或售出证券等行为的发生。

二、评估投资业务的重大错报风险

(一)相关交易类别和账户余额存在的重大错报风险

(1)董事会、经理层错误表述投资业务的偏见和动机。

(2)投资计量的复杂性。

(3)投资的公允价值难以确定。

(4)管理层凌驾于控制之上,可能导致投资交易未经授权。

(5)投资业务凭证控制风险。

(6)投资处置业务未经记录。

(7)客户进行国外投资,其他国家的法律、法规的复杂性。

(8)衍生金融工具交易的复杂性。

(9)发生各种错误的可能性。

(10)投资多元化的风险。

(二)评估固有风险和控制风险

1.评估固有风险

针对识别出的投资循环相关交易类别和账户余额存在的重大错报风险,注册会计师应当通过评估错报发生的可能性和重要程度来评估固有风险。在评估时,需要运用职业判断来确定错报发生的可能性和重要程度综合起来的影响程度。

2.评估控制风险

注册会计师应当了解投资循环的内部控制,包括从控制环境、风险评估、监控、会计信息系统与沟通、控制活动五大方面评估控制风险。注册会计师在完成内部控制描述之后,要确定客户是否认真执行了这些政策和程序,最后评估客户的内部控制风险水平。

三、投资业务的控制测试

注册会计师必须全面了解被审计单位在审计年度的各种投资业务及其内部控制的情况,并采用一定方式加以描述,以便进行正常测试。

注册会计师以被审计单位的内部控制目标和上述识别的重大错报风险为起点实施投资业务的控制测试程序。对投资业务的内部控制测试,应结合各内部控制要点采取不同的方法。如可以采取询问、实地观察、检查、重新执行等审计程序。

根据符合性测试结果,注册会计师取得了有关内部控制是否健全、有效的证据,即可对投资业务的内部控制作出评价,确定其存在的薄弱环节或尚需进一步调查的问题,并据以修改、补充或调整实质性测试程序和重点。

投资业务内部控制目标、关键内部控制和常用的内部控制测试如表 10-1 所示。

表 10-1　投资业务内部控制目标、关键内部控制和常用的控制测试

内部控制目标	关键内部控制	常用的内部控制测试
投资业务真实(存在)	1. 投资项目经授权批准,资产的买卖经过适当授权 2. 与被投资单位签订合同、协议,并获得被投资单位出具的证明	1. 索取投资授权批准文件,检查权限是否恰当,手续是否齐全;直接向管理层询问投资计划的审批授权控制 2. 索取投资合同或协议、被投资单位开具的收据、汇款通知书及送款登记簿等,检查是否合理有效
投资业务均已登记入账(完整性)	1. 投资业务的授权、执行、保管和记录严格分工 2. 有健全的证券投资资产的保管制度,各项资产的保管措施有效	1. 采取实地调查、跟踪业务,观察并描述投资业务的职责分工 2. 了解证券资产保管制度,检查客户自行保管时,存取证券是否进行详细的记录并由所有经手人签字
投资均为客户所有(权利和义务)	内部审计人员或不参与投资业务的其他人员定期盘核所拥有的各种资产并与会计记录核对	审阅内部相关人员对各项投资资产进行定期盘点的报告。审阅时,应注意被审计单位盘核资产的方法是否适当,盘核的结果与会计账面记录是否存在差异以及出现差异的处理结果是否合规。如果各期盘核报告均未发现显著的差异,则可说明其投资的内部控制得到了有效执行
投资业务计价方法准确,期末余额正确(准确性、计价和分摊)	1. 资产经管人员处理会计记录;建立投资资产的明细记录 2. 投资收益的会计处理适当	1. 实施简易抽查,从每种投资业务的明细记录中选取部分会计记录,从原始凭证到明细账、总账顺序核对投资资产购售情况,以确定资产名称、买卖日期、编号、购入成本或出售价值、证券持有人等有关数据和资料是否相互一致,判断会计处理过程是否合规、完整、准确,并据以核实相关的内部控制是否被有效执行 2. 核算投资减值准备的计提是否合理、正确;复核债券投资溢(折)价的摊销和利息收入的计算;根据投资合同、出资证明等复核长期股权投资的投资收益计算方法是否合理、正确
投资业务的分类是否正确,在资产负债表中披露是否正确(分类、列报)	1. 登记入账的投资业务分类正确 2. 负责投资业务的管理人员(一般为财务经理)定期(一般按月)向企业最高管理阶层提交投资业务的管理报告 3. 投资明细账与总账的登记职务分离 4. 投资披露符合企业会计准则和会计制度的规定	1. 审查原始凭证、合同等资料并与记录该业务的账户核对,确定被审计单位的投资业务是否根据投资目的和性质分别记入"交易性金融资产""长期股权投资"等账户 2. 检查投资业务的管理人员是否定期提交投资业务的管理报告;认真分析投资管理报告列示的每种投资项目的期初、期末余额,交易的日期、价格以及按成本和市价分别计算的投资报酬率、投资收益等具体内容以及其他方面的重要资料,并据以对重大投资交易事项进行必要的调查,以判明企业投资业务的管理业绩 3. 观察职务是否分离

四、融资业务的内部控制

融资活动主要由借款交易和股东权益交易组成。股东权益增减变动的业务较少而金额较大,注册会计师在审计中一般直接进行实质性程序。企业的借款交易涉及短期借款、长期借款和应付债券,这些内部控制基本类似。因此,这里我们以应付债券为例说明融资活动的内部控制。

一般来讲,应付债券的内部控制的主要内容包括以下方面。

(1)应付债券的发行要有正式的授权程序,每次均要由董事会授权。

(2)申请发行债券时,应履行审批手续,向有关机关递交相关文件。

(3)应付债券的发行,要有受托管理人来行使保护发行人和持有人合法权益的权利。

(4)每种债券发行都必须签订债券契约。

(5)债券的承销或包销都必须签订有关协议。

(6)记录应付债券业务的会计人员不得参与债券发行。

(7)如果企业保存债券持有人的明细分类账,应同总分类账核对相符,若这些记录由外部机构保存,则须定期同外部机构核对。

(8)未发行的债券必须由专人负责。

(9)债券的购回要有正式的授权程序。

五、评估融资业务的重大错报风险

注册会计师应当在了解被审计单位的基础上考虑融资交易的重大错报风险,并对被审计单位业务中可能出现的特别风险保持警惕。考虑到严格的监管环境和董事会针对融资活动设计的严格控制,除非注册会计师对被审计单位董事会、经理层的诚信产生疑虑,否则对融资活动的重大错报一般应当评估为低水平。

尽管应付债券的账户余额发生错报的可能性不大,但仍可能存在借款和权益的权利和义务被忽视或发生错报的可能性。对此,注册会计师应当关注被审计单位的融资活动是否按照企业会计准则和监管法规的披露要求,正确披露借款和权益的完整性、计价和分摊、列报等认定。

在实施实质性测试之前,注册会计师应该评估权益、借款、利息、股利交易和余额在报表层次和认定层次的重大错报风险。

(1)债券发行不合法。债券发行的董事会决议、有关部门批复、债券承销协议等文件不一致。

(2)债券发行的会计处理不合规。债券发行的会计处理与公司现有债券副本或登记簿、发行债券所收入现金的收据、汇款通知单、送款登记簿及相关的银行对账单不一致。

(3)债券利息费用计算不正确。

六、融资业务的控制测试

这里我们仍以应付债券为例说明融资业务的控制测试。

注册会计师在对应付债券内部控制进行符合性测试时,如果企业应付债券业务不多,注册会计师可根据成本效益原则决定直接进行实质性测试;如果企业应付债券的业务繁多,注册会计师则必须对应付债券的内部控制进行控制测试。

注册会计师应当了解应付债券内部控制情况。一般可以通过编制流程图、文字表述、设计问卷调查表等方式进行。如果上年度该企业的审计工作是由同一会计师事务所进行的，注册会计师应将调查重点放在企业内部控制的变动部分，掌握各项变动的原因和影响。如果在上一年度审计中，针对筹资业务内部控制提出过管理建议，注册会计师还应证实各项管理建议是否已得到落实，并弄清未予落实的原因。

注册会计师在了解企业应付债券内部控制后，应运用一定的方法测试其健全、有效程度。

注册会计师在完成上述程序后，应对企业应付债券的内部控制进行分析、评价，以确定其在实质性测试工作中的影响，并针对薄弱环节提出改进建议。

应付债券业务内部控制目标、关键内部控制和常用的内部控制测试如表 10-2 所示。

表 10-2　应付债券业务内部控制目标、关键内部控制和常用的内部控制测试

内部控制目标	关键内部控制	常用的内部控制测试
应付债券业务真实（存在）	1.债券的发行根据董事会授权和有关法律规定进行，履行审批手续 2.债券的偿还和购回根据董事会授权办理	1.取得债券发行的法律性文件，检查债券发行是否经董事会授权，是否履行了适当的审批手续，是否符合法律的规定，是否真实存在 2.取得债券偿还和购回时的董事会决议，检查债券的偿还和购回是否按董事会的授权进行
应付债券均已登记入账（完整性）	1.应付债券业务的会计记录与授权和执行等方面明确职责分工 2.债券持有人明细账指定专人妥善保管	1.观察并描述应付债券业务的职责分工 2.了解债券持有人明细资料的保管制度，检查客户是否与总账或外部机构核对
应付债券为被审计单位应当履行的现时义务（权利和义务）	按照债券契约的规定及时支付债券利息	取得债券契约，检查企业是否根据契约的规定支付利息
应付债券以恰当的金额包括在财务报表中，与之相关的计价调整已恰当记录（准确性、计价和分摊）	债券入账的会计处理正确	根据债券收入凭证和银行对账单等凭证追查至应付债券明细账和总账，检查企业是否将债券发行收入立即存入银行、核对金额等，确定债券入账的会计处理是否正确，复核应计利息、债券折（溢）价摊销计算
应付债券业务的分类是否正确，在资产负债表上披露是否正确（分类、列报）	1.将应付债券计入恰当的账户 2.应付债券业务的明细账与总账的登记职务分离 3.披露符合企业会计准则和会计制度的要求	1.检查应付债券的分类是否正确 2.观察职务是否分离

【例 10-1】

ABC 会计师事务所接受委托，对宁达公司 2022 年度财务报表进行审计。注册会计师 X和 Y 于 2022 年 12 月 12 日对宁达公司投资与融资循环的内部控制进行了了解和测试，并在相关审计工作底稿中记录了了解和测试的事项，摘录如下：宁达公司股东大会批准董事会的投资权限是 5 亿元以下；董事会的决定由总经理负责实施。总经理决定由证券部负责总额在 5

亿元以下的股票买卖。公司营业部的款项由证券部申请,由会计部审核,总经理批准后划转入公司在营业部开立的资金账户。经总经理批准,证券部从某营业部资金账户支取款项,证券买卖、资金存取的会计记录由会计部处理。注册会计师在了解和测试投资的内部控制后发现:证券部在某营业部开户的有关协议及补充协议未经会计部或其他部门审核。根据总经理的批示,会计部已将1亿元汇入该账户。证券部处理证券买卖的会计记录,月底将证券买卖清单交给会计部,会计部据以汇总登记。

要求:根据上述摘录,请代注册会计师X和Y指出宁达公司在投资与融资循环内部控制方面的缺陷。

案例解析:

宁达公司在投资与融资循环内部控制方面的缺陷有以下方面。

(1)由证券部直接支取款项,授权与执行职务未得到分离,不易保证款项安全。应建议宁达公司从资金账户支取款项时,由会计部审核和记录,由证券部办理;与证券投资有关的活动要由两个部门控制。

(2)有关协议未经独立部门审查,会使相关的条款未全部在协议中载明,也可能存在协议外的约定。应建议宁达公司与营业部的协议需经会计部或法律部审查。

(3)证券部自己处理证券买卖的会计处理,业务的执行与记录的不相容职务未分离,并且未得到适当的授权和批准。月末会计部汇总登记证券投资记录,未及时按每一种证券分别设立明细账,并详细核算。建议宁达公司由会计部负责对投资进行核算,及时分品种设立明细账,并详细核算。

第三节 投资与融资循环的实质性程序

一、借款审计

借款主要包括短期借款、长期借款和债券。对于负债类项目,注册会计师在审计时应主要关注其完整性,即防止被审计单位低估其负债。低估负债经常伴随着低估成本费用,从而高估利润。因此,低估负债不仅影响财务状况的反映,而且还会极大地影响企业财务成果的反映。因此,借款类项目的审计应主要将重点放在确认其完整性上。

(一)短期借款审计

1.短期借款的审计目标

短期借款的审计目标一般包括以下方面。

(1)确定资产负债表中记录的短期借款是否存在。

(2)确定所有应当记录的短期借款是否均已记录。

(3)确定记录的短期借款是否为被审计单位应当履行的现时义务。

(4)确定短期借款是否以恰当的金额包括在财务报表中,与之相关的计价调整是否已恰当记录。

(5)确定短期借款是否已按照企业会计准则的规定在财务报表中作出恰当列报。

具体如表 10-3 所示。

表 10-3　短期借款的审计目标与认定对应关系

审计目标	财务报表认定				
	存在	完整性	权利和义务	准确性、计价和分摊	列报
确定资产负债表中记录的短期借款是否存在	√				
确定所有应当记录的短期借款是否均已记录		√			
确定记录的短期借款是否为被审计单位应当履行的现时义务			√		
确定短期借款是否以恰当的金额包括在财务报表中,与之相关的计价调整是否已恰当记录				√	
确定短期借款是否已按照企业会计准则的规定在财务报表中作出恰当列报					√

2.短期借款的实质性程序

短期借款的实质性程序通常包括以下方面。

(1)获取或编制短期借款明细表。注册会计师应首先获取或编制短期借款明细表,复核其加计数是否正确,并与明细账和总账核对相符。

(2)函证短期借款的实有数。注册会计师应在期末短期借款余额较大或认为必要时向银行或其他债权人函证短期借款。

(3)检查短期借款的增加情况。对年度内增加的短期借款,注册会计师应检查借款合同和授权批准,了解借款数额、借款条件、借款日期、还款期限、借款利率,并与相关会计记录相核对。

(4)检查短期借款的减少情况。对年度内减少的短期借款,注册会计师应检查相关记录和原始凭证,核实还款数额。

(5)检查有无到期未偿还的短期借款。注册会计师应检查相关记录和原始凭证,检查被审计单位有无到期未偿还的短期借款,如有,则应查明是否已向银行提出申请并经同意后办理延期手续。

(6)复核短期借款利息。注册会计师应根据短期借款的利率和期限,复核被审计单位短期借款的利息计算是否正确,有无多算或少算利息的情况,如有未计利息和多计利息,应作出记录,必要时进行调整。

(7)检查外币借款的折算方法。如果被审计单位有外币短期借款,注册会计师应检查外币短期借款的增减变动是否按业务发生时的市场汇率或期初市场汇率折合为记账本位币金额;期末是否按市场汇率将外币短期借款余额折合为记账本位币金额;折算差额是否按规定进行会计处理;折算方法是否前后期一致。

(8)检查短期借款在资产负债表上的列报是否恰当。企业的短期借款在资产负债表上通常设"短期借款"项目单独列示,对于因抵押而取得的短期借款,应在资产负债表附注中揭示。注册会计师应注意被审计单位对短期借款项目的披露是否充分。

(二)长期借款审计

1. 长期借款的审计目标

长期借款的审计目标一般包括以下方面。

(1)确定资产负债表中记录的长期借款是否存在。

(2)确定所有应当记录的长期借款是否均已记录。

(3)确定记录的长期借款是否为被审计单位应当履行的现时义务。

(4)确定长期借款是否以恰当的金额包括在财务报表中,与之相关的计价调整是否已恰当记录。

(5)确定长期借款是否已按照企业会计准则的规定在财务报表中作出恰当列报。

具体如表 10-4 所示。

表 10-4　长期借款的审计目标与认定对应关系

审计目标	财务报表认定				
	存在	完整性	权利和义务	准确性、计价和分摊	列报
确定资产负债表中记录的长期借款是否存在	√				
确定所有应当记录的长期借款是否均已记录		√			
确定记录的长期借款是否为被审计单位应当履行的现时义务			√		
确定长期借款是否以恰当的金额包括在财务报表中,与之相关的计价调整是否已恰当记录				√	
确定长期借款是否已按照企业会计准则的规定在财务报表中作出恰当列报					√

2. 长期借款的实质性程序

长期借款是企业较为普遍的一种长期负债,其实质性测试的要点如下。

(1)获取或编制长期借款明细表,复核其加计数是否正确,并与明细账和总账核对相等。在审查时,注册会计师通过审阅有关决议及契约文件,核对账簿和凭证,为了便于勾稽,应根据有关资料编制长期借款明细账表,内容包括债权人姓名、地址、借入金额、利率、到期日、付款日以及已付数额、附有抵押品种类、名称、价值及保管情况。

(2)对本年度增加的长期借款,检查借款合同和授权批准,了解借款数额、借款条件、借款日期、还款期限、借款利率,并与相关会计记录进行核对。

(3)向银行或其他债权人函证重大的长期借款。对长期借款期末余额较大,或者注册会计师认为必要时,可函证各贷款银行或其他金融机构。函证时,一般可结合银行存款余额的函证进行,不仅能验证长期借款的期末余额,还可发现未入账的长期借款。

(4)对年度内较少的长期借款,检查相关的会计记录和原始凭证,核实还款数额。

(5)检查年末有无到期未偿还的借款,逾期借款是否办理延期手续,分析计算逾期借款的金额、比率和期限,判断被审计单位的资信程度和偿债能力。

(6)审查长期借款利息费用是否正确。

长期借款由于金额大,偿还期较长,因而一般都需要支付利息。注册会计师通过对利息费用的核算,不仅能确定利息费用的计算与入账的正确性,而且还可以间接地查明被审计单位的长期借款数额。因此,认真验算利息费用是发现未入账长期负债的有效手段之一。

对长期借款利息费用的验算,一方面,注册会计师应复核被审计单位利息计算表的正确性,并与账上已计利息核对,如有未计利息应作出记录,必要时应要求被审计单位进行适当调整。另一方面,注册会计师还应审查长期借款利息资本化的会计处理是否正确。长期借款利息的会计处理,根据借款的用途不同、利息发生的时间不同而有所不同,审查企业资本性支出和收益性支出的界限是否严格划分。

(7)如果是外币借款,还应检查非记账本位币折合记账本位币采用的折算汇率是否正确,折算差额是否按规定进行会计处理。

(8)确定长期借款是否已在资产负债表上充分披露。

长期借款在资产负债表中列示于长期负债类下,应根据"长期借款"科目期末余额扣除将于一年内到期的长期借款后的余额填列,该项扣除数应填列在流动负债下的"一年内到期的长期负债"项目单独反映。注册会计师应根据审计结果,确定被审计单位长期借款在资产负债表上的列示是否充分,并注意长期借款的抵押和担保是否已在会计报表附注中作充分说明。

应该注意的是,长期借款一旦形成,在其偿还期内,除了按规定计提利息外,相关的经济业务一般不会发生,如果注册会计师在上一审计年度已对相关的长期借款进行了审查,本年度的审计程度可大大简化,有关的工作底稿仍可继续使用,审计的侧重点则放在各长期借款本年内发生的变动上。这样,审计时间便可大大节约。

(三)应付债券审计

1.应付债券的审计目标

应付债券的审计目标一般包括以下方面。

(1)确定资产负债表中记录的应付债券是否存在。

(2)确定所有应当记录的应付债券是否均已记录。

(3)确定记录的应付债券是否为被审计单位应当履行的现时义务。

(4)确定应付债券是否以恰当的金额包括在财务报表中,与之相关的计价调整是否已恰当记录。

(5)确定应付债券是否已按照企业会计准则的规定在财务报表中作出恰当列报。

具体如表 10-5 所示。

表 10-5　应付债券的审计目标与认定对应关系

审计目标	财务报表认定				
	存在	完整性	权利和义务	准确性、计价和分摊	列报
确定资产负债表中记录的应付债券是否存在	√				
确定所有应当记录的应付债券是否均已记录		√			
确定记录的应付债券是否为被审计单位应当履行的现时义务			√		
确定应付债券是否以恰当的金额包括在财务报表中,与之相关的计价调整是否已恰当记录				√	
确定应付债券是否已按照企业会计准则的规定在财务报表中作出恰当列报					√

2.应付债券的实质性程序

(1)获取或编制应付债券明细表。列示债券面值、票面利率、债券溢价或折价金额、本年度增减变动情况,并与明细账和总账的余额核对相符。

(2)检查债券交易的有关原始凭证。检查债券交易的各项原始凭证,是确定应付债券及其合法性的重要程序,注册会计师应做好以下工作。

①检查企业现有债券副本,确定其发行是否合法,各项内容是否同相关的会计记录相一致。

②检查企业发行债券所收入现金的收据、汇款通知单、送款登记簿及相关的银行对账单。

③检查用以偿还债券的支票存根,并检查利息费用的计算。

④检查已偿还债券数额同应付债券借方发生额是否相符。

⑤如果企业发行债券时已作抵押或担保,注册会计师还应检查相关契约的履行情况。

(3)审查利息费用和应计利息。检查应计利息、债券折(溢)价摊销及其会计处理是否正确。这项工作一般通过检查债券利息、溢价、折价等账户分析表来实施,该表可让企业代为编制,注册会计师加以检查,也可由注册会计师自己编制。

同验证长期借款利息费用一样,注册会计师通过对应付债券利息费用的验算,不仅可确定利息费用和应计利息的计算与记账的正确性,而且还可以间接地查明被审计单位在外流通的长期债券数额。因此,这一程序同样是发现未入账应付债券的有效手段之一。

(4)函证应付债券期末余额。为了验证结账日应付债券余额,注册会计师如果认为必要,可以通过向委托人询证,获得有力的证据,并揭示有无漏列的负债项目。应付债券的函证可直接向作为委托人的承销商或包销商询证。询证函一般应请求受托人证实债券的种类或名称、发行日、到期日、利率、付息日、发行日的金额以及本年度已偿付的债券、结账日尚未偿还的债券余额及其他注册会计师认为应包括的其他重要手段。

(5)检查对到期债券偿还的会计处理是否正确。对到期债券的偿还,注册会汁师应检查相关会计记录,检查其会计处理是否正确。对可转换公司债券持有人行使转换权利,将其持有的债券转换为股票,则应检查其转股的会计处理是否正确。

(6)检查一年内到期的应付债券是否转到流动负债。注册会计师应根据应付债券明细表,确定即将在一年内到期的应付债券的数额,并与资产负债表中有关数据相核对,如有不符,应予以反映。

(7)验明应付债券是否已在资产负债表上作充分披露。应付债券在资产负债表中列示于长期负债类下,该项目根据"应付债券"科目的期末余额扣除将于一年内到期的应付债券后的数额填列,该扣除数应当填列在流动负债类下的"一年内到期的长期负债"项目单独反映,注册会计师应根据审计结果,确定被审计单位应付债券在会计报表上的反应是否充分,并注意有关应付债券的类别是否已在会计报表附注中作了充分的说明。

二、权益审计

融资的另一个来源为所有者投入的权益资金。所有者投入的资金一般形成实收资本(股本),超额缴入的资本形成资本公积。资本公积的形成主要来源于收到的超额资本金,因此在本部分一并讲解。此外,留存收益也可视为筹资的一项重要来源,也将在本部分学习。

(一)实收资本(股本)审计

实收资本(股本)项目一般情况很少发生变动,因而,直接对其进行实质性测试,测试的重点在于关注其真实性。

主题讨论:《公司法》2024 年新规:注册资本 5 年实缴

1.实收资本(股本)的审计目标

实收资本(股本)的审计目标一般包括以下方面。

(1)确定资产负债表中记录的实收资本(股本)是否存在。

(2)确定所有应当记录的实收资本(股本)是否均已记录。

(3)确定实收资本(股本)是否以恰当的金额包括在财务报表中。

(4)实收资本(股本)是否已按照企业会计准则的规定在财务报表中作出恰当列报。

2.实收资本(股本)的实质性程序

(1)获取或编制实收资本(股本)明细表。

①复核加计是否正确,并与报表数、总账数和明细账合计数核对是否相符。

②以非记账本位币出资的,检查其折算汇率是否符合规定,折算差额的会计处理是否正确。

(2)首次接受委托的客户,取得历次验资报告,将其所载明的投资者名称、投资方式、投资金额、到账时间等内容与被审计单位历次实收资本(股本)变动的账面记录、会计凭证及附件等核对。

(3)审阅公司章程、股东(大)会、董事会会议记录中有关实收资本(股本)的规定。收集与实收资本(股本)变动有关的董事会会议纪要、股东(大)会决议、合同、协议、公司章程及营业执照、公司设立批文、验资报告等法律性文件,并更新永久性档案。

(4)检查投入资本是否真实存在,审阅和核对与投入资本有关的原始凭证、会计记录,必要时向投资者函证实缴资本额,对有关财产和实物价值进行鉴定,以确定投入资本的真实性。

①对于发行在外的股票,应检查股票的发行活动。检查的内容包括已发行股票的登记簿、募股清单、银行对账单、会计账面记录等。必要时,可向证券交易所和金融机构函证股票发行的数量。

②对于发行在外的股票,应检查股票发行费用的会计处理是否符合有关规定。

(5)检查出资期限和出资方式、出资额,检查投资者是否按合同、协议、章程约定的时间和方式缴付出资额,是否已经注册会计师验证。若已验资,应审阅验资报告。

(6)检查实收资本(股本)增减变动的原因,查阅其是否与董事会纪要、补充合同、协议及其他有关法律性文件的规定一致,逐笔追查至原始凭证,检查其会计处理是否正确。注意有无抽资或变相抽资的情况,如有,应取证核实,作恰当处理。对首次接受委托的客户,除取得验资报告外,还应检查并复印记账凭证及进账单。

①对于股份有限公司,应检查股票收回的交易活动。检查的内容包括已发行股票的登记簿、收回的股票、银行对账单、会计账面记录等。

②以发放股票股利增资的,检查股东(大)会决议,检查相关增资手续是否办理,会计处理是否正确。

③对于以资本公积、盈余公积和未分配利润转增资本的,应取得股东(大)会决议等资料,并审核是否符合国家有关规定,会计处理是否正确。

④以权益结算的股份支付行权时增资,取得相关资料,检查是否符合相关规定,会计处理是否正确。

⑤以回购股票以及其他法定程序报经批准减资的,检查股东(大)会决议以及相关的法律文件,手续是否办理,会计处理是否正确。

⑥中外合作经营企业在合作期间归还投资的,收集与已归还投资变动有关的公司章程、合同、董事会会议纪要、政府部门的批准文件等资料,查明其是否合规、合法,更新永久性档案,并对已归还投资的发生额逐项审计至原始凭证,检查应用的折算汇率和会计处理是否符合相关规定。

(7)根据证券登记公司提供的股东名录,检查被审计单位及其子公司、合营企业与联营企业是否有违反规定的持股情况。

(8)检查认股权证及其有关交易,确定委托人及认股人是否遵守认股合约或认股权证中的有关规定。

(9)根据评估的舞弊风险等因素增加的审计程序。

(10)检查实收资本(股本)是否已按照企业会计准则的规定在财务报表中作出恰当列报。

(二)资本公积审计

1.资本公积的审计目标

(1)确定资产负债表中记录的资本公积是否存在。

(2)确定所有应当记录的资本公积均已记录,资本公积的增减变动符合法律、法规和合同、章程的规定。

(3)确定资本公积以恰当的金额包括在财务报表中。

（4）确定资本公积已按照企业会计准则的规定在财务报表中作出恰当列报。

2.资本公积的实质性程序

（1）获取或编制资本公积明细表，复核加计是否正确，并与报表数、总账数和明细账合计数核对是否相符。

（2）首次接受委托的单位，应对期初的资本公积进行追溯查验，检查原始发生的依据是否充分。

（3）收集与资本公积变动有关的股东（大）会决议、董事会会议纪要、资产评估报告等文件资料，更新永久性档案。

（4）根据资本公积明细账，对"资本（股本）溢价"的发生额逐项审查至原始凭证。

①对股本溢价，应取得董事会会议纪要、股东（大）会决议、有关合同、政府批文，追查至银行收款等原始凭证，结合相关科目的审计，检查会计处理是否正确，注意发行股票溢价收入的计算是否已扣除股票发行费用。

②对资本公积转增资本的，应取得股东（大）会决议、董事会会议纪要、有关批文等，检查资本公积转增资本是否符合有关规定，会计处理是否正确。

③若有同一控制下企业合并，应结合长期股权投资科目，检查被审计单位（合并方）取得的被合并方所有者权益账面价值的份额与支付的合并对价账面价值的差额计算是否正确，是否依次调整本科目、盈余公积和未分配利润。

④股份有限公司回购本公司股票进行减资的，检查其是否按注销的股票面值总额和所注销的库存股的账面余额，冲减资本公积。

⑤检查与发行权益性证券直接相关的手续费、佣金等交易费用的会计处理是否正确，是否将与发行权益性证券间接相关的手续费计入本账户，若有，判断是否需要被审计单位调整。

（5）根据资本公积明细账，对"其他资本公积"的发生额逐项审查至原始凭证。

①检查以权益法核算的被投资单位除净损益以外所有者权益的变动情况，被审计单位是否已按其享有的份额入账，会计处理是否正确；处置该项投资时，应注意是否已转销与其相关的资本公积。

②以自用房地产或存货转换为采用公允价值模式计量的投资性房地产，转换日的公允价值大于原账面价值的，检查其差额是否计入资本公积。处置该项投资性房地产时，原计入资本公积的部分是否已转销。

③将持有至到期投资重分类为可供出售金融资产，或将可供出售金融资产重分类为持有至到期投资的，是否按相关规定调整资本公积，检查可供出售金融资产的后续计量是否相应调整资本公积。

④以权益结算的股权支付，取得相关资料，检查在权益工具授予日和行权日的会计处理是否正确。

⑤对于在资产负债表日，满足运用套期会计方法条件的现金流量套期和境外经营净投资套期产生的利得和损失，是否进行了正确的会计处理。

（6）检查资本公积各项目，考虑对所得税的影响。

（7）记录资本公积中不能转增资本的项目。

（8）根据评估的舞弊风险等因素增加的审计程序。

（9）检查资本公积是否已按照企业会计准则的规定在财务报表中作出恰当列报。

(三)盈余公积审计

1. 盈余公积的审计目标

(1)确定资产负债表中记录的盈余公积是存在的。

(2)确定被审计单位所有应当记录的盈余公积是否均已记录,盈余公积的增减变动是否符合法律、法规和合同、章程的规定。

(3)确定盈余公积以恰当金额包括在财务报表中,与之相关的计价调整已恰当记录。

(4)确定盈余公积已按照企业会计准则的规定在财务报表中作出恰当列报。

2. 盈余公积的实质性程序

(1)获取或编制盈余公积明细表,复核加计是否正确,并与报表数、总账数及明细账合计数核对是否相符。

(2)收集与盈余公积变动有关的董事会会议纪要、股东(大)会决议以及政府主管部门、财政部门批复等文件资料,进行审阅以确定其合法性。

(3)对法定盈余公积和任意盈余公积的发生额逐项审查至原始凭证以确定其计提金额是否正确、会计处理是否恰当。

(4)检查盈余公积的列报是否已按照企业会计准则的规定在财务报表中作出恰当列报。

(四)未分配利润审计

1. 未分配利润的审计目标

(1)确定资产负债表中记录的未分配利润是否存在。

(2)确定被审计单位所有应当记录的未分配利润均已记录,未分配利润增减变动符合法律、法规和章程的规定。

(3)确定未分配利润以恰当的金额包括在财务报表中,与之相关计价调整已恰当记录。

(4)确定未分配利润已按照企业会计准则的规定在财务报表中作出恰当列报。

2. 未分配利润的实质性程序

(1)获取或编制利润分配明细表,复核加计是否正确,与报表数、总账数及明细账合计数核对是否相符。

(2)将未分配利润年初数与上年审定数核对是否相符,检查涉及损益的上年审计调整是否正确入账。

(3)检查董事会会议纪要、股东(大)会决议、利润分配方案等资料,确认利润分配的合法性。

(4)检查未分配利润变动的相关凭证,确定未分配利润的增减变动金额及会计处理是否正确。

(5)检查未分配利润是否已按照企业会计准则的规定在财务报表中作出恰当列报。

三、投资审计

投资从表现形式上看主要有股权投资(非公开上市)、房产投资和证券投资,涉及的相关会计科目包括长期股权投资、交易性金融资产、持有至到期投资、可供出售金融资产和投资性房地产。

(一)长期股权投资审计

1.长期股权投资的审计目标

(1)确定长期股权投资是否存在。

(2)确定长期股权投资是否归被审计单位所有。

(3)确定长期股权投资的增减变动及其收益(或损失)的记录是否完整。

(4)确定长期股权投资的计价方法(成本法或权益法)是否正确。

(5)确定长期股权投资在会计报表上的披露是否恰当。

2.长期股权投资的实质性程序

注册会计师对长期股权投资进行实质性测试的一般程序如下。

(1)取得或编制长期股权投资明细表,复核加计数是否正确,并与明细账和总账余额核对相符。

(2)获取长期股权投资相关合同、文件和投资协议,确认股权投资的股权比例和持有时间,检查股权投资核算方法是否正确。

检查对外投资交易主要从以下三方面进行。

①检查投资证券的合规性。按照《公司法》的规定,公司向其他企业投资,按照公司章程的规定,由董事会或者股东会决议;公司章程对投资或者担保的总额及单项投资的数额有限额规定的,不得超过规定的限额。因此,注册会计师在审查对外股权投资时,应查明被审单位的投资数额是否符合公司章程在此方面的限制性规定;如果超过限定比例,应提请被审单位进行恰当披露。

②检查投资证券的增减变动是否经过授权和批准。对此,注册会计师应查阅被审计单位董事会或财务委员会或其他管理当局有关证券交易的会议记录或决议加以证实。

③核对投资支出和收回的金额是否正确无误。将有关证券买卖凭证或有关投资协议、合同、单程等资料与批准的文件和有关货币资金(或固定资产、无形资产等)的收支(或增减)相互核对,并核对各类长期投资总账和明细账,看是否正确相符。

(3)为证实被审计单位的投资是否完整存在,以及账实是否相符或发现其他异常情况,注册会计师应对委托专门机构代为管理的证券发出询函证,对持有的非上市公司股权投资应进行函证。

对于外界机构托管的证券,注册会计师一般采用积极式询证函。询证函中应询问在盘点被审计单位持有证券之日代为保管的数量。证券函证程序与应收账款函证一样,因此,注册会计师必须控制询证函的寄发和直接从保管人那里得到的回复。

对于被审计单位持有的非上市公司股权,注册会计师通过向被投资者询证,核对被审计单位明细表或账面反映的其他投资是否与实际在被投资者账上反映的实际投资数相符,有无弄虚作假,虚增投资数额的现象。对于固定资产、无形资产、流动资产等的对外投资,还应结合被审计单位的"固定资产""无形资产""流动资产"有关账户一起进行审查。

(4)审查长期股权投资的入账价值。注册会计师应审查长期股权投资入账基础是否符合投资合同、协议的规定,会计处理是否正确,重大投资项目应查阅董事会有关决议并取证。

(5)审查长期股权投资的核算方法。审查长期股权投资的核算方法,主要是检查股票投资和其他股权投资是否按规定采用权益法或成本法进行核算。

对于应采用权益法核算的长期股权投资,获取被投资单位已经注册会计师审计的年度财务报表,如果未经注册会计师审计,则应考虑对被投资单位的财务报表实施适当的审计或审阅程序。

①复核投资收益时,应以取得投资时被投资单位各项可辨认资产等的公允价值为基础,对被投资单位的净利润调整后加以确认;被投资单位采用的会计政策及会计期间与被审计单位不一致的,应当按照被审计单位的会计政策及会计期间对被投资单位的财务报表进行调整,据以确认投资损益。

②将重新计算的投资收益与被审计单位所计算的投资收益相核对,如有重大差异,则查明原因,并作适当调整。

③检查被审计单位按权益法核算长期股权投资,在确认应分担被投资单位发生的净亏损时,应首先冲减长期股权投资的账面价值,其次冲减其他实质上构成对被投资单位净投资的长期权益账面价值(如长期应收款等)。如果按照投资合同和协议约定被审计单位仍需承担额外损失义务的,应按预计承担的义务确认预计负债,并与预计负债中的相应数字核对无误;被投资单位以后期间实现盈利的,被审计单位在其收益分享额弥补未确认的亏损分担额后,恢复确认收益分享额。审计时,应检查被审计单位会计处理是否正确。

④检查除净损益以外被投资单位所有者权益的其他变动,是否调整计入所有者权益。

对于采用成本法核算的长期股权投资,检查股利分配的原始凭证及分配决议等资料确定会计处理是否正确;对被审计单位实施控制而采用成本法核算的长期股权投资,比照权益法编制变动明细表,以备合并报表使用。

对于成本法和权益法相互转换的,检查其投资成本的确定是否正确。

(6)检查本期发生的重大股权变动,确定长期股权投资的增减变动的记录是否完整。

①检查本期增加的长期股权投资,追查至原始凭证及相关的文件或决议及被投资单位验资报告或财务资料等,确认长期股权投资是否符合投资合同、协议的规定,并已确实投资,会计处理是否正确。

②检查本期减少的长期股权投资,追查至原始凭证,确认长期股权投资的收回有合理的理由及授权批准手续,并已确实收回投资,会计处理是否正确。

(7)检查长期股权投资减值准备的计提及会计处理是否正确。对长期投资减值准备,应从以下几个方面进行检查。

①检查长期股权投资减值准备的会计政策,看其是否与以前年度的核算方法相一致,如不一致则应追查其发生变动的原因,并评价对本期损益的影响,考虑是否应进行披露。

②获取或编制长期股权投资明细表并对其进行逐项检查,根据被投资单位所处的经济环境、市场形势、法律环境、行业竞争状况等评价长期股权投资是否存在减值迹象。确有出现导致长期股权投资可收回金额低于账面价值的,将可收回金额低于账面价值的差额作为长期股权投资减值准备予以计提,并与被审计单位已计提数相核对看是否一致,如差异较大,应查明原因。

③将本期明细账中减值准备计提金额、注册会计师测算的减值准备金额与利润表资产减值损失中的相应数字进行核对看是否一致。

④长期股权投资减值准备计提依据充分且按单项资产计提,并经过恰当的授权和批准。减值损失一经确认,在以后会计期间不得转回。

⑤对核销的长期投资,应取得被审计单位核销的依据,检查其核销的理由是否充分。

（8）通过询问或函证了解长期股权投资是否存在质押、担保情况，此项检查可与银行存款、借款的审计配合进行。如有质押担保等，则应在工作底稿中详细记录，并提请被审计单位进行披露。

（9）检查长期股权投资在资产负债表上是否已恰当列报。首先确定长期股权投资与交易性金融资产、可供出售的金融资产之间的分类是否正确，然后考虑被审计单位在所投资企业中的控制能力，确定是否存在被投资单位由于所在国家和地区及其他方面的影响，其向被审计单位转移资金的能力受到限制的情况，如存在，应详细记录受限情况，并提请被审计单位进行充分披露。

（二）交易性金融资产审计

1. 交易性金融资产的审计目标

（1）确定资产负债表中记录的交易性金融资产是否存在。

（2）确定所有应当记录的交易性金融资产均已记录入账。

（3）确定记录的交易性金融资产是否由被审计单位所拥有或控制。

（4）确定交易性金融资产以恰当的金额包括在财务报表中，与之相关的计价调整已恰当记录。

（5）确定交易性金融资产已按照企业会计准则的规定在财务报表中作出恰当列报。

2. 交易性金融资产的实质性程序

（1）获取或编制交易性金融资产明细表。

①复核加计正确，并与报表数、总账数和明细账合计数核对是否相符。

②检查非记账本位币交易性金融资产的折算汇率及折算是否正确。

③与被审计单位讨论以确定划分为交易性金融资产是否符合企业会计准则的规定。

（2）就被审计单位管理层将投资确定划分为交易性金融资产的意图获取审计证据，并考虑管理层实施该意图的能力。应向管理层询问，并通过下列方式对管理层的答复予以印证。

①考虑管理层以前所述的对于划分为交易性金融资产的意图的实际实施情况。

②复核包括预算、会议纪要等在内的书面计划和其他文件记录。

③考虑管理层选择划分为交易性金融资产的理由。

④考虑管理层在既定经济环境下实施特定措施的能力。

（3）确定交易性金融资产余额正确及存在。

①获取股票、债券、基金等账户对账单，与明细账余额核对，作出记录或进行适当调整。

②被审计单位人员盘点交易性金融资产，编制交易性金融资产盘点表，审计人员实施监盘并检查交易性金融资产名称、数量、票面价值、票面利率等内容，同时与相关账户余额进行核对；如有差异，查明原因，作出记录或进行适当调整。

③如交易性金融资产在审计工作日已售出或兑换，则追查至相关原始凭证，以确认其在资产负债表日存在。

④在外保管的交易性金融资产等应查阅有关保管的文件，必要时可向保管人函证，复核并记录函证结果。了解在外保管的交易性金融资产实质上是否为委托理财，如是，则应详细记录，分析资金的安全性和可收回性，提请被审计单位重新分类，并充分披露。

（4）确定交易性金融资产的会计记录是否完整，并确定所购入交易性金融资产归被审计单位所拥有。

①取得有关账户流水单,对照检查账面记录是否完整。检查购入交易性金融资产是否为被审计单位拥有。

②向相关机构发函,并确定是否存在变现限制,同时记录函证过程。

(5)确定交易性金融资产的计价方法是否正确。

①复核交易性金融资产计价方法,检查其是否按公允价值计量,前后期是否一致。

②复核公允价值取得依据是否充分。公允价值与账面价值的差额是否计入公允价值变动损益科目。

(6)抽取交易性金融资产增减变动的相关凭证,检查其原始凭证是否完整合法,会计处理是否正确。

①抽取交易性金融资产增加的记账凭证,注意其原始凭证是否完整合法,成本、交易费用和相关利息或股利的会计处理是否符合规定。

②抽取交易性金融资产减少的记账凭证,检查其原始凭证是否完整合法,会计处理是否正确;注意出售交易性金融资产时其成本结转是否正确。

(7)检查有无变现存在重大限制的交易性金融资产,如有,则查明情况,并作适当调整。

(8)针对识别的舞弊风险等因素增加的审计程序。

(9)检查交易性金融资产检查是否已按照企业会计准则的规定在财务报表中作出恰当列报。

(三)持有至到期投资审计

1.持有至到期投资的审计目标

(1)确定资产负债表中记录的持有至到期投资是否存在。

(2)确定所有应当记录的持有至到期投资均已记录。

(3)确认记录的持有至到期投资由被审计单位拥有或控制。

(4)确认持有至到期投资以恰当的金额包括在财务报表中,与之相关的计价调整已恰当记录。

(5)确定持有至到期投资已按照企业会计准则的规定在财务报表中作出恰当列报。

2.持有至到期投资的实质性程序

(1)获取或编制持有至到期投资明细表。

①复核加计是否正确,并与总账数和明细账合计数核对是否相符;结合持有至到期投资减值准备科目与报表数核对是否相符。

②检查非记账本位币持有至到期投资的折算汇率及折算是否正确。

③与被审计单位讨论以确定划分为持有至到期投资的金融资产是否符合企业会计准则的规定。

④与上年度明细项目进行比较,确定与上年度分类相同。具有到期日固定、回收金额固定或可确定、企业有明确意图和能力持有至到期、有活跃市场特征的金融资产可划分为持有至到期投资的金融资产。

(2)就被审计单位管理层将投资确定划分为持有至到期投资的意图获取审计证据,并考虑管理层实施该意图的能力。应向管理层询问,并通过下列方式对管理层的答复予以印证。

①考虑管理层以前所述的对于划分为持有至到期投资的实际实施情况。

②复核包括预算、会议纪要等在内的书面计划和其他文件记录。

③考虑管理层将某项资产划分为持有至到期投资的理由。

④考虑管理层在既定经济环境下实施特定措施的能力。

(3)确定持有至到期投资的余额正确和持有至到期投资的存在。

①被审计单位的主管会计人员盘点库存持有至到期投资，编制持有至到期投资盘点表。审计人员实施监盘并检查持有至到期投资名称、数量、票面价值、票面利率等内容，并与相关账户余额进行核对；如有差异，查明原因，作出记录或进行适当调整。

②如持有至到期投资在审计工作日已售出或兑换，则追查至相关原始凭证，以确认其在资产负债表日存在。

③在外保管的持有至到期投资等应查阅有关保管的文件，必要时可向保管人函证。询证函由注册会计师直接收发。复核并记录函证结果。了解在外保管的持有至到期投资实质上是否为委托理财，如是，则应详细记录、分析资金的安全性和可收回性，提请被审计单位重新分类，并充分披露。

④如可以向证券公司等获取对账单的，应取得对账单，并与明细账余额核对，需要时，向其等发函询证，以确认其存在。如有差异，查明原因，作出记录或进行适当调整。

(4)确定持有至到期投资的会计记录完整，并确定所购入持有至到期投资归被审计单位拥有。

①分别自本期增加、本期减少中选择适量项目。

②追查至原始凭证，检查其是否经授权批准，确认有关持有至到期投资的购入、售出、处置及投资收益金额正确，记录完整。并确认所购入持有至到期投资归被审计单位拥有。

(5)确定持有至到期投资的计价正确。

①检查持有至到期投资初始计量是否正确，复核其计价方法，检查是否按摊余成本计量，前后期是否一致。

②与被审计单位讨论确定实际利率确定依据是否充分，非本期新增投资，复核实际利率是否与前期一致。

③重新计算持有期间的利息收入和投资收益。按票面利率计算确定当期应收利息，按持有至到期投资摊余成本和实际利率计算确定当期投资收益，差额作为利息调整。与应收利息（分期付息）或应计利息（到期付息）和投资收益中的相应数字核对无误。

(6)检查持有至到期投资与可供出售金融资产相互重分类的依据是否充分，会计处理是否正确。

(7)期末对成本计量的持有至到期投资进行如下逐项检查，以确定持有至到期投资是否已经发生减值。

①核对持有至到期投资减值准备本期与以前年度计提方法是否一致，如有差异，查明政策调整的原因，并确定政策改变对本期损益的影响，提请被审计单位做适当披露。

②期末，对持有至到期投资逐项进行检查，以确定是否已经发生减值。确有出现导致其预计未来现金流量现值低于账面价值的情况，将预计未来现金流量现值低于账面价值的差额作为持有至到期投资减值准备予以计提，并与被审计单位已计提数相核对，如有差异，查明原因。

③将本期减值准备计提（或转回）金额与利润表资产减值损失中的相应数字核对。

④持有至到期投资减值准备按单项资产(或包括在具有类似信用风险特征的金融资产组)计提,计提依据充分,得到适当批准。持有至到期投资价值得以恢复的,原确认的减值损失应予以转回,复核转回后的账面价值不超过假设不计提减值准备情况下该持有至到期投资在转回日的摊余成本,会计处理是否正确。

(8)检查非货币性资产交换、债务重组时取得或转出持有至到期投资的会计处理是否正确。

(9)结合银行借款等的检查,了解持有至到期投资是否存在质押、担保情况。如有,则应详细记录,并提请被审计单位进行充分披露。

(10)针对识别的舞弊风险等因素增加的审计程序。

(11)检查持有至到期投资的列报是否恰当。

①各类持有至到期投资期初、期末价值。

②确定持有至到期投资的依据。

③持有至到期投资利得和损失的计量基础。

(四)可供出售金融资产审计

1. 可供出售金融资产的审计目标

(1)确定资产负债表中记录的可供出售金融资产是存在的。

(2)确定所有应当记录的可供出售金融资产均已记录。

(3)确定记录的可供出售金融资产由被审计单位拥有或控制。

(4)确定可供出售金融资产以恰当的金额包括在财务报表中,与之相关的计价调整已恰当记录。

(5)确定可供出售金融资产已按照企业会计准则的规定在财务报表中作出恰当列报。

2. 可供出售金融资产的实质性程序

(1)获取或编制可供出售金融资产明细表。

①复核加计是否正确,并与总账数和明细账合计数核对是否相符,结合可供出售金融资产减值准备科目与报表数核对是否相符。

②与被审计单位讨论以确定划分为可供出售金融资产的金融资产是否符合企业会计准则的规定。

③与上年明细项目进行比较,确定与上年分类相同。

(2)根据被审计单位管理层的意图和能力,判断可供出售金融资产的分类是否正确。

(3)确定可供出售金融资产的余额正确并存在。

①对于没有划分为以公允价值计量且其变动记入当期损益的金融资产,获取股票、债券、基金等账户对账单,与明细账余额核对,需要时,向证券登记公司等发函询证,以确认其存在。如有差异,查明原因,作出记录或进行适当调整。

②被审计单位的主管会计人员盘点库存可供出售金融资产,编制可供出售金融资产盘点表,注册会计师实施监盘并检查可供出售金融资产名称、数量、票面价值、票面利率等内容,并与相关账户余额进行核对,如有差异,查明原因,作出记录或进行适当调整。

③如可供出售金融资产在审计工作日已售出或兑换,则追查至相关原始凭证,以确认其在审计截止日存在。

④在外保管的可供出售金融资产等应查阅有关保管的文件,必要时可向保管人函证,复核并记录函证结果。了解在外保管的可供出售金融资产是否实质上为委托理财,如是,则应详细记录,分析资金的安全性和可收回性,提请被审计单位重新分类,并充分披露。

(4)确定可供出售金融资产的会计记录完整,由被审计单位拥有。

①分别在本期增加、本期减少中选择适量项目。

②追查至原始凭证,检查其是否经授权批准,确认有关可供出售金融资产的购入、售出、兑换及投资收益金额正确,记录完整,并确认所购入可供出售金融资产归被审计单位拥有。

③检查可供出售金融资产的处置时,是否将原直接计入资本公积的公允价值变动累计额对应处置部分的金额转出,计入投资收益。

(5)确定可供出售金融资产的计价正确。

①复核可供出售金融资产的计价方法,检查其是否按公允价值计量,前后期是否一致,公允价值取得依据是否充分。

②与被审计单位讨论以确定实际利率的依据是否充分,非本期新增投资,复核实际利率是否与前期一致。

③重新计算持有期间的利息收入和投资收益。按票面利率计算确定当期应收利息,按可供出售金融资产摊余成本和实际利率计算确定当期投资收益,差额作为利息调整。与应收利息和投资收益中的相应数字核对无误。

④复核可供出售金融资产的期末价值计量是否正确,会计处理是否正确。可供出售金融资产期末公允价值变动应计入资本公积。但应关注按实际利率法计算确定的利息、减值损失、外币货币性金融资产形成的汇兑损益应确认为当期损益。与财务费用、资产减值损失等科目中的相应数字核对无误。

(6)期末对可供出售金融资产进行如下逐项检查,以确定可供出售金融资产是否已经发生减值。

①核对可供出售金融资产减值准备本期与以前年度计提方法是否一致,如有差异,查明政策调整的原因,并确定政策变更对本期损益的影响,提请被审计单位作适当披露。

②期末,对可供出售金融资产逐项进行检查,以确定是否已经发生减值。如果可供出售金融资产的公允价值发生较大幅度下降,或在综合考虑各种相关因素后,预期这种下降趋势属于非暂时性的,可认定该项可供出售金融资产已发生减值,应当确认减值损失。并与被审计单位已计提数相核对,如有差异,查明原因。

③将本期减值准备计提(或转回)金额与利润表资产减值损失中的相应数字核对无误。

④可供出售金融资产减值准备按单项资产(或包括在具有类似信用风险特征的金融资产组)计提,计提依据充分,得到适当批准。

(7)检查非货币性资产交换、债务重组的会计处理是否正确。

(8)结合银行借款等的检查,了解可供出售金融资产是否存在质押、担保的情况。如有,则应详细记录,并提请被审计单位进行充分披露。

(9)针对识别的舞弊风险等因素增加的审计程序。

(10)检查可供出售金融资产的列报是否恰当。

①各类可供出售金融资产期初、期末价值。

②确定可供出售金融资产的依据。

③可供出售金融资产利得和损失的计量基础。

④可供出售金融资产减值的判定依据。

(五)投资性房地产审计

1.投资性房地产的审计目标

(1)确定资产负债表中记录的投资性房地产是否存在。

(2)确定所有应当记录的投资性房地产是否均已记录。

(3)确定记录的投资性房地产由被审计单位拥有或控制。

(4)确定投资性房地产以恰当的金额包括在财务报表中,与之相关的计价调整已恰当记录。

(5)确定投资性房地产已按照企业会计准则的规定在财务报表中作出恰当列报。

2.投资性房地产的实质性程序

(1)获取或编制投资性房地产明细表。

①复核加计正确,并与总账数和明细账合计数核对是否相符;结合投资性房地产累计摊销(折旧)、投资性房地产减值准备科目与报表数核对是否相符。

②与被审计单位讨论以确定划分为投资性房地产的建筑物、土地使用权是否符合企业会计准则的规定。

(2)根据被审计单位管理层的能力和意图,检查对投资性房地产的分类和采用的计量属性是否适当,是否符合企业会计准则的规定。

(3)确定投资性房地产是否存在,期末余额是否正确。

①获取本期投资性房地产增加和减少的明细表以及投资性房地产登记簿,投资性房地产增加、减少明细表和投资性房地产登记簿中的本期增减累计数应与投资性房地产变动表中的本期增减累计数相等,检查会计处理是否正确。

②依据投资性房地产增加明细表和期初投资性房地产成本分别选取适量项目。

③如果选取的所有项目在期末仍存在,安排对其进行实地检查,复核该资产是否真实存在。

④如果挑选的样本在期末已清理或处理,需确认清理或处理的资产已经办理审批手续,其清理的收益或损失已正确计算,并进行正确的会计处理。

(4)确定投资性房地产增加计价是否恰当,并确定其是否归被审计单位所有,增减变动的记录是否完整、正确。

①对于所选取的本期新增加的项目,追查至购买协议(合同)、原始发票、验收报告等以确认其有效性、金额的正确性以及新增投资性房地产是否经过有效的批准,并归被审计单位所有。

②检查建筑物权证、土地使用权证等证明文件,确定建筑物、土地使用权是否归被审计单位所有。

③对于所选取的本期增加和期初的投资性房地产项目,追查至资产负债表日的投资性房地产备查簿以确认挑选的样本是否已清理。

④对于所选取的本期减少的项目,需确认处置的资产已经办理审批手续,其处置的收益或损失已正确计算,并进行正确的会计处理。

(5)与被审计单位讨论以确定投资性房地产后续计量模式选用的依据是否充分。与上期会计政策进行比较,确定后续计量模式的一致性;如不一致,则详细记录变动原因。

(6)确定投资性房地产后续计量选用公允价值模式的政策是否恰当,有关公允价值是否持续可靠取得,计算复核期末计价正确。

①被审计单位投资性房地产的后续计量采用公允价值模式计价的,期末,应逐项检查公允价值的确定依据是否充分,重点检查公允价值能持续可靠取得的确凿证据,检查公允价值变动损益计算是否正确,会计处理是否正确。与利润表公允价值变动损益中的相应数字核对无误。

②询问并获取相关资料,评价被审计单位确定公允价值采用方法的适当性,公允价值选用的合理性,包括被审计单位的决策程序、公允价值的确定方法、估值模型的选择、披露的充分性等。

③考虑利用专家的工作程度,对专家的胜任能力和客观性或工作成果适当性进行评价。

(7)投资性房地产后续计量选用成本计量模式,确定投资性房地产累计摊销(折旧)政策是否恰当,计算复核本期摊销(折旧)的计提是否正确。

①了解被审计单位所使用的建筑物折旧率和土地使用权摊销率,确定其制定是否恰当。

②确认被审计单位除已提足折旧或摊销的投资性房地产外,其他投资性房地产均已计提折旧和摊销。

③根据投资性房地产的平均水平测算整个会计期间的摊销(折旧)额。与投资性房地产中的折旧和摊销本期增加数相核对,如有差异,查明原因。

④将本期折旧和摊销金额与利润表其他业务支出中的相应数字核对无误。

(8)期末对成本模式计量的投资性房地产进行如下检查,以确定投资性房地产是否已经发生减值。

①核对投资性房地产减值准备本期与以前年度计提方法是否一致,如有差异,查明政策调整的原因,并确定政策变更对本期损益的影响,提请被审计单位做适当披露。

②期末,对以成本模式计量的投资性房地产逐项进行检查,以确定是否已经发生减值。确有出现导致其可收回金额低于账面价值的情况,将可收回金额低于账面价值的差额作为投资性房地产减值准备予以计提。并与投资性房地产中的减值准备本期增加数相核对,如有差异,查明原因。

③将本期减值准备计提金额与利润表资产减值损失中的相应数字核对无误。

④投资性房地产减值准备按单项资产(或资产组)计提,计提依据充分,得到适当批准。

(9)确定投资性房地产后续计量模式的转换是否恰当。

①检查董事会等决议文件,确定后续计量模式改变的适当性,会计处理的正确性,并提请被审计单位进行充分披露。

②审查投资性房地产成本计量模式转为公允价值计量模式,检查其是否作为会计政策变更进行追溯调整期初留存收益处理。

(10)如被审计单位投资性房地产与其他资产发生相互转换的,应审查转换依据是否充分,是否经过有效批准;转换日房地产成本计量是否正确,会计处理是否正确。

①复核在成本模式下,是否将房地产转换前的账面价值作为转换后的入账价值。

②复核采用公允价值模式计量的投资性房地产转换为自用房地产时,是否以其转换当日的公允价值作为自用房地产的账面价值,公允价值与原账面价值的差额计入当期损益。

③自用房地产或存货转换为采用公允价值模式计量的投资性房地产时,投资性房地产

按照转换当日的公允价值计价,转换当日的公允价值小于原账面价值的,其差额计入当期损益;转换当日的公允价值大于原账面价值的,其差额计入资本公积。

(11)获取租赁合同等文件,重新计算租金收入,检查投资性房地产的租金收入计算是否正确、会计处理是否正确,租金收入是否计入其他业务收入。

(12)检查本期对投资性房地产进行改良或装修的会计处理是否正确。

(13)检查有无与关联方的投资性房地产购售活动,交易价格是否公允。

(14)检查非货币性资产交换、债务重组时取得或转出投资性房地产的会计处理是否正确。

(15)检查投资性房地产的处置目的,检查凭证是否齐全、合法、会计处理是否正确。

(16)结合银行借款等的检查,了解建筑物、土地使用权是否存在抵押、担保情况。如有,则应详细记录,并提请被审计单位进行充分披露。检查投资性房地产的保险情况。

(17)对投资性房地产实施监盘程序,以了解其存在状态、使用状况等。

(18)根据评估的舞弊风险等因素增加的审计程序。

(19)检查投资性房地产的列报是否恰当。

①投资性房地产的种类、金额和计量模式。

②采用成本模式的,投资性房地产的折旧或摊销,以及减值准备的计提情况。

③采用公允价值模式的,说明公允价值的确定依据和方法,以及公允价值变动对损益的影响。

④房地产转换情况、理由,以及对损益或所有者权益的影响。

⑤当期处置的投资性房地产及其对损益的影响。

【例 10-2】

建福公司是一家从事房地产开发的上市公司,注册会计师 X 和 Y 审计建福公司 2022 年度财务报表时发现以下事项。

(1)建福公司 2022 年持有 A 公司 90% 有表决权股份,基于对 A 公司看好,2019 年 10 月 20 日,建福公司以现金 6000 万元作为对价向 B 公司购买了 A 公司 10% 有表决权股份,从而使 A 公司变成其全资子公司。建福公司把此项并购按企业合并处理。

(2)2022 年 6 月 1 日,建福公司将持有的 C 公司债券(建福公司最初将其确认为可供出售的金融资产)出售给 D 公司,取得价款 5000 万元,已于当日收存银行;同时,建福公司与 D 公司签订协议,约定 2022 年 12 月 31 日按 5050 万元的价格回购该债券,该债券的初始确认金额为 4800 万元,假定截至 2022 年 6 月 1 日,其公允价值一直未发生变动。当日,建福公司终止了对该项目为其他权益工具投资的确认,并将收到的价款 5000 万元与其账面价值 4800 万元之间的差额 200 万元计入当期损益(投资收益)。

要求:请代注册会计师 X 和 Y 指出上述会计处理存在的问题,并指出正确的会计处理。

案例解析:

(1)因为 A 公司在建福公司 2022 年收购其 10% 有表决权股份前已经是建福公司的子公司,股份购买前后未发生控制权的变化,不应作为企业合并处理。

(2)根据《企业会计准则第 23 号——金融资产转移》的规定,在附回购协议的金融资产出售中,转出方将予以回购的资产与售出的金融资产相同或实质上相同、回购价格固定或者原售价加上合理回报的,不应当终止确认所出售的金融资产。出售 C 公司债券不应终止对该项金融资产的确认,应将收到的价款5000万元确认为一项负债(或金融负债、其他应付款、短期借款),并确认50万元的利息费用(或财务费用)。

四、其他项目审计

(一)投资收益审计

1. 投资收益的审计目标

(1)确定利润表中记录的投资收益是否已发生,且与被审计单位有关。

(2)所有应当记录的投资收益是否均已记录。

(3)确定与投资收益有关的金额及其他数据已恰当记录。

(4)确定投资收益已记录于正确的会计期间。

(5)确定投资收益已记录于恰当的账户,确定投资收益已按照企业会计准则的规定在财务报表中作出恰当列报。

2. 投资收益的实质性程序

(1)获取或编制投资收益分类明细表,复核加计正确并与总账数和明细账合计数核对相符,与报表数核对相符。

(2)与以前年度投资收益比较,结合投资本期的变动情况,分析本期投资收益是否存在异常现象。如有,应查明原因,并作出适当的调整。

(3)与长期股权投资、交易性金融资产、交易性金融负债、可供出售金融资产、持有到期投资等相关项目的审计结合,验证投资收益的记录是否正确,并确定其被计入正确的会计期间。

(4)确定投资收益已恰当列报。检查投资协议等文件,确定国外投资收益汇回是否存在重大限制,若存在重大限制,应说明原因,并做出恰当披露。

(二)财务费用审计

1. 财务费用的审计目标

(1)确定利润表中记录的财务费用是否已发生,且与被审计单位有关。

(2)确定所有应当记录的财务费用是否均已记录。

(3)确定与财务费用有关的金额及其他数据是否已恰当记录。

(4)确定财务费用是否已记录在正确的会计期间。

(5)确定财务费用是否已记录于恰当的账户。

(6)确定财务费用是否已按照企业会计准则的规定在财务报表中作出恰当的列报。

2. 财务费用的实质性程序

(1)获取或编制财务费用明细表,复核其加计数是否正确,并与报表数、总账数和明细账合计数核对是否相符。

(2)实施实质性分析程序。

①针对已识别需要运用分析程序的有关项目,并基于对被审计单位及其环境的了解,通过进行以下比较,同时考虑有关数据间关系的影响,以建立有关数据的期望值。

a.将本期财务费用各明细项目与上期进行对比,必要时比较本期各月份财务费用,如有重大波动和异常情况应追查原因。

b.计算借款、应付债券平均实际利率并同以前年度及市场平均利率相比较。

c.根据借款、应付债券平均余额、平均利率测算当期利息费用和应付利息,并与账面记录进行比较。

d.根据银行存款平均余额和存款平均利率复核利息收入。

②确定可接受的差异额。

③将实际的情况与期望值相比较,识别需要进一步调查的差异。

④如果其差额超过可接受的差异额,调查并获取充分的解释和恰当的佐证审计证据(如通过检查相关的凭证)。

⑤评估分析程序的测试结果。

(3)检查财务费用明细项目的设置是否符合规定的核算内容与范围,是否划清财务费用与其他费用的界限。

(4)检查利息支出明细账。

①审查各项借款期末应计利息有无预计入账。

②审查现金折扣的会计处理是否正确。

③结合长短期借款、应付债券等的审计,检查财务费用中是否包括为购建或生产满足资本化条件的资产发生的应予资本化的借款费用。

④检查融资租入的固定资产、购入有关资产超过正常信用条件延期支付价款、实质上具有融资性质的,采用实际利率法分期摊销未确认融资费用时计入财务费用数是否正确。

⑤检查应收票据贴现息的计算与会计处理是否正确。

⑥检查存在资产弃置费用义务的固定资产或油气资产,在其使用寿命内,是否按期计算确定应负担的利息费用。

(5)检查利息收入明细账。

①确认利息收入的真实性及正确性。

②检查从其他企业或非银行金融机构取得的利息收入是否按规定计缴营业税。

③检查采用递延方式分期收款、实质上具有融资性质的销售商品或提供劳务,采用实际利率法按期计算确定的利息收入是否正确。

(6)检查汇兑损益明细账,检查汇兑损益计算方法是否正确,核对所用汇率是否正确,前后期是否一致。

(7)检查大额金融机构手续费的真实性与正确性。

(8)根据具体情况抽取资产负债表日前后若干天的财务费用相关凭证,实施截止测试,若存在异常迹象,应考虑是否有必要追加审计程序,对于重大跨期项目应作必要调整。

(9)根据评估的舞弊风险等因素增加的其他审计程序。

(10)检查财务费用是否已按照企业会计准则的规定在财务报表中作出恰当的列报。

(三)套期工具审计

1.套期工具的审计目标

(1)确定资产负债表中记录的套期工具是否存在。

(2)确定所有应当记录的套期工具均已记录。

(3)确定记录的套期工具由被审计单位拥有或控制。

(4)确定套期工具以恰当的金额包括在财务报表中,与之相关的计价调整已恰当记录。

(5)确定套期工具已按照企业会计准则的规定在财务报表中作出恰当列报。

2.套期工具的实质性程序

(1)获取或编制套期工具明细表,复核加计是否正确,并与报表数、总账数和明细账合计数核对是否相符。

(2)检查客户发生的套期业务是否符合套期保值准则的确认条件。

(3)检查相关记录和原始凭证,确认套期工具增加与减少的会计处理是否正确。

(4)检查期末套期工具形成的损失和利得是否恰当地计入了当期损益或所有者权益,并同时调整了套期工具的账面价值。

(5)检查套期工具是否已按照企业会计准则的规定在财务报表中作出恰当的列报。

(四)衍生工具审计

1.衍生工具的审计目标

(1)确认资产负债表中记录的衍生工具是否存在。

(2)确定所有应当记录的衍生工具均已记录。

(3)确定记录的衍生工具由被审计单位拥有或控制。

(4)确定衍生工具以恰当的金额包括在财务报表中,与之相关的计价调整已恰当记录。

(5)确定衍生工具已按照企业会计准则的规定在财务报表中作出恰当列报。

2.衍生工具的实质性程序

(1)获取或编制衍生工具明细表,复核加计是否正确,并与报表数、总账数和明细账合计数核对是否相符。

(2)检查衍生工具合同和交易单据,对照检查账面记录是否完整。

(3)验证衍生工具的初始确认,资产负债表日交易性金融负债的公允价值与账面价值的差额账务处理是否正确;衍生工具终止确认的账务处理是否正确。

(4)检查衍生工具是否已按照企业会计准则的规定在财务报表中作出恰当的列报。被审计单位除应在报表中反映已确认的金融资产和金融负债外,还应在报表附注中披露衍生金融工具的范围、性质、交易目的、会计政策和方法,可能的风险等内容。

(五)应付股利审计

1.应付股利的审计目标

(1)确定资产负债表中记录的应付股利是存在的。

(2)确定所有应当记录的应付股利均已记录。

(3)确定记录的应付股利是被审计单位应当履行的现时义务。

(4)确定应付股利以恰当的金额包括在财务报表中,与之相关的计价调整已恰当记录。

(5)确定应付股利已按照企业会计准则的规定在财务报表中作出恰当列报。

2.应付股利的实质性程序

(1)获取或编制应付股利明细表,复核加计是否正确,并与报表数、总账数及明细账合计数核对相符。

（2）审阅公司章程、股东会（或股东大会）和董事会会议纪要中有关股利的规定，了解股利分配标准和发放方式是否符合有关规定并经法定程序批准。

（3）检查应付股利的计提是否根据董事会或股东会（或股东大会）决定的利润分配方案，从税后可供分配利润中计算确定，并复核应付股利计算和会计处理的正确性。

（4）检查股利支付的原始凭证的内容、金额和会计处理是否正确；检查现金股利是否按公告规定的时间、金额予以发放。

（5）向主要股东函证，以确定未付股利的真实性和完整性。

（6）检查董事会或类似机构通过的利润分配方案中拟分配的现金股利或利润，是否按规定未作账务处理，并已在附注中披露。

（7）根据评估的舞弊风险等因素增加的审计程序。

（8）检查应付股利的列报是否恰当，是否按主要投资者列示欠付的应付股利金额并说明原因。

本章小结

投资与融资循环审计有助于审计师了解被审计单位的投资和融资业务活动，提高审计工作效率。本章介绍了投资与融资循环审计，阐述投资与融资循环审计的主要业务活动和涉及的主要凭证与会计记录。同时，介绍了投资与融资循环的主要内部控制和常用控制测试。此外，讨论了投资与融资循环审计所涉及的一些实质性测试，包括借款审计方面的短期借款、长期借款、应付债券的实质性程序；权益审计方面的实收资本（股本）、资本公积、盈余公积、未分配利润的实质性程序；投资审计方面的长期股权投资、交易性金融资产、持有至到期投资、可供出售金融资产、投资性房地产的实质性程序；其他项目审计方面的投资收益、财务费用、套期工具、衍生工具、应付股利的实质性程序。

本章思考题

1. 简述投资与融资循环的主要业务活动，涉及的主要凭证与会计记录。

2. 简述投资与融资循环的特征。

3. 简述和投资与融资循环业务活动相关的内部控制及内部控制测试。

4. 简述借款的审计目标与认定对应关系。

5. 简述投资相关科目等重要账户的实质性程序。

6. 简述融资相关科目等重要账户的实质性程序。

7. 安定公司为增值税一般纳税人，适用的增值税税率为13%，所得税税率为25%。注册会计师X和Y接受委托，对安定公司2022年度会计报表进行审计。甲公司未经审计的财务资料显示，其2022年12月31日的资产总额为2.5亿元，利润总额为200万元，注册会计师X和Y将甲公司资产总额的0.5%作为2022年度财务报表层次的重要水平，在开展审计业务时，注册会计师X和Y发现以下事项。

(1)安定公司 2022 年 2 月 1 日将采用公允价值模式计量的投资性房地产(建筑物)转为本公司的行政管理部门办公使用。该建筑物 2021 年 12 月 31 日的公允价值为 5000 万元(成本 4800 万元,公允价值变动 200 万元),2020 年 2 月 1 日的公允价值为 5050 万元。转换日,该建筑物的尚可使用年限为 10 年,采用年限平均法计提折旧,无残值。

2022 年 2 月 1 日,安定公司所作的会计处理如下。

借:固定资产　　　　　　　　　　　　　　　　　　　　　　　50000000
　　贷:投资性房地产——成本　　　　　　　　　　　　　　　　　　48000000
　　　　　　　　——公允价值变动　　　　　　　　　　　　　　　　2000000

2022 年底,安定公司对该项建筑物计提了折旧,相应的会计分录如下。

借:管理费用　　　　　　　　　　　　　　　　　　　　　　　4583000
　　贷:累计折旧——成本　　　　　　　　　　　　　　　　　　　4583000

(2)安定公司 2022 年 3 月 1 日以 300 万元购入甲公司发行的股票 50 万股作为其他权益工具投资,为此支付的手续费为 5 万元。

购入当日,安定公司对此笔交易作了如下会计处理。

借:其他权益工具投资——成本　　　　　　　　　　　　　　　3000000
　　管理费用　　　　　　　　　　　　　　　　　　　　　　　　50000
　　贷:银行存款　　　　　　　　　　　　　　　　　　　　　　3050000

2022 年 5 月 30 日,股票市价为 5.5 元,7 月 1 日,甲公司宣告每股分派现金股利 0.1元,安定公司均未进行相应的会计处理。7 月 11 日,安定公司收到分派的现金股利后,作了如下账务处理。

借:银行存款　　　　　　　　　　　　　　　　　　　　　　　　50000
　　贷:投资收益　　　　　　　　　　　　　　　　　　　　　　　　50000

2022 年 12 月 31 日,股票市价为 6.5 元,安定公司决定继续持有该股票,并作了如下账务处理。

借:其他权益工具投资——公允价值变动　　　　　　　　　　　　250000
　　贷:其他综合收益　　　　　　　　　　　　　　　　　　　　　250000

问题:

针对上述第(1)、(2)种事项的会计处理是否合规? 如需要调整,请直接列出相应的调整分录。

第十一章　货币资金审计

引例——新绿股份货币资金审计案

山东新绿食品股份有限公司(简称"新绿股份")是一家处于农副加工行业从事集牛肉养殖育肥,肉牛屠宰分割,牛肉类产品深加工、销售垂直一体化的现代肉类加工企业。2015年12月,新绿股份在新三板挂牌,但挂牌后一直麻烦缠身,如被发现股票公开转让申请书造假、未按时披露年度报告等。新绿股份于2019年5月终止挂牌,终结上市,并于6月收到证监会下达的行政处罚决定书。

新绿股份在挂牌前签署了业绩对赌协议,为了完成目标,实施了有计划、有组织的收入造假。具体包括使用特定的银行存款账户、伪造与收入相关的银行存款、虚构资金流入。2015年年报披露,新绿股份主营业务收入为76559.78万元,但调查后发现公司使用中国工商银行莒南支行账户伪造银行收款1054笔,金额高达54664.38万元,剔除应收款账期和增值税影响后虚增收入36907.29万元,虚增部分占比达到48.21%,对2015年年利润总额的影响为5497.46万元,占当期利润总额的86.67%。

同时,新绿股份还隐瞒了关联方交易。新绿股份2015年度报告披露,莒南鸿润、北京绿润、山东绿润三家关联方合计占用新绿股份资金10521万元,归还1600万元。但调查后发现,公司在2015年使用中国工商银行莒南支行账户、中国工商银行泗水支行账户和中国农业银行账户与莒南鸿润、山东绿润、北京绿润、绿色乐园四家公司及实际控制人陈某累计发生关联方资金往来40615.37万元,较披露金额高出28494.37万元。

新绿股份存在着收入造假、伪造资金流水和隐瞒关联方交易等一系列问题。然而,承担会计报表审计的会计师事务所却没有识别出风险,发表了标准无保留意见的审计报告,这表明其在审计过程中存在极大问题。

思考:货币资金舞弊会带来哪些影响,货币资金审计应关注哪些问题?

第一节　货币资金概述

货币资金审计是指对企业的现金、银行存款和其他货币资金收付业务及其结存情况的真实性、正确性和合法性所进行的审计。货币资金是企业资产的重要组成部分,是企业资产中流动性最强的一种资产。任何企业进行生产经营活动都必须拥有一定数额的货币资金,持有货币资金是企业生产经营活动的基本条件,可能关乎企业的命脉。只有保持健康的、正常的现金流,企业才能够继续生存;如果出现现金流逆转迹象,产生了不健康的、负的现金流,长此以往,企业将会陷入财务困境,并导致对企业的持续经营能力产生疑虑。

货币资金主要来源于资本的投入和营业收入,主要用于资产的取得和费用的结付。根据货币资金存放地点及用途的不同,货币资金分为库存现金、银行存款及其他货币资金。

一、货币资金与业务循环

货币资金是企业资金运动的起点和终点,它与企业销售、采购、投资、融资、工资薪酬、日常开支、税收、差旅和接待等业务循环交易都有着直接或间接的关系,而且每天都在发生大量的现金收支,因此对货币资金的内部控制与管理、会计记录都非常重要。从循环的角度看企业的整体运作,可以发现货币资金是各循环的枢纽,在其中起着“资金池”的作用。货币资金最初以投资或者筹资的形式从投资者或债权人手中流入企业,企业用这些货币资金去购买生产经营所需的资源和劳务。最后,换回的货币资金一部分作为股利或利息支付给投资者和债权人,另一部分则用来购买新的资源和劳务,继续下一轮循环。企业资金的不断循环,构成企业的资金周转。

货币资金与各业务循环的关系见图 11-1。需要说明的是,图 11-1 仅选取各业务循环中具有代表性的会计科目或财务报表项目予以列示,并未包括各业务循环中与货币资金有关的全部会计科目或财务报表项目。

另外,货币资金与企业日常各项活动息息相关,因此需要了解如下内容:①能够反映企业资金收支,包括资金转账、现金存取等银行存款账户的只有一个,即基本存款户。每个企业只有一个基本存款户,并且需要在中国人民银行备案,是审计人员关注的重点银行存款账户。②确认基本存款户是防止被审计单位存在两套账的基本方式。③银行对账单余额是需要重点函证的,同时要关注未达账项的问题,并进行重点审查。

二、货币资金涉及的主要业务活动

货币资金涉及的业务活动主要有:①销售与收款循环;②投资与筹资循环;③采购与付款循环;④生产与存货循环;⑤人力资源与工薪循环。

货币资金的增减变动与企业的日常经营活动密切相关,且涉及多个业务循环,本书已在相关章中对销售与收款循环、采购与付款循环、生产与存货循环、投资与筹资循环的业务活动(包括内部控制)进行了介绍。

下面以一般制造型企业为例,介绍货币资金相关的主要业务活动,如现金盘点、银行存款余额调节表的编制等;相关章中介绍过的与货币资金相关的业务活动不再在本节中重复,

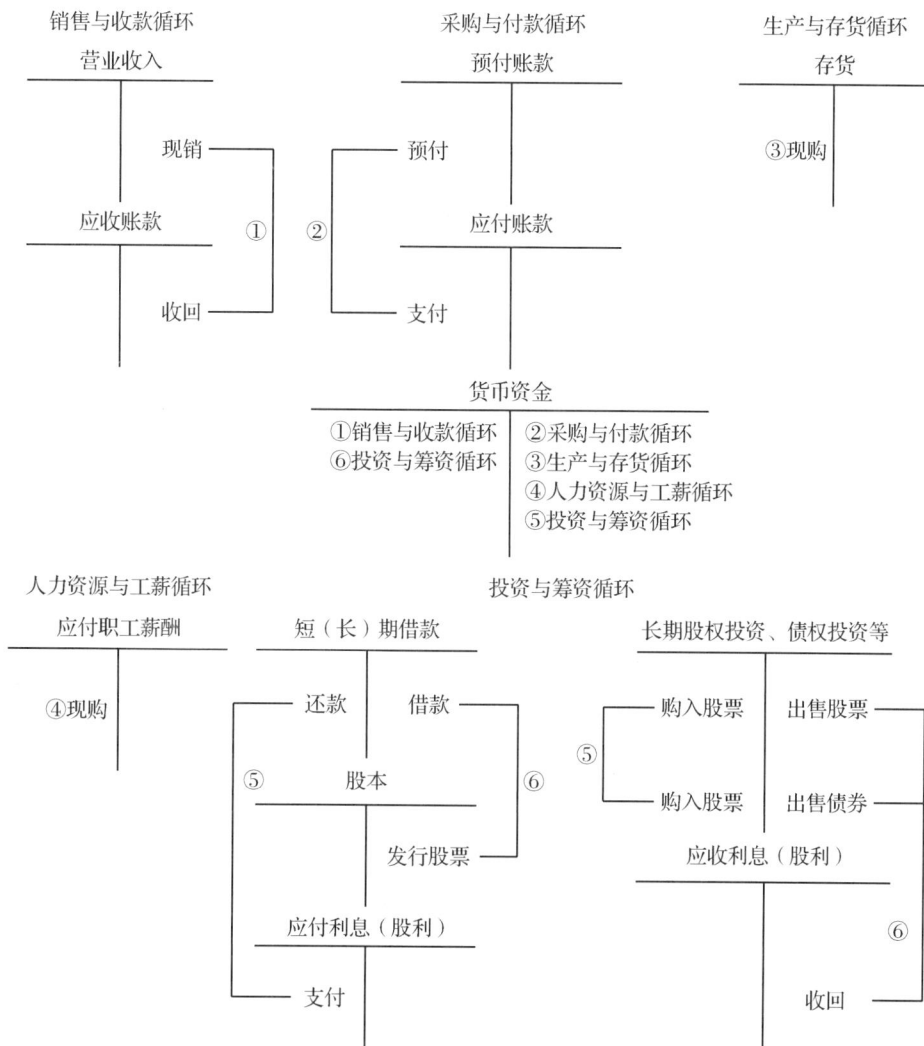

图 11-1 货币资金与各业务循环的关系

如与银行存款收付相关的控制。需要说明的是,以下业务活动要点仅为举例,在实务中可能由于每个企业的货币资金管理方式或内部控制的不同而有所不同。

(一)现金管理

出纳员每日对库存现金自行盘点,编制现金报表,计算当日现金收入、支出及结余额,并将结余额与实际库存额进行核对,如有差异及时查明原因。会计主管不定期检查现金日报表。

每月末,会计主管指定出纳员以外的人员对现金进行盘点,编制库存现金盘点表,将盘点金额与现金日记账余额进行核对。对冲抵库存现金的借条、未提现支票、未作报销的原始票证,在库存现金盘点报告表中予以注明。会计主管复核库存现金盘点表,如果盘点金额与现金日记账余额存在差异,需查明原因并报经财务经理批准后进行处理。

(二)银行存款管理

(1)银行账户管理:企业的银行账户的开立、变更或注销须经财务经理审核,报总经理审批。

(2)编制银行存款余额调节表:每月末,会计主管指定出纳员以外的人员核对银行存款日记账和银行对账单,编制银行存款余额调节表,使银行存款账面余额与银行对账单调节相符。如调节不符,查明原因。会计主管复核银行存款余额调节表,对需要进行调整的调节项目及时进行处理。

(3)票据管理:财务部门设置银行票据登记簿,防止票据遗失或盗用。出纳员负责登记银行票据的购买、领用、背书转让及注销等事项。空白票据存放在保险柜中。每月由会计主管指定出纳员以外的人员对空白票据、未办理收款和承兑的票据进行盘点,编制银行票据盘点表,并与银行票据登记簿进行核对。会计主管复核库存银行票据盘点表,如果存在差异,需查明原因。

(4)印章管理:企业的财务专用章由财务经理保管,办理相关业务中使用的个人名章由出纳员保管。

三、货币资金审计涉及的主要单据和会计记录

货币资金审计涉及的单据和会计记录主要有:①现金盘点表;②银行对账单;③银行存款余额调节表;④有关科目的记账凭证(如现金收付款凭证、银行收付款凭证);⑤有关会计账簿(如库存现金日记账;银行存款日记账)。

第二节 货币资金的内部控制和控制测试

一、货币资金内部控制概述

由于货币资金是企业流动性最强的资产,企业必须加强对货币资金的管理,建立良好的货币资金内部控制,以确保全部应收取的货币资金均能收取,并及时正确地予以记录;全部货币资金支出是按照经批准的用途进行的,并及时正确地予以记录;库存现金、银行存款报告正确,并得以恰当保管;正确预测企业正常经营所需的货币资金收支额,确保企业有充足又不过剩的货币资金余额。

在实务中,库存现金、银行存款和其他货币资金的转换比较频繁,三者的内部控制目标、内部控制制度的制定与实施大致相似。一般而言,一个良好的货币资金内部控制应达到以下几点:①货币资金收支与记账的岗位分离。②货币资金收支要有合理、合法的凭据。③全部收支及时准确入账,并且支出要有核准手续。④控制现金坐支,当日收入现金应及时送存银行。⑤按月盘点现金,编制银行存款余额调节表,以做到账实相符。⑥加强对货币资金收支业务的内部审计。

尽管由于每个企业的性质、所处行业、规模以及内部控制健全程度等不同,使得其与货币资金相关的内部控制内容有所不同,但以下要求通常是应当共同遵循的。

(一)岗位分工控制及授权批准

1.建立岗位责任制

企业应当建立货币资金业务的岗位责任制,明确相关部门和岗位的职责权限,确保办理货币资金业务的不相容岗位相互分离、制约和监督。会计与出纳岗位分离,出纳人员负责现

金收付、银行结算、货币资金的核算及各种有价证券的保管等职责,不得兼任稽核、会计档案保管和收入、支出、费用、债权债务账目的登记工作。企业不得由一人办理货币资金业务的全过程。

2.建立严格的授权批准制度

企业应当对货币资金业务建立严格的授权批准制度,明确审批人对货币资金业务的授权批准方式、权限、程序、责任和相关控制措施,规定经办人办理货币资金业务的职责范围和工作要求。审批人应当根据货币资金授权批准制度的规定,在授权范围内进行审批,不得超越审批权限。经办人应当在职责范围内,按照审批人的批准意见办理货币资金业务。对于审批人超越授权范围审批的货币资金业务,经办人员有权拒绝办理,并及时向审批人的上级授权部门报告。

3.办理货币资金支付业务

企业应当按照规定的程序办理货币资金支付业务。

(1)支付申请。企业有关部门或个人用款时,应当提前向审批人提交货币资金支付申请,注明款项的用途、金额、预算、支付方式等内容,并附有效经济合同或相关证明。

(2)支付审批。审批人根据其职责、权限和相应程序对支付申请进行审批,审核付款业务的真实性、付款金额的准确性,以及申请人提交票据或者证明的合法性,严格监督资金支付。对不符合规定的货币资金支付申请,审批人应当拒绝批准。

(3)支付复核。财务部门收到经审批人审批签字的相关凭证或证明后,应再次复核业务的真实性、金额的准确性,以及相关票据的齐备性、相关手续的合法性和完整性,并签字认可。复核无误后,交由出纳人员办理支付手续。

(4)办理支付。出纳人员应当根据复核无误的支付申请,按规定办理货币资金支付手续,及时登记库存现金和银行存款日记账。

4.对重要的货币资金支付业务实行集体决策和审批

企业对于重要货币资金支付业务,应当实行集体决策和审批,并建立责任追究制度,防范贪污、侵占、挪用货币资金等行为。

5.加强管理

严禁未经授权的机构或人员办理货币资金业务或直接接触货币资金。

(二)现金和银行存款的管理

(1)企业应当加强现金库存限额的管理,超过库存限额的现金应及时存入银行。

(2)企业必须根据《现金管理暂行条例》的规定,结合本企业的实际情况,确定本企业现金的开支范围。不属于现金开支范围的业务应当通过银行办理转账结算。

(3)企业现金收入应当及时存入银行,不得从企业的现金收入中直接支付(即坐支)。因特殊情况需坐支现金的,应事先报经开户银行审查批准,由开户银行核定坐支范围和限额。

企业借出款项必须执行严格的授权批准程序,严禁擅自挪用、借出货币资金。

(4)企业取得的货币资金收入必须及时入账,不得私设"小金库",不得账外设账,严禁收款不入账。

(5)企业应当严格按照《支付结算办法》等有关规定,加强银行账户的管理,严格按照规定开立账户,办理存款、取款和结算。银行账户的开立应当符合企业经营管理实际需要,不得随意开立多个账户,禁止企业内设管理部门自行开立银行账户。

企业应当定期检查、清理银行账户的开立及使用情况,发现问题应及时处理。

企业应当加强对银行结算凭证的填制、传递及保管等环节的管理与控制。

①企业应当严格遵守银行结算纪律,不准签发没有资金保证的票据或远期支票,套取银行信用;不准签发、取得和转让没有真实交易和债权债务的票据,套取银行和他人资金;不准无理拒绝付款,任意占用他人资金;不准违反规定开立和使用银行账户。

②企业应当指定专人定期核对银行账户(每月至少核对一次),编制银行存款余额调节表,使银行存款账面余额与银行对账单调节相符。如调节不符,应查明原因,及时处理。

出纳人员一般不得同时从事银行对账单的获取、银行存款余额调节表的编制工作。确需出纳人员办理上述工作的,应当指定其他人员定期进行审核、监督。

实行网上交易、电子支付等方式办理资金支付业务的企业,应当与承办银行签订网上银行操作协议,明确双方在资金安全方面的责任与义务、交易范围等。操作人员应当根据操作授权和密码进行规范操作。使用网上交易、电子支付方式的企业办理资金支付业务,不应因支付方式的改变而随意简化、变更所必需的授权审批程序。企业在严格实行网上交易、电子支付操作人员不相容岗位相互分离控制的同时,应当配备专人加强对交易和支付行为的审核。

③企业应当定期和不定期地进行现金盘点,确保现金账面余额与实际库存相符。发现不符,及时查明原因并作出处理。

(三)票据及有关印章的管理

(1)企业应当加强与货币资金相关的票据的管理,明确各种票据的购买、保管、领用、背书转让、注销等环节的职责权限和程序,并专设登记簿进行记录,防止空白票据的遗失和被盗用。

企业因填写、开具失误或者其他原因导致作废的法定票据,应当按规定予以保存,不得随意处置或销毁。对超过法定保管期限、可以销毁的票据,在履行审核手续后进行销毁,但应当建立销毁清册并由授权人员监销。

(2)企业应当加强银行预留印鉴的管理。财务专用章应由专人保管,个人名章必须由本人或其授权人员保管。严禁一人保管支付款项所需的全部印章。

按规定需要有关负责人签字或盖章的经济业务,必须严格履行签字或盖章手续。

(四)监督检查

(1)企业应当建立对货币资金业务的监督检查制度,明确监督检查机构或人员的职责权限,定期和不定期地进行检查。

(2)货币资金监督检查的内容主要包括如下方面。

①货币资金业务相关岗位及人员的设置情况。重点检查是否存在货币资金业务不相容职务混岗的现象。

②货币资金支出授权批准制度的执行情况。重点检查货币资金支出的授权批准手续是否健全,是否存在越权审批行为。

③支付款项印章的保管情况。重点检查是否存在办理付款业务所需的全部印章交由一人保管的现象。

④票据的保管情况。重点检查票据的购买、领用、保管手续是否健全,票据保管是否存在漏洞。

(3)对监督检查过程中发现的货币资金内部控制中的薄弱环节,应当及时采取措施,加以纠正和完善。

二、与货币资金相关的重大错报风险

在评价与货币资金的交易、账户余额和披露相关的认定层次重大错报风险时,注册会计师通常运用职业判断,依据受相关固有风险因素影响的认定易于发生错报的可能性(即固有风险),以及风险评估是否考虑了与之相关的控制(即控制风险),形成对与货币资金相关的重大错报风险的评估,进而影响进一步审计程序。

(一)与货币资金的交易、账户余额和披露相关的认定层次重大错报风险

与货币资金的交易、账户余额和披露相关的认定层次重大错报风险可能包括以下方面。

(1)被审计单位存在虚假的货币资金余额或交易,因而导致银行存款余额的"存在"认定或交易的"发生"认定存在重大错报风险。

(2)被审计单位存在大额的外币交易和余额,可能存在外币交易或余额未被准确记录的风险。例如,对于有外币现金或外币银行存款的被审计单位,企业有关外币交易的增减变动或年底余额可能因未采用正确的折算汇率而导致计价错误("准确性、计价和分摊"认定)。

(3)银行存款的期末收支存在大额的截止性错误("截止"认定)。例如,被审计单位期末存在金额重大且异常的银(行)付企(业)未付,企(业)收银(行)未收事项。

(4)被审计单位可能存在未能按照企业会计准则的规定对货币资金作出恰当披露的风险("列报"认定)。例如,被审计单位期末持有使用受限制的大额银行存款,但在编制财务报表时未在财务报表附注中对其进行披露。

(二)被审计单位可能存在的舞弊行为

货币资金领域也是财务舞弊的易发高发领域。实践中的案例表明,一些被审计单位可能由于某些压力、动机和机会,通过虚构货币资金、大股东侵占货币资金和虚构现金交易等方式实施舞弊。在实施货币资金审计的过程中,如果被审计单位存在以下事项或情形,注册会计师需要保持警觉。

(1)被审计单位的现金交易比例较高,并且与其所在行业的常用结算模式不同。

(2)库存现金规模明显超过业务周转所需资金。

(3)银行账户开立数量与企业实际业务规模不匹配,或存在多个零余额账户且长期不注销。

(4)在没有经营业务的地区开立银行账户,或将高额资金存放于其经营和注册地之外的异地。

(5)被审计单位资金存放于管理层或员工个人账户,或通过个人账户进行被审计单位交易的资金结算。

(6)货币资金收支金额与现金流量表中的经营活动、筹资活动、投资活动的现金流量不匹配,或经营活动现金流量净额与净利润不匹配。

（7）不能提供银行对账单或银行存款余额调节表，或提供的银行对账单没有银行印章、交易对方名称或摘要。

（8）存在长期或大量银行未达账项。

（9）银行存款明细账存在非正常转账情况。例如，短期内相同金额的一收一付或相同金额的分次转入转出等大额异常交易。

（10）存在期末余额为负数的银行账户。

（11）受限货币资金占比较高。

（12）存款收益金额与存款的规模明显不匹配。

（13）针对同一交易对方，在报告期内存在现金和其他结算方式并存的情形。

（14）违反货币资金存放和使用规定，如上市公司将募集资金违规用于质押、未经批准开立账户转移募集资金、未经许可将募集资金转作其他用途等。

（15）存在大额外币收付记录，而被审计单位并不涉足进出口业务。

（16）被审计单位以各种理由不配合注册会计师实施银行函证、不配合注册会计师至中国人民银行或基本户开户行打印《已开立银行结算账户清单》。

（17）与实际控制人（或控股股东）、银行（或财务公司）签订集团现金管理账户协议或类似协议。

（三）注册会计师可能关注的其他事项或情形

注册会计师在审计其他财务报表项目时，还可能关注到其他亦需保持警觉的事项或情形。例如：

（1）存在没有真实业务支持或与交易不相匹配的大额资金或汇票往来。

（2）存在长期挂账的大额预付款项等。

（3）存在大量货币资金的情况下仍高额或高息举债。

（4）付款方全称与销售客户名称不一致、收款方全称与供应商名称不一致。

（5）开具的银行承兑汇票没有银行承兑协议支持。

（6）银行承兑票据保证金余额与应付票据相应余额比例不合理。

（7）存在频繁的票据贴现。

（8）实际控制人（或控股股东）频繁进行股权质押（冻结）且累计被质押（冻结）的股权占其持有被审计单位总股本的比例较高。

（9）存在大量货币资金的情况下，频繁发生债务违约，或者无法按期支付股利或偿付债务本息。

（10）首次公开发行股票（IPO）公司申报期内持续现金分红。

（11）工程付款进度或结算周期异常等。

当被审计单位存在以上事项或情形时，可能表明存在舞弊风险。

【例 11-1】宜华企业（集团）有限公司

宜华企业（集团）有限公司（简称"宜华集团"）是一家拥有两家上市子公司及多家拟上市公司，业务横跨住居生活、健康医疗等四大产业的大型跨国企业集团。

2020 年以来，宜华集团集中爆发了"17 宜华企业 MTN001""17 宜华企业 MTN002"债券接连违约、上市子公司宜华生活被退市并因财务造假被行政处罚、宜华健康巨额亏损也濒临退市等一系列危机事件。出现这一系列危机最直接、最根本的原因是财务流动性风险爆发导致的严重资金缺口。

1. 重要子公司存在"存贷双高"现象

宜华集团的重要子公司宜华生活自 2015 年起连续存在"存贷双高"的现象，公司连年担负较高的财务费用，大大侵蚀了营业利润。

如表 11-1 所示，2015—2018 年宜华生活的货币资金与有息负债金额均较大，货币资金占总资产的比例一直在 20% 左右，货币资金有息负债比则常年维持在 60% 左右。2018 年末，公司货币资金和有息负债依然高达 33.89 亿元和 64.03 亿元，值得注意的是，公司账面 33.89 亿元的货币资金仅产生 3000 万元的利息收入，投资收益率仅为 0.89%，而 2018 年的平均借款利率则高达 6.36%。在 2019 年的财务报告中，公司货币资金迅速缩水至 4.05 亿元，2020 年末进一步降至 0.06 亿元。高额的有息负债与货币资金余额以及借款利率与货币资金收益率的巨大差额引发了投资者的普遍质疑。

表 11-1　宜华生活 2015—2020 年存贷状况

年份	货币资金/亿元	总资产/亿元	货币资金总资产比/%	有息负债/亿元	货币资金有息负债比/%	利息支出/亿元	年化平均借款利率/%	理财收入/亿元	投资收益率/%
2015	34.26	127.25	26.92	42.54	80.54	1.86	4.37	—	—
2016	35.52	159.75	22.23	56.22	63.18	2.56	4.55	—	—
2017	42.29	167.01	25.32	61.81	68.42	4.15	6.71	—	—
2018	33.89	178.56	18.98	64.03	52.93	4.07	6.36	0.30	0.89
2019	4.05	161.88	2.50	62.21	6.51	4.32	6.94	0.32	7.90
2020	0.06	124.97	0.05	63.55	0.10	4.15	6.53	0.01	9.43

2. 关联方担保与关联方占款严重

宜华集团其他应收款规模较大，其中占比最高的为往来款，而集团往来款的对象多为公司子公司等关联方。根据宜华集团 2019 年年报，集团其他应收款账面余额达 92.63 亿元。其中，应收关联方其他应收款合计达 57.69 亿元，款项性质均为往来款，占其他应收款期末余额合计数的 62.28%，计提减值准备合计达 7977.34 万元，有些关联方甚至全额计提减值准备，表明公司关联方占款较为严重。同时，集团对外担保金额也较大，在 2019 年年报中，集团对关联方的担保额合计数为 40.37 亿元，且大额担保对象较为集中，即集中于集团子公司宜华生活和宜华健康。巨额的关联方担保与资金占用，加剧了集团资金链紧张的情况。

3. 受限资产金额较大，集团再融资困难

根据宜华集团的现金流量表，自 2016 年开始集团筹资活动现金净流量不断缩减，已从 2016 年末的 168.94 亿元现金净流入缩减至 2019 年末的 22.23 亿元现金净流出。同时，集团所持有的大量股权、资产为受限资产。因融资需求，截至 2019 年上半年末，集团已将所持有的 66.22% 的宜华生活股份与 67.47% 的宜华健康股份进行股权质押，集团还有包括固定资产、应收账款等在内的共计 47.70 亿元的资产为受限资产。此外，2019 年集团所持有的宜华生活股份多次被冻结，2020 年宜华健康部分股份也被冻结，由于与其他企业的纠纷，集团所持有的宜华健康 34.56% 的股份长期处于司法冻结状态。集团大量股权、资产受限进一步削弱了融资能力,导致公司资金的流动性状况进一步恶化。

4.小结

警惕可能存在货币资金舞弊的公司。货币资金舞弊已成为上市公司财务造假的重要手段之一,上市公司可能会通过库存现金重复盘点、临时拆借资金、伪造银行存款函证回函、母子公司间资金科目混计等方式进行货币资金舞弊,以蒙蔽注册会计师。一般情况下,注册会计师应密切关注是否存在"存贷双高"、定期报告延期披露和其他应收款规模较大等现象,这些异常往往预示着公司资金流可能存在问题。

三、库存现金内部控制的测试

(一)了解现金内部控制

通常可以通过现金内部控制流程图来了解现金内部控制情况。编制现金内部控制流程图是现金控制测试的重要步骤。注册会计师在编制之前应通过询问、观察等调查手段收集必要的资料,然后根据所了解的情况编制流程图。对中小企业,也可采用编写现金内部控制说明的方法。

若以前年度审计时已经编制了现金内部控制流程图,注册会计师可根据调查结果加以修正,以供本年度审计之用。一般来说,了解现金内部控制时,注册会计师应当注意检查库存现金内部控制的建立和执行情况,重点包括以下方面。

(1)库存现金的收支是否按规定的程序和权限办理。

(2)是否存在与被审计单位经营无关的款项收支情况。

(3)出纳与会计的职责是否严格分离。

(4)库存现金是否妥善保管,是否定期盘点、核对。

(二)抽取并检查收款凭证

如果现金收款内部控制不强,很可能会发生贪污舞弊或挪用等情况。例如,在一个小企业中,出纳员同时负责登记应收账款明细账,很可能发生循环挪用货款的情况。为测试现金收款的内部控制,注册会计师应按现金的收款凭证分类,选取适当的样本量,进行如下检查:①核对现金日记账的收入金额是否正确。②核对现金收款凭证与应收账款明细账的有关记录是否相符。③核对实收金额与销货发票是否一致。

(三)抽取并检查付款凭证

为测试现金付款内部控制,注册会计师应按照现金付款凭证分类,选取适当的样本量,进行如下检查:①检查付款的授权批准手续是否符合规定。②核对现金日记账的付出金额是否正确。③核对现金付款凭证与应付账款明细账的记录是否一致。④核对实付金额与购货发票是否相符。

(四)抽取一定期间的库存现金日记账与总账进行核对

注册会计师应抽取一定期间的库存现金日记账,检查其加总是否正确无误,库存现金日记账是否与总分类账核对相符。

（五）检查外币现金的折算方法是否符合有关规定，是否与上年度一致

对于有外币现金的被审计单位，注册会计师应检查外币库存现金日记账及"财务费用""在建工程"等账户的记录，确定企业有关外币现金的增减变动是否采用交易发生日的即期汇率将外币金额折算为记账本位币金额，或者采用按照系统合理的方法确定的、与交易发生日即期汇率近似的汇率折算为记账本位币，选择采用汇率的方法前后各期是否一致；检查企业的外币现金的期末余额是否采用期末即期汇率折算为记账本位币金额；折算差额的会计处理是否正确。

（六）评价库存现金的内部控制

注册会计师在完成上述程序之后，即可对库存现金的内部控制进行评价。评价时，注册会计师应首先确定库存现金内部控制可信赖的程度以及存在的薄弱环节和缺点，然后据以确定在库存现金实质性程序中对哪些环节可以适当减少审计程序，对哪些环节应增加审计程序并作重点检查，以减少审计风险。

四、银行存款内部控制的测试

（一）了解银行存款的内部控制

注册会计师对银行存款内部控制的了解一般与了解现金的内部控制同时进行。注册会计师应当注意的内容包括：①银行存款的收支是否按规定的程序和权限办理。②银行账户是否存在与本单位经营无关的款项收支情况。③是否存在出租、出借银行账户的情况。④出纳与会计的职责是否严格分离。⑤是否定期取得银行对账单并编制银行存款余额调节表。

（二）抽取并检查银行存款收款凭证

注册会计师应选取适当的样本量，进行如下检查：①核对银行存款收款凭证与存入银行账户的日期和金额是否相符。②核对银行存款日记账的收入金额是否正确。③核对银行存款收款凭证与银行对账单是否相符。④核对银行存款收款凭证与应收账款明细账的有关记录是否相符。⑤核对实收金额与销货发票是否一致。

（三）抽取并检查银行存款付款凭证

为测试银行存款付款内部控制，注册会计师应选取适当样本，进行如下检查：①检查付款的授权批准手续是否符合规定。②核对银行存款日记账的付出金额是否正确。③核对银行存款付款凭证与银行对账单是否相符。④核对银行存款付款凭证与应付账款明细账的记录是否一致。⑤核对实付金额与购货发票是否相符。

（四）抽取一定期间的银行存款日记账与总账进行核对

注册会计师应抽取一定期间的银行存款日记账，检查其有无计算错误，并与银行存款总分类账核对。

(五)抽取一定期间银行存款余额调节表,查验其是否按月正确编制并经复核

为证实银行存款记录的正确性,注册会计师必须抽取一定期间的银行存款余额调节表,将其与银行对账单、银行存款日记账以及总账进行核对,确定被审计单位是否按月正确编制并复核。

(六)检查外币银行存款的折算方法是否符合有关规定,是否与上年度一致

对于有外币银行存款的被审计单位,注册会计师应检查外币银行存款日记账及"财务费用""在建工程"等账户的记录,确定有关外币银行存款的增减变动是否采用交易发生日的即期汇率将外币金额折算为记账本位币金额,或者采用按照系统合理的方法确定的、与交易发生日即期汇率近似的汇率折算为记账本位币,选择采用汇率的方法前后各期是否一致。检查企业的外币银行存款的余额是否采用期末即期汇率折算为记账本位币金额。折算差额的会计处理是否正确。

(七)评价银行存款的内部控制

注册会计师在完成上述程序之后,即可对银行存款的内部控制进行评价。评价时,注册会计师首先确定银行存款内部控制可信赖的程序以及存在的薄弱环节和缺点,然后可以确定在银行存款实质性程序中对哪些环节可以适当减少审计程序,对哪些环节应增加审计程序并作重点检查,以减少审计风险。

【例 11-2】

2014 年 1 月 27 日,酒鬼酒股份有限公司(简称"酒鬼酒")发布重大事项公告,声称其下的一个供销子公司(简称"酒鬼酒供销公司")开设的一个作为"存款销酒"的活期结算账户的1 亿元资金丢失。账户中本应存有 1 亿元人民币,却发现只剩下 1176.03 元,而其他的资金竟不翼而飞。

经查,酒鬼酒在印章保管方面存在重大内部控制缺陷。首先,由于未严格按照规范的盖章制度执行,酒鬼酒供销公司的法定代表人在签署"开户授权委托书"时,没有盖章,这导致后期公司要派出人员携带印章前往异地开户。其次,酒鬼酒供销公司将办理资金业务的相关印章和票据全部交由一人携带。再次,该人员在仅有自己一个人的情况下,未完全按照印章管理制度,竟将装有印章和票据的包放在他人的车内,自己离开。上述原因导致了印章被不正当使用。

第三节　货币资金的实质性程序

一、库存现金审计

（一）库存现金审计的审计目标

库存现金是存放于企业的现款,包括人民币现金和外币现金。企业应根据《现金管理暂行条例》的规定,确定本单位的现金开支范围和现金支付限额。库存现金审计是对库存现金及其收支情况的真实性、合法性和效益性的审查和监督。由于现金收支频繁、流动性强、不易保管和监控,即使其在企业资产总额中的比重不大,也极其容易产生坐收、坐支、私设"小金库"等舞弊问题,因而必须加强对库存现金的审计。

主题讨论:针对货币资金舞弊风险的特别关注

库存现金的审计目标一般应包括(括号内为相应的财务报表认定)以下方面。

(1)确定被审计单位资产负债表的货币资金项目中的库存现金在资产负债表日是否确实存在(存在)。

(2)确定被审计单位所有应当记录的现金收支业务是否均已记录完毕,有无遗漏(完整性)。

(3)确定记录的库存现金是否为被审计单位所有或控制(权利和义务)。

(4)确定库存现金以恰当的金额包括在财务报表的货币资金项目中,与之相关的计价调整已恰当记录,查明库存现金的余额是否正确(准确性、计价和分摊)。

(5)确定库存现金是否已按照企业会计准则的规定在财务报表中作出恰当列报与披露(列报)。

（二）库存现金审计的实质性程序

根据重大错报风险的评估和从控制测试(如实施)中所获取的审计证据和保证程度,注册会计师就库存现金实施的实质性程序可能包括如下方面。

1.核对库存现金日记账与总账的金额是否相符

核对库存现金日记账与总账的金额是否相符,检查非记账本位币库存现金的折算汇率及折算金额是否正确。注册会计师测试现金余额的起点是,核对库存现金日记账与总账的金额是否相符。如果不相符,应查明原因,必要时应建议作出适当调整。

2.监盘库存现金

监盘库存现金。监盘库存现金是证实资产负债表中货币资金项目下所列库存现金是否存在的一项重要审计程序。

企业盘点库存现金,通常包括对已收到但未存入银行的现金、零用金、找换金等的盘点。盘点库存现金的时间和人员应视被审计单位的具体情况而定,但现金出纳员和被审计单位会计主管人员必须参加,并由注册会计师进行监盘。注册会计师应以实际盘点数为基础,结合有关收支情况,运用公式进行计算调节,再与账面数核对,其计算公式为:

盘点现金余额＋已付款未入账金额－已收款未入账金额＝账面结存数额

盘点和监盘库存现金的步骤与方法主要有以下方面

（1）查看被审计单位制定的盘点计划，以确定监盘时间。对库存现金的监盘最好实施突击性的检查，时间最好选择在上午上班前或下午下班时，盘点的范围一般包括被审计单位各部门经管的现金。在进行现金盘点前，应由出纳员将现金集中起来存入保险柜。必要时可加以封存，然后由出纳员把已办妥现金收付手续的收付款凭证登入库存现金日记账。如被审计单位库存现金存放部门有两处或两处以上的，应派出多人在同一时间进行盘点。

（2）审阅库存现金日记账并同时与现金收付凭证相核对。一方面检查库存现金日记账的记录与凭证的内容和金额是否相符；另一方面了解凭证日期与库存现金日记账日期是否相符或接近。

（3）由出纳员根据库存现金日记账加计累计数额，结算出现金结余额。

（4）盘点保险柜内的现金实存数，同时由注册会计师编制"库存现金监盘表"（格式参见表 11-2，分币种、面值列示盘点金额）。

表 11-2　库存现金监盘表

被审计单位：	索引号：
项目：	财务报表截止日/期间：
编制：	复核：
日期：	日期：

检查盘点记录					实有库存现金盘点记录						
项目	项次	人民币	美元	某外币	面额	人民币		美元		某外币	
						张	金额	张	金额	张	金额
上一日账面库存余额	①				1000元						
盘点日末记账传票收入金额	②				500元						
盘点日末记账传票支出金额	③										
盘点日账面应有金额	④＝①＋②－③				100元						
盘点实有库存现金数额	⑤				50元						
盘点日应有与实务差异	⑥＝④－⑤				10元						
差异原因分析	白条抵库（张）				5元						
					2元						
					1元						
					0.5元						
					0.2元						
					0.1元						
					合计						

检查盘点记录					实有库存现金盘点记录			
项目		项次	人民币	美元	某外币	面额	人民币	美元	某外币
追溯调整	报表日至审计日库存现金付出总额								
	报表日至审计日库存现金收入总额								
	报表日库存现金应有余额								
	报表日账面汇率								
	报表日余额折合本位币金额								
本位币合计									

出纳员：　　　　　　会计主管人员：　　　　　　　　　监盘人：　　　　检查日期：

（5）将盘点金额与库存现金日记账余额进行核对，如有差异，应要求被审计单位查明原因，必要时应提请被审计单位做出调整；如无法查明原因，应要求被审计单位按管理权限批准后作出调整。

（6）若有冲抵库存现金的借条、未提现支票、未作报销的原始凭证，应在"库存现金监盘表"中注明，必要时应提请被审计单位做出调整。

（7）在非资产负债表日进行盘点和监盘时，应调整至资产负债表日的金额，并对变动情况实施审计程序。

3.分析被审计单位日常库存现金余额是否合理

分析被审计单位日常库存现金余额是否合理，关注是否存在大额未缴存的现金。

4.抽查大额库存现金收支款项

检查大额现金收支的原始凭证是否齐全、原始凭证内容是否完整、有无授权批准、记账凭证与原始凭证是否相符、账务处理是否正确、是否记录于恰当的会计期间并核对相关账户的进账情况。

5.实施截止测试

抽查资产负债表日前后若干天的、一定金额以上的现金收支凭证实施截止测试。被审计单位资产负债表的货币资金项目中的库存现金数额，应以结账日实有数额为准。因此，注册会计师必须验证现金收支的截止日期，以确定是否存在跨期事项、是否应考虑提出调整建议。

6.检查被审计单位是否有现金坐收坐支行为

不能坐收坐支的本质是让企业收取的现金和支付的现金都独立地经过银行记录，以反映真实的现金收支情况。

7. 检查外币现金的折算是否正确

检查外币现金的收支是否按规定的汇率折算为记账本位币的金额;是否按规定进行了账务处理。

8. 检查库存现金是否在财务报表中作出恰当列报

根据有关规定,库存现金在资产负债表的"货币资金"项目中反映,注册会计师应在实施上述审计程序后,确定"库存现金"账户的期末余额是否恰当,进而确定库存现金是否在资产负债表中恰当披露。

【例 11-3】

2018 年 3 月 11 日下午 5 时 30 分,审计人员参加对华光工厂库存现金的清查盘点工作。清查结果如下。

(1)实点库存现金(人民币)结存数:100 元币 120 张,50 元币 80 张,10 元币 220 张,5 元币 84 张,2 元币 175 张,1 元币 220 张,5 角币 50 张,2 角币 20 张,1 角币 51 张,5 分币 32 张,2 分币 14 张,1 分币 8 张。

(2)查明现金日记账截至 2018 年 3 月 10 日的账面余额为 21679.24 元。

(3)查出已经办理收款手续尚未入账的收款凭证(191~202 号)金额合计为 4372.31 元。

(4)查出已经办理付款手续尚未入账的付款凭证(203~211 号)金额合计为 4126.14 元。

(5)发现现金日记账中夹有下列借据,共计 2560 元:职工刘红借差旅费 1500 元,职工王敏借医药费 1060 元。

(6)发现保险柜中有 2 月 1 日收到销售产品的转账支票一张,计价 7500 元。已超过支票有效期,该笔货款将被对方开户银行拒付。

(7)发现保险柜中有待领工资 215 元,单独包封。

(8)银行核定库存现金限额 10000 元。

要求:(1)根据清查结果,编制库存现金清查表;(2)指出该企业现金管理中存在的主要问题,并提出审计意见。

案例解析:

(1)根据清查结果,编制库存现金盘点表(见表 11-3)。

表 11-3 库存现金盘点表   单位:元

项目	金额	备注
库存现金实存额	19226.06	核定库存限额 10000
盘点日止账面结存额 加:已收款未入账部分 收款凭证第 191~202 号 减:已付款未入账部分 付款凭证第 203~211 号	21679.24 4372.31 4126.14	
盘点日止账面应存额	21925.41	
溢缺数	2699.35	

亏缺原因:①白条借据抵库 2 张,计 2560.00 元
           ②短缺现金,计 139.35 元

（2）该企业现金管理中存在下列主要问题：

①白条借据抵库。出纳员擅自以白条方式借给 2 名职工现金，共计 2560 元。

②账款不符。盘点日止账面应存额为 219255.41 元，而实际盘存库存现金仅为 19226.06 元，其中除出纳员擅自以白条借据 2560 元抵充库存外，尚短缺 139.35 元，出纳员未提出任何理由。

③银行核定该厂库存现金限额为 10000 元，而实际库存超过限额 9226.06 元。

④出纳员工作拖拉，未及时登记现金日记账。

⑤收入销货款的转账支票未及时送存银行，已超过支票有效期，该笔货款将被对方开户银行拒付。

针对上述问题，提出审计意见如下：

①白条借据抵库的现金为 2560 元，如经有关人员正式审批，应作为其他应收款入账处理，或限期归还或敦促报销。

②出纳员短缺现金 139.35 元，应在进一步查明原因后，按有关规定追究其责任，作出处理。

③今后应坚持按银行核定限额存放库存现金。

④出纳员今后应坚持做到及时登账，日清日结。

⑤应及时与购货单位联系，收回 7500 元销货款。

二、银行存款审计

（一）银行存款的审计目标

银行存款是指企业存放在银行或其他金融机构的各种款项。按照国家有关规定，凡是独立核算的企业都必须在当地银行开设账户。企业在银行开设账户以后，除按核定的限额保留库存现金外，超过限额的现金必须存入银行；除了在规定的范围内可以用现金直接支付款项外，在经营过程中所发生的一切货币收支业务，都必须通过银行存款账户进行结算。与现金相比，企业的银行存款金额较大、收支业务较复杂、涉及的单位和凭证数量也较多，因而审计人员应予以高度重视。

银行存款的审计目标一般应包括（括号内的为相应的财务报表认定）以下方面。

（1）确定被审计单位资产负债表的货币资金项目中的银行存款在资产负债表日是否确实存在（存在）。

（2）确定被审计单位所有应当记录的银行存款收支业务是否均已记录完毕，有无遗漏（完整性）。

（3）确定记录的银行存款是否为被审计单位所拥有或控制（权利和义务）。

（4）确定银行存款以恰当的金额包括在财务报表的货币资金项目中，与之相关的计价调整已恰当记录（准确性、计价和分摊）。

（5）确定银行存款是否已按照企业会计准则的规定在财务报表中作出恰当列报（列报）。

（二）银行存款的实质性程序

根据重大错报风险的评估和从控制测试（如实施）中所获取的审计证据和保证程度，注册会计师就银行存款实施的实质性程序可能包括如下方面。

1.获取或编制银行存款余额明细表

获取或编制银行存款余额明细表,复核加计是否正确,并与总账数和日记账合计数核对是否相符;检查非记账本位币银行存款的折算汇率及折算金额是否正确。注册会计师测试银行存款余额的起点是核对银行存款日记账与总账的余额是否相符。如果不相符,应查明原因,必要时应建议作出适当调整。

如果对被审计单位银行账户的完整性存有疑虑,例如,当被审计单位可能存在账外账或资金体外循环时,除实施其他审计程序外,注册会计师可以考虑实施以下审计程序。

(1)了解并评价被审计单位开立账户的管理控制措施。了解报告期内被审计单位开户银行的数量及分布,与被审计单位实际经营的需要进行比较,判断其合理性,关注是否存在越权开立银行账户的情形。

(2)询问办理货币资金业务的相关人员(如出纳),了解银行账户的开立、使用、注销等情况。必要时,获取被审计单位已将全部银行存款账户信息提供给注册会计师的书面声明。

(3)注册会计师在企业人员陪同下到中国人民银行或基本存款账户开户行查询并打印《已开立银行结算账户清单》,观察银行办事人员的查询、打印过程,并检查被审计单位账面记录的银行人民币结算账户是否完整。

(4)结合其他相关细节测试,关注原始单据中被审计单位的收(付)款银行账户是否包含在注册会计师已获取的开立银行账户清单内。

2.实施实质性分析程序

计算银行存款累计余额应收利息收入,分析比较被审计单位银行存款应收利息收入与实际利息收入的差异是否恰当,评估利息收入的合理性,检查是否存在高息资金拆借,确认银行存款余额是否存在,利息收入是否已经完整记录。

3.检查银行存款账户发生额

注册会计师对货币资金的发生额进行审计,通常能够有效应对被审计单位编制虚假财务报告、管理层或员工非法侵占货币资金等舞弊风险。除实施其他审计程序外,注册会计师还可以考虑对货币资金的发生额实施以下程序。

(1)结合银行账户性质,分析不同账户发生银行日记账漏记银行交易的可能性,获取相关账户相关期间的全部银行对账单。

(2)利用数据分析等技术,对比银行对账单上的收付款流水与被审计单位银行存款日记账上的收付款信息是否一致,对银行对账单及被审计单位银行存款日记账记录进行双向核对。

注册会计师通常可以考虑选择以下银行账户进行核对:基本户,余额较大的银行账户,发生额较大且收付频繁的银行账户,发生额较大但余额较小、零余额或当期注销的银行账户,募集资金账户等。

针对同一银行账户,注册会计师可以根据具体情况实施下列审计程序。

一是选定同一期间(月度、年度)的银行存款日记账、银行对账单的发生额合计数(借方及贷方)进行总体核对。

二是对银行对账单及被审计单位银行存款日记账记录进行双向核对,即在选定的账户和期间,从被审计单位银行存款日记账上选取样本,核对至银行对账单,以及自银行对账单中进一步选取样本,与被审计单位银行存款日记账记录进行核对。在运用数据分析技术时,可选择全部项目进行核对。核对内容包括日期、金额、借贷方向、收付款单位、摘要等。

三是对相同金额的一收一付、相同金额的多次转入转出等大额异常货币资金发生额,检查银行存款日记账和相应交易及资金划转的文件资料,关注相关交易及相应资金流转安排是否具有合理的商业理由。

浏览资产负债表日前后的银行对账单和被审计单位银行存款账簿记录,关注是否存在大额、异常资金变动以及大量大额红字冲销或调整记录,如存在,需要实施进一步的审计程序。

4.取得并检查银行存款余额对账单和银行存款余额调节表

取得并检查银行存款余额对账单和银行存款余额调节表是证实资产负债表中所列银行存款是否存在的重要程序。银行存款余额调节表通常应由被审计单位根据不同的银行账户及货币种类分别编制,其格式如表11-4所示。具体测试程序通常包括以下方面。

(1)取得并检查银行对账单

一是取得被审计单位加盖银行印章的银行对账单,必要时,亲自到银行获取对账单,并对获取全过程保持控制。此外,注册会计师还可以观察被审计单位人员登录并操作网银系统导出信息的过程,核对网银界面的真实性,核对网银中显示或下载的信息与提供给注册会计师的对账单中信息的一致性。

二是将获取的银行对账单余额与银行日记账余额进行核对,如存在差异,获取银行存款余额调节表。

三是将被审计单位资产负债表日的银行对账单与银行询证函回函核对,确认是否一致,核对账面记录的存款金额是否与对账单记录一致。

(2)取得并检查银行存款余额调节表(见表11-4)

表11-4　银行存款余额调节表
年　月　日

索引号:
页次:
币别:

户别:

项目(摘要)	金额(元)	项目(摘要)	金额(元)
企业银行存款日记账余额		银行对账单余额	
加:银行已收、企业未收款项		加:企业已收、银行未收款项	
其中:1		其中:1	
2		2	
3		3	
减:银行已付、企业未付款项		减:企业已付、银行未付款项	
其中:1		其中:1	
2		2	
3		3	
调节后的存款余额:		调节后的存款余额:	

编制人:　　　　　　　　　　　　　　复核人:
日期:　　　　　　　　　　　　　　　日期:

一是检查调节表中加计数是否正确,调节后银行存款日记账余额与银行对账单余额是否一致。

二是检查调节事项。对于企付银未付款项,检查被审计单位付款的原始凭证,并检查该项付款是否已在期后银行对账单上得以反映;在检查期后银行对账单时,就对账单上所记载的内容,如支票编号、金额等,与被审计单位支票存根进行核对。对于企收银未收款项,检查被审计单位收款入账的原始凭证,检查其是否已在期后银行对账单上得以反映。对于银收企未收、银付企未付款项,检查收、付款项的内容及金额,确定是否为截止错报。如果企业的银行存款余额调节表存在大额或长期未达账项,注册会计师应追查原因并检查相应的支持文件,判断是否为错报事项,确定是否需要提请被审计单位进行调整。

三是关注长期未达账项,查看是否存在挪用资金等事项。

四是特别关注银付企未付、企付银未付中支付异常的领款事项,包括没有载明收款人、签字不全等支付事项,确认是否存在舞弊。

5.函证银行存款余额

函证银行存款余额,编制银行函证结果汇总表,检查银行回函。应注意以下方面。

(1)向被审计单位在本期存过款的银行发函,包括零余额账户和在本期内注销的账户。

(2)确定被审计单位账面余额与银行函证结果的差异,对不符事项作出适当处理。

需要注意的是,函证银行存款余额是证实资产负债表所列银行存款是否存在的重要程序。通过向往来银行函证,注册会计师不仅可以了解企业资产的存在,还可以了解企业账面反映所欠银行债务的情况,并有助于发现企业未入账的银行借款和未披露的或有负债。

注册会计师应当对银行存款(包括零余额账户和在本期内注销的账户)及与金融机构往来的其他重要信息实施函证程序,除非有充分的证据表明某一银行存款及与金融机构往来的其他重要信息对财务报表不重要且与之相关的重大风险很低。如果不对这些项目实施函证程序,注册会计师应当在审计工作底稿中说明理由。

当实施函证程序时,注册会计师应当对询证函保持控制,当函证信息与银行回函结果不符时,注册会计师应当调查不符事项,以确定是否表明存在错报。

银行存款函证是指注册会计师在执行审计业务的过程中,需要以被审计单位的名义向有关单位发函询证,以验证被审计单位的银行存款是否真实、合法、完整。根据《关于进一步规范银行函证及回函工作的通知》(财会〔2020〕12号),银行业金融机构应当自收到符合规定的询证函之日起10个工作日内,按照要求将回函直接回复会计师事务所或交付跟函注册会计师。

注册会计师需要考虑是否对在本期内注销的账户的银行进行函证,这通常是因为有可能存款账户已注销但仍有银行借款或其他负债存在。表11-5列示了银行询证函格式,供参考。

表 11-5　银行询证函

编号：

××(银行)××(分支机构,如适用)(以下简称"贵行",即"函证收件人")：

本公司聘请的(××会计师事务所)正在对本公司[_____年度(或期间)]的财务报表进行审计,按照(中国注册会计师审计准则及列明其他相关审计准则名称)的要求,应当询证本公司与贵行相关的信息。下列第1～14项及附表(如适用)信息出自本公司的记录：

(1)如与贵行记录相符,请在本函"结论"部分(签字和签章)或(签发电子签名)①；

(2)如有不符,请在本函"结论"部分列明不符项目及具体内容,并(签字和签章)或(签发电子签名)；

本公司谨授权贵行将回函直接寄至××会计师事务所(或直接转交××会计师事务所函证经办人②),地址及联系方式③如下：

回函地址：

联系人：　　　　　电话：　　　　　传真：　　　　　邮编：

电子邮箱：

本公司谨授权贵行可从本公司××账户支取办理本询证函回函服务的费用(如适用)。

截至(_____年_____月_____日)(即"函证基准日"),本公司与贵行相关的信息④列示如下：

1. 银行存款

账户名称	银行账号	币种	利率	账户类型	账户余额	是否属于资金归集(资金池或其他资金管理)账户	起始日期	终止日期	是否存在冻结、担保或存在其他使用限制(如是,请注明)	备注

除上述列示的银行存款(包括余额为零的存款账户)外,本公司并无在贵行的其他存款。

2. 银行借款

借款人名称	借款账号	币种	余额	借款日期	到期日期	利率	抵(质)押品担保人	备注

除上述列示的银行借款外,本公司并无在贵行的其他借款。

3. 自　年　月　日起至　年　月　日期间内注销的银行存款账户

账户名称	银行账号	币种	注销账户日

除上述列示的注销账户外,本公司并无在贵行注销其他账户。

---

①　根据《中华人民共和国电子签名法》(简称《电子签名法》),可靠的电子询证函属于《电子签名法》规定的一种数据电文。可靠的电子签名与手写签名或者盖章具有同等法律效力。函证各相关方在数字函证平台中使用符合《电子签名法》相关规定的数据电文和电子签名具有法律效力。

②　会计师事务所应按照相关银行公示的函证具体要求提供相关人员的证明文件等。

③　"回函地址、联系人、电话、传真、邮编、电子邮箱"等要素应完整、准确填写。

4.本公司作为委托人的委托贷款

账户名称	银行结算账号	资金借入方	币种	利率	余额	贷款起止日期	备注

除上述列示的委托贷款外,本公司并无通过贵行办理的其他以本公司作为委托人的委托贷款。

5.本公司作为借款人的委托贷款

账户名称	银行结算账号	资金借出方	币种	利率	余额	贷款起止日期	备注

除上述列示的委托贷款外,本公司并无通过贵行办理的其他以本公司作为借款人的委托贷款。

6.担保
(1)本公司为其他单位提供的、以贵行为担保受益人的担保

被担保人	担保方式	币种	担保余额	担保到期日	担保合同编号	备注

除上述列示的担保外,本公司并无其他以贵行为担保受益人的担保。

(2)贵行向本公司提供的担保(如保函业务、备用信用证业务等)

被担保人	担保方式	币种	担保余额	担保到期日	担保合同编号	备注

除上述列示的担保外,本公司并无贵行提供的其他担保。

7.本公司为出票人且由贵行承兑而尚未支付的银行承兑汇票

银行承兑汇票号码	结算账户账号	币种	票面金额	出票日	到期日	抵(质)押品

除上述列示的银行承兑汇票外,本公司并无由贵行承兑而尚未支付的其他银行承兑汇票。

8.本公司向贵行已贴现而尚未到期的商业汇票

商业汇票号码	承兑人名称	币种	票面金额	出票日	到期日	贴现日	贴现率	贴现净额

除上述列示的商业汇票外,本公司并无由贵行已贴现而尚未到期的其他商业汇票。

9.本公司为持票人且由贵行托收的商业汇票

商业汇票号码	承兑人名称	币种	票面金额	出票日	到期日

除上述列示的商业汇票外,本公司并无由贵行托收的其他商业汇票。

10.本公司为申请人,由贵行开具的、未履行完毕的不可撤销信用证。

信用证号码	受益人	币种	信用证金额	到期日	未使用金额

除上述列示的不可撤销信用证外,本公司并无由贵行开具的、未履行完毕的其他不可撤销信用证。

11.本公司与贵行之间未履行完毕的外汇买卖合约。

类别	合约号码	贵行卖出币种	贵行买入币种	未履行的合约买卖金额	汇率	交收日期

除上述列示的外汇买卖合约外,本公司并无与贵行之间未履行完毕的其他外汇买卖合约。

12.本公司存放于贵行托管的证券或其他产权文件

证券或其他产权文件名称	证券代码或产权文件编号	数量	币种	金额

除上述列示的证券或其他产权文件外,本公司并无存放于贵行托管的其他证券或其他产权文件。

13.本公司购买的由贵行发行的未到期银行理财产品

产品名称	产品类型（封闭式/开放式）	币种	持有份额	产品净值	购买日	到期日	是否被用于担保或存在其他使用限制

除上述列示的银行理财产品外,本公司并无购买其他由贵行发行的银行理财产品。

14.其他

附表 资金归集(资金池或其他资金管理)账户具体信息

序号	资金提供机构名称(即拨入资金的具体机构)	资金提供机构账号	资金使用机构名称(即向该具体机构拨出资金)	资金使用机构账号	币种	截至函证基准日拨入或拨出资金余额(拨出填列正数,拨入填列负数)	备注
1	举例:A公司					××××	
2			举例:B公司			××××	
…	…		…			…	

(预留签章)

年　　　月　　　日

经办人:

职务:

电话:

以下由被询证银行填列

结论:

经本行核对,所函证项目与本行记载信息相符。特此函复。 　　　　　　　　年　　　月　　　日　　经办人:　　　职务:　　　电话: 　　　　　　　　　　　　　　　　　　　复核人:　　　职务:　　　电话: 　　　　　　　　　　　　　　　　　　　　　　　　　　　　　　(银行盖章)
经本行核对,存在以下不符之处。 　　　　　　　　年　　　月　　　日　　经办人:　　　职务:　　　电话: 　　　　　　　　　　　　　　　　　　　复核人:　　　职务:　　　电话: 　　　　　　　　　　　　　　　　　　　　　　　　　　　　　　(银行盖章)

6.检查银行存款账户存款人是否为被审计单位

检查银行存款账户存款人是否为被审计单位,若存款人非被审计单位,应获取该账户户主和被审计单位的书面声明,确认资产负债表日是否需要提请被审计单位进行调整。

7.关注是否存在质押、冻结等对变现有限制或存在境外的款项

关注是否存在质押、冻结等对变现有限制或存在境外的款项。如果存在,是否已提请被审计单位作必要的调整和披露。

8.列明不符合现金及现金等价物条件的银行存款

对不符合现金及现金等价物条件的银行存款在审计工作底稿中予以列明,以考虑对现金流量表的影响。

9.抽查大额银行存款收支的原始凭证

抽查大额银行存款收支的原始凭证,检查原始凭证是否齐全、记账凭证与原始凭证是否相符、账务处理是否正确、是否记录于恰当的会计期间等。检查是否存在非营业目的大额货币资金转移,并核对相关账户的进账情况;如有与被审计单位生产经营无关的收支事项,应查明原因并作相应的记录。

10. 检查银行存款收支的截止是否正确

选取资产负债表日前后若干张、一定金额以上的凭证实施截止测试，关注业务内容及对应项目，如有跨期收支事项，应考虑是否提请被审计单位进行调整。

11. 检查银行存款是否在财务报表中作出恰当列报

根据有关规定，企业的银行存款在资产负债表的"货币资金"项目中反映，所以，注册会计师应在实施上述审计程序后，确定银行存款账户的期末余额是否恰当，进而确定银行存款是否在资产负债表中恰当披露。此外，如果企业的银行存款存在抵押、冻结等使用限制情况或者潜在回收风险，注册会计师应关注企业是否已经恰当披露有关情况。

【例 11-4】

丁公司某银行账户的银行对账单余额为 1585000 元，在检查该账户银行存款余额调节表时，注册会计师注意到以下事项。

- 在途存款 100000 元；
- 未提现支票 50000 元；
- 未入账的银行存款利息收入 35000 元；
- 未入账的银行代扣水电费 25000 元。

假定不考虑其他因素，注册会计师审计后确认的该银行存款账户余额应是多少？

案例解析：

资产负债表上货币资金项目中包含的银行存款金额应是企业 12 月 31 日银行存款的实有数，这个实有数可能既不是企业银行存款日记账的账面数，又不是银行对账单上列示的余额，而是两方调节后一致的那个余额。有两种方法可以调节出这个余额。

其一，在银行存款日记账余额的基础上，加上银行增、企业没有增的金额，减去银行减、企业没有减的金额（本题没有提供银行存款日记账的余额，不能采取此方法）。

其二，在银行对账单余额的基础上加上企业增、银行未增的金额，减去企业减、银行未减的金额，即 $1585000 + 100000 - 50000 = 1635000$（元）。

三、其他货币资金审计

（一）其他货币资金的审计目标

其他货币资金的审计目标一般应包括（括号内为相应的财务报表认定）如下方面。

（1）确定企业资产负债表中记录的其他货币资金是否确实存在，是否有完整的记录（存在）。

（2）企业在一定期间内发生的其他货币资金收支业务是否均已完整记录（完整性）。

（3）记录的其他货币资金是否为企业所有或控制（权利和义务）。

（4）确定其他货币资金以恰当的金额包括在财务报表的货币资金项目中，与之相关的计价调整已恰当记录（准确性、计价和分摊）。

（5）其他货币资金在资产负债表中的列报与披露是否恰当（列报）。

（二）其他货币资金实施审计程序时需要关注的事项

注册会计师在对其他货币资金实施审计程序时，通常可能需要特别关注以下事项。

(1)保证金存款的检查,检查开立银行承兑汇票的协议或银行授信审批文件。可以将保证金账户对账单与相应的交易进行核对,根据被审计单位应付票据的规模合理推断保证金数额,检查保证金与相关债务的比例和合同约定是否一致,特别关注是否存在有保证金发生而被审计单位无对应保证事项的情形。

(2)对于存出投资款,跟踪资金流向,并获取董事会决议等批准文件、开户资料、授权操作资料等。如果投资于证券交易业务,通常结合相应金融资产项目审计,核对证券账户名称是否与被审计单位相符,获取证券公司证券交易结算资金账户的交易流水,抽查大额的资金收支,关注资金收支的财务账面记录与资金流水是否相符。

(3)检查因互联网支付而留存于第三方支付平台的资金。了解是否开立支付宝、微信等第三方支付账户,如是,获取相关开户信息资料,了解其用途和使用情况,获取与第三方支付平台签订的协议,了解第三方支付平台使用流程等内部控制,比照验证银行存款或银行交易的方式对第三方平台支付账户函证交易发生额和余额(如可行)。获取第三方支付平台发生额及余额明细,在验证这些明细信息可靠性的基础上(如观察被审计单位人员登录并操作相关支付平台导出信息的过程,核对界面的真实性,核对平台界面显示或下载的信息与提供给注册会计师的明细信息的一致性等)将其与账面记录进行核对,对大额交易考虑实施进一步的检查程序。

(三)定期存款的审计

如果被审计单位有定期存款,注册会计师可以考虑实施以下审计程序。

(1)如果定期存款占银行存款的比例偏高,或同时负债比例偏高,注册会计师需要向管理层询问定期存款存在的商业理由并评估其合理性。

(2)获取定期存款明细表,检查是否与账面记录金额一致,存款人是否为被审计单位,定期存款是否被质押或限制使用。

(3)监盘定期存款凭据,或实地观察被审计单位登录网银系统查询定期存款信息,并将查询信息截屏保存。如果被审计单位在资产负债表日有大额定期存款,基于对风险的判断,考虑选择在资产负债表日实施监盘。

(4)对存款期限跨越资产负债表日的未质押定期存款,检查开户证实书为原件而非复印件,以防止被审计单位提供的复印件是未质押或未提现前原件的复印件,特别关注被审计单位在定期存单到期之前,是否存在先办理质押贷款或提前套现,再用质押贷款所得货币资金或套取的货币资金虚增收入、挪作他用或从事其他违规业务的情形。在检查时,要认真核对相关信息,包括存款人、金额、期限等,如有异常,需实施进一步审计程序。

(5)对已质押的定期存款,检查定期存单复印件,并与相应的质押合同核对,核对存款人、金额、期限等相关信息;对于用于质押借款的定期存单,关注定期存单对应的质押借款有无入账;对于超过借款期限但仍处于质押状态的定期存款,还需要关注相关借款的偿还情况,了解相关质权是否已被行使;对于为他人担保的定期存单,关注担保是否逾期及相关质权是否已被行使。

(6)函证定期存款相关信息。按照《中国注册会计师审计准则第1312号——函证》的要求实施函证程序,关注银行回函是不是对包括"是否用于担保或存在其他使用限制"在内的项目给予了完整回复。

(7)结合财务费用和投资收益审计,分析利息收入的合理性,判断定期存款是否真实存在,或是否存在体外资金循环的情形。如果账面利息收入远大于根据定期存款计算的应得利息,很可能表明被审计单位存在账外定期存款;如果账面利息收入远小于根据定期存款计算的应得利息,很可能表明被审计单位存在转移利息收入或挪用、虚构定期存款的情况。

(8)对于在报告期内到期结转的定期存款、资产负债表日后已提取的定期存款,检查、核对相应的兑付凭证、银行对账单或网银记录等。

(9)关注被审计单位是否在财务报表附注中对定期存款及其受限情况(如有)给予充分披露。

本章小结

货币资金是企业资产的重要组成部分,与企业各项生产经营活动有着密切的关系,是企业资金运动的起点和终点。其增减变动与企业的采购、生产和销售等经济活动息息相关。本章从货币资金循环业务概述、主要内部控制和控制测试、库存现金审计、银行存款审计和其他货币资金审计等方面展开对货币资金审计的介绍。货币资金循环业务概述主要介绍了货币资金在循环中可能会涉及的各个循环业务、主要单据和会计记录以及其他注意事项;主要内部控制和控制测试介绍了货币资金内部控制概述、与货币资金相关的重大错报风险以及库存现金和银行存款控制测试;库存现金审计、银行存款审计和其他货币资金审计分别介绍了各自的审计目标以及实质性程序。

本章思考题

1.为什么货币资金审计需要结合其他交易循环进行?

2.良好货币资金内部控制应达到的要求有哪些?

3.库存现金盘点中应注意哪些问题?库存现金盘点和存货监盘的区别在哪里?

4.为什么货币现金在资产负债表中所占比重不大,审计师在年报审计中却偏好对其执行详细的细节测试?

5.在对 A 公司 2023 年度会计报表进行审计时,B 注册会计师负责审计货币资金项目。A 公司在总部和营业部均设有出纳部门。为顺利监盘库存现金,B 注册会计师在监盘前一天通知 A 公司会计主管人员做好监盘准备。考虑到出纳员日常工作安排,对总部和营业部库存现金的监盘时间分别定在上午 10 时和下午 3 时。监盘时,出纳员把现金放入保险柜,并将已办妥现金收付手续的交易登入现金日记账,结出现金日记账余额;然后,B 注册会计师当场盘点现金,在与现金日记账核对后填写"库存现金盘点表",并在签字后形成审计工作底稿。

要求:请指出上述库存现金监盘工作中有哪些不当之处,并提出改进建议。

6.某审计机构对 C 公司 2020 年 12 月 31 日的资产负债表执行审计。2021 年 1 月 20 日,审计人员查得"货币资金"项目下的库存现金为 5000 元,1 月 21 日上午 8 时对该公司的库存现金进行了监盘。1 月 20 日 A 公司现金日记账余额为 4990.5 元。盘点结果如下。

(1)保险柜中的现金盘点实有数为 4150.5 元。

（2）下列单据已收并付款,但尚未制证入账:

①职工甲于 1 月 14 日借差旅费 400 元,已经领导批准。

②职工乙于 1 月 10 日借款 600 元,未经批准,也未说明用途。

③在保险柜中,有已收款但未记账的凭证共 3 张,金额 160 元。

（3）银行核定库存现金限额为 5000 元。

（4）经核对 1 月 1—20 日的收付款凭证和现金日记账,核实 1—20 日收入现金为 2500 元、支出现金为 2 800 元,均正确无误。

要求:

（1）根据以上资料,编制库存现金盘点表,分析库存现金盘点应该关注的事项。

（2）分析 C 公司现金收支管理中存在的问题,并提出审计处理意见。

7.某审计机构对 D 公司 2020 年度的财务报表执行审计。在审查资产负债表中的"货币资金"项目时,发现该公司 2020 年 12 月 31 日银行存款余额为 350000 元,银行对账单余额为 363000 元。审计人员将银行存款日记账与银行对账单逐笔核对后发现下列情况:

（1）12 月 22 日,银行对账单上记录收到外地某加工厂的托收承付货款 60000 元,而 D 公司的银行存款日记账上并无记录。

（2）12 月 25 日,D 公司送存银行转账支票一张,系蓝天公司开具,面值 20000 元,D 公司已按进账单入账,但银行尚未入账。

（3）12 月 30 日,银行代付水电费 10000 元,但银行付款通知单尚未到达 D 公司。

（4）12 月 23 日,D 公司开出转账支票 30000 元,持票人尚未到银行办理转账手续。

（5）12 月 30 日,在银行对账单上有一张转账支票划出资金 50000 元,而企业的银行存款日记账上并无记录。审计人员是在查阅公司支票登记簿时发现此支票存根的,经查证,系出纳员私自将款项借给亲友使用,准备待其归还后直接销账。

（6）12 月 14 日,收到银行收款通知单,金额 38000 元,D 公司入账时将银行存款增加数错记成 35000 元。

要求:

（1）根据上述资料,编制银行存款余额调节表,核实 2020 年 12 月 31 日资产负债表中"货币资金"项目下的银行存款余额的正确性。

（2）D 公司银行存款业务中存在哪些问题?审计人员应如何应对?

（3）审计人员应当如何获取和检查 D 公司银行存款余额调节表?

第十二章　终结审计与审计报告

学习目标

掌握审计报告的意见类型和审计报告的要素

掌握关键审计事项段的确定原则

熟悉不同审计意见类型的审计报告格式和内容要求以及标准无保留意见的审计报告的审计意见表述

了解终结审计工作阶段需解决的问题

思政元素

不当审计意见与审计风险

出具非标准审计意见的情形

关键审计事项的确定原则

持续经营重大不确定性事项

非标准审计意见与退市风险警示

引例——渝钛白:第一份否定意见审计报告

重庆渝港钛白粉股份有限公司(简称"渝钛白公司")是在以吸收合并方式接受重庆化工厂后于1992年9月11日宣告成立的,是以社会募集方式设立的公众股份有限公司。1993年7月12日,"渝钛白"在深交所上市交易。从1996年开始,公司在经营上开始出现亏损(1996年亏损1318万元,公司未予分配)。

重庆会计师事务所对渝钛白公司进行了1997年度的审计,并于1998年3月签发了颇有争议的中国证券史上第一份否定意见审计报告。

报告指出:"1997年度应计入财务费用的借款即应付债券利息8064万元。贵公司将其资本化,计入了钛白粉工程成本;欠付中国银行常青市分行的美元借款利息898万元(折合人民币743万元),贵公司未计提入账。两项共影响利润8807万元。我们认为,由于本报告所述事项的重大影响,贵公司1997年12月31日资产负债表、1997年度利润及利润分配表、财务状况变动表未能公允地反映贵公司1997年12月31日财务状况和1997年度经营成果及资金变动情况。"

思考:根据案例,分析渝钛白公司被注册会计师出具否定意见的审计报告的原因。

第一节 终结审计工作

一、评价审计中的重大发现

(一)重大发现和事项

在完成审计工作阶段,项目合伙人和审计项目组考虑的重大发现和事项包括以下方面。

(1)期中复核中的重大发现及其对审计方法的影响。

(2)涉及会计政策的选择、运用和一贯性的重大事项,包括相关披露。

(3)就识别出的特别风险,对总体审计策略和具体审计计划所作的重大修改。

(4)在与管理层和其他人员讨论重大发现和事项时得到的信息。

(5)与注册会计师的最终审计结论相矛盾或不一致的信息。

(二)评价审计程序的结果

在完成审计工作阶段,对实施的审计程序的结果进行评价,以揭示出以下事项。

(1)为了实现计划的审计目标,是否有必要对重要性进行修订。

(2)对总体审计策略和具体审计计划的重大修改,包括对重大错报风险评估结果作出的重要修改。

(3)对审计方法有重要影响的值得关注的内部控制缺陷和其他缺陷。

(4)财务报表中存在的重大错报。

(5)项目组内部,或项目组与项目质量复核人员或提供咨询的其他人员之间,就重大会计和审计事项达成最终结论所存在的意见分歧。

(6)审计工作中遇到的重大困难。

(7)向事务所内部有经验的专业人士或外部专业顾问咨询的事项。

(8)与管理层或其他人员就重大发现以及与注册会计师的最终审计结论相矛盾或不一致的信息进行的讨论。

二、汇总审计差异

(一)编制审计差异调整表

在审计测试后,项目经理应当在符合每一位注册会计师形成的审计工作底稿的基础上汇总审计过程中发现的所有审计差异,分别编制调整分录汇总报表、重分类分录汇总表和未调整不符事项汇总表。

审计差异分为核算误差和重分类误差。核算误差是指因企业对经济业务进行不正确的会计核算而引起的误差;重分类误差是指因企业未按有关企业会计准则、会计制度的规定编制财务报表而引起的误差。

在实务中,注册会计师应当从核算误差的金额和性质两个方面考虑是否建议被审计单位更正。

对于单笔核算误差超过所涉及财务报表项目(或账项)层次重要性水平的,应建议被审计单位更正。

对于单笔核算误差低于所涉及财务报表项目(或账项)层次重要性水平,但性质重要的,如涉及舞弊与违法行为的核算误差、影响收益趋势的核算误差、股本项目等不期望出现的核算误差,应建议被审计单位更正。

对于单笔核算误差低于所涉及财务报表项目(或账项)层次重要性水平,并且性质不重要的,注册会计师可以容忍被审计单位不作调整;但当若干笔同类型单笔核算误差汇总数超过财务报表项目(或账项)层次重要性水平时,应从中选取几笔建议被审计单位更正,使其汇总错报降至重要性水平之下。

注册会计师应当就审计中查证出来的所有审计差异与被审计单位交换意见,并获得被审计单位同意账项调整、重分类调整和列报调整事项的书面确认;如果被审计单位不同意调整,应要求其说明原因,并根据未更正错报的重要性,确定是否以及如何在审计报告中予以反映。

(二)编制试算平衡表

试算平衡表是注册会计师在被审计单位提供的未审计财务报表的基础上,考虑调整分录、重分类分录等内容以确定已审数与报表披露数的表式。资产负债表和利润表试算平衡表的参考格式见表12-1、表12-2,需注意以下方面。

试算平衡表的期末未审数栏,应根据被审计单位提供的未审计财务报表填列。

有些财务报表项目在审计调整分录中多次出现,需要利用"丁"字形账户,区分调整分录与重分类分录分别进行汇总,然后将按财务报表项目汇总后的借、贷方发生额分别过入试算平衡表中的账项调整和重分类调整栏内。

在编制完试算平衡表后,应注意核对相应的勾稽关系。

(1)资产负债表试算平衡表左边的未审数、审定数各栏合计数分别等于其右边相应各栏的合计数。

(2)资产负债表试算平衡表左边的账项调整栏中的借方合计数与贷方合计数之差应等于右边的账项调整栏中的贷方合计数与借方合计数之差。

(3)资产负债表试算平衡表左边的重分类调整栏中的借方合计数与贷方合计数之差应等于右边的重分类调整栏中的贷方合计数与借方合计数之差。

(4)资产负债表试算平衡表中未分配利润项目的期末审定数栏的数额,应等于利润表试算平衡表中净利润项目的审定数栏的数额。

表 12-1　资产负债表试算平衡表

被审计单位:＿＿＿＿＿＿＿＿＿＿　　　索引号:＿＿＿＿＿＿＿＿＿＿
项目:资产负债表　　　　　　　　　　财务报表截止日/期间:＿＿＿＿＿
编制:＿＿＿＿＿＿＿＿＿＿　　　　　复核:＿＿＿＿＿＿＿＿＿＿
日期:＿＿＿＿＿＿＿＿＿＿　　　　　日期:＿＿＿＿＿＿＿＿＿＿

项目	期末未审数	账项调整		重分类调整		期末审定数	项目	期末未审数	账项调整		重分类调整		期末审定数
		借方	贷方	借方	贷方				借方	贷方	借方	贷方	
货币资金							短期借款						

续 表

项目	期末未审数	账项调整		重分类调整		期末审定数	项目	期末未审数	账项调整		重分类调整		期末审定数
		借方	贷方	借方	贷方				借方	贷方	借方	贷方	
交易性金融资产							交易性金融负债						
应收票据							应付票据						
应收账款							应付账款						
预付款项							预收款项						
应收利息							应付职工薪酬						
应收股利							应交税费						
其他应收款							应付利息						
存货							应付股利						
一年内到期的非流动资产							其他应付款						
其他流动资产							一年内到期的非流动负债						
可供出售金融资产							其他流动负债						
持有至到期投资							长期借款						
长期应收款							应付债券						
长期股权投资							长期应付款						
投资性房地产							专项应付款						
固定资产							预计负债						
在建工程							递延所得税负债						
工程物资							其他非流动负债						
固定资产清理							实收资本/股本						
无形资产							资本公积						
开发支出							盈余公积						
商誉							未分配利润						
长期待摊费用													

项目	期末未审数	账项调整		重分类调整		期末审定数	项目	期末未审数	账项调整		重分类调整		期末审定数
		借方	贷方	借方	贷方				借方	贷方	借方	贷方	
递延所得税资产													
其他非流动资产													
合计							合计						

表 12-2 利润表试算平衡表

被审计单位：_____ 索引号：_____
项目：利润表 财务报表截止日/期间：_____
编制：_____ 复核：_____
日期：_____ 日期：_____

项目		未审数	调整金额		审计数	索引号
			借方	贷方		
一	营业收入					
	减:营业成本					
	营业税金及附加					
	销售费用					
	管理费用					
	财务费用					
	资产减值损失					
	加:公允价值变动损益					
	投资收益					
二	营业利润					
	加:营业外收入					
	减:营业外支出					
三	利润总额					
	减:所得税费用					
四	净利润					

三、对财务报表总体合理性实施分析程序

在审计结束阶段,注册会计师必须实施分析程序对经审计调整后的财务报表的整体合理性进行复核,以判断调整后的财务报表各数据之间是否存在不正常的预期关系。应执行的分析程序主要集中在注册会计师认定的重要审计领域,以及审计过程中所发现的不寻常或不期望出现的余额或交易的证据的充分性方面。首先,应全面审阅财务报表及其附注,分

析针对实质性测试时发现的不寻常或不期望出现的问题所收集的证据的充分性;其次,确定是否还可能存在任何其他的不寻常或不期望出现的关系。如果这种关系存在,那么必须在完成外勤审计工作时追加实施额外的审计程序。例如,如果销售严重下降,而存货却在继续增长,那么注册会计师就要考虑是否收集了足够的审计证据来得出存货没有高估的结论。

四、评价审计结果

注册会计师评价审计结果,主要是从整体的角度确定将要发表意见的类型以及在整个审计工作中是否遵循了审计准则。为此,注册会计师必须完成两项工作:一是对重要性和审计风险进行最终的评价;二是对被审计单位已审计财务报表形成审计意见并草拟审计报告。

(一)对重要性和审计风险进行最终评价

对重要性和审计风险进行最终评价,是注册会计师决定发表何种类型审计意见的必要过程,可通过以下两个步骤来完成。

1.按财务报表项目确定可能的错报金额汇总数(即可能错报总额)

可能的错报总额包括:通过交易和财务报表项目实质性测试所确认的未更正错报;通过测试样本估计出的总体错报减去在测试中已识别的具体错报所得的推断误差;通过实质性分析程序推断出的估计错报。另外,还要考虑上一期任何未更正且仍对本期财务报表产生影响的错报。

2.评价未更正错报的影响

①如果注册会计师认为某一单项错报是重大的,则该项错报不太可能被其他错报抵消。

②对于同一账户余额或同一类别的交易内部的错报,这种抵消可能是适当的。

③确定一项分类错报是否重大,需要进行定性评估。即使分类错报超过了在评价其他错报时运用的重要性水平,注册会计师可能仍然认为该分类错报对财务报表整体不产生重大影响。

④某些错报低于财务报表整体重要性,但因与这些错报相关的某些情况,在将其单独或连同在审计过程中累积的其他错报一并考虑时,注册会计师也可能将这些错报评价为重大错报。

未更正错报对财务报表产生重大影响时,审计风险增加。如果注册会计师得出结论,审计风险处在一个可接受的水平,可以直接提出审计结果所支持的意见。如果注册会计师认为审计风险不能接受,应追加实施额外的实质性测试或者说服被审计单位作出必要调整,以便使重要错报的风险降到可以接受的水平。否则,注册会计师应慎重考虑该审计风险对审计报告的影响。

(二)对被审计单位已审计财务报表形成审计意见并草拟审计报告

在审计过程中,要实施各种测试。这些测试通常是由参与本次审计工作的审计项目组成员来执行的,而每个成员所执行的测试可能只限于某几个领域或账项,所以,在每个功能领域或报表项目的测试都完成之后,审计项目经理应汇总所有成员的审计结果。

在终结审计工作阶段,为了对财务报表整体发表适当的意见,审计项目经理应当将分散的审计结果加以汇总和评价,综合评价后,再逐级交给部门经理和主任会计师认真复核。

在对审计意见形成最后决定之前,会计师事务所通常要与被审计单位召开沟通会。在会议上,注册会计师可口头报告本次审计所发现的问题,并说明建议被审计单位作必要调整或表外披露的理由。当然,管理层也可以在会上申辩其立场。最后,通常会就需要被审计单位作出的改变达成协议。如达成了协议,注册会计师一般即可签发标准审计报告,否则,注册会计师考虑发表其他类型的审计意见。

签发审计报告前,还要对审计工作底稿进行最终复核,一般由会计师事务所的主管合伙人或主任会计师负责进行,是对整套审计工作底稿的原则性复核。该项复核是会计师事务所审计工作底稿分级复核制度的重要组成部分。

会计师事务所的主管合伙人或主任会计师在签发审计报告前,对审计工作底稿复核的主要内容包括以下四个方面。

(1)审计程序的恰当性。复核所实施的审计程序是否符合审计计划的要求,这些审计程序在审计过程中是否得到了充分应用,所有审计程序是否已完成并且在审计工作底稿中予以恰当记录。

(2)审计工作底稿的充分性。复核已获取的审计工作底稿是否足以支持注册会计师所发表的审计意见;对已经收集的被审计单位的概况资料、经济业务情况、内部控制系统及会计记录等,连同注册会计师制订的审计计划、审计程序以及所采用的审计步骤、方法,是否都已编入审计工作底稿;每份审计工作底稿的标题、编制日期、资料来源及资料的性质等基本要素是否完整;相关审计工作底稿是否表述清晰、记录有序并足以自明。

(3)审计过程中是否存在重大遗漏。复核是否存在会导致需进一步查询和追加审计程序的事项;是否存在涉及违反企业会计准则或未遵循有关管理机构要求的重大事项;所有例外事项是否已经查清并且记录;是否存在审计步骤不完善或未解决的问题;是否存在前期审计中注明的至今未解决的重大事项;是否存在与被审计单位未达成一致意见的未解决的会计和审计事项;是否存在严重影响被审计单位财务报表反映的其他事项。

(4)审计工作是否符合会计师事务所的质量要求。复核和检查注册会计师在审计工作中是否遵循了独立性原则;对助理审计人员是否进行了指导和监督;对超越注册会计师知识范围的事项是否向有关专家或机构进行了咨询;是否遵循了会计师事务所的内部管理制度;注册会计师和助理审计人员的知识、专业技能是否符合要求;是否实现了审计目标;提出的审计结论是否与工作结果一致。

五、考虑持续经营假设

持续经营假设是指被审计单位在编制财务报表时,假定其经营活动在可预见的将来会继续下去,不拟也不必终止经营或破产清算,可以在正常的经营过程中变现资产、清偿债务。持续经营假设是会计确认和计量的基本假定之一,企业正常的会计核算都是在这一假设下进行的。在竞争日益激烈的市场经济环境下,企业可能因各种危机而面临能否持续经营的问题,这就给企业的经营增添了很大的不确定性,在这样的经济环境下,对持续经营假设的评估就显得格外重要,注册会计师也承担更大的风险。因此,在财务报表审计中评估被审计单位能否持续经营十分必要。

(一)可能导致对被审计单位持续经营能力产生重大疑虑的事项或情况的示例

以下是单独或汇总起来的可能导致对被审计单位持续经营能力产生重大疑虑的事项或

情况的示例。这些示例并不能涵盖所有事项或情况,也不意味着存在其中一个或多个项目就一定表明存在重大不确定性。

财务方面:①净资产为负或营运资金出现负数;②定期借款即将到期,但预期不能展期或偿还,或过度依赖短期借款为长期资产筹资;③存在债权人撤销财务支持的迹象;④历史财务报表或预测性财务报表表明经营活动产生的现金流量净额为负数;⑤关键财务比率不佳;⑥发生重大经营亏损或用以产生现金流量的资产的价值出现大幅下跌;⑦拖欠或停止发放股利;⑧在到期日无法偿还债务;⑨无法履行借款合同的条款;⑩与供应商由赊购变为货到付款;⑪无法获得开发必要的新产品或进行其他必要的投资所需的资金。

经营方面:①管理层计划清算被审计单位或终止运营;②关键管理人员离职且无人替代;③失去主要市场、关键客户、特许权、执照或主要供应商;④出现用工困难问题;⑤重要供应短缺;⑥出现非常成功的竞争者。

其他方面:①违反有关资本或其他法定或监管要求,如对金融机构的偿债能力或流动性要求;②未决诉讼或监管程序,可能导致其无法支付索赔金额;③法律法规或政府政策的变化预期会产生不利影响;④对发生的灾害未购买保险或保额不足。

某些措施通常可以减轻这些事项或情况的严重性。例如,被审计单位无法正常偿还债务的影响,可能被管理层通过替代方法(如处置资产、重新安排贷款偿还或获得额外资本金)计划保持足够的现金流量所抵消。类似地,主要供应商的流失也可以通过寻找适当的替代供应来源以降低损失。

(二)管理层的责任

管理层的责任是根据适用的企业会计准则和相关会计制度的规定评估被审计单位的持续经营能力。管理层对被审计单位持续经营能力的评估,是注册会计师考虑管理层运用持续经营假设的一个关键部分。被审计单位在财务、经营以及其他方面存在的某些事项或情况可能导致经营风险,这些事项或情况可能导致对持续经营假设产生重大疑虑。管理层在特定时点要对这些事项或情况的不确定未来结果作出判断。我国企业会计准则明确要求管理层对被审计单位持续经营能力作出专门评估,并规定了与此相关的需要考虑的事项和作出的披露。如果持续经营假设是编制财务报表的基本原则,即使其他财务报告编制基础没有对此作出明确规定,管理层也需要在编制财务报表时评估持续经营能力。管理层对持续经营能力的评估涉及在特定时点对事项或情况的未来结果作出判断,这些事项或情况的未来结果具有固有的不确定性。下列因素与管理层的判断相关。

(1)某一事项或情况或其结果出现的时点距离管理层作出评估的时点越远,与事项或情况的结果相关的不确定性程度将越高。因此,大多数明确要求管理层对持续经营能力作出评估的财务报告编制基础规定了管理层应当考虑所有可获得信息的期间。

(2)被审计单位的规模和复杂程度、经营活动的性质和状况以及被审计单位受外部因素影响的程度,将影响对事项或情况的结果作出的判断。

(3)对未来的所有判断都以作出判断时可获得的信息为基础。管理层作出的判断在当时情况下可能是合理的,但之后发生的事项可能导致事项或情况的结果与作出的判断不一致。

(三)注册会计师的责任

注册会计师的责任是,就管理层在编制财务报表时运用持续经营假设的适当性获取充分、适当的审计证据并得出结论,并根据获取的审计证据就被审计单位持续经营能力是否存在重大不确定性得出结论。即使编制财务报表时采用的财务报告编制基础没有明确要求管理层对持续经营能力作出专门评估,注册会计师的这种责任仍然存在。如果存在可能导致被审计单位不再持续经营的未来事项或情况,审计的固有限制对注册会计师发现重大错报能力的潜在影响会加大。注册会计师不能对这些未来事项或情况作出预测。相应地,注册会计师未在审计报告中提及与被审计单位持续经营能力相关的重大不确定性,不能被视为对被审计单位持续经营能力的保证。

六、或有事项

(一)或有事项审计目标和意义

或有事项,是指过去的交易或事项形成的,其结果须由某些未来事项的发生或不发生才能决定的不确定事项。或有事项可能由被审计单位承担潜在义务(损失)或收取潜在收益。这种事项发生的可能性在资产负债表日仍然不能确定。常见的或有事项主要包括未决诉讼或仲裁、债务担保、产品质量保证、承诺、亏损合同和重组义务等。

或有事项的确认在很大程度上依靠被审计单位管理层的主观判断,如果处理不当则容易对企业的财务状况和经营成果产生较大影响,因此应当重视对或有事项的审计。

注册会计师对或有事项的审计目标主要如下:确定或有事项是否存在和完整;确定或有事项的确认和计量是否符合企业会计准则的规定;确定或有事项的列报是否恰当。其中,最主要的是应当关注或有事项的完整性。

(二)或有事项的审计程序

或有事项审计往往作为其他审计事项的一个重要组成部分,而不是在临近审计工作结束时,作为一个单独的事项来审计。例如,税务纠纷一般作为审计应纳税金、复核税务机构报告的一部分来加以核实。即使需要对或有事项单独进行审计,通常也是在即将完成审计工作的最后几天之前执行,以确保其测试的正确性。在审计工作临近结束时对或有负债进行的测试多数是复核,而非初次测试。

或有事项的审计目标主要是确定或有事项的存在性。一般来讲,发现未记录的交易或事项要比验证已记录的信息难得多。在许多审计中,如果没有管理层的配合,要求审计师发现或有事项是不现实的。而一旦注册会计师明确了存在或有事项,通常都能够满意地解决对其重要性和披露要求的评价问题。

一般而言,用于查找或有事项的审计程序如下。

(1)向被审计单位管理层询问其确定、评价与控制或有事项的有关方针政策和工作程序。以口头或书面形式询问被审计单位管理层是否存在未记录的或有事项。在询问中,注册会计师必须具体指出应予披露的或有事项的种类,以提醒管理层是否存在由于自己疏忽或未完全理解的或有事项。在审计工作结束时,通常应要求管理层出具一份书面声明,明确表明不存在没有披露的或有事项。当然,询问管理层对于发现其蓄意隐瞒的已经存在的或有事项没有多大用处。

（2）向被审计单位管理层索取下列资料，并作出必要的审核和评价：①被审计单位有关或有事项的全部文件和凭证；②被审计单位与银行之间的往来函件，以查找有关票据贴现、应收账款抵借、票据背书和对其他债务的担保；③被审计单位的债务说明书。其中，除其他债务说明外，还应包括对或有事项的说明，即说明已知的或有事项均已在财务报表中作了适当反映。

（3）向有关人员或单位询问或函证，寻找是否存在或有事项：①向被审计单位律师或法律顾问询问是否存在法律诉讼、仲裁或其他事项，并取得书面文件；②向被审计单位主管税务机关函询是否存在税务纠纷；③向被审计单位往来银行函证是否存在应收票据贴现及金额，是否提供担保事项。

（4）复核已经填写的审计工作底稿，关注是否存在可能的或有事项。

（5）查阅是否存在被审计单位对未来事项的财务承诺或其他承诺。

（6）查阅或有事项会计处理的适当性。

七、期后事项

期后事项，是指财务报表日至审计报告日之间发生的事项，以及注册会计师在审计报告日后知悉的事实。

注册会计师应当获取充分、适当的审计证据，以确定财务报表日至审计报告日之间发生的、需要在财务报表中调整或披露的事项是否已经按照适用的财务报告编制基础在财务报表中得到恰当反映。而且，注册会计师应当恰当应对在审计报告日后注册会计师知悉的，且如果在审计报告日知悉可能导致注册会计师修改审计报告的事实。可能对财务报表和审计报告产生影响的期后事项有两类。

（一）资产负债表日后调整事项

资产负债表日后调整事项，是指对资产负债表日已经存在的情况提供了新的或进一步证据的事项。这类事项影响财务报表金额，需提请被审计单位调整报表。

（1）资产负债表日后法院诉讼案件结案。

（2）资产负债表日后收到信息表明，资产在报表日已经减值。

（3）资产负债表日后确定资产负债表日前购入资产的成本。

（4）资产负债表日后发现财务报表存在欺诈。

这类事项或交易为管理层确定资产负债表日各类账户金额是否公允表达以及审计师验证其余额提供了额外的信息，可能改变注册会计师对被审计单位财务报表的审计意见，所以注册会计师必须给予充分关注。

（二）资产负债表日后非调整事项

1. 在财务报表中需要披露的事项列举

资产负债表日后非调整事项，即表明资产负债表日后发生情况的事项。这类事项虽然不影响财务报表金额，但如果不披露则可能影响信息使用者的决策和判断，需提请被审计单位在财务报表附注中披露。以下列举的期后事项需要在财务报表中披露，而不需要对财务报表进行调整。

（1）资产负债表日后发生重大诉讼、仲裁、承诺。

（2）资产负债表日后资产价格、税收政策、外汇汇率发生重大变化。

（3）资产负债表日后因自然灾害导致资产发生重大损失。

（4）资产负债表日后发行股票和债权及其他巨额举债。

（5）资产负债表日后资本公积转增资本。

（6）资产负债表日后发生巨额亏损。

（7）资产负债表日后发生企业合并或处置子公司。

（8）资产负债表日后企业利润分配方案中拟分配的以及经审议批准宣告发放的股利或利润。

2. 对期后事项的复核

注册会计师对期后事项进行复核，通常仅限于资产负债表日至审计报告日期间的交易和事项。由于审计报告日与完成重要审计程序的时间一致，所以期后事项审核应当于审计工作即将结束时完成。图 12-1 说明了需要复核的期后事项的时间范围和执行复核的时机。

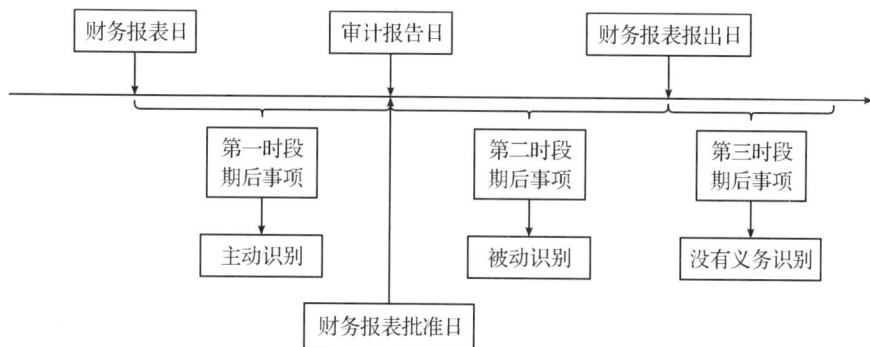

图 12-1　期后事项识别示意

图 12-1 中，财务报表日是指财务报表涵盖的最近期间的截止日期；审计报告日是指注册会计师按照《中国注册会计师审计准则第 1501 号——对财务报表形成审计意见和出具审计报告》的规定，在对财务报表出具的审计报告上签署的日期。财务报表报出日是指审计报告和已审计财务报表提供给第三方的日期。审计报告的日期向财务报表使用者表明，注册会计师已考虑其知悉的、截至审计报告日发生的事项和交易的影响。

审计报告日不应早于注册会计师获取充分、适当的审计证据（包括证明构成整套财务报表的所有报表已编制完成，并且法律法规规定的被审计单位董事会、管理层或类似机构已经认可其对财务报表负责的证据），并在此基础上对财务报表形成审计意见的日期。因此，审计报告日不应早于财务报表批准日。由于事务性方面的原因，审计报告提交给被审计单位的日期与审计报告日可能并不相同，而是滞后一段时间。

财务报表报出日通常取决于被审计单位的监管环境。在某些情况下，财务报表报出日可能是财务报表报送给监管机构的日期。由于已审计财务报表不能在未附审计报告的情况下报出，所以已审计财务报表的报出日不应早于审计报告日，且不应早于审计报告提交给被审计单位的日期。

在某些国家或地区，法律法规指定个人或机构（如管理层或治理层）负责就构成整套财务报表的所有报表（包括相关附注）已编制完成，得出结论，并规定了必要的批准程序。在其他一些国家或地区,法律法规并未对批准程序作出规定,因此被审计单位根据其管理和治理结构,按其自身的程序来编制和完成财务报表。

在某些国家或地区,财务报表需要由股东最终批准。在这些国家或地区,股东的最终批准并非注册会计师认为已获取充分、适当的审计证据的必要条件。就审计准则而言,财务报表批准日是一个比较早的日期,即被审计单位的董事会、管理层或类似机构确定构成整套财务报表的所有报表(包括相关附注)已经编制完成,并声称对此负责的日期。

根据财务报表日、审计报告日和财务报表报出日将期后事项分为三个时段:第一个时段是财务报表日后至审计报告日,这一期间发生的事项可称为"第一时段期后事项";第二个时段是审计报告日后至财务报表报出日,这一期间发生的事项可称为"第二时段期后事项";第三个时段是财务报表报出日后,这一期间发生的事项可称为"第三时段期后事项"。

对不同时段的期后事项注册会计师了解或识别的责任不同。对于第一时段期后事项,注册会计师需要实施必要的审计程序去主动识别;对于第二时段期后事项,注册会计师无须实施审计程序或进行专门查询,但管理层有责任告知注册会计师可能影响财务报表的事实,属于被动识别;对于第三时段期后事项,注册会计师没有义务针对财务报表实施任何审计程序。

八、获取书面声明

书面声明,是指管理层向注册会计师提供的书面陈述,用以确认某些事项或支持其他审计证据。书面声明不包括财务报表及其认定,以及支持性账簿和相关记录。

书面声明是注册会计师在财务报表审计中需要获取的必要信息,也是审计证据。尽管书面声明提供必要的审计证据,但其本身并不为所涉及的任何事项提供充分、适当的审计证据。而且,管理层已提供可靠书面声明的事实,并不影响注册会计师就管理层责任履行情况或具体认定获取的其他审计证据的性质和范围。

(一)注册会计师获取书面声明的目标

向管理层获取其认为自身已履行编制财务报表和向注册会计师提供完整信息的责任的书面声明;如果注册会计师认为有必要或其他审计准则有要求,通过书面声明支持与财务报表或具体认定相关的其他审计证据;恰当应对管理层提供的书面声明或管理层不提供注册会计师要求的书面声明的情况。

(二)针对管理层责任的书面声明

针对财务报表的编制,注册会计师应当要求管理层提供书面声明,确认其根据审计业务约定条款,履行了按照适用的财务报告编制基础编制财务报表并使其实现公允反映(如适用)的责任。

针对提供的信息和交易的完整性,注册会计师应当要求管理层就下列事项提供书面声明:按照审计业务约定条款,已向注册会计师提供所有相关信息,并允许注册会计师不受限制地接触所有相关信息以及被审计单位内部人员和其他相关人员,所有交易均已记录并反映在财务报表中。

注册会计师应当要求管理层按照审计业务约定条款中对管理层责任的描述方式,在书面声明中对管理层责任进行描述。

(三)其他书面声明

如果注册会计师认为有必要获取一项或多项其他书面声明,以支持与财务报表或者一项或多项具体认定相关的其他审计证据,注册会计师应当要求管理层提供这些书面声明。

(四)书面声明的日期和涵盖的期间

书面声明的日期应当尽量接近对财务报表出具审计报告的日期,但不得在审计报告日后。书面声明应当涵盖审计报告针对的所有财务报表和期间。

(五)书面声明的形式

书面声明应当以声明书的形式致送注册会计师。如果法律法规要求管理层就其责任作出书面公开陈述,并且注册会计师认为这些陈述提供了审计准则要求的部分或全部声明,则这些陈述所涵盖的相关事项不必包括在声明书中。

(六)对书面声明可靠性的疑虑以及管理层不提供要求的书面声明

如果对管理层的胜任能力、诚信、道德价值观或勤勉尽责存在疑虑,或者对管理层在这些方面的承诺或贯彻执行存在疑虑,注册会计师应当确定这些疑虑对书面或口头声明和审计证据总体的可靠性可能产生的影响。

如果书面声明与其他审计证据不一致,注册会计师应当实施审计程序以设法解决这些问题。如果问题仍未解决,注册会计师应当重新考虑对管理层的胜任能力、诚信、道德价值观或勤勉尽责的评估,或者重新考虑对管理层在这些方面的承诺或贯彻执行的评估,并确定书面声明与其他审计证据的不一致对书面或口头声明和审计证据总体的可靠性可能产生的影响。

如果认为书面声明不可靠,注册会计师应当采取适当措施,确定其对审计意见可能产生的影响。

如果管理层不提供要求的一项或多项书面声明,注册会计师应当采取以下措施:与管理层讨论该事项;重新评价管理层的诚信,并评价该事项对书面或口头声明和审计证据总体的可靠性可能产生的影响;采取适当措施,确定该事项对审计意见可能产生的影响。

如果存在下列情形之一,注册会计师应当对财务报表发表无法表示意见:

(1)注册会计师对管理层的诚信产生重大疑虑,以至于认为其按照审计准则的要求作出的书面声明不可靠。

(2)管理层不提供审计准则要求的书面声明。

第二节　审计报告的意见类型

一、审计报告概述

(一)审计报告的定义

审计报告是指注册会计师根据审计准则的规定,在执行审计工作的基础上,对被审计单位财务报表发表审计意见的书面文件。

财务报表,是指整套通用目的财务报表,包括相关附注。相关附注通常包括重要会计政策和会计估计。适用的财务报告编制基础的规定决定了财务报表的形式和内容,以及整套财务报表的构成。通用目的的财务报表,是指按照通用目的编制基础编制的财务报表。通用目的的编制基础,是指旨在满足广大财务报表使用者共同财务信息需求的财务报告编制基础。

1.审计报告的特征

审计报告是注册会计师在完成审计工作后向委托人提交的最终产品,具有以下特征。

(1)注册会计师应当按照审计准则的规定执行审计工作。

(2)注册会计师只有在实施审计工作的基础上才能出具审计报告。注册会计师只有通过实施审计程序,获取充分、适当的审计证据,得出合理的审计结论,才能作为形成审计意见的基础。

(3)注册会计师通过对财务报表发表意见,履行业务约定书约定的责任。财务报表审计的目标是注册会计师应当就财务报表是否在所有重大方面按照适用的财务报告编制基础的规定编制并实现公允反映形成审计意见。因此,在实施审计工作的基础上,注册会计师需要对财务报表形成审计意见,并向委托人提交审计报告。

(4)注册会计师应当以书面形式出具审计报告。审计报告具有特定的内容和格式,注册会计师只有以书面形式出具报告,才能清楚地表达对财务报表发表的审计意见。

2.审计报告的评价

注册会计师应当在评价根据审计证据得出的结论的基础上,对财务报表形成审计意见,通过书面报告的形式清楚地表达审计意见。具体而言,注册会计师应当就财务报表是否在所有重大方面按照适用的财务报告编制基础的规定编制并实现公允反映形成审计意见。

在评价时,注册会计师应当考虑被审计单位会计实务的质量,包括表明管理层的判断可能出现偏向的迹象。注册会计师可能注意到管理层判断中存在的偏向。注册会计师可能认为缺乏中立性产生的累积影响,连同未更正错报的影响,导致财务报表整体存在重大错报。管理层缺乏中立性可能影响注册会计师对财务报表整体是否存在重大错报的评价。缺乏中立性的迹象包括下列情形:①管理层对注册会计师在审计期间提请其注意的错报进行选择性更正。例如,如果更正某一错报将增加盈利,则对该错报予以更正;反之,如果更正某一错报将减少盈利,则对该错报不予更正。②管理层在作出会计估计时可能存在偏向。涉及管理层在作出会计估计时可能存在的偏向以及在得出单项会计估计是否合理的结论时,可能存在管理层偏向的迹象,这些本身并不构成错报。然而,这些迹象可能影响注册会计师对财务报表整体是否不存在重大错报的评价。为了形成审计意见,针对财务报表整体是否不存在舞弊或错误导致的重大错报,注册会计师应当得出结论,确定是否已就此获取合理保证。

注册会计师应当评价财务报表是否恰当提及或说明适用的财务报告编制基础。管理层和治理层(如适用)编制的财务报表需要恰当说明适用的财务报告编制基础。这种说明向财务报表使用者告知编制财务报表所依据的编制基础。

注册会计师应当依据适用的财务报告编制基础特别评价下列内容:①财务报表是否充分披露了所选择和运用的重要会计政策;②所选择和运用的重要会计政策是否符合适用的财务报告编制基础,并适合被审计单位的具体情况;③管理层作出的会计估计是否合理;④财务报表列报的信息是否具有相关性、可靠性、可比性和可理解性;⑤财务报表是否作出充分披露,使预期使用者能够理解重大交易和事项对财务报表所传递信息的影响;⑥财务报表使用的术语(包括每一财务报表的标题)是否适当。

在评价财务报表是否实现公允反映时,注册会计师应当考虑下列方面:财务报表的整体列报、结构和内容是否合理;财务报表(包括相关附注)是否公允地反映了相关交易和事项。

无论是出具标准审计报告,还是非标准审计报告,注册会计师一旦在审计报告中签名并盖章,就表明对其出具的审计报告负责。审计报告是注册会计师对财务报表合法性和公允性发表审计意见的书面文件,注册会计师应当将已审计的财务报表附于审计报告后,以便于财务报表使用者正确理解和使用审计报告,并防止被审计单位替换、更改已审计的财务报表。

(二)审计报告的作用

注册会计师签发的审计报告,主要有鉴证、保护和证明三方面的作用。

1.鉴证作用

注册会计师签发的审计报告,不同于政府审计和内部审计,是以超然独立的第三方身份,对被审计单位财务报表的合法性、公允性以及会计处理方法的一贯性发表意见。这种客观意见具有鉴证作用,得到了政府、投资者和其他利益相关者的普遍认可。政府有关部门判断财务报表是否合法、公允,主要依据注册会计师的审计报告。企业的投资者,主要依据注册会计师的审计报告来判断企业的财务报表是否合法、公允地反映了财务状况和经营成果,以进行投资决策等。

2.保护作用

注册会计师通过审计,可以对被审计单位财务报表出具不同类型审计意见的审计报告,以提高或降低财务报表使用者对财务报表的信赖程度,能够在一定程度上对被审计单位的债权人和股东以及其他利害关系人的利益起到保护作用。例如,投资者为降低投资风险,需要在进行投资之前查阅被投资企业的财务报表和注册会计师的审计报告,了解被投资企业的经营情况和财务状况。

3.证明作用

审计报告是对注册会计师审计任务完成情况及其结果所作的总结,还可以表明审计工作的质量并明确注册会计师的审计责任,因此,审计报告可以对审计工作质量和注册会计师的审计责任起证明作用。例如,注册会计师是否以获取的审计证据为依据发表审计意见,发表的审计意见是否与被审计单位的实际情况相一致,审计工作的质量是否符合要求。

二、审计意见的类型

注册会计师根据审计结果和被审计单位对有关问题的处理情况,形成不同的审计意见,出具四种基本类型的审计报告,即无保留意见的审计报告、保留意见的审计报告、否定意见的审计报告和无法表示意见的审计报告。此外,审计准则中将不带强调事项段的无保留意见的审计报告称为标准审计报告,将除此之外的审计报告称为非标准审计报告,包括带强调事项段的无保留意见的审计报告、保留意见的审计报告、否定意见的审计报告和无法表示意见的审计报告(见图 12-2)。

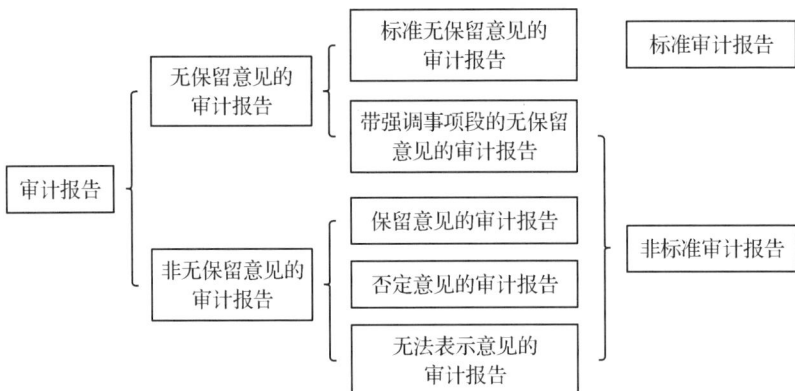

图 12-2 审计报告的类型

如果认为财务报表在所有重大方面都按照适用的财务报告编制基础编制,并实现公允反映,注册会计师应当发表无保留意见。无保留意见,是指当注册会计师认为财务报表在所有重大方面按照适用的财务报告编制基础编制并实现公允反映时发表的审计意见。

(一)出具无保留意见的审计报告的条件

(1)财务报表已经按照适用的企业会计准则和相关会计制度的规定编制,在所有重大方面公允地反映了被审计单位的财务状况、经营成果和现金流量。

(2)注册会计师已经按照审计准则的规定计划和实施审计程序,在审计过程中未受到限制。

当上述两个条件同时满足时,注册会计师应当出具无保留意见的审计报告。

当出具无保留意见的审计报告时,注册会计师应当以"我们认为"作为意见段的开头,并使用"在所有重大方面""公允反映"等术语,不能使用"我们保证"等字样。因为注册会计师发表的是自己的判断或意见,不能对会计报表的合法性、公允性绝对保证,以避免会计报表使用者产生误解,也可明确注册会计师仅承担审计责任,而并不减除被审计单位对会计报表承担会计责任。在对会计报表的反映内容是否公允发表审计意见时,应使用"在所有重大方面公允地反映了"的术语,因为人们已经普遍认识到会计报表不可能做到完全正确和绝对公允,所以,在审计报告中不应使用"完全正确""绝对公允"等词语,也不能使用"大致反映""基本反映"等模糊不清、态度暧昧的术语。

(二)出具非无保留意见的审计报告的条件

当存在下列情形之一时,注册会计师应当按照《中国注册会计师审计准则第1502号——在审计报告中发表非无保留意见》的规定,在审计报告中发表非无保留意见。

(1)根据获取的审计证据,得出财务报表整体存在重大错报的结论。

(2)无法获取充分、适当的审计证据,不能得出财务报表整体不存在重大错报的结论。

三、非无保留意见的审计报告

(一)在确定非无保留意见类型时需要考虑的因素

注册会计师在确定恰当的非无保留意见类型时,需要考虑下列因素:①导致非无保留意见的事项的性质,是财务报表存在重大错报,还是在无法获取充分、适当的审计证据的情况下,财务报表可能存在重大错报;②注册会计师就导致非无保留意见的事项对财务报表存在或可能产生影响的广泛性作出的判断。

注册会计师对相关事项的影响的重大性和广泛性的判断均会影响审计意见的类型。

1.影响的重大性

注册会计师需要从定量和定性两个方面考虑错报对财务报表的影响或未发现的错报(如存在)对财务报表可能产生的影响是否重大。定量的标准通常是注册会计师确定的财务报表整体的重要性或特定类别的交易账户余额或披露的重要性(如适用)。例如,对于以盈利为目的且并非微利或微亏的企业,注册会计师可能将财务报表整体的重要性设定为经常性业务税前利润的5%。定性考虑错报是否重大时,注册会计师需要运用判断评估错报的性质是否严重,是否会影响财务报表使用者的经济决策。例如,错报是否影响被审计单位实现盈利预期或达到监管要求,错报是否影响被审计单位的盈亏状况,错报是否是由于舞弊导致的。

2.影响的广泛性

广泛性是描述错报影响的术语,用以说明错报对财务报表的影响,或者由于无法获取充分、适当的审计证据而未发现的错报(如存在)对财务报表可能产生的影响。根据注册会计师的判断,对财务报表的影响具有广泛性的情形包括以下三个方面。

(1)不限于对财务报表的特定要素、账户或项目产生影响

如果注册会计师发现了多项重大错报(例如商誉、固定资产、存货和应收账款的减值准备计提均不充分),这些重大错报影响多个财务报表项目(商誉、固定资产、存货、应收账款、营业成本、信用减值损失、资产减值损失等)。通常认为这些重大错报对财务报表的影响具有广泛性。

无法获取充分、适当的审计证据时,未发现的错报(如存在)对财务报表可能产生的影响。如果注册会计师无法对被审计单位某一重要联营企业的财务信息执行必要的审计工作,因而无法就被审计单位采用权益法确认的投资收益获取充分、适当的审计证据,相关长期股权投资和投资收益不构成财务报表的主要组成部分。由于该联营企业可能存在的错报仅影响被审计单位财务报表的个别项目,且相关财务报表项目并未构成财务报表的主要组成部分,注册会计师可能认为该事项对被审计单位财务报表可能产生的影响重大但不具有广泛性。如果注册会计师无法对被审计单位某一重要子公司的财务信息执行审计工作,因而无法就被审计单位合并财务报表中与该子公司有关的项目获取充分、适当的审计证据,由于该子公司可能存在的错报影响被审计单位合并财务报表的大多数项目,通常认为该事项对被审计单位合并财务报表可能产生的影响重大且具有广泛性。

又如,注册会计师新承接的某生产制造业审计客户与存货相关的会计记录和物流记录

不完整、不准确,注册会计师因此无法就期末和期初存货余额以及当期的存货增减变动情况获取充分、适当的审计证据。由于存货对营业收入、营业成本、资产减值损失等利润表项目以及应收账款、应付账款等资产负债表项目均有重大影响,该事项导致注册会计师对这些相关项目也无法获取充分、适当的审计证据,对财务报表可能产生的影响重大且具有广泛性。

(2)虽然仅对财务报表的特定要素、账户或项目产生影响,但这些要素、账户或项目是或可能是财务报表的主要组成部分

例如被审计单位处于筹建期,其年末账面资产余额的80%为在建工程,注册会计师无法就年末在建工程余额获取充分、适当的审计证据,由于在建工程构成财务报表的主要组成部分,注册会计师认为上述事项对财务报表可能产生的影响重大且具有广泛性。

(3)当与披露相关时产生的影响对财务报表使用者理解财务报表至关重要

基于获取的审计证据,注册会计师认为可能导致对被审计单位持续经营能力产生重大疑虑的事项或情况存在重大不确定性,如该公司正考虑申请破产,管理层遗漏了与这一重大不确定性相关的必要披露。注册会计师认为该漏报对财务报表的影响重大且具有广泛性。

(二)确定非无保留意见的类型

拓展资源:审计意见购买

总体而言,导致注册会计师发表非无保留意见的事项,单独或汇总起来对财务报表的影响或可能产生的影响一定是重大的,在这个前提下,注册会计师应当发表保留意见还是否定意见或无法表示意见取决于导致非无保留意见的事项(即财务报表存在重大错报,或注册会计师无法获取充分、适当的审计证据,财务报表可能存在重大错报)对财务报表整体产生的影响或可能产生的影响是否具有广泛性。

表 12-3 列示了注册会计师对导致发表非无保留意见的事项的性质和这些事项对财务报表产生或可能产生影响的广泛性作出的判断,以及注册会计师的判断对审计意见类型的影响。

表 12-3 注册会计师发表非无保留意见的情形

导致发表非无保留意见的事项的性质	这些事项对财务报表产生或可能产生影响的广泛性	
	重大但不具有广泛性	重大且具有广泛性
财务报表存在重大错报	保留意见	否定意见
无法获取充分、适当的审计证据	保留意见	无法表示意见

1.发表保留意见

当存在下列情形之一时,注册会计师应当发表保留意见。

(1)在获取充分、适当的审计证据后,注册会计师认为错报单独或汇总起来对财务报表影响重大,但不具有广泛性。

(2)注册会计师无法获取充分、适当的审计证据以作为形成审计意见的基础,但认为未发现的错报(如存在)对财务报表可能产生的影响重大,但不具有广泛性。

2.发表否定意见

在获取充分、适当的审计证据后,如果认为错报单独或汇总起来对财务报表的影响重大且具有广泛性,注册会计师应当发表否定意见。

3.发表无法表示意见

如果无法获取充分、适当的审计证据以作为形成审计意见的基础,但认为未发现的错报(如存在)对财务报表可能产生的影响重大且具有广泛性,注册会计师应发表无法表示意见。

在少数情况下可能存在多个不确定事项。尽管注册会计师对每个单独的不确定事项获取了充分适当的审计证据,但由于不确定事项之间可能存在相互影响以及可能对财务报表产生累积影响,注册会计师不能对财务报表形成审计意见,在该情况下,应当发表无法表示意见。

【例 12-1】康得新审计案

2019 年初,瑞华会计师事务所接受康得新复合材料集团股份有限公司(简称"康得新公司")的委托,审计其 2018 年度财务报表时发现下列事项。

(1)2019 年 1 月 20 日康得新公司公告:在证券监管部门调查过程中,同时经公司自查,发现存在被大股东占用资金的情况。截至本报告日止,康得新公司管理层无法准确认定公司存在大股东占用资金的具体情况,注册会计师认为无法获取与上述大股东资金占用相关事项充分适当的审计证据,无法判断大股东资金占用事项对康得新公司财务报表产生的影响。

(2)对公司账面已确认部分营业收入的销售退回业务无法实施充分、适当的审计程序,也未能取得充分、适当的审计证据,无法判断该事项的真实性和公司账务处理的准确性。

(3)康得新公司 2018 年末货币资金余额为人民币 153.16 亿元。对其中 122.10 亿元的银行存款余额,虽实施了检查、函证等审计程序,但仍未能取得充分、适当的审计证据,同时也无法实施进一步有效的替代程序以获取充分、适当的审计证据予以确认。

(4)从 2018 年 6 月开始,康得新公司的全资子公司张家港康得新光电材料有限公司(简称"康得新光电")与中国化学赛鼎宁波工程有限公司(简称"赛鼎宁波")签订了一系列委托采购设备协议,用于 1.02 亿元先进高分子功能膜项目及裸眼 3D 项目。截至 2018 年 12 月 31 日,康得新光电按照合同约定支付人民币 21.74 亿元的设备采购预付款。截至本报告日止,未收到赛鼎宁波的回函,康得新公司也尚未收到上述各项采购材料及裸眼 3D 模组设备,康得新管理层未能提供合理的解释及支持性资料以说明预付赛鼎宁波款项的交易实质。

(5)截至 2018 年 12 月 31 日,康得新公司应收账款账面余额为人民币 6093542800.07 元,相应计提坏账准备人民币 1228183245.06 元,其中公司对预计无法偿还的除关联方以外的部分单项金额重大的应收账款进行单项计提 813635617.82 元;在确定应收账款预计可收回金额时需要评估相关客户的信用情况,包括了解客户资信以及实际还款情况等因素,需要运用重大会计估计和判断;公司管理层未能提供对单项金额重大并单独计提的坏账准备所依据的资料,亦未能提供上述剩余应收款项可回收性评估的充分证据。

(6)康得新公司 2018 年末对存货计提了 495535870.47 元的存货跌价准备。康得新公司未能对其中 456964125.85 元的存货跌价准备提供充分、适当的审计证据,包括对管理层计算的可变现净值所涉及的重要假设如销售价格、预计的销售费用等。

(7)截至 2018 年 12 月 31 日,康得新公司可供出售金融资产的账面价值为人民币 4227669966.67 元,该类金融资产占康得新资产总额的 12.34%。截至本报告日止,管理层未能提供可供出售金融资产公允价值的估值报告。

(8)截至 2018 年 12 月 31 日,康得新公司商誉账面原值人民币 59085939.44 元,康得新公司 2018 年末对该商誉计提减值准备 41555849.91 元;由于公司未能提供该项商誉减值计提的充分依据,无法判断康得新公司期末商誉减值计提的准确性,也无法确定是否需要对财务报表的相关项目作出调整。

(9)康得新公司因信息披露违规被中国证券监督管理委员会立案调查;公司资金短缺,无法偿还到期债务而涉及较多诉讼,截至本报告日止,上述事项正在进行中,尚未有最终结论。

(10)康得新公司董事会无法保证所提供的财务报表及附注内容的真实、准确、完整,不存在虚假记载、误导性陈述或重大遗漏。

考虑上述事项,瑞华会计师事务所于 2019 年 4 月 29 日对康得新公司 2018 年度财务报表出具了无法表示意见的审计报告。

(三)在确定非无保留意见类型时需要注意的事项

在承接审计业务后,如果注意到管理层对审计范围施加了限制,且认为这些限制可能导致对财务报表发表保留意见或无法表示意见,注册会计师应当要求管理层消除这些限制。如果管理层拒绝消除限制,除非治理层全部成员参与管理被审计单位,注册会计师应当就此事项与治理层沟通,并确定能否实施替代程序以获取充分、适当的审计证据。

如果无法获取充分、适当的审计证据,注册会计师应当通过下列方式确定其影响:①如果未发现的错报(如存在)可能对财务报表产生的影响重大,但不具有广泛性,应当发表保留意见;②如果未发现的错报(如存在)可能对财务报表产生的影响重大且具有广泛性,以至于发表保留意见不足以反映情况的严重性,应当在可行时解除业务约定(除非法律法规禁止),并在解除业务约定前,与治理层沟通在审计过程中发现的、将会导致发表非无保留意见的所有错报事项。如果在出具审计报告之前不可解除业务约定,应当发表无法表示意见。

在某些情况下,如果法律法规要求注册会计师继续执行审计业务,则注册会计师可能无法解除审计业务约定。这种情况可能包括:①注册会计师接受委托审计公共部门实体的财务报表;②注册会计师接受委托审计涵盖特定期间的财务报表,或者接受一定期间的委托,在完成财务报表审计前或在受托期间结束前,不允许解除审计业务约定。在这些情况下,注册会计师可能认为需要在审计报告中增加其他事项段。

第三节　审计报告的要素

一、财务报告的要素

根据审计准则的规定,审计报告应当包括下列要素:①标题;②收件人;③审计意见;④形成审计意见的基础;⑤管理层对财务报表的责任;⑥注册会计师对财务报表审计的责任;⑦按照相关法律法规的要求报告的事项(如适用);⑧注册会计师的签名和盖章;⑨会计师事务所的名称、地址及盖章;⑩报告日期。

在使用的情况下,注册会计师还应当按照审计准则的相关规定,在审计报告中对与持续经营相关的重大不确定性、关键审计事项、被审计单位年度报告中包含的除财务报表和审计报告之外的其他信息进行报告。

(一)标题

审计报告的标题应统一规范为"审计报告"。

(二)收件人

审计报告的收件人是指注册会计师按照业务约定书的要求致送审计报告的对象,一般是指审计业务的委托人。审计报告应当载明收件人的全称。注册会计师应当与委托人在业务约定书中约定致送审计报告的对象,以防止在此问题上发生分歧或审计报告被委托人滥用。针对整套通用目的财务报表出具的审计报告,审计报告的致送对象通常为被审计单位的全体股东或董事会。

(三)审计意见

审计报告的引言段应当说明被审计单位的名称和财务报表已经经过审计,并包括下列内容:指出构成整套财务报表的每张财务报表的名称;提及财务报表附注;指明构成整套财务报表的每张财务报表的日期和涵盖的期间。

为体现上述要求,审计报告中需要说明:注册会计师审计了被审计单位的财务报表,包括(指明适用的财务报告编制基础规定的构成整套财务报表的每一财务报表的名称、日期或涵盖的期间)以及相关财务报表附注。

第二部分应当说明注册会计师发表的审计意见。如果对财务报表发表无保留意见,除非法律法规另有规定,审计意见应当使用"我们认为,财务报表在所有重大方面按照[适用的财务报告编制基础(如企业会计准则等)]编制,公允反映了……"的措辞。审计意见涵盖由适用的财务报告编制基础所确定的整套财务报表。例如,在许多通用目的的财务报告编制基础中,财务报表包括资产负债表、利润表、现金流量表、所有者权益变动表和相关附注(通常包括重大会计政策和会计估计以及其他解释性信息)。审计意见说明财务报表在所有重大方面按照适用的财务报告编制基础编制,公允反映了财务报表旨在反映的事项。例如,对于按照企业会计准则编制的财务报表,这些事项是"被审计单位期末的财务状况,截至期末某一期间的经营成果和现金流量"。

如果适用的财务报告编制基础是国际财务报告准则、国际公共部门会计准则或者其他国家或地区的财务报告准则,注册会计师应当在审计意见部分指明适用的财务报告编制基础是国际财务报告准则、国际公共部门会计准则,或者指明财务报告编制基础所属的国家或地区。

(四)形成审计意见的基础

审计报告应当包含标题为"形成审计意见的基础"的部分。该部分提供关于审计意见的重要背景,应当紧接在审计意见部分之后,并包括下列内容。

(1)说明注册会计师按照审计准则的规定执行了审计工作。提及使用的审计准则是为了向审计报告使用者说明,注册会计师按照审计准则的规定执行了审计工作。

(2)提及审计报告中用于描述审计准则规定的注册会计师责任的部分。

(3)声明注册会计师按照与审计相关的职业道德要求独立于被审计单位,并履行了职业道德方面的其他责任。声明中应当指明适用的职业道德要求,如中国注册会计师职业道德准则。

（4）说明注册会计师是否相信获取的审计证据是充分、适当的，为发表审计意见提供了基础。

（五）管理层对财务报表的责任段

管理层对财务报表的责任段应当说明，按照适用的企业会计准则和相关会计制度的规定编制财务报表是管理层的责任。这种责任包括：设计、实施和维护与财务报表编制相关的内部控制，以使财务报表不存在由于舞弊或错误而导致的重大错报；选择和运用恰当的会计政策；作出合理的会计估计。

当对财务报告过程负有监督责任的人员与履行上述责任的人员不同时，管理层对财务报表的责任部分还应当提及对财务报告过程负有监督责任的人员。在这种情况下，该部分的标题还应当提及"治理层"或者特定国家或地区法律框架中的恰当术语。

（六）注册会计师对财务报表审计的责任段

注册会计师对财务报表审计的责任部分应当包括下列内容。

（1）说明注册会计师的目标是对财务报表整体是否不存在由于舞弊或错误导致的重大错报获取合理保证，并出具包含审计意见的审计报告。

（2）说明合理保证是高水平的保证，但按照审计准则执行的审计并不能保证一定会发现存在的重大错报。

（3）说明错报可能由于舞弊或错误导致。在说明错报可能由于舞弊和错误导致时，注册会计师应当从下列两种做法中选取一种。

①描述如果合理预期错报单独或汇总起来可能影响财务报表使用者依据财务报表作出的经济决策，则通常认为错报是重大的。

②根据适用的财务报告编制基础，提供关于重要性的定义或描述。

（4）说明在按照审计准则执行审计工作的过程中，注册会计师运用职业判断，并保持职业怀疑。

（5）通过说明注册会计师的责任，对审计工作进行描述。这些责任包括如下方面。

①识别和评估由于舞弊或错误导致的财务报表重大错报风险，设计和实施审计程序以应对这些风险，并获取充分、适当的审计证据，作为发表审计意见的基础。由于舞弊可能涉及串通、伪造、故意遗漏、虚假陈述或凌驾于内部控制之上，未能发现由于舞弊导致的重大错报的风险高于未能发现由于错误导致的重大错报的风险。

②了解与审计相关的内部控制，以设计恰当的审计程序，但目的并非对内部控制的有效性发表意见。当注册会计师有责任在财务报表审计的同时对内部控制的有效性发表意见时，应当略去上述"目的并非对内部控制的有效性发表意见"的表述。

③评价管理层选用会计政策的恰当性和作出会计估计及相关披露的合理性。

④对管理层使用持续经营假设的恰当性得出结论。同时，根据获取的审计证据，就可能导致对被审计单位持续经营能力产生重大疑虑的事项或情况是否存在重大不确定性得出结论。如果注册会计师得出结论认为存在重大不确定性，审计准则要求注册会计师在审计报告中提请报表使用者关注财务报表中的相关披露；如果披露不充分，注册会计师应当发表非无保留意见。注册会计师的结论基于截至审计报告日可获得的信息。然而，未来的事项或情况可能导致被审计单位不能持续经营。

⑤评价财务报表的总体列报、结构和内容(包括披露),并评价财务报表是否公允反映相关交易和事项。

(6)当《中国注册会计师审计准则第1401号——对集团财务报表审计的特殊考虑》适用时,通过说明下列事项,进一步描述注册会计师在集团审计中的责任。

①注册会计师的责任是就集团中实体或业务活动的财务信息获取充分、适当的审计证据,以对合并财务报表发表审计意见。

②注册会计师负责指导、监督和执行集团审计。

③注册会计师对审计意见承担全部责任。

(7)说明注册会计师与治理层就计划的审计范围、时间安排和重大审计发现等事项进行沟通,包括沟通注册会计师在审计中识别的值得关注的内部控制缺陷。

(8)对于上市实体财务报表审计,指出注册会计师就已遵守与独立性相关的职业道德要求向治理层提供声明,并与治理层沟通可能被合理认为影响注册会计师独立性的所有关系和其他事项,以及相关的防范措施(如适用)。

(9)对于上市实体财务报表审计,以及决定按照《中国注册会计师审计准则第1504号——在审计报告中沟通关键审计事项》的规定沟通关键审计事项的其他情况,说明注册会计师从已与治理层沟通的事项中确定哪些事项对本期财务报表审计最为重要,因而构成关键审计事项。注册会计师应当在审计报告中描述这些事项,除非法律法规禁止公开披露这些事项,或在极少数情形下,注册会计师合理预期在审计报告中沟通某事项造成的负面后果超过在公众利益方面产生的益处,因而决定不应在审计报告中沟通该事项。

(七)按照相关的法律法规的要求报告的事项(如适用)

除审计准则规定的注册会计师对财务报表出具审计报告的责任外,相关法律法规可能对注册会计师设定了其他报告责任。例如,如果注册会计师在财务报表审计中注意到某些事项,可能被要求对这些事项予以报告。此外,注册会计师可能被要求实施额外的规定的程序并予以报告,或对特定事项(如会计账簿和记录的适当性)发表意见。

如果注册会计师在对财务报表出具的审计报告中履行其他报告责任,应当在审计报告中将其单独作为一部分,并以"按照相关法律法规的要求报告的事项"为标题,或使用适合于该部分内容的其他标题,除非其他报告责任涉及的事项与审计准则规定的报告责任涉及的事项相同。

(八)注册会计师的签名和盖章

审计报告应当由项目合伙人和另一名负责该项目的注册会计师签名和盖章。为进一步增强对审计报告使用者的透明度,在对上市实体整套通用目的财务报表出具的审计报告中应当注明项目合伙人。

(九)会计师事务所的名称、地址和盖章

审计报告应当载明会计师事务所的名称和地址,并加盖会计师事务所公章。

注册会计师在审计报告中载明会计师事务所地址时,标明会计师事务所所在的城市即可。在实务中,审计报告通常载于会计师事务所统一印刷的、标有该所详细通讯地址的信笺上,因此,无须在审计报告中注明详细地址。

(十)报告日期

审计报告应当注明报告日期。审计报告的日期不应早于注册会计师获取充分、适当的审计证据,并在此基础上对财务报表形成审计意见的日期。在确定审计报告日期时,注册会计师应当确信已获取下列两方面的证据:①构成整套财务报表的所有报表(包括相关附注)已编制完成;②被审计单位的董事会、管理层或类似机构已经认可其对财务报表负责。

财务报表需经董事会或类似机构批准后才可对外报出。法律法规明确了负责确定构成整套财务报表的所有报表(包括相关附注)已经编制完成的个人或机构(如董事会),并规定了必要的批准程序。在这种情况下,注册会计师需要在签署审计报告前获取财务报表已得到批准的证据。财务报表的批准日期是一个比较早的日期,即经认可的有权机构(如董事会)确定构成整套财务报表的所有报表(包括相关附注)已经编制完成,并声称对此负责的日期。

在适用的情况下,注册会计师还应当按照审计准则的相关规定,在审计报告中对与持续经营相关的重大不确定性、关键审计事项以及对审计单位年度报告中包含的除财务报表和审计报告之外的其他信息进行报告。

如果被审计单位将适用的财务报告编制基础未做要求的补充信息与已审计财务报表一同列报,注册会计师应当根据职业判断,评价补充信息是否由于其性质和列报方式而构成财务报表的必要组成部分,如果补充信息构成财务报表的必要组成部分,应当将其涵盖在审计意见中。

如果认为适用的财务报告编制基础未作要求的补充信息不构成已审计财务报表的必要组成部分,注册会计师应当评价这些补充信息的列报方式是否充分、清楚地使其与已审计财务报表相区分。如果未能充分、清楚地区分,注册会计师应当要求管理层改变未审计补充信息的列报方式。如果管理层拒绝改变,注册会计师应当指出未审计的补充信息,并在财务报告中说明这些补充信息未审计。

二、在审计报告中沟通关键审计事项

主题讨论:推进新审计报告改革,增设关键审计事项的意义

关键审计事项,是指注册会计师根据职业判断认为对本期财务报表审计最为重要的事项。关键审计事项从注册会计师与治理层沟通过的事项中选取。注册会计师的目标是确定关键审计事项,并对财务报表形成审计意见后,以在审计报告中描述关键审计事项的方式沟通这些事项。

沟通关键审计事项,旨在通过提高已执行审计工作的透明度增加审计报告的沟通价值,沟通关键审计事项能够为财务报表预期使用者提供额外的信息,以帮助其了解注册会计师根据职业判断认为对本期财务报表审计最为重要的事项。沟通关键审计事项还能够帮助财务报表预期使用者了解被审计单位,以及已审计财务报表中涉及重大管理层判断的领域。在审计报告中沟通关键审计事项,还能够为财务报表预期使用者就与被审计单位、已审计财务报表或已执行审计工作相关的事项进一步与管理层和治理层沟通提供基础。

在审计报告中沟通关键审计事项以注册会计师已就财务报表整体形成审计意见为背景。在审计报告中沟通关键审计事项不能代替下列事项:

(1)管理层按照适用的财务报告编制基础在财务报表中作出的披露,或为使财务报表实现公允反映而作出的披露(如适用)。

(2)注册会计师按照审计准则的规定,根据审计业务的具体情况发表非无保留意见。

(3)当可能导致对被审计单位持续经营能力产生重大疑虑的事项或情况存在重大不确定性时,注册会计师按照审计准则的规定进行报告。在审计报告中沟通关键审计事项也不是注册会计师就单一事项单独发表意见。

(一)确定关键审计事项

注册会计师应当从与治理层沟通过的事项中确定在执行审计工作时重点关注过的事项。在确定时,注册会计师应当考虑下列内容:按照审计准则的规定,评估的重大错报风险较高的领域或识别出的特别风险;与财务报表中涉及重大管理层判断(包括被认为具有高度估计不确定性的会计估计)的领域相关的重大审计判断;本期重大交易或事项对审计的影响。

关键审计事项的确认原则如图 12-3 所示。

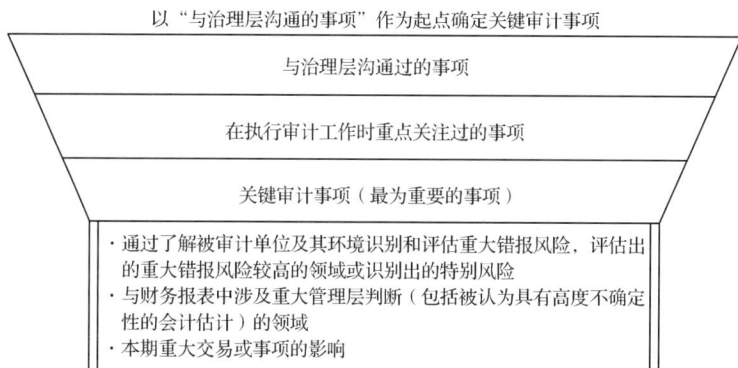

以"与治理层沟通的事项"作为起点确定关键审计事项

与治理层沟通过的事项

在执行审计工作时重点关注过的事项

关键审计事项(最为重要的事项)

· 通过了解被审计单位及其环境识别和评估重大错报风险,评估出的重大错报风险较高的领域或识别出的特别风险
· 与财务报表中涉及重大管理层判断(包括被认为具有高度不确定性的会计估计)的领域
· 本期重大交易或事项的影响

图 12-3 关键审计事项的确认原则

【例 12-2】审计报告中的关键审计事项

中国能源建设股份有限公司(简称"能建股份")2022 年度审计报告中的关键审计事项如下。

1. 工程建设合同收入确认

(1)事项描述

相关信息披露详见财务报表附注三(二十五)及五(二)1 所述。

能建股份的营业收入主要来自与客户订立提供建造服务的合同。2022 年度,能建股份营业收入金额为人民币 3663.93 亿元,其中工程建设营业收入为人民币 2861.46 亿元,占营业收入的 78.10%。

由于营业收入是能建股份的关键业绩指标之一,可能存在能建股份管理层(简称"管理层")通过不恰当的收入确认以达到特定目标或预期的固有风险,且工程建设合同收入确认涉及重大管理层判断,因此,我们将工程建设合同收入确定为关键审计事项。

(2)审计应对

针对工程建设合同收入确认,我们实施的审计程序主要包括以下方面。

①了解与工程建设合同收入确认相关的关键内部控制,包括合同预计收入和合同预计成本编制、变更及按照履约进度计算收入相关的内部控制,评价这些控制的设计,确定其是

否得到执行,并测试相关内部控制的运行有效性。

②获取并复核工程建设合同清单,检查合同清单的完整性。

③获取并检查重大工程建设合同,了解主要合同关键条款,评估管理层对单项履约义务的识别及价值分摊、预计总收入的估计是否合理,评价收入确认方法是否适当。

④查看项目的成本预算编制基础,获取并检查重大项目成本预算单,评估管理层对于预计总成本的判断和估计是否合理,确保其按照项目实际工程量及单价进行编制。

⑤审核重要工程建设项目的预计总收入或预计总成本变更的原因,分析其变更的依据是否充分合理,是否经过恰当的审批和确认。

⑥根据实际已发生的成本及预计总成本,重新计算项目完工百分比,验证以完工百分比为基础的工程建设合同收入计算的准确性。

⑦对重要工程建设合同的毛利率实施分析程序,检查完工进度与实际业主验工计价是否存在重大差异,识别是否存在重大或异常波动,并查明波动原因。

⑧选取部分工程建设项目,对工程形象进行现场查看,询问工程管理部门并与账面记录进行核对,评价履约进度的合理性。

⑨检查与工程建设项目收入确认相关的支持性文件,包括工程建设合同、工程项目结算单、监理报告、发票等。

⑩结合应收账款函证,以抽样方式向主要客户函证本期工程结算量。

⑪对资产负债表日前后确认的成本实施截止测试,检查相关合同成本是否被记录在恰当的会计期间。

⑫检查与营业收入相关的信息是否已在财务报表中作出恰当列报。

2. 应收账款及合同资产的减值准备

(1)事项描述

相关信息披露详见财务报表附注三(十)、三(二十七)及五(一)4、五(一)10所述。

截至2022年12月31日,能建股份应收账款账面余额为人民币774.89亿元,坏账准备为人民币44.78亿元,账面价值为人民币730.10亿元,占2022年末资产总额的11.00%;合同资产账面余额为人民币919.76亿元,减值准备为人民币25.73亿元,账面价值为人民币894.03亿元,占2022年末资产总额的13.46%。

应收账款及合同资产金额重大,且应收账款及合同资产减值测试涉及重大管理层判断,我们将应收账款及合同资产减值确定为关键审计事项。

(2)审计应对

针对应收账款及合同资产减值,我们实施的审计程序主要包括以下方面。

①了解与应收账款及合同资产减值相关的关键内部控制,评价这些控制的设计,确定其是否得到执行,并测试相关内部控制的运行有效性。

②复核以前年度已计提坏账准备的应收账款的后续实际核销情况,评价管理层过往预测的准确性。

③评价能建股份对应收账款及合同资产的预期信用损失计提的会计政策的制定依据和考量,检查管理层对应收账款及合同资产历史迁徙的分析和评估过程,复核管理层对不同组合估计的预期信用损失率的合理性。

④对于以组合为基础计量预期信用损失的应收账款,评价管理层按信用风险特征划分组合的合理性;评价管理层根据历史信用损失经验及前瞻性估计确定的应收账款账龄与预

期信用损失率对照表的合理性;测试管理层使用数据(包括应收账款账龄、历史损失率、迁徙率等)的准确性和完整性以及对坏账准备的计算是否准确。

⑤检查应收账款的期后回款情况,评价管理层计提应收账款坏账准备的合理性。

⑥查阅重要客户的销售合同并对其应收账款实施独立函证程序,以评估应收账款余额的准确性及坏账风险。

⑦检查与应收账款减值相关的信息是否已在财务报表中作出恰当列报。

(二)沟通关键审计事项

注册会计师应当在审计报告中单设一部分,以"关键审计事项"为标题,并在该部分使用恰当的子标题逐项描述关键审计事项。关键审计事项部分的引言应当同时说明下列事项:关键审计事项是注册会计师根据职业判断,认为对本期财务报表审计最重要的事项;关键审计事项的应对以对财务报表整体进行审计并形成审计意见为背景,注册会计师不对关键审计事项单独发表意见。如果按照审计准则的规定,某些事项导致注册会计师应当发表非无保留意见,注册会计师不得在审计报告的关键审计事项部分沟通这些事项。

在审计报告的关键审计事项部分逐项描述关键审计事项时,注册会计师应当分别索引至财务报表的相关披露(如有),并同时说明下列内容:该事项被认定为审计中最为重要的事项之一,因而被确定为关键审计事项的原因;该事项在审计中是如何应对的。

除非存在下列情形之一,注册会计师应当在审计报告中描述每项关键审计事项。

(1)法律法规禁止公开披露某事项。

(2)在极少数情形下,如果合理预期在审计报告中沟通某事项造成的负面后果超过在公众利益方面产生的益处,注册会计师确定不应在审计报告中沟通该事项。如果被审计单位已公开披露与该事项有关的信息,则本项规定不适用。

根据审计准则的规定导致非无保留意见的事项,或者根据审计准则的规定可能导致对被审计单位持续经营能力产生重大疑虑的事项或情况存在重大不确定性,就其性质而言都属于关键审计事项。然而,这些事项不得在审计报告的关键审计事项部分进行描述;并且前述在审计报告的关键审计事项部分逐项描述关键审计事项的规定以及在审计报告中描述每项关键审计事项例外事项的要求,不适用于这些情况。注册会计师应当按照适用的审计准则的规定报告这些事项,并在关键审计事项部分提及形成保留(否定)意见的基础部分或与持续经营相关的重大不确定性部分。

如果注册会计师根据被审计单位和审计业务的具体事实与情况,确定不存在需要沟通的关键审计事项,或者仅有的需要沟通的关键审计事项是导致非无保留意见的事项,或者可能导致对被审计单位持续经营能力产生重大疑虑的事项或情况存在重大不确定性的事项,注册会计师应当在审计报告中单设关键审计事项部分对此进行说明。

注册会计师应当就下列事项与治理层沟通:注册会计师确定的关键审计事项;根据被审计单位和审计业务的具体事实与情况,注册会计师确定不存在需要在审计报告中沟通的关键审计事项(如适用)。

注册会计师应当在审计工作底稿中记录下列事项:注册会计师根据审计准则的规定确定的在执行审计工作时重点关注过的事项,以及针对每一事项,根据审计准则的规定是否将其确定为关键审计事项及理由;注册会计师确定不存在需要在审计报告中沟通的关键审计事项的理由,或者仅有的需要沟通的关键审计事项是导致非无保留意见的事项,或者可能导致对被审计单位持续经营能力产生重大疑虑的事项或情况存在重大不确定性的事项(如适用);注册会计师确定不在审计报告中沟通某项关键审计事项的理由(如适用)。

三、在审计报告中增加强调事项段和其他事项段

(一)审计报告的强调事项段

1.强调事项段的含义

强调事项段,是指审计报告中含有的一个段落,该段落提及已在财务报表中恰当列报或披露的事项,且根据注册会计师的职业判断,该事项对财务报表使用者理解财务报表至关重要。

如果认为有必要提醒财务报表使用者关注已在财务报表中列报或披露,且根据职业判断认为对财务报表使用者理解财务报表至关重要的事项,在同时满足下列条件时,注册会计师应当在审计报告中增加强调事项段:①该事项不会导致注册会计师发表非无保留意见;②该事项未被确定为在审计报告中沟通的关键审计事项。

如果在审计报告中包含强调事项段,注册会计师应当采取下列措施:将强调事项段作为单独的一部分置于审计报告中,并使用包含"强调事项"这一术语的适当标题;明确提及被强调事项以及相关披露的位置,以便能够在财务报表中找到对该事项的详细描述。强调事项段应当仅提及已在财务报表中列报或披露的信息;指出审计意见没有因该强调事项而改变。

2.增加强调事项段的情形

如果认为必要,注册会计师可以在审计报告中提供补充信息,以提醒使用者关注下列事项:①尽管已在财务报表中列报或披露,但对使用者理解财务报表至关重要的事项;②未在财务报表中列报或披露,但与使用者理解审计工作、注册会计师的责任或审计报告相关的事项。

(1)特定情况下,注册会计师在审计报告中增加强调事项段的具体要求

①法律法规规定的财务报告编制基础是不可接受的,但其是基于法律法规作出的规定。

②提醒财务报表使用者关注财务报表按照特殊目的编制基础编制。

③注册会计师在审计报告日后知悉了某些事实(即期后事项),并且出具了新的或经修改的审计报告。

(2)注册会计师可能认为需要增加强调事项段的情形

①异常诉讼或监管行动的未来结果存在不确定性。

②在财务报表日至审计报告日之间发生的重大期后事项。

③在允许的情况下,提前应用对财务报表有重大影响的新的企业会计准则。

④存在已经或持续对被审计单位财务状况产生重大影响的特大灾难。

过于广泛使用强调事项段,可能会降低注册会计师对强调事项所作沟通的有效性。

(3)在审计报告中包含强调事项段不影响审计意见,包含强调事项段不能代替的情形

①根据审计业务的具体情况,按照审计准则的规定发表非无保留意见。

②适用的财务报告编制基础要求管理层在财务报表中作出的披露,或为实现公允列报所需的其他披露。

③按照审计准则的规定,当可能导致对被审计单位持续经营能力产生重大疑虑的事项或情况存在重大不确定性时作出的报告。

(二)审计报告的其他事项段

如果认为有必要沟通虽然未在财务报表中列报或披露,但根据职业判断认为与财务报表使用者理解审计工作、注册会计师的责任或审计报告相关的事项,在同时满足下列条件时,注册会计师应当在审计报告中增加其他事项段:①未被法律法规禁止;②该事项未被确定为在审计报告中沟通的关键审计事项。

如果在审计报告中包含其他事项段,注册会计师应当将该段落作为单独的一部分,并使用"其他事项"或其他适当标题。

其他事项段的内容明确反映了未被要求在财务报表中列报或披露的其他事项。其他事项段不包括法律法规或其他职业准则(如《中国注册会计师职业道德守则》中与信息保密相关的规定)禁止注册会计师提供的信息。其他事项段也不包括要求管理层提供的信息。

1.可能需要增加其他事项段的情形

(1)与使用者理解审计工作相关的情形

审计准则要求注册会计师就计划的审计范围和时间安排与治理层进行沟通,包括沟通注册会计师识别的特别风险。尽管与特别风险相关的事项可能被确定为关键审计事项,根据审计准则对关键审计事项的定义,其他与计划及范围相关的事项(例如,计划的审计范围或审计中对重要性的运用)不太可能构成关键审计事项。然而,法律法规可能要求注册会计师在审计报告中沟通与计划及范围相关的事项,或者注册会计师可能认为有必要在其他事项段中沟通这些事项。

在少数情况下,即使管理层对审计范围施加的限制导致无法获取充分、适当的审计证据可能产生的影响具有广泛性,注册会计师也不能解除业务约定。在这种情况下,注册会计师可能认为有必要在审计报告中包含其他事项段,解释为何不能解除业务约定。

(2)与使用者理解注册会计师的责任或审计报告相关的情形

法律法规或得到广泛认可的惯例可能要求或允许注册会计师详细说明某些事项,以进一步解释注册会计师在财务报表审计中的责任或审计报告。当其他事项部分包含多个事项,并且根据注册会计师的职业判断,这些事项与财务报表使用者理解审计工作、注册会计师的责任或审计报告相关时,对每个事项使用不同的子标题可能是有帮助的。

2.增加其他事项段不涉及的两种情形

增加其他事项段不涉及以下两种情形:除审计准则规定的责任外,注册会计师还有其他报告责任;注册会计师可能被要求实施额外的规定程序并予以报告,或对特定事项发表意见。

(三)强调事项段和其他事项段在审计报告中的位置

强调事项段和其他事项段在审计报告中的位置取决于拟沟通信息的性质,以及与按照审计准则的规定需要报告的其他要素相比较,注册会计师针对该信息对财务报表预期使用者的相对重要程度的判断。

1.强调事项段

(1)当强调事项段与适用的财务报告编制基础相关时,包括当注册会计师确定法律法规规定的财务报告编制基础不可接受时,注册会计师可能认为有必要将强调事项段紧接在"形成审计意见的基础"部分之后,为审计意见提供合适的背景信息。

(2)当审计报告中包含关键审计事项部分时,基于注册会计师对强调事项段中信息的相对重要程度的判断,强调事项段可以紧接在关键审计事项部分之前或之后。注册会计师可以在"强调事项"标题中增加进一步的背景信息,如"强调事项——期后事项",以将强调事项段和关键审计事项部分描述的每个事项予以区分。

2.其他事项段

(1)当审计报告中包含关键审计事项部分,且其他事项段也被认为必要时,注册会计师可以在"其他事项"标题中增加进一步的背景信息,如"其他事项——审计范围",以将其他事项段和关键审计事项部分描述的每个事项予以区分。

(2)当增加其他事项段旨在提醒使用者关注与审计报告中提及的其他报告责任相关的事项时,该段落可以置于"按照相关法律法规的要求报告的事项"部分内。

(3)当其他事项段与注册会计师的责任或使用者理解审计报告相关时,可以单独作为一部分,置于"对财务报表出具的审计报告"和"按照相关法律法规的要求报告的事项"之后。

(四)与治理层的沟通

如果拟在审计报告中包含强调事项段或其他事项段,注册会计师应当就该事项和拟使用的措辞与治理层沟通。与治理层的沟通能使治理层了解注册会计师拟在审计报告中所强调的特定事项的性质,并在必要时为治理层提供向注册会计师作出进一步澄清的机会。对于连续审计业务,当某一特定事项在每期审计报告的其他事项段中重复出现时,除非法律法规另有规定,注册会计师可能认为没有必要在每次审计业务中重复沟通。

第四节　审计报告的格式与内容

一、标准审计报告参考格式

背景信息:

(1)对上市实体整套财务报表进行审计。该审计不属于集团审计(即不适用《中国注册会计师审计准则第1401号——对集团财务报表审计的特殊考虑》)。

(2)管理层按照企业会计准则的规定编制财务报表。

(3)审计业务约定条款体现了《中国注册会计师审计准则第1111号——就审计业务约定条款达成一致意见》关于管理层对财务报表责任的描述。

(4)基于获取的审计证据,注册会计师认为发表无保留意见是恰当的。

(5)适用的相关职业道德要求为中国注册会计师职业道德守则。

(6)基于获取的审计证据,根据《中国注册会计师审计准则第1324号——持续经营》,注册会计师认为可能导致对被审计单位持续经营能力产生重大疑虑的相关事项或情况不存在重大不确定性。

(7)已按照《中国注册会计师审计准则第1504号——在审计报告中沟通关键审计事项》的规定沟通了关键审计事项。

(8)注册会计师在审计报告日前已获取所有其他信息,且未识别出信息存在重大错报。

(9)负责监督财务报表的人员与负责编制财务报表的人员不同。

（10）除财务报表审计外，按照法律法规的要求，注册会计师负有其他报告责任，且注册会计师决定在审计报告中履行其他报告责任。

审计报告

ABC 股份有限公司全体股东：

以下是对财务报表出具的审计报告。

（一）审计意见

我们审计了 ABC 股份有限公司（简称"ABC 公司"）财务报表，包括 20×2 年 12 月 31 日的资产负债表，20×2 年度的利润表、现金流量表、股东权益变动表以及相关财务报表附注。

我们认为，后附的财务报表在所有重大方面按照企业会计准则的规定编制，公允反映了ABC 公司 20×2 年 12 月 31 日的财务状况以及 20×2 年度的经营成果和现金流量。

（二）形成审计意见的基础

我们按照审计准则的规定执行了审计工作。审计报告的"注册会计师对财务报表审计的责任"部分进一步阐述了我们在这些准则下的责任。按照中国注册会计师职业道德守则，我们独立于 ABC 公司，并履行了职业道德方面的其他责任。我们相信，我们获取的审计证据是充分、适当的，为发表审计意见提供了基础。

（三）关键审计事项

关键审计事项是我们根据职业判断，认为对本期财务报表审计最为重要的事项。这些事项的应对以对财务报表整体进行审计并形成审计意见为背景，我们不对这些事项单独发表意见。（按照《中国注册会计师审计准则第 1504 号——在审计报告中沟通关键审计事项》的规定描述每一关键审计事项）

（四）其他信息

（按照《中国注册会计师审计准则第 1521 号——注册会计师对其他信息的责任》的规定报告）

（五）管理层和治理层对财务报表的责任

ABC 公司管理层（简称"管理层"）负责按照企业会计准则的规定编制财务报表，使其实现公允反映，并设计、执行和维护必要的内部控制，以使财务报表不存在舞弊或错误导致的重大错报。

在编制财务报表时，管理层负责评估 ABC 公司的持续经营能力，披露与持续经营能力相关的事项（如适用），并运用持续经营假设，除非管理层计划清算 ABC 公司、终止运营或别无其他现实的选择。

治理层负责监督 ABC 公司的财务报告过程。

（六）注册会计师对财务报表审计的责任

我们的目标是对财务报表整体是否不存在舞弊或错误导致的重大错报获取合理保证，并出具包含审计意见的审计报告。合理保证是高水平的保证，但并不能保证按照审计准则执行的审计在某一重大错报存在时总能发现。错报可能是舞弊或错误导致的，如果合理预期错报单独或汇总起来可能影响财务报表使用者依据财务报表作出的经济决策，则通常认为错报是重大的。

在按照审计准则执行审计的过程中，我们运用职业判断，并保持职业怀疑。同时，我们也执行下列工作。

识别和评估由于舞弊或错误导致的财务报表重大错报风险；对这些风险有针对性地设

计和实施审计程序；获取充分、适当的审计证据，作为发表审计意见的基础。由于舞弊可能涉及串通、伪造、故意遗漏、虚假陈述或凌驾于内部控制之上，未能发现由于舞弊导致的重大错报的风险高于未能发现由于错误导致的重大错报的风险。

了解与审计相关的内部控制，以设计恰当的审计程序，但目的并非对内部控制的有效性发表意见。

评价管理层选用会计政策的恰当性和作出会计估计及相关披露的合理性。

对管理层使用持续经营假设的恰当性得出结论。同时，根据获取的审计证据，就可能导致对 ABC 公司持续经营能力产生重大疑虑的事项或情况是否存在重大不确定性得出结论。如果我们得出结论认为存在重大不确定性，审计准则要求我们在审计报告中提请报表使用者注意财务报表中的相关披露；如果披露不充分，我们应当发表非无保留意见。我们的结论基于审计报告日可获得的信息，然而，未来的事项或情况可能导致 ABC 公司不能持续经营。

评价财务报表的总体列报、结构和内容，并评价财务报表是否公允反映相关交易和事项。

我们与治理层就计划的审计范围、时间安排和重大审计发现等事项进行沟通，包括沟通我们在审计中识别出的值得关注的内部控制缺陷。

我们还就已遵守与独立性相关的职业道德要求向治理层提供声明，并与治理层沟通可能被合理认为影响我们独立性的所有关系和其他事项，以及相关的防范措施（如适用）。

从与治理层沟通的事项中，我们确定哪些事项对本期财务报表审计最为重要，因而构成关键审计事项。我们在审计报告中描述这些事项，除非法律法规禁止公开披露这些事项，或在罕见的情形下，如果合理预期在审计报告中沟通某事项造成的负面后果超过在公众利益方面产生的益处，我们确定不应在审计报告中沟通该事项。

按照相关法律法规的要求报告的事项。

（按照《中国注册会计师审计准则第 1501 号——对财务报表形成审计意见和出具审计报告》的规定报告）

×××会计师事务所　　　　　　　　　中国注册会计师：×××（项目合伙人）

（公章）　　　　　　　　　　　　　　　　　　　　（签名、盖章）

　　　　　　　　　　　　　　　　　　　中国注册会计师：×××

　　　　　　　　　　　　　　　　　　　　　　　　（签名、盖章）

中国××市

二○×三年×月×日

二、带强调事项段和其他事项段的无保留意见的审计报告参考格式

背景信息：

（1）对上市实体整套财务报表进行审计。该审计不属于集团审计（即不适用《中国注册会计师审计准则第 1401 号——对集团财务报表审计的特殊考虑》）。

（2）管理层按照企业会计准则的规定编制财务报表。

（3）审计业务约定条款体现了《中国注册会计师审计准则第 1111 号——就审计业务约定条款达成一致意见》关于管理层对财务报表责任的描述。

（4）基于获取的审计证据，注册会计师认为发表无保留意见是恰当的。

（5）适用的相关职业道德要求为中国注册会计师职业道德守则。

（6）基于获取的审计证据，根据《中国注册会计师审计准则第 1324 号——持续经营》，注册会计师认为可能导致对被审计单位持续经营能力产生重大疑虑的相关事项或情况不存在

重大不确定性。

（7）在财务报表日至审计报告日之间，被审计单位的生产设备发生了火灾，被审计单位已将其作为期后事项披露。根据注册会计师的判断，该事项对财务报表使用者理解财务报表至关重要，但在本期财务报表审计中不是重点关注过的事项。

（8）已按照《中国注册会计师审计准则第1504号——在审计报告中沟通关键审计事项》的规定沟通了关键审计事项。

（9）注册会计师在审计报告日前已获取所有其他信息，且未识别出信息存在重大错报。

（10）已列报对应数据，且上期财务报表已由前任注册会计师审计。法律法规不禁止注册会计师提及前任注册会计师对对应数据出具的审计报告，并且注册会计师已决定提及。

（11）负责监督财务报表的人员与负责编制财务报表的人员不同。

（12）除财务报表审计外，按照法律法规的要求，注册会计师负有其他报告责任，且注册会计师决定在审计报告中履行其他报告责任。

审计报告

ABC股份有限公司全体股东：

（一）审计意见

我们审计了ABC股份有限公司（简称"ABC公司"）财务报表，包括20×2年12月31日的资产负债表，20×2年度的利润表、现金流量表、股东权益变动表以及相关财务报表附注。

我们认为，后附的财务报表在所有重大方面按照企业会计准则的规定编制，公允反映了ABC公司20×2年12月31日的财务状况以及20×2年度的经营成果和现金流量。

（二）形成审计意见的基础

我们按照中国注册会计师审计准则的规定执行了审计工作。审计报告的"注册会计师对财务报表审计的责任"部分进一步阐述了我们在这些准则下的责任。按照中国注册会计师职业道德守则，我们独立于ABC公司，并履行了职业道德方面的其他责任。我们相信，我们获取的审计证据是充分、适当的，为发表审计意见提供了基础。

（三）强调事项

我们提醒财务报表使用者关注，财务报表附注×描述了火灾对ABC公司生产设备造成的影响。本段内容不影响已发表的审计意见。

（四）关键审计事项

关键审计事项是我们根据职业判断，认为对本期财务报表审计最为重要的事项。这些事项的应对以对财务报表整体进行审计并形成审计意见为背景，我们不对这些事项单独发表意见。

（按照《中国注册会计师审计准则第1504号——在审计报告中沟通关键审计事项》的规定描述每一关键审计事项）

（五）其他事项

20×1年12月31日的资产负债表，20×1年度的利润表、现金流量表、股东权益变动表以及相关财务报表附注由其他会计师事务所审计，并于20×2年3月31日发表了无保留意见。

（六）其他信息

（按照《中国注册会计师审计准则第1521号——注册会计师对其他信息的责任》的规定报告）

（七）管理层和治理层对财务报表的责任

ABC公司管理层(简称"管理层")负责按照企业会计准则的规定编制财务报表,使其实现公允反映,并设计、执行和维护必要的内部控制,以使财务报表不存在舞弊或错误导致的重大错报。

在编制财务报表时,管理层负责评估ABC公司的持续经营能力,披露与持续经营能力相关的事项(如适用),并运用持续经营假设,除非管理层计划清算ABC公司、终止运营或别无其他现实的选择。

治理层负责监督ABC公司的财务报告过程。

(八)注册会计师对财务报表审计的责任

我们的目标是对财务报表整体是否不存在舞弊或错误导致的重大错报获取合理保证,并出具包含审计意见的审计报告。合理保证是高水平的保证,但并不能保证按照审计准则执行的审计在某一重大错报存在时总能发现。错报可能是舞弊或错误导致的,如果合理预期错报单独或汇总起来可能影响财务报表使用者依据财务报表做出的经济决策,则通常认为错报是重大的。

···········

×××会计师事务所　　　　　　　　　中国注册会计师:×××(项目合伙人)

(公章)　　　　　　　　　　　　　　　　　　　(签名、盖章)

　　　　　　　　　　　　　　　　　　中国注册会计师:×××

　　　　　　　　　　　　　　　　　　　(签名、盖章)

中国××市

二○×三年×月×日

三、保留意见的审计报告参考格式

当由于财务报表存在重大错报而发表保留意见时,注册会计师应当在审计意见部分说明:注册会计师认为,除形成保留意见的基础部分所述事项产生的影响外,后附的财务报表在所有重大方面按照适用的财务报告编制基础的规定编制,公允反映了……

当由于无法获取充分、适当的审计证据而发表保留意见时,注册会计师应当在审计意见部分使用"除……可能产生的影响外"等措辞。当注册会计师发表保留意见时,在审计意见部分中使用"由于上述解释"或"受……影响"等措辞是不恰当的,因为这些措辞不够清晰或没有足够的说服力。

由于财务报表存在重大错报而发表保留意见的审计报告参考格式如下。

背景信息:

(1)对上市实体整套财务报表进行审计。该审计不属于集团审计(即不适用《中国注册会计师审计准则第1401号——对集团财务报表审计的特殊考虑》)。

(2)管理层按照企业会计准则的规定编制财务报表。

(3)审计业务约定条款体现了《中国注册会计师审计准则第1111号——就审计业务约定条款达成一致意见》关于管理层对财务报表责任的描述。

(4)存货存在错报,该错报对财务报表影响重大但不具有广泛性(即保留意见是恰当的)。

(5)适用的相关职业道德要求为中国注册会计师职业道德守则。

(6)基于获取的审计证据,根据《中国注册会计师审计准则第1324号——持续经营》,注册会计师认为可能导致对被审计单位持续经营能力产生重大疑虑的相关事项或情况不存在重大不确定性。

（7）已按照《中国注册会计师审计准则第1504号——在审计报告中沟通关键审计事项》的规定沟通了关键审计事项。

（8）注册会计师在审计报告日前已获取所有其他信息，且导致对财务报表发表保留意见的事项也影响了其他事项。

（9）负责监督财务报表的人员与负责编制财务报表的人员不同。

（10）除财务报表审计外，按照法律法规的要求，注册会计师还承担法律法规要求的其他报告责任，且注册会计师决定在审计报告中履行其他报告责任。

审计报告

（一）保留意见

我们审计了ABC股份有限公司（简称"ABC公司"）财务报表，包括20×2年12月31日的资产负债表，20×2年度的利润表、股东权益变动表和现金流量表以及相关财务报表附注。

我们认为，除"形成保留意见的基础"部分所述事项产生的影响外，后附的财务报表在所有重大方面按照企业会计准则的规定编制，公允反映了ABC公司20×2年12月31日的财务状况以及20×2年度的经营成果和现金流量。

（二）形成保留意见的基础

ABC公司20×2年12月31日资产负债表中存货的列示金额为×元。ABC公司管理层（简称"管理层"）根据成本对存货进行计量，而没有根据成本与可变现净值孰低的原则进行计量，这不符合企业会计准则的规定。ABC公司的会计记录显示，如果管理层以成本与可变现净值孰低来计量存货，存货列示金额将减少×元。相应地，资产减值损失将增加×元，所得税、净利润和股东权益将分别减少×元、×元和×元。

我们按照中国注册会计师审计准则的规定执行了审计工作。审计报告的"注册会计师对财务报表审计的责任"部分进一步阐述了我们在这些准则下的责任。按照中国注册会计师职业道德守则，我们独立于ABC公司，并履行了职业道德方面的其他责任。我们相信，我们获取的审计证据是充分、适当的，为发表保留意见提供了基础。

（三）其他信息

（按照《中国注册会计师审计准则第1521号——注册会计师对其他信息的责任》的规定报告）

（四）关键审计事项

关键审计事项是我们根据职业判断，认为对本期财务报表审计最为重要的事项。这些事项的应对以对财务报表整体进行审计并形成审计意见为背景，我们不对这些事项单独发表意见。

（按照《中国注册会计师审计准则第1504号——在审计报告中沟通关键审计事项》的规定描述每一关键审计事项）

………………

×××会计师事务所　　　　　　　　　中国注册会计师：×××（项目合伙人）

（公章）　　　　　　　　　　　　　　　　　　　　（签名、盖章）

　　　　　　　　　　　　　　　　　　中国注册会计师：×××

中国××市　　　　　　　　　　　　　　　　　　　（签名、盖章）

二○×三年×月×日

四、否定意见的审计报告参考格式

否定意见是指注册会计师认为财务报表没有按照适用的财务报告编制基础的规定编制,未能在所有重大方面公允反映被审计单位的财务状况、经营成果和现金流量而发表的审计意见。否定意见说明被审计单位的财务报表不能信赖,因此,无论是注册会计师,还是被审计单位都不希望发表此类意见。

在获取充分、适当的审计证据后,如果认为错报单独或累计起来对财务报表的影响重大且具有广泛性,注册会计师应当发表否定意见的审计报告。

当发表否定意见时,注册会计师应当在审计意见部分说明:注册会计师认为,由于形成否定意见的基础部分所述事项的重要性,后附的财务报表没有在所有重大方面按照适用的财务报告编制基础的规定编制,未能公允反映……

由于合并财务报表存在重大错报而发表否定意见的审计报告参考格式如下。

背景信息:

(1)对上市实体整套合并财务报表进行审计。该审计属于集团审计,被审计单位拥有多个子公司(即适用《中国注册会计师审计准则第 1401 号——对集团财务报表审计的特殊考虑》)。

(2)管理层按照××财务报告编制基础编制合并财务报表。

(3)审计业务约定条款体现了《中国注册会计师审计准则第 1111 号——就审计业务约定条款达成一致意见》关于管理层对财务报表责任的描述。

(4)合并财务报表因未合并某一子公司而存在重大错报,该错报对合并财务报表影响重大且具有广泛性(即否定意见是恰当的),但量化该错报对合并财务报表的影响是不切实际的。

(5)适用的相关职业道德要求为中国注册会计师职业道德守则。

(6)基于获取的审计证据,根据《中国注册会计师审计准则第 1324 号——持续经营》,注册会计师认为可能导致对被审计单位持续经营能力产生重大疑虑的相关事项或情况不存在重大不确定性。

(7)已按照《中国注册会计师审计准则第 1504 号——在审计报告中沟通关键审计事项》的规定沟通了关键审计事项。

(8)注册会计师在审计报告日前已获取所有其他信息,且导致对财务报表发表否定意见的事项也影响了其他事项。

(9)负责监督财务报表的人员与负责编制财务报表的人员不同。

(10)除合并财务报表审计外,注册会计师还承担法律法规要求的其他报告责任,且注册会计师决定在审计报告中履行其他报告责任。

审计报告

(一)否定意见

我们审计了 ABC 股份有限公司及其子公司(简称"ABC 集团")合并财务报表,包括 20×2 年 12 月 31 日的资产负债表,20×2 年度的利润表、股东权益变动表和现金流量表以及相关财务报表附注。

我们认为,由于"形成否定意见的基础"部分所述事项的重要性,后附的财务报表没有在所有重大方面按照××财务报告编制基础编制的规定编制,未能公允反映了 ABC 集团 20×2 年 12 月 31 日的合并财务状况以及 20×2 年度的合并经营成果和合并现金流量。

（二）形成否定意见的基础

如财务报表附注×所述，20×2年ABC集团通过非同一控制下的企业合并获得对XYZ公司的控制权，因未能取得购买日XYZ公司某些重要资产和负债的公允价值，故未将XYZ公司纳入合并财务报表范围。按照××财务报告编制基础的规定，该集团应将这一子公司纳入合并范围，并以暂估金额为基础核算该项收购。如果将XYZ公司纳入合并财务报表的范围，后附的ABC集团合并财务报表的多个报表项目将受到重大影响。但我们无法确定未将XYZ公司纳入合并范围对合并财务报表产生的影响。

我们按照中国注册会计师审计准则的规定执行了审计工作。审计报告的"注册会计师对财务报表审计的责任"部分进一步阐述了我们在这些准则下的责任。按照中国注册会计师职业道德守则，我们独立于ABC集团，并履行了职业道德方面的其他责任。我们相信，我们获取的审计证据是充分、适当的，为发表否定意见提供了基础。

（三）其他信息

（按照《中国注册会计师审计准则第1521号——注册会计师对其他信息的责任》的规定报告）

（四）关键审计事项

关键审计事项是我们根据职业判断，认为对本期财务报表审计最为重要的事项。这些事项的应对以对财务报表整体进行审计并形成审计意见为背景，我们不对这些事项单独发表意见。

（按照《中国注册会计师审计准则第1504号——在审计报告中沟通关键审计事项》的规定描述每一关键审计事项）

············

×××会计师事务所　　　　　　　　　中国注册会计师：×××（项目合伙人）

（公章）　　　　　　　　　　　　　　　　　（签名、盖章）

　　　　　　　　　　　　　　　　　　中国注册会计师：×××

　　　　　　　　　　　　　　　　　　　（签名、盖章）

中国××市

二〇×三年×月×日

五、无法表示意见的审计报告参考格式

如果无法获取充分、适当的审计证据，以作为形成审计意见的基础，但认为未发现的错报（如存在）对财务报表可能产生的影响重大且具有广泛性，注册会计师应当发表无法表示意见。

注册会计师发表无法表示意见时，应当删除注册会计师的责任段，并在"无法表示意见"段之前增加说明段，使用恰当的标题，通常是"导致无法表示意见的事项"，清楚地说明导致无法发表审计意见的所有原因。

当由于无法获取充分、适当的审计证据而发表无法表示意见时，注册会计师应当：①说明注册会计师不对后附的财务报表发表审计意见；②说明由于形成无法表示意见的基础部分所述事项的重要性，注册会计师无法获取充分、适当的审计证据，以作为对财务报表发表审计意见的基础；③修改"财务报表已经审计的说明"，改为"注册会计师接受委托审计财务报表"。

当注册会计师对财务报表发表无法表示意见时，审计报告中不应当包括：①提及审计报告中用于描述注册会计师责任的部分；②说明注册会计师是否已获取充分、适当的审计证据以作为形成审计意见的基础。

由于注册会计师无法针对合并财务报表单一要素获取充分、适当的审计证据而发表无

法表示意见的审计报告参考格式如下。

背景信息：

(1)对非上市实体整套财务报表进行审计。该审计属于集团审计,被审计单位拥有多个子公司(即适用《中国注册会计师审计准则第 1401 号——对集团财务报表审计的特殊考虑》)。

(2)管理层按照××财务报告编制基础编制财务报表,编制基础允许被审计单位只列报合并财务报表。

(3)审计业务约定条款体现了《中国注册会计师审计准则第 1111 号——就审计业务约定条款达成一致意见》关于管理层对财务报表责任的描述。

(4)对合并财务报表的某个要素,注册会计师无法获取充分、适当的审计证据。例如,对一家共同经营享有的利益份额占该被审计单位净资产的比例超过 90%,但注册会计师无法获取该共同经营财务信息的审计证据。这一事项对合并财务报表可能产生的影响被认为是重大的且具有广泛性(即无法表示意见是恰当的)。

(5)适用的相关职业道德要求为中国注册会计师职业道德守则。

(6)负责监督财务报表的人员与负责编制财务报表的人员不同。

(7)按照审计准则要求在注册会计师的责任部分作出有限的表述。

(8)除合并财务报表审计外,注册会计师还承担法律法规要求的其他报告责任,且注册会计师决定在审计报告中履行其他报告责任。

审计报告

(一)无法表示意见

我们接受委托,审计 ABC 股份有限公司及其子公司(简称"ABC 集团")合并财务报表,包括 20×2 年 12 月 31 日的资产负债表,20×2 年度的利润表、股东权益变动表和现金流量表以及相关合并财务报表附注。

我们不对后附的 ABC 集团合并财务报表发表审计意见。由于"形成无法表示意见的基础"部分所述事项的重要性,我们无法获取充分、适当的审计证据以作为对合并财务报表发表审计意见的基础。

(二)形成无法表示意见的基础

ABC 集团对共同经营 XYZ 公司享有的利益份额在该集团的合并资产负债表中的金额(资产扣除负债后的净影响)为×元,占该集团 20×2 年 12 月 31 日净资产的 90% 以上。我们未被允许接触 XYZ 公司的管理层和注册会计师,包括 XYZ 公司注册会计师的审计工作底稿。因此,我们无法确定是否有必要对 XYZ 公司资产中 ABC 集团共同控制的比例份额、XYZ 公司负债中 ABC 集团共同承担的比例份额、XYZ 公司收入和费用中 ABC 集团的比例份额,以及合并现金流量表和合并股东权益变动表中的要素作出调整。

(三)管理层和治理层对合并财务报表的责任

(按照《中国注册会计师审计准则第 1501 号——对财务报表形成审计意见和出具审计报告》的规定报告)

(四)注册会计师对合并财务报表审计的责任

我们的责任是按照中国注册会计师审计准则的规定,对 ABC 集团的合并财务报表执行审计工作,以出具审计报告。但由于"形成无法表示意见的基础"部分所述的事项,我们无法获取充分、适当的审计证据以作为发表审计意见的基础。

按照中国注册会计师职业道德守则,我们独立于 ABC 集团,并履行了职业道德方面的其他责任。

×××会计师事务所　　　　　　　　　中国注册会计师:×××(项目合伙人)
(公章)　　　　　　　　　　　　　　　　　　　　　(签名、盖章)
　　　　　　　　　　　　　　　　　中国注册会计师:×××
　　　　　　　　　　　　　　　　　　　　　　(签名、盖章)

中国××市
二〇×三年×月×日

本章小结

在终结审计工作阶段,注册会计师应当评价审计中的重大发现、编制审计差异调整表和试算平衡表、对财务报表总体合理性实施分析程序、评价审计结果等,以此对被审计单位已审计财务报表形成审计意见并草拟审计报告。但在对审计意见形成最终决定之前,会计师事务所通常要与被审计单位进行沟通,在沟通过程中,注册会计师可口头报告本次审计所发现的问题,并说明建议被审计单位作出必要调整或表外披露的理由。最后,通常会就需要被审计单位作出的改变达成协议。如达成了协议,注册会计师一般即可签发标准审计报告,否则,注册会计师考虑发表其他类型的审计意见。

审计意见的类型包括无保留审计意见和非无保留审计意见。如果认为财务报表在所有重大方面按照适用的财务报告编制基础编制并实现公允反映,注册会计师应当发表无保留审计意见。如果注册会计师发现根据获取的审计证据,得出财务报表整体存在重大错报的结论,或无法获取充分、适当的审计证据,不能得出财务报表整体不存在重大错报的结论,则注册会计师应当在审计报告中发表非无保留审计意见。非无保留审计意见具体包括保留意见、否定意见和无法表示意见三类,具体根据错报或者无法获取充分、适当审计证据的重大性和广泛性酌情而定。注册会计师形成审计意见并出具审计报告要根据职业判断确定对当期财务报表审计最为重要的事项,将其作为关键审计事项于审计报告中单独逐项列示。在出具审计报告时,还应该考虑持续经营等事项对审计意见的影响,并且根据需要在审计报告中添加强调事项段和其他事项段,强调事项段和其他事项段不影响已发表的审计意见的类型。

本章思考题

1.简述终结审计的实务流程。

2.期后事项审计如何进行?

3.注册会计师确定关键审计事项时应该考虑什么?

4.审计报告的作用有哪些?

5.简述管理层和注册会计师的主要责任。

6.审计意见的类型有哪些?其出具的条件分别是什么?

第十三章　信息技术对审计的影响

掌握信息系统审计的目标、职能和内容

熟悉信息技术对审计人员和审计行业的影响

熟悉信息技术对内部控制和审计过程的影响

了解信息技术的发展趋势

思政元素

信息社会的创新精神

信息技术安全和合规意识

信息化环境下的审计职业谨慎性

信息化环境下审计人员的专业胜任能力

引例——M公司财务共享中心信息系统审计

M公司成立于1999年,2004年成功在香港挂牌上市,2020年公司营业收入达到760亿元,净利润为35亿元。拥有品类丰富的产品矩阵,包括奶酪、液态奶、奶粉等,并且产品远销海外,涵盖北美、大洋洲、东南亚等区域的10余个国家和地区。同时,M公司还拥有68座海内外生产基地,年产能合计逾1000万吨,在北美、欧洲建有跨国研发中心,利用数字化、智能化手段实现全产业链质量管理,确保市场上每一类产品质量过硬、品质上乘。

M公司财务共享服务中心于2015年11月成功上线投入运营,基于集团生态化以及数字化、国家化建设发展战略,M公司形成了三位一体化的支柱化结构的财务共享服务中心,即专业支柱——战略财务、支持支柱——运营财务、高效支柱——共享财务。根据M公司的业务特点,一步建成全业务模块,全流程同步完成财务核算和资金结算的共享中心,并且成本费用、资产核算、销售收款、采购付款、总账报表等业务循环同步实现共享。M公司通过建设财务共享服务中心,打破了产业链上的信息孤岛状态,实现了数据的互联互通。然而,财务共享中心信息系统的更新升级以及企业内部人员变动等情况,也带来了一系列的网络安全、数据安全、访问安全等问题,增大了数据资料外泄、非法人员入侵篡改数据、账号授权不清晰、数据对接等风险。为有效规避或解决M公司财务共享中心信息系统问题,合理评估M公司财务共享中心信息系统的有效性、可靠性、安全性,需要开展相应的财务共享中心信息系统审计工作。

思考:以财务共享中心为代表的现代信息技术,对审计方式和审计内容带来哪些影响,面对日益更迭的信息技术冲击,审计人员该如何应对?

第一节　信息技术的发展趋势

一、信息技术的含义及分类

(一)信息技术含义概要

从广义上讲,凡是能扩展人类信息功能的技术,都是信息技术。具体而言,信息技术是指利用电子计算机和现代通信技术实现获取信息、传递信息、存储信息、处理信息、显示信息、分配信息等的相关技术。

现代信息技术是指 20 世纪 70 年代以来,随着微电子技术、计算机技术和通信技术的发展,围绕信息的产生、收集、存储、处理、检索和传递,形成的一个全新的、用以开发和利用信息资源的高技术群,包括微电子技术、新型元器件技术、通信技术、计算机技术、各类软件及系统集成技术、光盘技术、传感技术、机器人技术、高清晰度电视技术等,其中微电子技术、计算机技术、软件技术、通信技术是现代信息技术的核心。

(二)信息技术发展前沿

1. 大数据技术

大数据(big data)是指数量庞大且复杂的数据集,传统的数据分析软件无法处理这些海量的数据。大数据具有"4V"的特点:高速(velocity)、大量(volume)、多样化(variety)、高价值(value)。大数据主要着眼于"数据",提供数据采集、挖掘、分析的技术和方法。商业的经济活动、业务往来产生了海量的数据,企业通过大数据技术,可以分析用户画像、预测发展趋势、挖掘客户潜在需求等。

2. 人工智能技术

人工智能(artificial intelligence)是指机器模仿人类思维和认知功能来学习和解决问题,计算机视觉、机器学习、自然语言处理、机器人技术、生物识别技术是人工智能的五大核心技术。人工智能通过对数据的智能抓取、采集,结合 RPA 技术(robotic process automation,也被称为机器人流程自动化),可以实时跟踪市场动态,自动执行可重复的、流程化的工作,提高效率的同时降低企业的人力成本。

3. 移动互联网技术

移动互联网(mobile Internet)是结合了互联网和移动通信技术的产物,用户可以通过高速的移动网络,使用手机、PAD 或其他无线终端,在移动状态下随时随地访问资料文件。

4. 云计算技术

云计算(cloud computing)是通过网络"云"的形式将庞大的数据分解成无数个小模块,通过调配系统中的多个服务器,将合并计算结果反馈给客户。云计算一秒钟就可以处理数以万计的数据,大大提高了运算速度。借助云计算技术,企业不必再投入大量的资金采购服务器,通过选择合适的云计算服务就可实现算力和存储能力的提升。

5.物联网技术

物联网(Internet of things)是指物体通过互联网进行信息传递,以实现识别、定位、盘点、跟踪等功能。通过各种信息传感设备,按照约定的协议,将物体与网络相连,从而实现物体之间的信息交换和通信。企业借助物联网技术可实现对资产地理位置的定位、对库存数量的盘点、对物流派送的跟踪等。

6.区块链技术

区块链(block chain)是一种不依赖第三方、通过自身分布式节点进行网络数据存储、验证、传递和交流的一种技术方案。从会计视角来看,区块链技术是一种分布式、开放性、去中心化的大型网络记账簿。区块链的不可篡改性和可追溯性保证了会计信息的真实有效。

【例 13-1】新冠疫情背景下远程审计崭露头角

2020 年初,突如其来的新冠疫情使得我国上市公司的年报审计工作一时难以按计划开展,审计实务界面临如何改变传统现场审计模式以完成年审任务的"大考"。2020 年 1 月 29 日,湖北省注册会计师协会率先发布倡议书,提出制订"互联网+审计"、机器人审计服务预案,以应对疫情下突发的审计执业困境。2020 年 1 月 31 日,中国注册会计师协会在《关于疫期年报审计专项提示》中提醒各事务所,需做好年报审计工作计划的相应调整。同日,中国证监会法律部发布新冠疫情应对建议,提出职业界应采用替代性的审计方法与程序。同年 2 月 5 日,中国注册会计师协会又发布了新冠疫情防控专门通知,其中建议审计执业人员尽量采用电视电话、网络视频等灵活办公方式,开展相应的审计工作。上述这些行业监管部门发布的指导性意见,启发了各界对于远程审计的实践探索。与此同时,各事务所也在积极地摸索行之有效的执业预案。如大信所在 2020 年 2 月 2 日紧急发布审计工作方案,提出可通过电话、邮件、微信等方式对客户相关人员进行调查,且部分实物证据可通过拍照获取。又如,立信所在 2020 年 2 月 1 日拟定了远程审计工作指引,提出新冠疫情期间的审计执业要采用现代通信手段获取财务资料等信息,以及实施与被审计单位相关人员的远程交流。随后上线的"立信客户门户"系统可支持客户上传审计所需的资料等远程合作办公,但当时审计程序中的检查、观察和重新执行等环节还无法实现远程审计,需要等复工时再前往现场完成。实务界一直延续着以现场审计模式为主导的审计资源配置业态,直到在新冠疫情冲击下现场审计进退维谷之际,替代性的远程审计预案才被提出,并一时成为行业关注的热点,然而,远程审计是一个逐步发展的过程,其发展历程详见表 13-1。

表 13-1　注册会计师审计行业远程审计发展历程

项目	传统审计阶段	初步远程审计阶段	改进远程审计阶段
现场审计	审计师带领团队赴现场开展测试、检查与沟通工作	以电话、邮件、拍照、直播等方式获取审计证据,替代部分现场测试和检查,后续审计团队进场作补充审计	增加部分由无人机替代的现场审计,减少现场人员
数据传输	纸笔记录,人工整理和计算机辅助	现场人员采集影像证据,借助 4G 技术,远程、实时传输	无人机现场采集,借助 5G 技术,远程、实时、海量传输
审计分析	审计团队人工分析和计算机辅助	审计团队人工分析和计算机辅助	部分引入人工智能、大数据计算和分析

项目	传统审计阶段	初步远程审计阶段	改进远程审计阶段
检查风险	低技术风险	中技术风险	较高技术风险
审计师的角色	审计专家	审计专家	科技型审计专家

远程审计依托日益迅捷的信息技术,在新冠疫情的背景下对注册会计师审计行业发挥着重要作用,极大地提升了审计效率,彰显了"科技强审计"。与此同时,也存在如下风险需要加以关注和防范:①远程审计技术支撑的可靠性问题,远程审计的执业方式对信息技术的依赖度很高,其相关的执业风险比较突出;②远程审计数字化的真实性问题,需警惕非传统现场审计的风险;③远程审计执业人员的专业胜任性,审计人员信息技术能力的局限性;④远程审计现有技术手段存在瓶颈,部分现场审计难以远程执行,仍必须前往被审计单位现场执行审计取证工作,如非标准资产盘点。

二、信息技术对财务报告的影响

(一)信息系统的构建与应用

1.信息系统中的会计处理

企业可以运用信息系统来创建、记录、处理和报告各项交易,以衡量和审查自身的财务业绩,并持续记录资产、负债及所有者权益。具体而言,创建是指企业可以采取人工或自动的方式来创建各项交易信息;记录是指信息系统识别并保留交易及事项的相关信息处理;处理是指企业可以采取人工或自动化的方式对信息系统的数据信息进行编辑、确认、计算、衡量、估价、分析、汇总和调整;报告是指企业以电子或打印的方式,编制财务报表和其他信息,并运用相关信息来衡量和审查企业的财务业绩及其他方面的职能。

以企业固定资产核算为例,从在信息系统中录入新购固定资产的名称、型号、金额等信息以及各类资产适用的折旧年限、折旧方法等,并以数据库的形式将上述信息记录,信息系统按设定期间进行自动处理,根据固定资产卡片信息计算折旧,最后自动生成固定资产折旧计算表,供企业财务报表编制和相关管理决策使用。总之,信息系统的使用,会给企业的管理和会计核算程序带来很多重要的变化,既有便捷也有新的挑战,详见表13-2。

表13-2　信息技术使用前后企业管理方式对比

发展阶段	使用信息技术前	使用信息技术后
编制工具	手工记录	计算机输入设备(如键盘、写字板、扫描枪等)和输出设备(如显示器、打印机等)
表现形式	纸质凭证	计算机显示屏和电子影像
记录载体	纸质日记账和分类账	电子文档、数据库
报告形式	固定格式的定期报告	灵活多样的报告
外部信息传递	公司间邮寄	网络通信和电子邮件
内部信息交流	信息障碍、面对面交流	数据更加充分,信息实现共享
问题普遍表现	偶然性误差	系统性问题

2.信息系统有效性的判定

信息系统形成的信息的质量影响企业编制财务报表、管理企业活动和作出适当的管理决策。因此,有效的信息系统需要实现下列功能并保留记录结果:①识别和记录全部经授权的交易;②及时、详细记录交易内容,并在财务报告中对全部交易进行适当分类;③衡量交易,并在财务报告中适当体现相关价值;④确定交易发生的期间,并将交易记录在适当的会计期间;⑤将相关交易信息在财务报告中作适当披露。

因此,在进行财务报表审计时,如果依赖相关信息系统生成的财务信息和报告作为审计工作的依据,则必须考虑相关信息和报告的质量,而财务报告相关的信息质量是通过交易的录入到输出整个过程中适当的控制来实现的,所以,注册会计师要在整个过程中考虑信息的准确性、完整性、授权体系及访问限制四个方面。

(二)财务共享服务中心

财务共享服务是指将重复性的、冗杂的工作进行流程化再造,形成标准化的流程。大数据时代下,财务共享服务中心打破了地理时空、组织边界的限制,承担着报表核算、费用报销、资金税务管理等众多财务功能,已成为众多企业降本增效、优化资源配置、集中财务管理的平台。《2022 年中国共享服务领域调研报告》中调研的 200 多家企业财务共享服务中涉及行业前三,它们分别是制造业、工程建筑与房地产行业、能源与资源行业,就财务共享服务中心信息系统业务覆盖情况而言,费用报销模块覆盖率达到了 100%。费用报销模块电子影像的采集、管理业务流程如图 13-1 所示,采集端实现文件的扫描、识别、处理,管理端实现票据的上传、审核、归档。

第二节　信息技术与内部控制

一、信息技术对内部控制的影响

(一)自动化控制逐步替代传统人工控制

在信息化环境下,一些关键控制由人工控制变成自动控制。如企业的制度规定,在采购订单、收货单、发票三单匹配之前不能支付供应商任何费用,这一关键控制点,在手工环境下通常由会计人员核对相关文件,而现在所有的操作都可以在企业的 ERP 系统中执行。该系统按照预先设定的规则和误差容忍度自动执行,并将差异分配到不同的账户中。审计人员要测试该控制是否有效,就必须检查 ERP 系统的配置,评价验证规则是否合理。

人工控制被替代得越多,企业对信息系统的依赖程度就越高,信息技术对企业内部控制的影响也就越大。如企业的采购系统可以通过自动控制实现交易信息的生成、记录、处理和报告,并将相关信息保存为电子形式,如电子采购订单、采购发票、发运凭证和会计记录。但相关控制活动也可能同时包括人工部分,如订单的审批和事后审阅以及会计记录调整之类的人工控制。而被审计单位信息技术的特点及复杂程度不同,相应人工及自动控制就会有所差异。

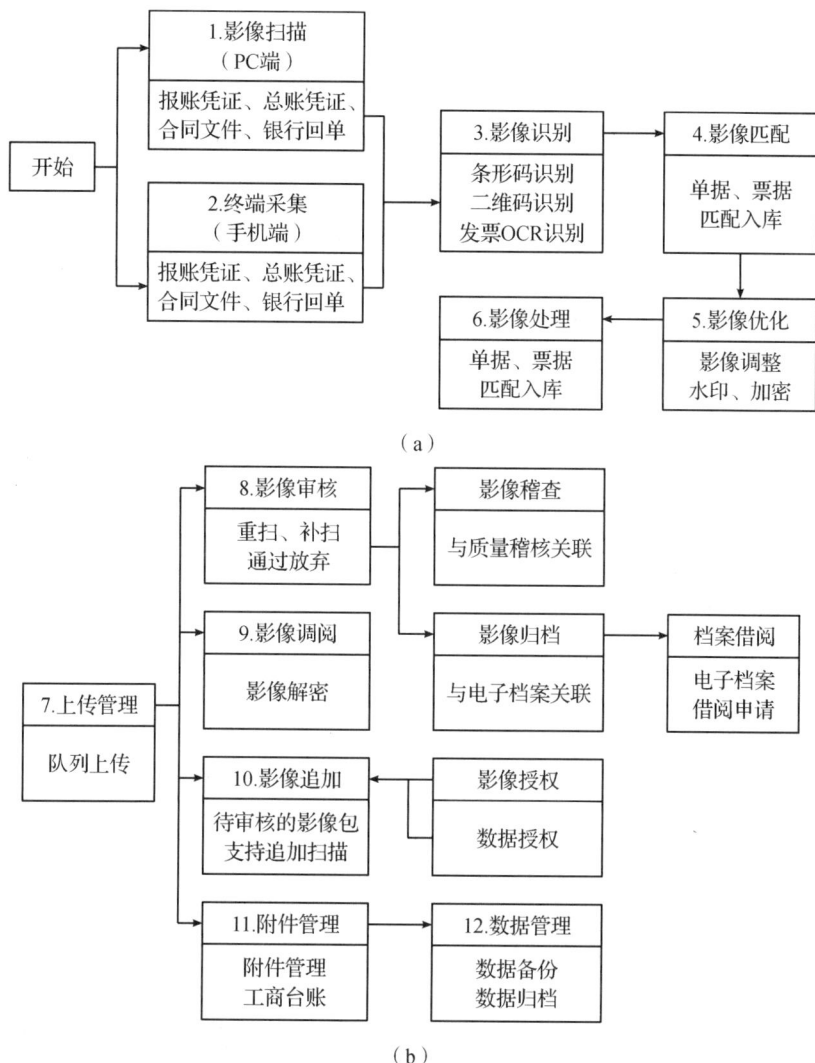

（a）

（b）

图 13-1　财务共享服务中心电子影像管理系统管理业务流程

（二）信息技术提升了内部控制的有效性

随着信息技术的发展,内部控制虽然在形式及内涵方面发生了变化,但内部控制的目标并没有发生改变,即在促进企业遵守法律法规的底线基础上,通过提高会计信息的可靠性来提高管理层决策制定的效果和业务流程的效率。信息技术为企业内部控制带来了诸多好处,一定程度上有利于内部控制目标的实现,具体有如下几点:①信息系统能够有效处理大量交易及数据,因为自动化信息系统可以提供与业务规则一致的系统处理方法;②和人工控制相比,自动化控制不容易被绕过;③自动化信息系统、数据库及操作系统的相关安全控制可以实现比手工环境下更有效的职责分离;④信息系统可以更容易、更及时地获取到准确的信息;⑤自动化信息系统可以提高管理层对企业业务活动及相关政策的监督水平。

(三)信息技术的运用可能导致特定风险

任何事物都有两面性,信息技术改进了被审计单位的内部控制,但同时也产生了相应的风险,信息技术在改进被审计单位内部控制的同时,也产生了特定的风险:①信息系统或相关系统程序可能会对数据进行错误处理,也可能会去处理那些本身就错误的数据。②自动化信息系统、数据库及操作系统的相关安全控制如果无效,会增加对数据信息非授权访问的风险,这种风险可能导致系统对非授权交易及虚假交易请求的拒绝处理功能遭到破坏,系统程序、系统内的数据遭到不适当的改变,系统对交易进行不适当的记录,以及信息技术人员获得超过其职责范围的过大系统权限等。③数据丢失风险或数据无法访问风险,如系统瘫痪等。④不适当的人为干预,或人为绕过自动化控制。

二、信息技术控制的分类及特征

(一)信息技术一般控制

1. 信息技术一般控制的含义

信息技术一般控制是指为了保证信息系统的安全,对整体信息系统以及外部各种环境要素实施的、对所有的应用或控制模块有普遍影响的控制措施。信息技术一般控制既包括人工进行的控制,也包括自动化控制。

信息技术一般控制包括程序开发、程序变更、程序和数据访问以及计算机运行四个方面。

(1)程序开发。程序开发领域的目标是确保系统的开发、配置和实施能够实现管理层的信息处理控制目标。程序开发控制一般包括但不限于以下要素:程序开发的管理方法;程序实施和应急计划;开发过程中的需求变更管理;开发过程中的职责分离。

(2)程序变更。程序变更领域的目标是确保对程序和相关基础组件的变更是经过请求、授权、执行、测试和实施的,以达到管理层的信息处理控制目标。程序变更范围除包含代码类的常规变更外,也需要关注配置类的变更以及紧急变更。程序变更一般包括但不限于以下要素:对变更请求的规范、授权与跟踪;测试和质量确保;变更过程中的职责分离。

(3)程序和数据访问。程序和数据访问这一领域的目标是确保分配的访问程序和数据的权限是经过用户身份认证并经过授权的。程序和数据访问的子组件一般包括安全活动管理、安全管理、数据安全、操作系统安全、网络安全和物理安全。程序和数据访问一般包括但不限于以下要素:应用用户授权管理;职责分离和权限管理;认证和密码控制;物理访问和环境控制;网络访问控制。

(4)计算机运行。计算机运行这一领域的目标是确保业务系统根据管理层的控制目标完整准确地运行,确保运行问题被完整准确识别并解决,以维护财务数据的完整性。计算机运行一般包括但不限于以下要素:系统作业管理;问题和故障管理;数据备份和恢复。

2. 信息技术一般控制的审计关注点

信息技术一般控制通常会对实现部分或全部财务报表认定作出间接贡献。在有些情况下,信息技术一般控制也可能对实现信息处理目标和财务报表认定作出直接贡献。这是因为有效的信息技术一般控制确保了应用系统控制和依赖计算机处理的自动化会计程序得以持续有效运行。当人工控制依赖系统形成的信息时,信息技术一般控制同样重要。如果审计人员计划依赖自动化信息处理控制、自动化会计程序或依赖系统生成信息的控制,他们就需要对相关的信息技术一般控制进行测试。

如果在带有关键的编辑检查功能的应用系统所依赖的计算机环境中发现了信息技术一般控制缺陷,审计人员可能就不能信赖上述编辑检查功能如期发挥作用。例如,程序变更控制缺陷可能导致未授权人员对检查录入数据字段格式的编程逻辑进行修改,以至于系统接受不准确的录入数据。此外,与安全和访问权限相关的控制缺陷可能导致数据录入不恰当地绕过合理性检查,而该合理性检查原本应能使系统拒绝处理金额超过最大容差范围的支付操作。

(二)信息处理控制

1.信息处理控制的含义

信息处理控制,是指与被审计单位信息系统中下列两方面相关的控制:信息技术应用程序进行的信息处理;人工进行的信息处理。信息处理控制既包括人工进行的控制,也包括自动化控制。信息处理控制一般要经过输入、处理及输出等环节。与人工控制类似,系统自动化控制关注的要素包括完整性、准确性、存在和发生等。各要素的主要含义如下。

(1)完整性。系统处理数据的完整性,例如各系统之间数据传输的完整性、销售订单的系统自动顺序编号、总账数据的完整性等。

(2)准确性。系统运算逻辑的准确性,例如金融机构利息计提逻辑的准确性、生产企业的物料成本运算逻辑的准确性、应收账龄的准确性等。

(3)存在和发生。信息系统相关的逻辑校验控制,例如限制检查、合理性检查、存在检查和格式检查等。部分业务操作的授权管理,例如审批管理的权限设定和授予、物料成本逻辑规则修改权限的设定和授予等。

总之,信息处理控制是设计在计算机应用系统中、有助于达到信息处理目标的控制。例如,许多应用系统中包含很多编辑检查来确保录入数据的准确性。编辑检查可能包括格式检查(如日期格式或数字格式)、存在检查(如客户编码存在于客户主数据文档之中)或合理性检查(如最大付款金额)。如录入数据的某一要素未通过编辑检查,那么系统可能拒绝录入该数据或系统可能将该录入数据拖入系统生成的例外报告之中,留待后续跟进和处理。

2.信息处理控制的审计关注点

针对系统自动化控制的信息处理控制审计,需要在理解业务流程的基础之上进行识别和定义,常见的系统自动化控制审计以及信息处理控制审计的关注点列示如下。

(1)系统自动生成报告。企业的业务或财务系统会定期或按需生成各类报告,例如账龄报告、贷款逾期报告、业务和财务数据核对差异报告等。信息处理控制审计包括对这些报告生成逻辑(包括完整性和准确性)的测试、异常报告跟进控制的审计等。

(2)系统配置和科目映射。信息系统中包含了大量的自动化校验控制和映射关系,包括数据完整性校验、录入合法性编辑检查、边界阈值设定、财务科目映射关系等。信息处理控制审计会对这些系统配置和映射关系的存在性和有效性进行测试。

(3)接口控制。接口控制包括各业务系统之间、业务和财务系统之间、企业内部系统和合作伙伴/交易对手/监管机构之间的接口数据传输。信息处理控制审计会对这些接口数据传输的完整性和准确性进行测试。

（4）访问和权限。企业内部各业务部门、财务部门、信息技术部门等均会根据各自的职责要求对信息系统进行访问，各部门、各团队甚至各岗位访问的权限均可能存在差异，因此在系统控制层面需要对这些权限进行明确的定义和部署，以保证适当的人员配备适当的访问权限。信息处理控制审计会对这些访问权限授予情况的合理性进行测试。

(三)公司层面信息技术控制

1.公司层面信息技术控制的含义

除信息技术一般控制和信息处理控制外，目前国内外企业的管理层也越来越重视公司层面的信息技术控制管理。常见的公司层面信息技术控制包括但不限于以下几点：①信息技术规划的制订；②信息技术年度计划的制订；③信息技术内部审计机制的建立；④信息技术外包管理；⑤信息技术预算管理；⑥信息安全和风险管理；⑦信息技术应急预案的制订；⑧信息系统架构建设和信息技术复杂性的考虑。

2.公司层面信息技术控制的审计关注点

根据目前信息技术审计的业内实践，审计人员在执行信息技术一般控制和信息处理控制审计之前，往往会对公司层面信息技术控制执行单独审计，以评估企业信息技术的整体控制环境，来决定信息技术一般控制和信息处理控制的审计重点、风险等级、审计测试方法等。

(四)信息技术一般控制、信息处理控制和公司层面信息技术控制三者之间的关系

公司层面信息技术控制情况代表了该公司信息技术控制的整体环境，包括该公司对于信息技术的重视程度和依赖程度、信息技术复杂性、对于外部信息技术资源的使用和管理情况、信息技术风险偏好等，这些要素会影响该公司信息技术一般控制和信息处理控制的部署和落实。例如，如果某公司使用了较多的信息技术外部资源和服务，则可能相应地提高外部用户管理和外联接口失效的风险，因此需要更多关注信息技术一般控制领域内的用户管理类控制，特别是外部用户管理机制，以及信息处理控制的外部系统接口管理机制等。因此，公司层面信息技术控制决定了信息技术一般控制和信息处理控制的风险基调，信息技术一般控制是基础，信息技术一般控制的有效与否会直接关系到信息处理控制的有效性是否能够信任；无效的一般控制增加了信息处理控制不能防止或发现并纠正认定层次重大错报的可能性，即使这些信息处理控制本身得到了有效设计；而一般控制有效，审计人员可以更多地信赖信息处理控制，测试这些控制的运行有效性，并将控制风险评估为低于"最高"水平。

第三节　信息技术与审计人员

一、信息技术环境下的审计人员

在信息技术的影响下，传统手工审计的范围被延伸和放大，审计证据来源更加多元化，审计过程更为复杂和丰富，审计手段运用的科技含量要求也更高，这无疑对审计人员的专业素养和执业能力提出了新的要求，包括但不限于以下三点。

（一）恪守信息保密性，增强职业道德意识

新兴信息技术在审计领域的广泛应用，使得注册会计师从基础工作中解放出来，也让注册会计师面临更加复杂的道德困境，具体表现为：①注册会计师在信息系统设计和运行中的违规违法操作行为或其他不道德行为，导致数据保密责任不能履行；②数据采集、存储、分析以及输出行为危及客户的数据安全；③拥有自由意志或自主能力的信息化系统违反审计职业道德规范的行为。尽管如此，大部分会计师事务所在聚焦新兴信息技术的应用问题时，忽视了相关职业道德教育，使得审计人员普遍表现出信息技术职业道德意识不强。

（二）熟悉信息化系统，提升执业胜任能力

信息技术在被审计单位的广泛应用要求审计人员一定要具备相关信息技术方面的知识。因此，审计人员要成为知识全面的复合型人才，不仅要有丰富的会计、审计、经济、法律、管理等方面的知识和技能，还需要熟悉信息系统的应用技术、结构和运行原理，有必要对信息化环境下的内部控制作出适当的评价。因此，审计人员必须对系统内的风险和控制都非常熟悉，然后对审计的策略、范围、方法和手段作出相应的调整，以获取充分、适当的审计证据，支持发表的审计意见。

（三）持续学习新技术，适应行业发展需求

《中国注册会计师协会 2018 年注册会计师培训计划》中明确指出，针对创新驱动发展和经济增长质量效益提升要求，开发"互联网＋"、人工智能、大数据分析工具、云计算存储、区块链应用、商业智能、财务共享服务中心建设等新技术变革引领的财务转型和审计转型课程，增设增值税智能复核小助手、智能财务机器人等智能工具介绍，引导行业适应服务领域的变革，提高审计人员的执业胜任能力，更好地满足新技术变革下行业转型发展的新需求。国际会计师联合会（IFAC）也呼吁注册会计师行业储备数字化转型方面的人才，丰富审计人员的专业知识，加强执业能力建设，如图 13-2 所示。

图 13-2　国际会计师联合会（IFAC）职业胜任能力框架

在当今信息技术突飞猛进的时代，审计人员应着重从以下方面加强能力建设：一是具备持续学习能力和创新能力，自我强化信息技术的运用能力；二是提高职业道德素养与法律后果意识，坚守审计独立性的底线原则；三是加强对大数据的整合和分析能力，提升审计效率；四是强化多元风险因素的研判和应变能力，提升审计质量。

二、信息技术环境下的会计师事务所

实践表明，信息技术能够帮助会计师事务所提高生产力水平，是其不可或缺的核心竞争力之一，相关研究也证实，会计师事务所信息化建设可以显著提高审计效率与审计质量。此外，新证券法下全面注册制的推行，更是让作为资本市场守门人的会计师事务所肩负重任，信息技术的广为应用，使得注册会计师行业面临客户商业模式转型、信用风险传导、科技赋能预期以及技术迭代加快、服务价格下滑、行业公信力维艰等外因风险以及专业服务能力不足、舞弊识别技术缺乏、成本质量错配、审计创新迟滞等内因风险。传统的审计抽样方法和手段显然已经难以适应新型商业模式下风险复杂化、隐性化、关联化、传导化的特点，因此，信息化建设已成为我国会计师事务所在信息化背景下应对复杂业务环境和提高竞争力的一种必然选择。但相关调查研究表明，我国会计师事务所信息化建设存在一定的滞后，如数字化水平低、审计标准缺位等，这严重制约了我国会计师事务所的发展，须亟待完善。

(一)信息技术环境下会计师事务所存在的问题

1.行业数字化水平整体较低、内部分化严重

(1)组织架构及战略规划良莠不齐

除国际四大和少数本土头部大型会计师事务所之外，大多数会计师事务所尚未建立数字化和审计创新相关组织架构，众多事务所尚未明确数字化转型和审计创新战略规划。

(2)数字化创新资源成本高、投入不足

审计创新需要大量资金的投入，大型会计师事务所依托强大的国际网络和优质的客户具备资金实力，而大多数中小型会计师事务所资金投入占其收入比重过高、难度较大。此外，目前市面上的正版软件使用费用较高，数字化和审计创新所需的硬件设备价格较高，加重了大部分会计师事务所的资金负担。

(3)研发能力及自主知识产权不足

大部分会计师事务所无力自主开发，只能外部采购相关平台或工具，尤其是在前沿科技的应用方面，且多数会计师事务所缺乏知识产权保护和管理意识，尚未建立知识产权管理部门。

(4)IT治理机制缺失、安全管理水平薄弱，审计信息化系统集成度不高

多数事务所独立建设各类功能信息系统，存在交互界面不统一、数据不互通、系统集成度不高等信息孤岛问题。

(5)审计作业数字化、智能化应用不足

无论是审计数字化智能平台的建设和使用，还是数据分析工具的应用，抑或是基于审计业务场景的科技应用，仅国际四大和少数本土头部大型会计师事务所进行了动态开发与建设，多数中小会计师事务所仍在观望等待。

2.审计数据采集、传输及标准化存在困难

数字经济时代，数据已成为必不可少的生产资料，数据的可获得性和可使用性直接影响注册会计师提供审计服务的质量和效率以及信息技术的落地。但被审计单位出于数据保密

性和安全性的考虑,对于提供数据的范围、方式,仍存在较大顾虑,基本以财务数据为主。由于缺乏统一的数据标准,客户的数据标准化程度较低,数据标准化工作以及如何将其作为审计证据存在实务障碍。

3. 人才短缺问题突出、培养机制亟须完善

随着数字化向纵深方向发展,只具备单一会计或审计背景的执业人员对信息系统和新兴技术存在理解和认知障碍,难以胜任数字时代客户商业模式的变化,审计失败的风险增大。会计师事务所亟待构建新的注册会计师胜任能力框架,特别是需要引进与业务相匹配的 IT 研发人员、IT 咨询人员、数据专家等,以应对当前趋势下审计工作的新要求。

4. 缺乏配套的审计标准、指引及规范指南

目前,会计师事务所已经开始探索数字化新兴技术在审计实践中的应用,如新冠疫情时期的远程审计,但从执业准则的角度,数据信息和电子资料的获取、使用和存储等缺乏相关的审计标准、指引和规范。如何判断审计中使用新兴技术手段获取审计证据的可靠性、执行审计程序的充分性,如何在财务报表审计中整合利用大数据审计、IT 审计,如何进行底稿记录留痕以实现审计证据的闭环,如何判断技术性偏差等方面都需要标准和指引。

(二)会计师事务所信息化建设的对策

1. 加强数据标准化建设

会计师事务所要加强数据标准化建设,根据相关数据标准规范体系,实施数据清洗,提升数据质量,在保障数据安全的基础上建立数据中心。同时,要重构技术标准体系,及时配套补充或创新与新业态相适应的技术标准,以满足业务模式、组织模式、作业流程等变革以及风险属性变化和数字化转型的需要。

2. 完善质量控制体系建设

会计师事务所要进一步完善质控体系建设,对标中国注册会计师协会修订发布的质量管理相关准则、职业道德守则以及财政部、证监会等监管部门有关会计师事务所质量管理新规,在总结现有质控管理经验的基础上,重塑质量管理制度、流程,运用大数据、云计算、人工智能等新技术加快质量控制平台建设,以实现质量管理和监控的全程化、实时化和智能化。

【例 13-2】瑞幸咖啡财务造假案

1. 与信息技术相关的财务舞弊

瑞幸咖啡财务造假案中涉及与信息技术相关的舞弊手段主要有以下几点:①通过人为控制系统,让原本应连续编号的取餐码出现跳跃式增加,从而虚增销售订单数量;②线上下单,涉及大量优惠券和折扣的补贴行为,通过提高商品系统销售单价,虚增收入;③安排关联方购买代金券,并利用 IT 手段分摊所发放的咖啡代金券,模拟咖啡消费行为,虚构销售交易。

2. 信息技术对会计师事务所的影响

随着信息技术的发展,利用手机移动端和现代通信手段来实现信息的获取、传递、储存、处理、显示、分配变得越来越便捷,瑞幸咖啡作为新商业模式企业的典型代表,其业务量之大、门店遍布之广,加之数据高度信息化,给审计工作带来了巨大的挑战。

(1)抽样审计更要求精确

在新零售商业模式下,随着互联网技术的飞速发展,更多企业在信息系统中记录业务数

据,数据容量大,类型多,导致审计抽样总体日益丰富,难以合理选择。而瑞幸咖啡的运营全部依赖于自身建立的 App 或使用小程序线上下单,样本量的剧增使得抽样审计数据无限拓展,是机遇也是挑战。审计人员很大程度上摆脱了传统审计抽样中的数据整理工作,但业务数据信息化更要求审计人员要充分结合被审计单位的商业模式,对审计抽样指标作出合理的职业判断。如在浑水对瑞幸咖啡的做空报告中,最具说服力的当属通过实地调查获取瑞幸咖啡每日销售数据虚高的结论,在审计抽样时考虑到线下门店的数量、所在城市及工作时间等现实指标,以此推断出的总体数据更为真实。从中也可以看出在对于数据量大的审计总体抽样时,需要审计人员掌握一定的统计学知识。

总之,在新零售互联网商业模式下,抽样审计需要更加精准。如果数据比较容易获取,且格式统一,可以采取全面审计;如果数据获取难度大,则需要将总体数量进行有代表性的削减,将抽样审计和详细审计相结合,这种情况需要将抽样审计的重点放在准确识别抽样总体的指标上,让它们相互印证,以获取有代表性的样本总体。

(2)系统性问题更为突出

系统性问题比偶然性误差的存在更加普遍,不适当的人工干预,或人为绕过自动控制会给信息系统生成的信息造成大幅影响,并且手段隐蔽,由于全面地数字化和系统全面封装了信息处理过程,使得审计线索全面隐形化。由于信息系统生成业务数据与财务数据根据系统自带逻辑自动生成,加之新零售企业客户繁多,审计人员很难从业务上对财务数据的真实性进行核实。信息系统形成的信息质量显著影响经营数据的真实性,进而影响审计效果。为了保证信息系统的有效性,获取有用的信息,审计人员需要保证该信息系统识别并记录全部经授权的交易,在审计过程中考虑信息的准确性、完整性、授权体系和访问权限。

信息技术审计解放了数据整理过程,更需要数据分析。当获取的数据量大时,不能仅依赖于管理层提供的数据,更需要审计人员自行去获取审计数据。注册会计师需要合理使用数据分析工具,以正确方式连接基础数据,提取、分析信息数据,保证数据来源的真实性,提高审计质量。此外,审计人员还需要将获取的新型信息化数据与传统审计数据相联系,或者根据企业特点和新商业模式实质,开发出适用的新型研究方法,得出可靠的分析结果。

第四节　信息技术与审计过程

一、信息技术对审计过程的影响

信息技术日益发展,从最初的人工方式到计算机应用的嵌入再到会计电算化和如今的 ERP 系统信息综合化阶段(见图 13-3),信息技术的演变,对审计方式、审计内容、审计程序等也带来了影响。

(一)对审计线索的影响

审计线索是指企业在交易活动中留下的线索,对审计来说至关重要。对于传统的人工会计系统,审计线索包括凭证、日记账、分类账和报表等明显的业务处理痕迹。审计人员通过顺查和逆查的方法来审查记录,检查和确定其是否正确反映了被审计单位的经济业务,检查企业的会计核算是否合理、合规。而在信息技术环境下,从业务数据的具体处理过程到报

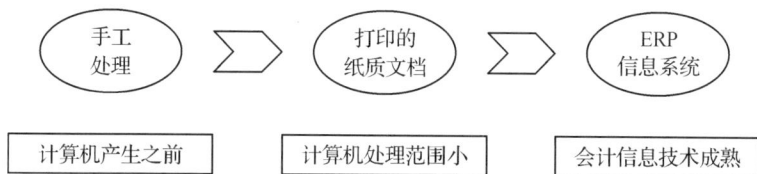

图 13-3 信息技术的演变

表的输出都由计算机按照程序指令完成,数据均保存在磁性介质上,使得审计线索的隐蔽性大大增加。在会计信息化应用过程中,通常只保存凭证,各种明细账、汇总及报表皆由计算机相关程序生成,修改或篡改时并不会留下痕迹。此外,由于信息系统的时间可调整、权限可更改,短时间内可以由同一个人做不同时间的账目,而审计人员可能难以发现其中的端倪。

(二)对审计工作方式的影响

过去审计工作的开展都是以人工方式进行的,然而随着信息技术的广泛应用,若仍以单一的人工方式进行审计,显然已难以满足审计工作的需要,难以达到审计的目的。因此,注册会计师需要掌握相关信息技术,把信息技术当作一项有用的审计工具,如不仅要熟悉企业共享财务中心的运作模式,还要善于利用大数据、人工智能等新兴技术提升审计效率与质量。因而审计工作重心发生了变化,主要体现为以下几点:①审计管理更加智能化、数字化,随着数字经济的不断发展,注册会计师可以通过建立大数据平台对审计工作进行实时监督,随时考核审计方案、工作底稿和审计报告。②与此同时,在数字经济时代,对账、核查以及数据的存储和检索等复杂且重复的传统审计工作将由人工智能处理,而数据的深度分析、价值判断和选择数据处理工具等需要职业判断和高情商工作将由注册会计师负责。③此外,审计思维数智化云审计平台的出现要求从业人员具备更强的互联网计算机能力,在云计算平台上开展审计工作时,注册会计师需具有全新的审计思维,更加关注审计环境,构建相适应的审计模型,保证审计结果的可靠性和准确性。

正因为信息技术与日革新引发审计重心的转变,审计人员的工作方式也有了新常态,但同时也面临着诸如黑箱审计等有待进一步探索与完善的新领域,具体如下。

1.信息系统审计日趋常态

审计人员在客户财务共享服务中心进行财务报表审计时,应对客户信息化系统控制环境加以特别关注,具体来说,注册会计师需要在审计计划阶段了解客户财务共享服务中心的业务流程和相关控制风险,在实施实质性审计程序的过程中需要对信息系统进行风险识别和评估,并针对结果制定应对措施,开展审计工作,必要时还可借助外部专业人士对信息系统进行压力测试等,以降低误受、信赖过度等审计风险。

2.财务共享平台"云审计"逐步推广

财务共享服务中心的发展使审计人员的审计工作发生了变化。例如,财务共享服务中心的费用报销流程具有通过 OCR 技术将发票、行程单等报销凭证上传后由系统自动查重验真的功能,审计人员不必再使用纸质文件重复核对验真,可节约大量时间和人力;原始文件的收集、扫描、审核、归档都在系统中完成,审计人员可以利用财务共享服务平台统一管理的财务数据,开展"云审计"工作,通过非现场审计的形式来应对突发情况。

3.黑箱审计模式成为新挑战

目前尚未建立完整的区块链,往往形成单链架构,被审计方、关联方和其他利益相关者在区块链审计生态中存在合谋进行财务舞弊的风险。当依靠这种单链运行的区块链进行黑箱审计时,注册会计师如果缺乏职业道德,加上不法集团的包装粉饰,往往难以发现舞弊行为,从而造成审计失败。当下存在注册会计师能力与市场需求不匹配的情况,一些审计人员无法熟练使用审计机器人、大数据平台、数据挖掘工具等,如果缺乏相关专业知识,专业能力的不胜任会增加审计失败的风险。

4.智慧审计驱动传统抽样审计向全面审计发展

审计人员目前采用的抽样审计方法,受时间和人力限制,抽取的样本存在一定局限和偏差,可能会忽视一些业务活动,导致其在实质性测试中因样本选择产生误拒或误受风险,无法及时识别和发现被审计单位的重大财务舞弊行为。而云计算、大数据等信息技术的发展使得传统的抽样(局部)审计向全面审计进阶成为可能。通过对数据跨行业、跨企业的全面搜集和分析,对被审计单位所有数据进行多角度、深层次的分析,在规避审计抽样风险的同时还可以发现隐藏在细节数据中的、对审计问题更具价值的信息。除此之外,智慧审计可以提供更多精确而丰富的审计证据,审计证据来源的增加为绩效审计的开展创造了机会,基于大数据技术的社会网络分析可以帮助注册会计师更好地从纷繁复杂的数据中发现隐藏的信息。

(三)对审计范围的影响

审计单位的流程和信息系统可能拥有各自不同的特点,因此审计人员应按各自特点制订审计计划包含的信息技术审计内容。此外,如果审计人员计划依赖自动化控制或自动化信息系统形成的信息,就需要适当扩大信息技术审计的范围。因此,审计人员在确定审计策略时,要结合被审计单位业务流程复杂程度、信息系统复杂程度、系统形成的交易数量和业务对系统的依赖程度、信息和复杂计算的数量、信息技术环境规模和复杂程度五个方面,对信息技术审计范围进行适当考虑。信息技术审计的范围与被审计单位在业务流程及信息系统相关方面的复杂程度成正比,在具体评估复杂程度时,可以从业务流程、信息系统、信息技术环境这三个方面予以考虑。

1.评估业务流程的复杂程度

对业务流程复杂程度的评估并不是一个纯粹客观的过程,而是需要审计人员的职业判断。审计人员可以通过考虑以下因素,对业务流程复杂程度作出适当判断:①是否涉及过多人员及部门,并且相关人员及部门之间的关系复杂且界限不清;②是否涉及大量操作及决策活动;③数据处理过程是否涉及复杂的公式和大量的数据录入操作;④是否需要对信息进行人工处理;⑤对系统生成报告的依赖程度。

2.评估信息系统的复杂程度

与评估业务流程的复杂程度相似,对企业信息系统复杂程度的评估也包含大量的职业判断,受到所使用系统类型的影响,如是应用商业软件还是自行研发系统。具体而言,评估商业软件的复杂程度应当考虑系统复杂程度、系统实施和运行所需的参数设置范围,以及客制化程度(对出厂标准配置的变更、变更类型,例如,是仅为报告形式的变更还是数据处理方式的变更);而对于自行研发系统复杂程度的评估,应当考虑系统复杂程度、离上一次系统架构重大变更的时间、系统变更对财务系统的影响结果,以及系统变更之后的系统运行情况及运行期,同时还需考虑系统生成的交易数量、信息和复杂计算的数量。

3.信息技术环境的规模和复杂程度

评估信息技术环境的规模和复杂程度主要应当考虑产生财务数据的信息系统数量、信息系统接口以及数据传输方式、信息部门的结构与规模、网络规模、用户数量、外包及访问方式(如本地登录或远程登录)。信息技术环境复杂并不一定意味着信息系统复杂,反之亦然。

在具体审计过程中,审计人员除考虑以上所提及的复杂程度外,还需要充分考虑系统在实际应用中存在的问题,并评价这些问题对审计范围的影响,包括但不限于以下几点:①系统功能中是否有发现严重问题或不准确成分,如有,是否存在可以绕过的程序(如自行修复程序等);②是否有发生过信息系统运行出错、安全事件或对固定数据的修改等严重问题,如有,管理层如何应对这些问题,以及管理层如何确保这些问题得到可靠解决;③是否存在由于业务操作不规范而需要经常在系统内直接进行数据信息更改的情况;④信息系统用户的能力、操作和安全意识如何。

在对被审计单位的业务流程、信息系统和相关风险进行充分了解之后,审计人员应当判断被审计单位是否存在信息技术关键风险,并且实质性程序是否无法完全应对这些风险。如果符合上述情况,审计人员应将信息技术审计纳入审计计划。此外,如果审计人员计划依赖系统自动控制,或依赖以自动系统生成信息为基础的人工控制或业务流程审阅结果,那么审计人员也同样需要对信息技术相关控制进行评估。总之,在信息技术环境下。审计人员需要全面考虑对系统的依赖程度,从而确定信息系统审计范围。然而,无论被审计单位运用信息技术的程度如何,审计人员均应了解与审计相关的信息技术一般控制和信息处理控制。

(四)不太复杂信息技术环境下的审计

当面临不太复杂的信息技术环境时,例如在信息技术并不对传统的审计过程产生重大影响的情况下,注册会计师可采取传统方式进行审计,即"绕过计算机进行审计"。在此情形下,审计人员虽然仍要了解信息技术一般控制和信息处理控制,但不测试其运行有效性,即不依赖其降低评估的控制风险水平,更多的审计工作将依赖非信息技术类审计方法。

(五)较为复杂信息技术环境下的审计

当面临较为复杂的信息技术环境时,"绕过计算机进行审计"就不可行,而需要"穿过计算机进行审计"。这时,审计人员可能需要更多运用诸如计算机辅助审计、电子表格等多项审计技术和审计工具来开展具体审计工作。

在信息化的会计系统中,各项会计事项都是由计算机按照程序进行自动化处理的,信息系统的特点及固有风险决定了信息化环境下审计的内容,包括对信息系统的处理和相关控制功能的审查。例如,在审计账龄分析表时,在信息技术环境下,审计人员必须考虑其数据准确性以支持相关审计结论,因而需要对其基于系统的数据来源及处理过程进行考虑,以更好地识别并应对风险。

1.信息技术环境下审计数据风险识别

在大数据、智慧云平台等新兴信息技术的影响下,审计的基础任务是收集足够的与审计项目相关的数据信息,从海量数据中获取规律,挖掘审计线索,确定审计重点,查找审计疑点,提高审计效率,完成审计任务。因此,数据收集是关键所在,为数据处理提供了可能。按照"以审促采""审用结合"原则,审计数据的获取使用主要分成以下三个阶段。

(1)审计数据采集传输阶段

通过网络爬虫等数据搜集技术,搜集各种相关数据,并通过云端加以传输,这一阶段需要重点关注数据自身的风险成因,如数据的来源、质量、安全、标准等问题,以保证获取审计证据的真实性与完整性。

(2)审计数据存储阶段

通过数据库或数据平台将审计数据进行数据融合以及分类筛选,剔除错误数据,为处理和分析阶段做准备,这一阶段则需要重点关注审计数据的安全风险,如果被审计单位在数据重要性和安全性方面管理不到位,会使数据泄露,发生徇私舞弊等现象,从而导致审计人员获取的审计证据失真,此外,还应考虑信息系统遭受恶意攻击后的数据恢复备案。

(3)审计数据处理分析阶段

通过软件和程序来分析审计数据,从而发现审计证据之间的联系,得出可靠的审计结论,这一阶段审计人员需要重点关注审计数据的标准风险,即需要统一结构与形式,有效整合结构化数据与非结构化数据,从而提高审计证据的效力。

2.信息技术环境下审计数据风险应对

(1)审计数据采集传输阶段

审计人员不能仅依赖于被审计单位提供的原始数据,还要充分利用公有的、公共的大数据资源来辅助审计,使获取的数据能相辅相成,加强"业财"融合和"业审"融合,财务与非财务数据相结合,以提高审计数据的真实性,如销售收入、产量与生产设备产能的数据,销售收入、产量与人员配比的数据,收入、成本、产量与原材料、能耗的数据,销量与运费、运输量的数据,业务规则数据(如设置的各种阈值、计提比例上限等),时空多维度数据(天气状况、节假日促销时间差等),业务流程一致性的证据信息等。

(2)审计数据存储阶段

从数据安全和数据管控层面引导注册会计师审计注重操作管控、价值管理和安全保密,如对业务流程和数据逻辑的理解、风险节点的梳理以及对数据使用权、留存权等的权限设置,同时由于环境变化难以预料、审计场景变幻莫测、系统遭攻击破坏等自然或人为因素会导致数据毁损、丢失和泄露,要健全灾难恢复与可持续计划,做好数据复原和拯救、保障业务可持续。

(3)审计数据处理分析阶段

目前,回归分析法、聚类分析法在审计工作中已广泛运用,机器学习技术、自然语言处理技术(NLP)、知识图谱、文本处理技术也在不断推广应用,这些审计方法都可以降低数据风险,提高审计效率。基于审计证据多源异构,数字化审计技术仍需进一步深化应用,如对文档进行自然语言识别,利用算法进行部分场景的智能数据处理,继续全面拓展至图像、语言、文档、视频等非结构化数据,逐步建立审计数据的格式标准,增强数据的相关性和安全性。

二、信息系统审计

（一）信息系统审计的概念

信息系统审计是一个通过收集和评价审计证据，对信息系统是否能够保护资产的安全、维护数据的完整、使被审计单位的目标得以有效地实现、使组织的资源得到高效地使用等方面作出判断的过程。信息系统审计不仅要对系统信息的合法性、公允性进行审计，还要对信息系统的硬件和软件，以及整个信息系统的安全性、稳定性、内部控制的健全性与有效性等方面进行审计，

拓展资源：大
数据审计

指出被审计单位信息系统内部管理和控制上的薄弱环节，提高其信息系统的可靠性和真实性，有效地防止利用信息技术随意篡改系统信息或破坏磁介质上的数据等舞弊行为的发生。而基于审计目标与业务内容的匹配性，在企业财务报表审核中，审计人员的工作侧重点主要集中在检查企业信息系统所提供数据的真实性、完整性上；在内部控制审计中，审计人员的工作侧重点主要集中在检查信息系统程序合理性、信息系统安全性上。

（二）信息系统审计的目标

信息系统审计相较于财务报表审计更聚焦信息系统的运行状况的检查与评价，以判断信息系统是否能够保证资产的安全、数据的完整以及资源的有效利用，因而信息系统审计的目标与其内部控制有效性更为相关，包括但不限于真实性、完整性、安全性、可靠性、保密性、效果性，具体如下。

1. 真实性

信息系统中的数据要如实地反映企业的实际生产经营活动。通过一系列技术手段可以确保数据的真实性，如数字签名、时间戳、不可否认协议、不可修改存储装置等。这种真实性的破坏可能来自企业高层的舞弊行为，例如通过财务软件故意作假账，通过电子商务系统虚构交易等，达到虚增或虚减利润的目的；也可能来自企业的中层和基层员工的舞弊行为，例如通过非法访问或修改信息等手段，达到非法牟利的目的等；也可能来自企业外部，如黑客入侵、病毒破坏等，造成商业秘密外泄，企业信息被删改等。

2. 完整性

信息系统中的数据应当具备不被偶然或蓄意地删除、修改、伪造、乱序、重放、插入等破坏和丢失的特性。在信息系统中，数据与元数据是存放在不同地方的，数据的逻辑地址与物理地址也不一样，因此，设备故障、误码、人为攻击、计算机病毒等都会破坏数据的完整性。在信息系统中，数据完整性是数据真实性的基础。

3. 安全性

信息系统的安全性表现为在遭受各种人为因素破坏的情况下仍然能正常运行的概率。威胁信息系统安全性的因素可能来自信息系统和企业的外部，也可能来自企业和信息系统的内部。外部如黑客入侵、病毒攻击、线路侦听、木马、非法用户访问等，内部包括授权用户的越权访问、修改、删除等操作。

4. 可靠性

信息系统的可靠性表现为在遭受非人为因素破坏或误操作情况下仍然能正常运行的概

率。威胁信息系统可靠性的因素包括自然灾害对硬件和环境的破坏、误操作对软件和硬件的破坏以及设备故障、软件故障等。可靠性与安全性不同,可靠性所指的破坏因素是非人为的,安全性所指的破坏因素是人为的。

5.保密性

信息系统保密性体现在其可以防止系统泄露数据给非授权用户。常用的保密技术包括防侦收、信息加密、物理隔离等措施。保密性与安全性不同,保密性是指信息系统中信息的外泄,安全性是指对信息系统的入侵。

6.效果性

信息系统在企业生产管理应用中产生的效果,即信息系统的应用使企业在生产、管理、产品、服务、财务、人力管理等方面的改善和提升。如减少了生产时间,提高了资金周转率,降低了库存,增加了服务质量等。

(三)信息系统审计的职能

信息系统审计具有审计、控制和管理三大职能 ,具体如下。

1.审计职能

以相关规定、标准等为评价依据,评价被审计对象的信息资产和信息系统是否安全、可信,反映的财务收支和经济活动的电子轨迹是否合法、合规、合理且有效,从而督促被审计对象遵纪守法,提高经济效益。

2.控制职能

内部信息系统审计人员作为企业内部控制系统中一个重要的组成部分,是企业内部控制的再控制,因其受企业主要负责人的直接领导,能够站在企业发展的全局来分析和考虑问题,检查信息系统运行是否得到有效控制,以及控制程度和效果,提出控制中存在的不足和问题,实现控制系统的最终目标。

3.管理职能

信息系统审计师有义务和责任对企业的信息资产安全与信息系统运行状况提供决策咨询,确保 IT 发展与企业的战略一致,在工作中发现问题,对制度、管理和控制等方面有针对性地提供咨询服务,预防出现大的信息技术风险和管理漏洞,为企业各管理层提供服务,不断改进经营管理水平。

(四)信息系统审计的内容

在审计计划阶段,要对被审计单位的计算机系统进行了解,初步确定在后续的审计步骤中是否打算审验被审计单位的计算机系统,并制订实施阶段的审计计划;在实施阶段,按照制订的测试计划,对计算机系统的控制进行测试。具体说来,企业信息系统审计主要有三部分。

1.规划

规划是指对被审计单位的审计活动或具体审计项目进行合理组织和安排时所采用的各种措施和手段,其目的在于确定信息系统审计目标,合理分配各种审计资源,以保证信息系统审计工作经济而有效地进行。

2. 实施

实施是指对被审计单位的信息系统进行具体审计时所采用的各种程序、措施和手段,其目的在于证实审计目标,搜集充分有效的证据,以保证信息系统审计结论和决定有可靠依据。

3 管理

管理是指对审计主体活动及审计过程进行控制和调节的各种措施和手段,其目的在于提高审计质量和效率,保证各种审计资源得到有效使用。由于信息系统审计范围的可变性大,其管理内容、手段多种多样,最主要的有审计主体、审计质量和审计信息等方面的管理。

(五)信息系统审计的方法

1. 信息系统审计规划方法

信息系统审计规划方法的主要内容包括计划制订方法、程序确定方法、方案设计方法等。计划制订方法主要是涉及如何设计系统审计总体目标以及对审计活动长期、短期的安排。程序确定方法主要是指对一般系统审计步骤的设计问题,包括对系统审计准备、实施与结束工作的具体安排。方案设计方法主要是涉及对具体信息系统审计项目进行审计的要点、审计顺序、审计时间、人员分工等的部署问题。

2. 信息系统审计实施方法

信息系统审计实施方法是审计最基本的方法,既包括一定的程式,又包括各种技术手段,主要内容包括信息系统审核稽查方法、信息系统审计记录方法、信息系统审计评价方法和信息系统审计报告方法。

(1)信息系统审核稽查方法

信息系统审核稽查方法是指搜集审计证据时所采取的各种方式和技术,其主要目的在于查明事实真相,证实被审计问题。它又可以分为系统检查法和审计技术法两大类。其中,系统检查法是根据系统的观点,以确定对被审计资料或被审计活动进行审查的顺序和审查的范围,包括顺查、逆查、直查等顺序检查法和详查、抽查、重记等范围检查法。如果把系统检查法理解为确定搜集审计证据的顺序和范围,那么审计技术法则是为了搜集审计证据而采取的具体措施和手段。

审计技术可以根据审计工具和其适用的信息系统分为手工审计技术和电脑审计技术。

手工审计技术,也称一般审计技术,是指采用手工审计或适用于手工操作信息系统的各种技术,根据其适用范围的大小,又可以分为基本审计技术和辅助审计技术。前者是指用来搜集直接审计证据的技术,如审阅、核对、盘存等技术;后者是指用来搜集审计线索或间接证据的技术,如询问、分析、推理等技术。

电脑审计技术,主要是指采用电脑审计或适用于电算化信息系统的各种查账技术,如模拟数据、重新处理和程序检查等技术。

(2)信息系统审计记录方法

信息系统审计记录方法是指对审计记录文件的设计、填制与审阅的各种方法。审计记录,有益于全面而系统地反映审计的过程和结果,为形成审计的结论和决定提供充分依据,为编写审计报告提供完整的资料,同时也有利于确定审计人员审计行为的恰当性和应负的责任范围。

（3）信息系统审计评价方法

信息系统审计评价方法是指根据查明的事实,对照审计标准以判定是非的方法。通过审计评价,可以确定被审计资料是否真实、正确和可信,以及确定被审计经济业务和经济活动是否合法、合理和有效。信息系统审计评价方法根据其适用范围的大小可分为一般评价方法和特定评价方法。一般评价方法是指适用于对各种被审计项目进行评价的程式和技术;特定评价方法是指只适用于对某些具体对象的评价要点与要求。

（4）信息系统审计报告方法

信息系统审计报告方法是指对审计报告进行设计、编写与审定的方法。信息系统审计报告方法有益于对每次审计活动的过程和结果进行综合而有重点的反映,以便于审计委托单位或审计机关对被审计单位或被审计项目作出正确的结论和处理决定,还便于被审计单位及有关部门了解审计结果以及明确各自的责任范围。

3.信息系统审计管理方法

（1）信息系统审计主体管理方法

信息系统审计主体管理方法主要是指对审计机构和审计人员的管理方法,如机构设置、人员编制、岗位责任、人员培训考核等管理方法。

（2）信息系统审计质量管理方法

信息系统审计质量管理方法主要是指质量标准制定、质量控制与考核等管理方法,如质量目标管理、审计过程监控等,其目的在于制约影响审计质量的各种消极因素,以力求提高审计质量、避免或减少审计风险。

（3）信息系统审计信息管理方法

信息系统审计信息管理方法是指对审计信息收集、处理、存储与应用的各种措施和手段,如信息管理的一般方法、审计统计方法、审计档案管理方法等,其目的在于保证审计信息资源得到有效的开发和使用,以利于沟通审计情况,更好地发挥审计在宏观管理方面的作用。

拓展资源:IT审计——某集团数据治理审计案例

【例 13-3】信息系统审计与 IT 环境下财务报表审计的差异

在 IT 环境下,财会信息是由计算机信息系统生成的,信息系统本身的有效性、安全性和可靠性直接关系到其所输出的会计信息的质量。因而,高质量的信息系统审计工作对保证由信息系统生成的财会信息的准确和可靠,降低 IT 环境下财务报表审计的审计风险具有重要作用。但信息系统审计与 IT 环境下的财务报表审计是有区别的,这不仅表现在审计的具体内容上,还表现为审计的对象、目标、准则、时间、执行者等方面,具体如表 13-3 所示。

表 13-3 信息系统审计与 IT 环境下财务报表审计的差异

类别	财务报表审计	信息系统审计
审计对象	被审计单位的财务状况、经营成果、现金流量	被审计单位的信息系统
审计目标	对财务报表的合法性和公允性发表审计意见	对信息系统的安全性、可靠性、效率效果进行审查评价

续　表

类别	财务报表审计	信息系统审计
审计准则	中国注册会计师准则	信息系统审计准则
审计时间	以事后审计及定期审计为主	事前、事中、事后审计兼有
审计技术	手工及计算机辅助审计技术	手工及其他信息系统审计技术
审计测试	内控失效符合测试可不做,实质性测试必做	符合测试、实质性测试均必做
审计人员	侧重于会计与审计技能并掌握一定计算机知识的审计人员或注册会计师	侧重于掌握信息技术并熟悉会计与审计知识的信息系统审计人员和注册信息系统审计师

本章小结

本章作为审计学教材的拓展内容,旨在丰富我们对于新兴技术的见识,了解其在审计应用中的现有成果、问题表现以及未来可能的发展方向。

首先,本章对当前盛行的大数据、区块链、物联网、人工智能等新兴技术的相关概念以及其对财务报告的影响进行了简要介绍,从而在对信息技术发展趋势有所把握的基础上,更好地去理解企业会计核算、财务管理流程的历史演进以及当前审计面临的机遇与挑战。其次,介绍了企业信息技术控制的分类及相关特征,阐释了信息技术一般控制、处理控制和公司层面控制的内容,以及如何识别并应对信息技术控制各层次可能存在的风险点。再次,介绍了信息技术环境下审计人员应当具备的专业素养与执业能力,例如保持独立守正的职业道德和持续学习与应用信息技术的热忱。而对于会计师事务所而言,需要加强数字资源共享、数据标准统一等应对措施的落实。最后,分析了信息技术对审计线索、审计方式、审计范围等的影响。对普及应用的信息系统审计进行了简要介绍,以期构建较为全面的知识体系。

本章思考题

1.简要阐述当前哪些信息技术会影响审计工作,未来信息技术的发展趋势又会如何?
2.信息技术会影响企业会计处理和内部控制的哪些方面?
3.信息技术控制可以分为哪几类,并请简要阐述其特征。
4.在信息技术环境下,未来审计人员应该具备何种素质与能力?
5.信息技术对审计过程有哪些影响?
6.谈谈信息系统审计的重要性及其与财务报表审计的关系。

参考文献

陈汉文,杨道广,董望. 审计:立体化数字教材版[M]. 5 版. 北京:中国人民大学出版社,2022.

陈耿,韩志耕,卢孙中. 信息系统审计、控制与管理[M]. 北京:清华大学出版社,2014.

陈伟. 智能审计[M]. 北京:机械工业出版社,2021.

何秀英. 审计学[M]. 7 版. 大连:东北财经大学出版社,2021.

胡少先. 公平合理地认定会计师事务所的法律责任[J]. 中国注册会计师,2022(4):18-19.

李晓慧,孙龙渊. 2022 审计案例与实训[M]. 3 版. 北京:中国人民大学出版社,2022.

李晓慧. 审计学实务与案例[M]. 5 版. 北京:中国人民大学出版社,2021.

刘婕. 会计师事务所执行新质量管理准则的思考[J]. 中国注册会计师,2022(10):18-20.

刘圣妮. 2023 年注册会计师考试应试指导及全真模拟测试:审计[M]. 北京:北京科学技术出版社,2023.

秦荣生,卢春泉. 审计学[M]. 11 版. 北京:中国人民大学出版社,2022.

饶翠华. 审计学[M]. 武汉:武汉大学出版社,2018.

宋常,王玉涛. 审计学:立体化数字教材版[M]. 9 版. 北京:中国人民大学出版社,2022.

王宝庆. 审计学[M]. 2 版. 北京:科学出版社,2017.

王砚书,董丽英. 审计案例[M]. 3 版. 大连:东北财经大学出版社,2019.

尹平,郑石桥. 审计学通论[M]. 北京:高等教育出版社,2012.

中国注册会计师协会. 审计[M]. 北京:中国财政经济出版社,2023.